Holger Marcks & Matthias Seiffert (Hg.)

Die großen Streiks

Episoden aus dem Klassenkampf

UNRAST

Bibliografische Information Der Deutschen Bibliothek
Die Deutsche Bibliothek verzeichnet diese Publikation in der Deutschen Nationalbibliografie; detaillierte bibliografische Daten sind im Internet über http://dnb.ddb.de abrufbar.

Holger Marcks & Matthias Seiffert (Hg.): Die großen Streiks
1. Auflage | Mai 2008
ISBN 987-3-89771-473-1

Postfach 8020 | 48043 Münster
Tel. 0521-66 6293 | info@unrast.de
Mitglied in der assoziation Linker Verlage | aLiVe

Umschlaggestaltung: kv
Satz: m22
Druck: Interpress | Budapest

Inhalt

Editorische Notizen:

Der Beitrag von Jérémie Berthuin wurde aus dem Französischen ins Deutsche übertragen von André Eisenstein.

Die Beiträge von Jon Bekken, Lucien van der Walt und Michael Schmidt wurden aus dem Englischen ins Deutsche übertragen von Holger Marcks.

Der Beitrag von Nicole Ulrich erschien bereits in einer ersten Fassung auf Englisch unter dem Titel »Remembering and Learning from the Past. The 1976 Uprising and the African Working Class« in der libertären südafrikanischen Zeitung *Zabalaza*, Nr. 7, Dezember 2006; Übersetzung: Holger Marcks.

Danksagung

Wir danken allen Autoren und Autorinnen, die sich an diesem Buchprojekt beteiligt haben, sowie allen anderen, die in irgendeiner Weise zum Gelingen dieses Buches mit beigetragen haben. Besonderer Dank gebührt Jeremy Dunn, André Eisenstein, Robert Kakoschke, Shane Leach, Robin Lemke, Heiko Grau-Maiwald, Agnes Manka, Frank Mintz, Hansi Oostinga, Wolfgang & Kerstin Seiffert, Nicole Ulrich, Klaus Weller, Mark Willard und Mathias Wittau.

Die Herausgeber

Vorwort

Das vorliegende Buch basiert auf einer gleichnamigen Artikelserie, die im Jahr 2005 in der Zeitung *Direkte Aktion* erschien. Damals steckten die etablierten deutschen Gewerkschaften in einer tiefen Krise (woran sich kaum etwas geändert hat), und der Streik als Form der sozialen Auseinandersetzung schien vielen als ein Relikt vergangener Tage, das sich allmählich überholt habe. Wir empfanden das sowohl als töricht wie empörend. Streiks waren ein Motor sozialen Fortschritts gewesen und hatten ganze politische Systeme zum Einsturz gebracht. Als Mittel der Auseinandersetzung in den Händen der Arbeiterschaft erwies sich der Streik häufig sogar effizienter als ein bewaffneter Aufstand. So entwickelten wir die Idee zur Serie, die in einem Land, das zu streiken fast schon verlernt hatte, aufzeigen sollte, welche Dynamik Streiks innewohnt und woraus und wie diese sich entwickelt.

Bei unserer Recherche mussten wir zu unserem Erstaunen feststellen, ein kaum bearbeitetes Thema in Angriff genommen zu haben. Sicher, es gibt mannigfaltige Literatur zum Streik: Streiktheorien, Typologien, juristische Abhandlungen und Analysen, alles auf allgemeiner oder abstrakter Ebene. Weniger dagegen findet man Schilderungen von Streiks als historischen Ereignissen, die uns die Geschehnisse lebhaft vor Augen führen. (Freilich, Streiks, die allgemein hin als historische Zäsuren wahrgenommen wurden oder gewaltige Dimensionen annahmen, widmen sich ganze Bände im Detail.) Wenn sich das Bürgertum gerne »großer« Schlachten erinnert, ihrer Feldherren, taktischen Manövern und heroischen Taten, warum besinnt sich nicht die Arbeiterklasse auf ihr historisches Kampffeld, den Streik? Denn dabei handelt es sich um Geschehnisse, die von Engagement und Zusammenhalt zeugen, voller Leidenschaft, Opferbereitschaft und Tragik sind und ihre Heldinnen und Helden genauso kennen wie ihre Teufel.

Der Streik als Thema

Das Konzept Streik galt schon als abgeschrieben. Es wurde geradezu zu einer Binsenweisheit, dass Streiks nicht in die moderne Gesellschaft passten. Analog zu einer öffentlichen Meinung, die die Existenz von Klassen leugnete, wurde ganz in der Manier einer Margaret Thatcher gepredigt, dass im Shareholder-Kapitalismus jeder Einzelne zum Unternehmer werde. Unter dem Begriff des »Arbeitskraftunternehmers« wurde dieser Typus von Arbeiter nun gefasst, der anstelle des Proletariers getreten sei. Der Neoliberalismus machte aus dem sozialen Frieden ein heiliges Fest; Streiks würden zu volkswirtschaftlichem Schaden führen und sich negativ auf die Wettbewerbsfähigkeit des Landes auswirken. Zugespitzt formuliert, wurde das Streiken fast schon als Sabotage am nationalen Projekt gedeutet. Gesetzgebung und Rechtsprechung untermauerten diese Auffassung.

Gleichzeitig ging damit die Krise der traditionellen Gewerkschaften einher. Hatten diese sich ohnehin schon stets als Bremser in den Kämpfen der Arbeiterklasse erwiesen, so gerieten sie nun in eine vollständige Legitimitätskrise. Der Streik, auch wenn er nur als ultima ratio im Interessenkonflikt galt, stand zuvor durchaus auf der Tagesordnung, galt es doch, sich gegenüber den eigenen Mitgliedern als legitime Interessenvertretung zu präsentieren. Von Arbeitskämpfen musste daher zwangsläufig Gebrauch gemacht werden, wenn auch wohl dosiert. Diese Haltung wich seit den 1980er Jahren jedoch zunehmend einer Praxis, in der die Gewerkschaften sich als Organisatoren des produktiven Friedens bewiesen. Im Prinzip sind in Deutschland mittlerweile alle großen Gewerkschaften gelb. Durchschnittlich vier durch Streiks verlorene Arbeitstage pro Jahr lassen sich in der deutschen Streikstatistik in den ersten Jahren des 21. Jahrhunderts ausmachen. Deutschland rangierte damit international im untersten Bereich. Im historischen Vergleich sah die Entwicklung in anderen Ländern auch nicht anders aus. Die Rechnung folgte prompt: ein rapider Mitgliederschwund war allerorts die Folge.

Die Gewerkschaften mussten sich Fragen stellen und reagieren. Man diskutierte Konzepte des Organizing und der Gewerkschaft als sozialer Bewegung, um Wege aus der Schwäche zu finden. Ob die neuen Technologien, die neue Arbeitsorganisation und die veränderte Klassenlage nicht das Ende des Arbeitskampfes bedeute, wurde gefragt, und ob die allmähliche Aufkündigung der Sozialpartnerschaft durch die Offensive des Kapitals nicht neue Handlungsweisen benötige. Die Antworten waren – und sind es immer noch – in der Regel inkonsequent, zuweilen schlicht und einfach lächerlich. Man reduzierte sich selbst immer mehr auf eine Art Lobbygruppe, anstatt die Konsequenz einer kämpferischen Gegenoffensive daraus zu ziehen. Tatsächlich gab es auch Versuche von Streiks, aber das Ganze glitt allmählich ins Absurde ab. Die Streiks und Aktionen waren von vorneherein so konzipiert, dass sie gar nicht erfolgreich und nur symbolisch sein konnten, wie z.B. der ver.di-Streik bei der Telekom 2007 oder der DGB-Aktionstag im Herbst 2006. Es erweckt den Eindruck, als lüge man sich selbst in die Tasche. Die Hilflosigkeit der Gewerkschaften zeigt sich immer offensichtlicher.

Teile der Arbeiterschaft haben jedoch selbst ihre Konsequenz daraus gezogen. Sie mussten es ja auch in ihrer Lage, die durch die neoliberale Offensive zunehmend verschärft wurde. Binnen kürzester Zeit stieg die Streikstatistik in Deutschland gewaltig an. Kämpferische Streiks – trotz der Gewerkschaft und nicht dank ihr – flammten auf. Der wilde Streik bei Opel 2004, die Arbeitskämpfe bei Gate Gourmet, AEG Nürnberg und BSH Berlin-Spandau im Jahr 2006 haben Akzente gesetzt, die zum Teil sofort ihren Niederschlag in der Literatur gefunden haben. Mit den Kämpfen der Ärzte des Marburger Bundes oder der Piloten von Cockpit zeigte sich gar, dass selbst Klüngelgewerkschaften mittlerweile mehr Zunder haben als der DGB. Dann, im letzten Jahr, folgten weitere Paukenschläge: die Lokführer der GDL hielten die Republik im Atem und raubten auch dem letzten die Illusion vom sozialen Frieden, während sich mit der 114-tägigen Betriebsbesetzung bei Bike Systems in Nordhausen eine neue Qualität des Arbeitskampfes zeigte. Gleichzeitig schauen immer mehr Arbeiter und Arbeiterinnen erwartungsvoll auf die Kämpfe in Frankreich, wo die Arbeiterklasse in den letzten Jahren immer wieder konsequent zur Tat schritt. »Kämpfen wie in Frankreich« wurde in vielen Gewerkschaftskreisen zum geflügelten Wort. Man darf gespannt sein, wie es weitergeht.

Ein kleiner Anfang

All das hat die Diskussion um den Streik nachhaltig verändert. Das Thema steht wieder auf der Tagesordnung und der Abgesang darauf scheint vergessen. Wörter wie »Arbeiterklasse« und »Klassenkampf« werden nicht mehr als das Vokabular von Nostalgikern ausgemacht, sondern haben wieder Einzug in die öffentliche Diskussion gehalten. Die

 Realität bahnt sich nüchtern ihren Weg. In diese Atmosphäre fällt nun die Veröffentlichung dieses Buches. Hoffentlich wird es seine Wirkung nicht verfehlen.

Die Liste der Literatur über Streik im Allgemeinen ist, wie schon gesagt, schier unendlich. Seit Anbeginn der Arbeiterbewegung wurden etliche Abhandlungen zu diesem Komplex verfasst, stürmische Debatten (z.B. um die Frage des Massenstreiks) haben die Bewegung geprägt. Ein Buch folgte auf das andere, dass sich mit der sozialen Funktion des Streiks, seiner Typologie, den Konfliktparteien und mit seinen rechtlichen Bedingungen auseinandersetzt. Ja, es finden sich sogar Arbeiten, die versuchen, der Unternehmerseite Mittel gegen Streiks an die Hand zu geben. Historische Betrachtungen liegen auch nicht unbedingt wenige vor, insbesondere zu Streiks oder Streikbewegungen, die große historische Folgen hatten, wie z.B. der Generalstreik gegen den Kapp-Putsch 1920 in Deutschland, der Generalstreik in Frankreich 1968 oder die Solidarność-Bewegung in Polen Anfang der 1980er Jahre. Mit einer Arbeit von Michael Kittner liegt darüber hinaus ein Buch vor, dass die Geschichte der Arbeitskampfes in Deutschland seit dem Mittelalter fast vollständig rekonstruiert, und Peter Birke hat neuerdings ein Buch vorgelegt, dass die Geschichte des wilden Streiks u.a. in der Bundesrepublik erzählt. Und dennoch ist das vorliegende Buch etwas Besonderes.

Mit diesem Buch liegt nun erstmals ein Sammelband vor, der verschiedene kämpferische Streiks aus dem 20. Jahrhundert vereint und jeden dieser als Episode behandelt. In ihrer Gegenüberstellung entstand so ein breites Gesamtbild, dass die verschieden Formen des Streiks, in verschieden Phasen und Regionen, veranschaulichen soll. Unser Anspruch war es dabei nicht, eine Lücke der Geschichtswissenschaft zu schließen; diese zweifellos ehrenwerte Aufgabe überlassen wir gerne anderen. Wir wollten Streiks so darstellen, wie sie es verdient haben: nicht trocken und abgehoben, sondern lebhaft und berührend. Wie wichtig auch die Untersuchungen von Arbeitskämpfen auf abstrakter Ebene sind – wenn wir diese Kämpfe lediglich aus einer Vogelperspektive auf Zahlen und Schlagwörter in Statistiken und Tabellen reduzieren, so berauben wir uns der Möglichkeit, uns konkrete Erfahrungen aus praktischen Kämpfen zu nutze zu machen.

Die Auswahl an Streiks, die wir dabei getroffen haben, erhebt keinen Anspruch auf Vollständigkeit. Es ging uns nicht darum, eine lückenlose Streikgeschichte zu verfassen, was ohnehin eine Aufgabe epischen Ausmaßes wäre. Vielmehr steht jeder Streik, den wir nennen, für Dutzende, die ebenso das Attribut »groß« verdient hätten. Manche Leute werden gewisse Streiks von Weltruhm vermissen. Doch ihr Fehlen hat seinen Grund. Wir wollten gerade Streiks in Erinnerung rufen, die heute weitestgehend vergessen sind, aber dennoch wichtig für die Geschichte des Klassenkampfes waren. Insofern sind die geschilderten Streiks eher eine Auswahl von verschiedenen Typen des Arbeitskampfes als z.B. eine vollständige Sammlung der »größten« Streiks der Weltgeschichte.

Außerdem ist augenfällig, dass sich die gesammelten Streiks auf die westliche Sphäre konzentrieren. Doch einerseits wären wir für Themen jenseits dieses Horizontes nicht kompetent gewesen, und andererseits wäre die Streikpalette damit auch zu breit geworden. Aus denselben Gründen fehlen auch historische Streiks der eher skurrilen Art (wie z.B. Gandhis Salzstreik), die Streikbewegungen in den kommunistischen Staaten (z.B. in der DDR 1953, in Ungarn 1956 oder Polen 1980) oder Streiks im Zusammenhang der Frauenbewegungen (wie Hausfrauenstreiks, Prostituiertenstreiks usw.). All diese Komplexe haben einen eigenen Band verdient. Insofern kann der vorliegende Sammelband nicht mehr als einen Anfang darstellen.

Das Konzept

Alles in allem haben wir versucht, Streiks exemplarisch vorzustellen. Jedes Kapitel steht für ein Jahrzehnt im 20. Jahrhundert, für eine bestimmte Kategorie von Arbeitskampf und höchst unterschiedliche Erfahrungen und daraus ableitbare Schlüsse. Den für das Buch überarbeiteten und teilweise ergänzten Beiträgen aus der ursprünglichen Artikelserie haben wir einige neue Beiträge hinzu gestellt, so dass sich typologisch, chronologisch und geografisch ein relativ breites Gesamtbild ergibt.

Vom einfachen Lohnkampf bis zum Generalstreik, vom Erfolg auf ganzer Linie bis zum totalen Fiasko – wir haben dabei versucht, die Formen des Streiks in ihren verschiedenen Dimensionen zu erfassen. Gemein ist allen, dass es sich um bedeutsame Streiks handelt. Größe haben sie jedoch nicht deshalb, weil es sich immer um erfolgreiche Arbeitskämpfe gehandelt hat, im Gegenteil: viele Streiks endeten unbefriedigend, oder sogar im Desaster. Gerade daraus aber gilt es, für die Zukunft zu lernen.

In jedem Fall wollen wir mit diesem Projekt auch dazu anregen, sich mit der eigenen (sozialen) Situation und dem Bedürfnis für seine Rechte zu streiten auseinanderzusetzen, und etwas von der Begeisterungsfähigkeit vermitteln, von der fast alle der behandelten Streiks getragen wurden. Nicht zuletzt geht es uns um die Gewinnung von Lektionen über Strategien des Arbeiterkampfes – und dafür ist gerade der Vergleich verschiedener Streiktypen besonders nutzbringend.

Es geht in dem Buch vor allem nicht um dröge geschichtswissenschaftliche Abhandlungen. Stilistisch haben wir ganz bewusst versucht, die Ereignisse möglichst spannend und mitreißend zu schildern. Es handelt sich also gewissermaßen um ein historisches Lesebuch – und das immer mit der Absicht, auch für das Heute daraus Lehren ziehen zu können.

In diesem Zusammenhang ist es wichtig zu erwähnen, dass alle Autoren und Autorinnen entweder aktive Gewerkschafter (Syndikalisten), Angehörige der libertären Bewegung oder dieser nahestehend sind. Die in den jeweiligen Beiträgen gelieferte Perspektive baut somit unmittelbar auf deren praktischen und theoretischen (Erfahrungs-)Horizont auf.

Bei unserer Darstellung sind wir deswegen weder unbefangen noch unparteiisch. Immer wieder scheiterten Streikbewegungen an konzeptionellen, organisatorischen und strukturellen Schwächen, die sich zumeist an verknöcherten, bürokratischen, autoritären Gewerkschaftsapparaten, von der Basis entfremdeten, selbstherrlichen und manchmal auch einfach unfähigen Berufsfunktionären festmachen lassen. Insofern ist der rote Faden, der sich durch das Buch zieht, auch das Spannungsfeld zwischen Basis und Gewerkschaftsführung (oder gar der Sozialdemokratie und ihrer Abarten generell). Wir wollen daran zeigen, wie sich die Dynamik von Streiks gerade aus den konkreten Interessen der Arbeiterklasse heraus entwickelt und wie Strategie und Struktur von Gewerkschaften dem entweder gerecht werden oder – so meistens – sie in andere, abwegige Bahnen leitet oder gar erstickt.

Das Buch ist somit auch eine harte Kritik an den etablierten Gewerkschaften. Dabei geht es uns keineswegs um ideologische Differenzen. Die Frage nach kämpferischen Basisstrukturen und die Kritik an Hierarchien und Reformismus folgten niemals einem moralischen Selbstzweck. Wir müssen anerkennen, dass bestimmte Strukturen und Methoden Effekte hervorbringen, die genau das Gegenteil des eigentlich Beabsichtigten darstellen – mag man sich dem auch noch so sehr verschrieben haben. Gerade dem revolutionären Syndikalismus war diese Struktur- und Methodenfrage deshalb immer äußerst wichtig, während sich die traditionellen Gewerkschaften dazu geradezu naiv verhalten haben und unfähig waren, ihre eigene Funktion in den Herrschaftsverhältnissen zu erfassen.

Die (anarcho-)syndikalistische Brille, durch die fast alle Streiks in diesem Sammelband betrachtet werden, sollte deshalb nicht verwundern. Im Gegenteil glauben wir, dass dadurch ein besseres Verständnis für Fehler in der Arbeiter- und Gewerkschaftsbewegung (auch der heutigen) entstehen kann. Tatsächlich wird die Theorie des revolutionären Syndikalismus von Tag zu Tag aktueller. In mühevollen Prozessen ringen sich die heutigen Gewerkschaften zu Erkenntnissen durch, die im revolutionären Syndikalismus schon lange zu den Gewissheiten, ja Binsenweisheiten gehören. Die Attraktivität der Basisgewerkschaften in Italien und Frankreich, die Rückbesinnung auf klassenkämpferische Positionen, das Problemverständnis von der sozialpartnerschaftlichen Einbindung und die neuerliche kritische Diskussion um die Einheitsgewerkschaft sind nur ein paar wenige Beispiele.

Was das für die Betrachtung von Streiks bedeutet, liegt auf der Hand. Im Gegensatz zu den etablierten Gewerkschaften betrachten wir den Streik nicht als ultima ratio oder reduzieren ihn auf ein Mittel des Lohnkampfes im der Produktivitätsentwicklung angemessenen Rahmen. Ebenso wenig definieren wir ihn über juristische Kategorien oder rechnen ihm eine Funktion der sozialen Regulation zu. Und eine Trennlinie zwischen ökonomischen und politischen Streik existiert für uns ohnehin hin nicht. Ein Streik ist eben ein Streik. Er ist das natürliche Mittel der Arbeiterklasse, um sich Gehör zu schaffen und an ihrer Situation etwas zu verändern oder weiteres Übel abzuwenden. Der Streik, lässt sich getrost behaupten, ist das Mittel des zivilen Ungehorsams par excellence. Ihn in ein juristisches oder politisches Korsett zu schnüren und ihn der Frage der Legalität und der legitimen Ausdehnung (z.B. in der Frage nach Solidaritätsstreiks, Friedenspflichten usw.) zu unterwerfen, bedeutet, die emanzipatorischen Potentiale der Arbeiterklasse zu ersticken. Jeder punktuelle Streik ist Teil eines ökonomischen Guerillakampfes gegen diejenigen, die die ökonomische Macht in ihren Händen halten.

Doch Streiks haben noch eine tiefere Bedeutung: »Streik ist … zugleich eine Rebellion gegen die tägliche Kommandogewalt des Unternehmers: Einmal nicht tun, was der Chef sagt; den Bossen einmal zeigen, dass ArbeiterInnen, die zusammenhalten, seine schönen Produktionspläne durcheinanderbringen können. So entsteht Selbstbewusstsein und wird deutlich, dass es um weit mehr als einen neuen Tarifvertrag geht, dessen Friedenspflicht uns wieder der täglichen Schikane und Anweisung ausliefert.« (Stuhlfauth)

Zur Handhabung des Buches

Jedes Kapitel widmet sich einem Streik oder einer Streikbewegung. Ein erster Beitrag schildert die eigentlichen Ereignisse und Entwicklungen. Ein weiterer Beitrag behandelt die Hintergründe, die für den geschilderten Streik von Bedeutung sind, so z.B. spezifische Konstellationen, bestimmte Theorien oder Konzepte, die für die Streikbewegung maßgeblich waren, oder andere wichtige Aspekte, die zu einem besseren Verständnis der Ereignisse beitragen. Abgerundet wird dies durch einen dritten Beitrag, einer Art Porträt, mit dem ein tieferer Einblick in die Ereignisse gewährt und der Angelegenheit ein Gesicht gegeben, die jeweilige Episode gewissermaßen plastisch gemacht werden soll. Hierbei handelt sich entweder um Kurzbiographien partizipierender Protagonisten oder einem für die Ereignisse charakteristischen Ort.

Ergänzt werden die Kapitel durch eine kurze Chronologie, die in der Regel die Geschichte der Arbeiterbewegung in dem Land des jeweiligen Streiks behandelt, damit die historische Einordnung des Streiks den Lesern und Leserinnen leichter fällt, sowie einer kommentierten Bibliographie. Letztere dient einerseits als Beleg für die Beiträge der jeweiligen Autoren und Autorinnen (da wir auf Fußnoten verzichtet haben) sowie als Leitfaden für all diejenigen, die sich in das Thema und seine verschiedenen Aspekte vertiefen möchten.

Zuletzt findet sich noch im Anhang ein umfangreiches Glossar zum Nachschlagen von Abkürzungen, zentralen Schlagwörtern und ihren Hintergründen.

Holger Marcks & Matthias Seiffert
Berlin, den 21. Dezember 2007

Literatur

Tom Adler, »Gegen falsche Gegensätze. Zur Geschichte der politischen Streiks seit 1945«, in: *Express*, Nr. 10-11 (2007).

Ulrich von Alemann, »Vom Korporatismus zum Lobbyismus? Die Zukunft der Verbände zwischen Globalisierung, Europäisierung und Berlinisierung«, in: *Aus Politik und Zeitgeschichte*, B 26-27, 2000.

Karl-Jürgen Bieback & Lothar Zechlin (Hg.), *Ende des Arbeitskampfes? Technikentwicklung und Streik*, Hamburg 1989.

Peter Birke, *Wilde Streiks im Wirtschaftswunder. Arbeitskämpfe, Gewerkschaften und soziale Bewegungen in der Bundesrepublik und Dänemark*, Frankfurt a.M. 2007.

Bully, »Ver.di verkauft Beschäftigte. Der Abschluss bei der Telekom und die Folgen«, in: *Direkte Aktion*, Nr. 182, Juli/August 2007.

Kersten Cohrs & Holger Marcks, »Hoch zu Ross. Strike-Bike – WerksbesetzerInnen in Nordhausen führen gemeinsam mit der FAU ungewöhnliche und zugleich erfolgreiche Kampagne durch«, in: *Direkte Aktion*, Nr. 184, November/Dezember 2007.

Frank Detje u.a., *Perspektiven des Streiks. Arbeitskampfkonzepte der IG Metall*, Hamburg 2003.

Anette Dieckewied, *Streik und Aussperrung in der Kontroverse*, Bochum 1984.

Flying Pickets (Hg.), *Auf den Geschmack gekommen. Sechs Monate Streik bei Gate Gourmet*, Hamburg & Berlin 2007.

Jochen Gester & Willi Hajek (Hg.), *Sechs Tage der Selbstermächtigung. Der Streik bei*

Opel in Bochum 2004, Berlin 2005.

WILLI HAJEK, »Ausbruch aus dem Paradies. Piloten, Ärzte, Lokführer – wer traut sich als nächstes«, in: *Express*, Nr. 8 (2007).

JURI HÄLKER & CLAUDIUS VELLAY (Hg.), *Union Renewal – Gewerkschaften in Veränderung*, Düsseldorf 2007.

HEINZ-GERHARD HAUPT u.a. (Hg.), *Politischer Streik*, Frankfurt a.M. 1981 (Jahrbuch Arbeiterbewegung).

URSULA HELMICH, *Arbeitskämpfe in Frankreich. Ein Beitrag zur Sozial- und Rechtsgeschichte (1789-1939)*, Meisenheim a.G. 1977.

ROLF-HERMANN HENNIGES, *Einstweiliger Rechtsschutz gegen gewerkschaftliche Streiks?* Neuwied & Darmstadt 1987.

RAINER KALBITZ, *Tarifpolitik – Streik – Aussperrung. Die Gestaltungskraft der Gewerkschaften des DGB nach 1945*, Köln 1991.

LEO KISSLER, *Arbeitskampfkulturen. Recht und Strategien von Streik und Aussperrung im deutsch-französischen Vergleich*, Frankfurt a.M. 1997.

MICHAEL KITTNER, *Arbeitskampf. Geschichte – Recht – Gegenwart*, München 2005.

ALEKSANDR LOZOVSKIJ, *Der Streik als Schlacht*, Berlin 1931.

HOLGER MARCKS, »Heiße Luft im Herbst. Der DGB steht nicht nur sich selbst im Wege – auch im Klassenkampf ist er ein Klotz am Bein«, in: *Direkte Aktion*, Nr. 178, November/Dezember 2006.

ROBERT ORTMANN, »»Wir können stolz sein, Du nicht!« BSH: die IG Metall gewinnt den Streik, die Streikenden verlieren ihre Jobs«, in: *Direkte Aktion*, Nr. 178, November/Dezember 2006.

HEINZ REINERMANN, *Der Sympathiestreik als rechtswidriges Verhalten gegenüber dem betroffenen Arbeitgeber*, o.O. 1964.

KARL-HEINZ ROTH (Hg.), *Die Wiederkehr der Proletarität. Dokumentation der Debatte*, Köln 1994.

DIETER SCHNEIDER (Hg.), *Zur Theorie und Praxis des Streiks*, Frankfurt a.M. 1971.

MATTHIAS SEIFFERT, »Unter falscher Flagge. Die AUB und die Rolle gelber Gewerkschaften«, in: *Direkte Aktion*, Nr. 181, Mai/Juni 2007.

BEVERLY J. SILVER, *Forces of Labor. Arbeiterbewegungen und Globalisierung seit 1870*, Hamburg 2005.

SOZIALWISSENSCHAFTLICHE FORSCHUNG & PRAXIS FÜR FRAUEN E.V. (Hg.), *FrauenStreik – Streitfragen*, Wiesbaden 1994 (Beiträge zur feministischen Theorie und Praxis, 17. Jg., Heft 36).

HEINER STUHLFAUTH, »Der Streik kehrt zurück. Eine vergessen geglaubte Kampfform steht wieder auf der Tagesordnung«, in: *Direkte Aktion*, Nr. 173, Januar/Februar 2006.

LUDWIG UNRUH, »Zum Greifen nah und doch blockiert. Arbeiterbewegung hier und heute – die jüngsten Streiks bei Opel, Gate Gourmet und BSH im Rückblick«, in: *Direkte Aktion*, Nr. 180, März/April 2007.

VER.DI, *Organizing – Gewerkschaft als soziale Bewegung*, Berlin 2005.

WILDCAT, »Endlich volkswirtschaftlicher Schaden. Zum Bahnstreik«, in: *Wildcat*, Nr. 80, Winter 2007/2008, S. 5-7.

WILDCAT, »Gewerkschaften auf neuen Wegen. Wenn der Kollege zum Kunden wird«, in: *Wildcat*, Nr. 78, Winter 2006/2007, S. 18-20.

1.
Pennsylvania 1909

»Von jetzt an werden sich die Dinge und die Menschen hier bewegen. Geschichte wird gemacht, und zwar hoffentlich so schnell, dass wir nicht die Zeit haben werden, darüber zu schreiben.«

Die IWW-Zeitung *Solidarity* nach dem Streik von McKees Rocks in Pennsylvania

Foto: Streikversammlung in McKees Rocks am 5. August 1909

»Internationale en miniature«

Der Migrantenstreik von McKees Rocks 1909

McKees Rocks – ein Name, der sich für Mythen geradezu anbietet – ist eine nahe Pittsburgh (Pennsylvania) gelegene Stadt, die zum Synonym für den Auftakt eines neuen Kampfzyklus der amerikanischen Arbeiterklasse wurde. Im Sommer 1909 vollzog sich im Herzen der nordamerikanischen Stahlindustrie ein 45 Tage dauernder Arbeitskampf, der in zweierlei Hinsicht das Prädikat »historisch« verdient: Zum einen gab er der tragischen Entwicklung der amerikanischen Arbeiterklasse eine neue Wendung und leitete eine neue Offensivphase der Arbeiterbewegung ein; zum anderen markiert er den endgültigen Aufstieg der Industrial Workers of the World (IWW), die in diesem Streik zum maßgeblichen Faktor wurden und in den Folgejahren die Speerspitze der amerikanischen Arbeiterbewegung bildeten.

U.S. Steel – Arbeiterfresser Nr. I

Um 1904 gelobte das Management der U.S. Steel Corporation, des damals mächtigsten Konzerns der Welt, die Gewerkschaften aus jedem seiner Werke zu vertreiben. Es hielt Wort und führte vier Jahre lang massive Schläge gegen die organisierten Stahlarbeiter durch – deren relative Machtposition ohnehin in den letzten Dekaden durch Umstrukturierungsmaßnahmen untergraben worden war –, bis deren Gewerkschaft innerhalb der American Federation Labor (AFL) auf die niederschmetternde Mitgliederzahl von bundesweit 8.000 geschrumpft war. Im Sommer 1909 erklärte sich der Konzern schließlich zum *open shop*. Die Kampagne zur Durchsetzung des gewerkschaftsfreien Betriebs schien geglückt.

Die vom Konzern verfolgte Strategie war die konsequente Fortführung der Rationalisierungsoffensive, die unter der Federführung von Frederick Winslow Taylor ihre entscheidende Richtung erlangte. Der sogenannte Taylorismus entmachtete die Arbeiterinnen und Arbeiter im Kampf um Lohnhöhe, Arbeitsleistung und -tempo und erzielte eine Neuzusammensetzung der Belegschaften durch die Atomisierung des Arbeitsprozesses in kalkulierbare Segmente. Taylors Konzepte zur Erlangung der vollständigen Kontrolle über den Produktionsprozess und die Arbeitenden wurden bei U.S. Steel besonders konsequent umgesetzt. So wurde z.B. das Fließband in Werken von U.S. Steel bereits sechs Jahre früher als bei Ford eingeführt.

Zwar ging mit dem weiteren Überflüssigwerden des klassischen Facharbeitertums eine Homogenisierung der Stahlarbeiter einher. Doch zum einen wurde mit der Einführung neuer Lohnsysteme und Antreiberhierarchien die Konkurrenz unter ihnen inszeniert; zum anderen war das neu entstandene unqualifizierte Massenproletariat in der Großindustrie kaum gewerkschaftlich organisiert, da die etablierten Gewerkschaften weiter an der vornehmlichen Organisierung der sogenannten »Arbeiteraristokratie« festhielten.

Alles in allem verfolgte das Unternehmen gezielt eine Politik der Belegschaftsaufspaltung in verschiedene Statusgruppen, um die Arbeiter von einer gemeinsamen Interessensartikulation abzuhalten. So war U.S. Steel zum Beispiel durch den technisierten Produktionsprozess in der Lage, hohe Zahlen an Immigranten zu absorbieren und nach Nationalität und Sprache getrennt zu beschäftigen. Diese stellten als angelernte oder ungelernte Arbeiter die große Mehrheit im Konzern, während die US-Amerikaner die selten gewordenen Facharbeiterpositionen besetzten. In ihren Streiks wurden die Migranten regelmäßig von den AFL-Gewerkschaften im Stich gelassen, während diese sie sogar als »Gefahr nicht nur für die Eisen- und Stahlarbeiter, sondern für die gesamte Gewerkschaftsbewegung« bezeichneten.

Ein weiterer Spaltungsmechanismus war die Konkurrenz um den Arbeitsplatz, die sich einerseits aus der entstandenen strukturellen Arbeitslosigkeit ergab und andererseits aus Verhältnissen, unter denen der »Preis« des Arbeiters beliebig reduzierbar und er selbst beliebig ersetzbar wurde. Dies bildete die Grundlage für das gegenseitige und von Unternehmern systematisch geförderte Lohndumping und Streikbrechen. »Wir kaufen die Arbeit auf dem billigsten Markt«, waren die programmatischen Worte des Konzernpräsidenten, der noch zynisch hinzufügte: »Wenn ein Mann nicht zufrieden ist mit seiner Arbeit, seiner Arbeitszeit oder mit seinem Lohn, so ist es sein Privileg, zu kündigen.«

Das »Schlachthaus« zu McKees Rocks

Bei der in McKees Rocks ansässigen Pressed Steel Car Company, einer Tochtergesellschaft von U.S. Steel und wichtigen Herstellerin von stählernen Eisenbahnwaggons, waren diese Verhältnisse besonders ausgeprägt. Innerhalb von zehn Jahren war die Einwohnerzahl des Ortes durch die Einstellung von Migranten von 7.000 auf 15.000 gestiegen – Einwanderinnen und Einwanderer machten zwei Drittel der Bevölkerung aus und stellten die überwiegende Mehrheit unter den aus 16 Nationalitäten bestehenden 5.000 Beschäftigten des Betriebs. Jahrelang waren die einheimischen und migrantischen Arbeitskräfte gegeneinander ausgespielt worden, indem sich die jeweilige Gruppe den Eintritt in das Lohnverhältnis dadurch verschaffte, dass sie im Streik der anderen als Streikbrecher fungierte – eine Spirale, die das Lohnniveau immer weiter nach unten trieb.

Unter der Leitung von Zeit- und Lohnexperten wurden 1907/08 erneut Umstrukturierungen durchgeführt, die u.a. die Einführung der taktgebundenen Fließbandarbeit und des Gruppenakkords beinhalteten. Infolgedessen wurden die amerikanischen Facharbeiter in Kontrolleurs- und Instandhalterjobs umgesetzt, was sowohl in Hinsicht auf Lohn und Arbeitshierarchie die Spaltung zementierte. Die Facharbeiter stützten sich nun auf diesen »doppelten Arbeitsmarkt«, sich ihr Arbeitsplatzmonopol dadurch sichernd, dass sie – als letzter Rest gewerkschaftlich organisierter Arbeiter – »nicht die Maschinen, sondern die Immigranten angriffen.« (Gisela Bock)

Demgemäß waren die allgemeinen Arbeitsverhältnisse eine Tragödie: Leben und Gesundheit der Arbeiter wurden in solch schonungsloser Weise missachtet, dass die buchstäblich mörderische Arbeitshetze und fehlende Schutzvorkehrungen zu einer äußerst hohen Zahl von Arbeitsunfällen führten. Im Werk, das unter den Arbeitern als »Schlachthaus« bekannt war, starb durchschnittlich ein Mann pro Tag, der oftmals direkt in einem Verschlag verscharrt wurde.

Dem Angriff auf Lohn und Arbeitsbedingungen entsprach der Angriff auf die Lebensbedingungen. Getrennt von den Einheimischen wurden viele Migrantinnen und Migranten nahe der Fabrik in unternehmenseigenen Wohnungen kaserniert. Diese hatte in der Regel weder Wasserversorgung noch Toiletten und kosteten die Arbeiter bis zu einem Drittel des Lohns, was ihnen meist einfach direkt abgezogen wurde. Da die Wohnungen hoffnungslos überfüllt waren, war es unter den Schichtarbeitern Brauch, sich schichtweise in den Betten abzulösen.

Schluss mit Kuschen

Als sich im Sommer 1909 das Unternehmen nicht dazu bereit erklärte, Lohnkürzungen zurückzunehmen, die es während der Börsenpanik von 1907 verfügt hatte, und stattdessen die Löhne weiter senken wollte, legten zwischen dem 12. und 14. Juli alle Werksarbeiter – bis auf 500 – die Arbeit nieder und bewirkten die zeitweilige Schließung der Fabrik. Ein von Migranten gebildetes Streikkomitee wurde alsbald von einem der amerikanischen Arbeiter abgelöst, die versuchten, den Streik ihrer Führung zu unterstellen. Dieses beschäftigte sich jedoch kaum mit den Streikaktivitäten selbst, sondern sammelte Spenden und warb um Sympathie. Ganz in alter AFL-Tradition – »Die Gewerkschaft will keine Streiks, sie will euch nur organisieren« – schreckten die Einheimischen vor jedem Hauch an Radikalität zurück. Die migrantischen Arbeiter ließen sich davon nicht beeindrucken; parallel zu den Streikaktivitäten des amerikanischen Komitees organisierten sie eine andere Form des Kampfes und setzten auf radikale Taktiken, die vor allem den Streikbruch unterbinden sollten.

Als schließlich die typische Unternehmerantwort folgte, war das offizielle Streikkomitee völlig überfordert, angemessen auf die offene Konfrontation zu reagieren. Fabrikeigene Polizisten, die lokale Polizei und berittene »Kosaken« – eine paramilitärische Truppe, die eigens zum Vorgehen gegen aufständische Arbeiter geschaffen wurde – übernahmen nun die Aufgabe, Streikbrecher einzuschleusen und die Wohnungen der Streikenden zu räumen. Der Widerstand gegen die Wohnungsräumungen – hauptsächlich von den Frauen getragen – und die Kämpfe in den Wohngebieten forderten die ersten hundert Verletzten und Verhafteten, während die Streikbrecher zu Tausenden eingeschleust wurden. Angesichts dieser Entwicklungen und der offensichtlichen Unfähigkeit des Streikkomitees, das in panischer Angst auf ein inakzeptables Angebot des Unternehmens einging, beschlossen die Streikenden Anfang August, sich neu zu organisieren, und stellten Kontakt mit den IWW her.

Wo gehobelt wird ...

Zusammen mit IWW-Organizern richteten die Arbeiter ein »Unbekanntes Komitee« ein, das für die Organisierung eines militanteren Streiks zuständig war und einer »Internationale en miniature« glich. Ein erster Schritt bestand darin, regelmäßige Versammlungen auf einem ortsnahen Hügel abzuhalten, wo die allgemeine Strategie bestimmt, Informationen über den Streik gegeben und – vor allem – die verschiedenen Nationalitäten mittels Übersetzungen näher zueinander gebracht wurden. Somit bestimmten die Migranten den Charakter des Streiks und organisierten den Widerstand – nun auf Gemeindeebene: »die Kinder traten in den Schulstreik, die Frauen verteidigten die Werkswohnungen gegen Räumungen und die städtische Reservearmee von 2-3.000 Arbeitslosen schloss sich dem Streik an.« (Bock)

Das Unternehmen heuerte derweil über Agenturen Streikbrecher aus der Umgebung an. Um dies zu unterbinden, wurden neue Streikpostenketten und ein Beobachtungsnetz geschaffen. Zusätzlich schleuste sich eine Gruppe von Arbeitern als angebliche Streikbrecher in den Betrieb ein, um letztlich Hunderte tatsächliche Streikbrecher herauszuholen.

Als die Zusammenstöße mit den Kosaken im Häuserkampf wieder stärker wurden und es zu ersten Toten kam, gab das Komitee schließlich die Erklärung heraus, dass für jeden getöteten Arbeiter ein Kosak getötet werde und man auch sonst nicht die Anwendung ernsthafter Gewalt scheuen werde – eine Drohung, der Taten folgen sollten. Denn derweil hatten Solidaritätspropaganda und die Organisationsarbeit der IWW bewirkt, dass die Eisenbahner aller Linien, die nach McKees Rocks führten, sich mit dem Streik solidarisierten und den Transport von Streikbrechern verweigerten. In diesem Zusammenhang ereignete sich die Tötung eines Polizisten, der diese »unerhörten« Maßnahmen rigoros unterbinden wollte. In der Folge der Tötung eskalierte die Auseinandersetzung noch mehr und es kam zum »Blutigen Sonntag«, an dem elf Personen – darunter acht Streikende – getötet wurden.

Ein Ende …

In Anbetracht dieser Eskalation drängten nun Öffentlichkeit und Bundesregierung auf eine Lösung, worauf das Unternehmen am 7. September seine Bereitschaft erklärte, auf einige Forderungen der Streikenden einzugehen. Dies umfasste eine sofortige Lohnerhöhung von fünf Prozent und eine weitere Erhöhung von zehn Prozent innerhalb von 60 Tagen; die Entlassung aller Streikbrecher und Wiedereinstellung der Streikenden sowie die Einführung eines halben arbeitsfreien Samstags und weitestgehende Abschaffung der Sonntagsarbeit. Zusätzlich waren die Schaffung von angemessenen Sicherheitsvorkehrungen und die Senkung der Miete für die Kasernenwohnungen vorgesehen.

Am 8. September endete der Streik, der 15 Tote und 500 Verletzte gefordert hatte, mit der Annahme der Schlichtungsbedingungen. 3.000 Streikteilnehmer kehrten nun als Mitglieder einer neu gegründeten Industriegewerkschaft an den Arbeitsplatz zurück: der International Car Builders´ Union (ICBU) als Zweigorganisation der IWW. Allerdings erwiesen sich die meisten Versprechungen als heiße Luft, weshalb die ICBU schon nach einer Woche erneut einen Arbeitskampf bei Pressed Steel initiierte.

Und dennoch – trotz dieses bescheidenen Endes – ist der Streik von McKees Rocks von besonderer Bedeutung.

… kann ein Anfang sein

Als erste adäquate Antwort auf die neuen Klassenverhältnisse im Zuge der kapitalistischen Rationalisierungsoffensive kann dieser Streik als »Revolution innerhalb der Arbeiterbewegung« betrachtet werden, da durch die Organisierung der migrantischen Arbeiter eine wesentliche Spaltung der Arbeiterbewegung überwunden wurde. »Der Streik hat prophetischen Charakter«, bemerkte eine reformistische Zeitung und meinte damit die neu entstandene Kräftekonstellation, zu deren Ausformung die IWW erheblich beitrugen. McKees Rock war ein leuchtendes Beispiel, dass sich auch im gewerkschaftsfeindlichsten Bereich der amerikanischen Industrie Arbeiter organisieren und Kämpfe gewinnen lassen. »Von jetzt an«, schrieb die IWW-Zeitung *Solidarity*, die im Zuge von McKees Rocks gegründet wurde, »werden sich die Dinge und die Menschen hier bewegen. Geschichte wird gemacht, und zwar hoffentlich so schnell, dass wir nicht die Zeit haben werden, darüber zu schreiben.« Und tatsächlich war von da an die Zeit des Stahlsektors (und anderer Sektoren) als befriedigte Zone(n) vorbei.

Für die IWW stellt der Streik von McKees Rocks somit einen Wendepunkt in ihrer Geschichte dar. Zwar hatten sie sich bereits u.a. 1906 bei den Arbeitskämpfen in Goldfield (Nevada) einen Namen gemacht, von ihrer Zielsetzung, die amerikanische Arbeiterklasse zu organisieren, waren sie jedoch noch weit entfernt. Das Beispiel von McKees Rocks machte nicht nur aus der lokalen Arbeiterschaft überzeugte »Wobblies«, sondern ließ die Organisation in der Folgezeit überregional zu einer ernstzunehmenden Kraft anwachsen. Dass sich der Angriff auf den bestreikten Stahlkonzern auch direkt gegen die vom Kapital forcierten Spaltungen unter den Arbeitern richtete – die grundlegende Idee einer Industriegewerkschaft –, lässt McKees Rocks als Prototyp des IWW-Streiks erscheinen. Was hier sichtbar wurde, stellte eine Vorwegnahme späterer Erfahrungen dar – und inspirierte die lange Zeit ohnmächtig gewesene Arbeiterklasse.

Angeblich »unwissende europäische Bauern«, die sich in der IWW organisierten, gaben den Initialimpuls für einen vier Jahre dauernden Aufstand der eingewanderten Arbeiterklasse. Die Konfrontationen in der Streikwelle von 1909-1913 gehören zu den gewaltsamsten der – ohnehin blutigen – nordamerikanischen Arbeitergeschichte. Und die Militanz der ungelernten, migrantischen Arbeitskräfte – inklusive der weiblichen außerhalb der Fabrik –, der Angriff auf die Arbeitsorganisation sowie direkte Aktionen wurden die bestimmenden Erscheinungen im Klassenkampf bis hinein in die Zeit nach dem Ersten Weltkrieg.

Jon Bekken

Grenzen der Klasse

Die IWW und die Migrantenfrage in der amerikanischen Arbeiterbewegung

Der Streik von McKees Rocks wurde von einer Gewerkschaft durchgeführt, die gerade mal ein paar Jahre alt war. Er ereignete sich nur wenige Meilen von den Homestead-Werken entfernt, wo ein Jahrzehnt zuvor ein großer Stahlarbeiterstreik brutal niedergeschlagen und die Gewerkschaft vor Ort auf einen winzigen Überrest von Eisen- und Stahlfacharbeitern dezimiert wurde. Im Jahre 1905, zu der Zeit, als die Industrial Workers of the World (IWW) gegründet wurden, gab es in den USA fast keine Stahlfabrik mit Gewerkschaftsvertretung mehr. Mit dem erfolgreichen Kampf der IWW in McKees Rocks wurde die Arbeiterbewegung in ihrer vorherrschenden Ausrichtung in vielerlei Hinsicht in Frage gestellt, denn die IWW zeigten, dass es möglich war, sich im Stahlsektor zu organisieren und Kämpfe zu gewinnen, dass Facharbeiter und ungelernte Arbeiter zusammen organisiert werden konnten und vor allem, dass man sich über ethnische und sprachliche Grenzen hinweg organisieren konnte.

Eine Nation von Einwanderern

Die Vereinigten Staaten werden häufig als eine Nation von Einwanderern beschrieben. Die Realität ist jedoch ein wenig komplexer. So waren laut dem US-Bevölkerungszensus im Jahre 1910 lediglich 14,7 Prozent der Bevölkerung im Ausland geboren, doch gestaltete sich das Bevölkerungsgepräge in den verschiedenen geographischen Räumen sehr unterschiedlich. Denn in den rapide wachsenden Städten und Bezirken, die den Bedarf an Kohle und anderen Materialien lieferten, der durch die rasante Industrialisierung bestand, war die Einwohnerschaft eine andere als im Rest der USA, die noch immer vorwiegend eine Agrargesellschaft waren. So waren im Jahre 1910 26,5 Prozent derjenigen, die in Städten und größeren Orten lebten, im Ausland geboren – die überwiegende Mehrheit davon in Europa –, und in zahlreichen Städten setzten sich zwei Drittel der Bevölkerung oder mehr aus Immigrantinnen und Immigranten der ersten oder zweiten Generation zusammen. Im Großraum Pittsburgh, zu dem McKees Rocks gehört, waren 26 Prozent der Bevölkerung Eingewanderte und 36 Prozent waren Kinder von Einwanderern.

Die im starken Aufschwung begriffenen Industrie- und Bergbausektoren des Landes wurden mit einem beständigen Strom neuer Einwanderer versorgt. Während manche eine Anstellung als Facharbeiter fanden, arbeiteten die meisten als ungelernte oder angelernte Arbeiter. Letztere Jobs bildeten den Kern der neuen industriellen Massenproduktion, die den Veränderungsprozess der US-Wirtschaft bedingte. Konnten Immigranten zwar in allen Bereichen der Gesellschaft vorgefunden werden – ein paar wenige der vermögendsten Industriellen eingeschlossen –, so dominierten in der Regel gebürtige »Amerikaner« die leitenden Posten und die Verwaltung, während eine frühere Generation von Immigranten (meist aus Deutschland und Irland) den Bereich der Facharbeit dominierte. Neue Einwanderer stellten dagegen die überwiegende Mehrheit im gigantischen Aufgebot der angelernten Arbeitskräfte und Gelegenheitsarbeiter, die die Fabriken und Gruben füllten.

 Während die Tageslöhne in manchen Fällen in den USA erheblich höher lagen als in Europa, mussten die meisten Immigrierten ein Dasein erdulden, das bestenfalls als prekär zu bezeichnen ist. In einem Land ohne ein soziales Sicherungsnetz trugen die einzelnen Arbeiterinnen und Arbeiter die Risiken von Unfällen, Verletzungen und Krankheiten. Ebenso waren sie auf sich selbst angewiesen, wenn bei Auslastungsproblemen die betriebliche Arbeitszeit – und damit ihr Lohn – abgesenkt wurde oder Betriebe ganz geschlossen und sie arbeitslos wurden. Ein großer Teil der Arbeit war saisonabhängig oder wilden Fluktuationen unterworfen als direkte Folge der jeweiligen Marktlage. Ein Ergebnis dessen war, dass sich viele Arbeiter in Phasen der Arbeitslosigkeit mit ständig wechselnden Gelegenheitsjobs – meist Knochenarbeit mit endlosen Arbeitszeiten – über Wasser hielten, dabei gerade mal genug verdienend, um ihre Schulden zu tilgen, bevor sie wieder auf die Straße geworfen wurden. Der US-Bevölkerungszensus von 1910 berichtet, dass in drei Vierteln der Unternehmen eine 54- bis 60-Stundenwoche gefahren wurde; in Stahlfabriken und den anderen Bereichen der Schwerindustrie, in denen Immigranten vorwiegend arbeiteten, waren die Arbeitszeiten noch länger. Mehr als 34 Prozent der Stahlarbeiter waren im Jahre 1910 Arbeiten mit mehr als 60 Stunden in der Woche zugeteilt.

Gegensätzliche Gewerkschaftskonzepte

Die Arbeiterbewegung war in der Frage gespalten, wie auf die Immigrantinnen und Immigranten zu reagieren sei. Anfänglich nahmen viele US-Gewerkschaften europäische Immigranten auf. Diese spielten eine führende Rolle beim Aufbau von zahlreichen Gewerkschaften im Bereich der Facharbeit. Doch viele dieser Gewerkschaften führten gleichzeitig Kampagnen gegen Immigranten aus Asien und kämpften dafür, Afroamerikaner aus ihren Jobs zu verdrängen, wobei sie beide Gruppen als Kontrahenten betrachteten, deren verzweifelte Armut sie dazu treiben würde, das Lohnniveau und die Arbeitsbedingungen zu untergraben. Dennoch hegten diese frühen Gewerkschaften immer noch weitreichende soziale Visionen und setzten sich für eine freie öffentliche Bildung, die Abschaffung von Schuldgefängnissen, kürzere Arbeitszeiten und andere Reformen ein – wobei sie nicht selten den industriellen Kapitalismus insgesamt ablehnten und die Schaffung eines kooperativen Gemeinwesens forderten.

Nachdem die Achtstundenbewegung und der Streik von Homestead in den 1880er bzw. den frühen 1890er Jahren zerschlagen wurden, verengte die neu gegründete American Federation of Labor (AFL) ihren Fokus. Sie konzentrierte sich nunmehr darauf, Facharbeiter zu organisieren, um auf lokaler Ebene Arbeitsverträge zu erzielen, in denen die Löhne und Arbeitsbedingungen für jede einzelne Facharbeitergruppe geregelt waren. Dadurch wurde die überwiegende Mehrheit der angelernten Arbeiter übergangen und war somit gezwungen, für sich alleine zu kämpfen. Dies führte schließlich dazu, dass an Arbeitsstätten manchmal ein Dutzend Gewerkschaften oder mehr existierten, die jeweils Arbeiter eines bestimmten Fachgebiets oder einer bestimmten Produktionstätigkeit vertraten. Diese Arbeiter wiederum arbeiteten oftmals Seite an Seite mit Arbeitern, die zu organisieren die AFL-Gewerkschaften sich weigerten.

Die radikalen Gewerkschafter der IWW lehnten diesen Weg ab und drängten darauf, eine Gewerkschaft für die gesamte Arbeiterklasse aufzubauen, die alle Arbeiterinnen und Arbeiter der einzelnen Arbeitsstätten in einer gemeinsamen

Industriegewerkschaft organisieren sollte. Diese Industriegewerkschaften wiederum sollten in einer die ganze Klasse umfassenden Arbeiterbewegung vereinigt sein, deren Zweck nicht nur darin bestand, jede Gruppe von Arbeiterinnen und Arbeitern in ihren unmittelbaren Kämpfen zu unterstützten. Sie sollte ebenso die Kraft und die Fähigkeit herausbilden, sich des gesamten Wirtschaftsorganismus zu bemächtigen und ihn der Kontrolle der Arbeitenden zu unterstellen.

Die IWW organisierten dabei Lohnabhängige über ethnische und rassische Grenzen hinweg. Dementsprechend war das Erscheinungsbild der Organisation von über einem Dutzend Sprachen geprägt, die von den Organisatoren und Organisatorinnen, die sie ausschickte, gesprochen wurden und in denen die Zeitungen, die sie veröffentlichte, verfasst waren. Der konzeptuelle Unterschied zwischen einer revolutionären Gewerkschaft und einer *business union* machte sich jedoch nicht nur darin bemerkbar, wen und wie sie organisierten, sondern ebenso in ihren konkreten Methoden. So legte die AFL in den Arbeitsbeziehungen großen Wert auf einen geschäftsmäßigen Umgang mit den Unternehmern (quasi in der Art von Geschäftspartnern, die Übereinkünfte treffen) und handelte dabei detaillierte, mehrjährige Verträge aus, deren Einhaltung durch einen Kader bezahlter Gewerkschaftsfunktionäre, häufig »business agents« genannt, sichergestellt wurde. Im Gegensatz dazu lehnten es die IWW ab, Vereinbarungen für einen festen Zeitraum zu unterschreiben. Sie beharrten stattdessen auf ihrem Recht, gewerkschaftliche Aktionen dann durchzuführen, wenn es die Situation erforderlich macht. Die IWW bevorzugten die direkte Aktion und kurze Streiks, eingeleitet von den Arbeitenden an der Arbeitsstätte selbst, wenn diese die Bedingungen für besonders vorteilhaft erachteten. Und wenn größere Streiks notwendig waren, wählten die IWW Ausschüsse, die alle Teile der Belegschaft (sowohl die verschiedenen Berufs- als auch die ethnischen Gruppen) repräsentierten, um den Streik durchzuführen und eine Übereinkunft auszuhandeln.

Eine Gewerkschaft der Solidarität

Die migrantischen Arbeiterinnen und Arbeiter waren keineswegs passive Beobachter in diesem Prozess. Sie bildeten eine große Anzahl von Vereinigungen zur gegenseitigen Hilfe, um die Lasten eines entfesselten Kapitalismus zu mindern, indem sie Beihilfegelder im Falle von Krankheit und Tod organisierten. Ebenso verliehen sie Gelder, z.B. zum Ankauf von Behausungen, oder halfen militanten Arbeitern, die bei den Unternehmern auf der schwarzen Liste standen, damit sie kleine Geschäfte eröffnen konnten, usw. Ferner förderten sie Zeitungen, Gesangsgruppen und andere kulturelle Einrichtungen der Arbeiterklasse finanziell. Diese Vereinigungen standen häufig in Verbindung mit sozialistischen Organisationen und unterstützten meistens aktiv die Streiks und Gewerkschaften, in denen ihre Mitglieder beteiligt waren.

Die lokalen IWW-Gruppen hatten häufig ihre Büros und Versammlungsorte in Räumen, die diesen Hilfsvereinigungen gehörten, und sie spielten nicht selten eine Schlüsselrolle dabei, einen kleinen Kern von gewerkschaftlich organisierten Arbeitern einer Arbeitsstätte oder eines Industriebereiches in die Lage zu versetzen, große Zahlen von Arbeitern ihrer oder anderer Sprachgruppen schnell zu mobilisieren. Auch wenn die IWW im Allgemeinen nur einen kleinen Teil der Belegschaft organisierten, konnten sie dennoch auf diese Weise – und dadurch dass sie entlang der konkreten Missstände agitierten und über die Notwendigkeit der kollektiven

 Aktion diskutierten – weit über ihre tatsächliche Mitgliederzahlen hinaus Konflikte entzünden und Einfluss ausüben.

Diese revolutionäre Gewerkschaftsbewegung »inklusiven« Charakters (im Gegensatz zur exklusiven AFL) war selbst unter den migrantischen Lohnabhängigen eine Minderheitenerscheinung. Doch trotz ihrer relativen kleinen Größe führten die IWW einige der dramatischsten Arbeiterkämpfe in der US-Geschichte. Sie demonstrierten damit, welche Möglichkeiten darin lagen, sich über ethnische und berufsmäßige Grenzen zu organisieren, und brachten damit eine Vision der Solidarität zum Ausdruck, die Gewerkschaftsmilitante bis zum heutigen Tag immer wieder inspiriert hat.

Heiner Stuhlfauth

Der umherschweifende Bierbrauer

William E. Trautmann – ein deutscher Einwanderer als Impulsgeber der amerikanischen Arbeiterbewegung

»Ich mache mich auf nach McKees Rocks, vielleicht um den Kugeln unserer Feinde entgegen zu sehen«, teilte William E. Trautmann 1909 den Lesern des Industrial Worker mit. Man durfte in diesen Worten Entschlossenheit und Trotz hören. Trautmann war zu jenem Zeitpunkt ein unermüdlich reisender Organisator, Autor und Redner der Industrial Workers of the World (IWW), der hier endlich den Durchbruch an der Ostküste erzielen wollte.

Er wurde von exilierten europäischen Revolutionären unter den Arbeitern in McKees Rocks gerufen. Manche waren – wie er selbst – als Sozialisten aus Deutschland vertrieben worden. So gab es Mitglieder des deutschen Metallarbeiter-Verbands unter den Streikenden.

Trautmann arbeitete in der Streikleitung, er trat als Redner auf und organisierte als Korrespondent der IWW-Presse überregionale Aufmerksamkeit. Zwar argumentierte er gegen weitere Gewalttätigkeiten, konnte aber die explosive Dynamik der Auseinandersetzungen nicht eindämmen. Nach einem Schusswechsel, bei dem sowohl streikende Arbeiter als auch fünf »Kosaken« starben, wurde er inhaftiert. Tausende von Arbeiterinnen und Arbeitern drängten sich durch McKees Rocks und drohten mit einem ausgewachsenen Aufruhr, falls er nicht frei kommen sollte. Daraufhin wurde er in einen improvisierten Gerichtssaal geführt, kurz angeklagt und freigesprochen.

Der Streik von McKees Rocks, der sich zu einem regionalen Flächenbrand auswuchs, bewies die Durchführbarkeit eines Konzepts, das Trautmann in den vorangegangenen Jahren entscheidend mitgeprägt hat: des »Industrial Unionism«.

In den folgenden Jahren reiste er als gefragter Organisator die Ostküste der USA entlang, immer dorthin, wo es brannte. 1912 begleitete er Big Bill Haywood, Elizabeth Gurley Flynn und andere bekannte IWW-Organizer nach Lawrence (Massachusetts), um einen Streik in der Textil-Industrie zu unterstützen, der als »Bread and Roses Strike« in die Geschichte der USA eingehen sollte.

Danach brach er mit den IWW. Die Gründe liegen im Dunkeln. Es gibt unbewiesene Vorwürfe, er habe in Lawrence Streikfonds veruntreut. Er selbst schien resigniert von der Unstetigkeit der Organisierungsbemühungen. Trautmann schloss sich den Detroit IWW unter dem Sozialisten Daniel DeLeon an – ein merkwürdiger Schritt, denn noch 1908 hatte Trautmann großen Anteil daran, dieser Strömung die Vorherrschaft in den IWW streitig zu machen und sie zum Austritt zu bewegen. Damals hatten die IWW etwa ein Drittel ihrer Ortsgruppen an die Detroit IWW verloren.

In der Zeit von 1914 bis 1916 zog Trautmann nun als Organizer für die Detroit IWW durch die Lande, die sich 1915 in »Workers' International Industrial Union« (WIIU) umbenannten und bereits 1925 wieder auflösten.

In den 1920er Jahren verlor sich seine Spur. Er versuchte sich als Buchautor; seine Texte fanden keinen Verlag. Trautmanns Todesdatum ist heute ebenso unbekannt wie sein Grab. Er manövrierte sich ins Abseits und geriet ins Vergessen.

 Seine Lebensgeschichte kann nicht anders als tragisch bezeichnet werden. Abseits und Vergessen, ständiger Aufbruch, der Verlust fester Beziehungen – all das sind Grundzüge seines Lebens, von Kindheit an.

Sein Vater, Edmund Trautmann, war ein Deutscher, den der große Goldrausch von 1849 nach Kalifornien gelockt hatte und der mit seiner Frau, einer Amerikanerin, weiter nach Neuseeland zog. Dort, im schäbigen Goldgräber-Städtchen Grahamstown auf der neuseeländischen Nordinsel, wurde William Ernest Trautmann am 1. Juli 1869 geboren. Im Jahr 1874, als der Vater bei der Arbeit unter Tage tödlich verunglückte, zählte die Familie vier Kinder.

Seine Kollegen sammelten für die Witwe, damit sie mit ihren Kindern zu Verwandten ihres Mannes nach Deutschland reisen konnte. Dort wurde William in einem Waisenhaus zurückgelassen. Mutter und Geschwister wanderten nach New York aus. Im Alter von 14 Jahren ging er in der Brauerei eines entfernten Verwandten in die Lehre. Er selbst sollte diese Jahre später als pure Knechtschaft beschreiben. Als Geselle zog er nach Dresden, wo er erstmals öffentlich auffiel, weil er gegen Kinderarbeit in der Flaschenabfüllung agitierte. Er durchstreifte als Wanderarbeiter Osteuropa, kam bis nach Odessa am Schwarzen Meer, kehrte schließlich nach Deutschland zurück. 1890 wurde er, als ein »gefährlicher Radikaler«, des Landes verwiesen und landete, wie zuvor Vater und Mutter, in den USA.

In Springfield (Massachusettes) wurde er aktives Mitglied der United Brewery Workmen (UBW), einer Gewerkschaft, die bis 1904 größtenteils auf Deutsch kommunizierte. Die UBW waren die erste größere Industriegewerkschaft der USA. Sie war nicht nach Berufsgruppen gegliedert, wie in den USA bis dahin üblich, sondern nach Unternehmen, was ihre Schlagkraft deutlich erhöhte. Die UBW waren es auch, die 1884 die Jackson-Brauerei in Cincinnati mit der ersten Betriebsbesetzung der USA in die Knie gezwungen hatten. 1900 wurde Trautmann Redakteur der gewerkschaftseigenen deutschsprachigen Brauer-Zeitung.

Seine Gewerkschaft geriet in dieser Zeit in Konflikt mit ihrem Dachverband, der American Federation of Labor (AFL), weil dieser eine Zerschlagung der industriellen Organisationsform der UBW vorantrieb. So verlangte die AFL zunächst die »Herausgabe« der Fassbinder an die Fassbinder-Gewerkschaft. Als dann auch die – für die Streikmacht der Gewerkschaft entscheidende – Berufsgruppe der Fahrer herausgetrennt und der Transportgewerkschaft Teamsters zugeschlagen werden sollte, liebäugelten die UBW damit, einer neuen Industriegewerkschaft beizutreten. Trautmann gehörte 1904 zu einem sechsköpfigen Komitee, das die Gründung einer solchen Organisation vorantrieb. Auf dem Gründungskongress der IWW 1905 in Chicago wurde er zum Versammlungssekretär gewählt, wurde ihr erster Kassensekretär und Mitglied des Exekutivkomitees. Die Bierbrauer indes bekamen kalte Füße ob der revolutionären Truppe, die da heranwuchs, und einigten sich mit der AFL auf einen Verbleib in der bisherigen Struktur. Die Brauer schlossen Trautmann aus.

Der reiste fortan als IWW-Mann durch die Lande. Er steuerte neben unzähligen Artikeln für die Gewerkschaftspresse etliche Traktate und Konzepte bei, die auch im englischsprachigen Ausland Verbreitung fanden. Seine Broschüre One Big Union wird bis heute jedem neu eingetretenen IWW-Mitglied als eine Prinzipienerklärung des revolutionären Unionismus überreicht.

Die amerikanische Gewerkschaftsbewegung

Von der gewerkschaftlichen Anerkennung bis nach dem Ersten Weltkrieg

1842: Erstmalige Anerkennung der Gewerkschaften als legale Organisationen durch den Gerichtshof von Massachussetts.

1853: Die Arbeiter in zahlreichen Textilarbeiterstädten setzen den 10- bzw. 11-Stundentag durch.

1863: Mehrere Bundesstaaten stellen gewerkschaftliche Kampfmaßnahmen gegen Streikbrecher unter Strafe.

1866: Gründung der National Labor Union (NLU) als erste bundesweite Gewerkschaftsföderation. Beginn der Achtstundentagsbewegung.

1868: Einführung des Achtstundentags für Bundesbeschäftigte.

1869: Gründung der Knights of Labor, eines zum Teil als Geheimbund aufgezogenen Gewerkschaftsbundes.

1870: Der erste schriftliche Tarifvertrag wird im Bergbau abgeschlossen.

1873: Bis Ende des Jahres haben die ArbeiterInnen in mehreren Bundesstaaten den Achtstundentag durchgesetzt.

1873-78: Krise der Gewerkschaften; Hinnahme umfassender Lohnsenkungen im Zuge einer Unternehmeroffensive.

1875: Die gut organisierte und zuvor sehr erfolgreiche Bergarbeitergewerkschaft Workingmen´s Benevolent Association wird in einem langen Streik aufgerieben und zerschlagen. Im Raum Pittsburgh kommt es in der Folgezeit zu Anschlägen auf Gruben und Grubenbesitzer. Unternehmer und Staat setzen Provokateure und Spitzel in Geheimorganisationen ein.

1877: 24 Bergarbeiter werden schuldig gesprochen, der Molly Maguires, einer militanten Geheimorganisation irischer Bergarbeiter angehört zu haben; an zehn von ihnen wird das Todesurteil vollstreckt. Der große Eisenbahnerstreik in mehreren Bundesstaaten wird durch den Einsatz von Militär, Milizen, Polizei und Vigilanten niedergeschlagen.

1881: Die Federation of Trade and Labor Unions (FOTLU) wird als direkte Vorgängerin der American Federation of Labor (AFL) gegründet.

1884: Erste Betriebsbesetzung in den USA durch Brauereiarbeiter.

1885-86: Erfolgreiche Kämpfe der Knights of Labor, insbes. im Transportbereich, lassen die Organisation auf ca. 700.000 Mitglieder anwachsen.

1886: Gründung der AFL unter der Führung Samuel Gompers. Am 1. Mai beginnt die Streikbewegung für den Achtstundentag in Chicago; am 4. Mai kommt es bei einer Versammlung auf dem Haymarket zu einem Bombenanschlag auf Polizisten, der eine zügellose Terror- und Verfolgungswelle gegen die ArbeiterInnen nach sich zieht.

1887: Mehrere Anarchisten werden, verurteilt für die Haymarket-Bombe, hingerichtet; Hunderttausende Arbeiter reihen sich in den Trauerzug ein.

1892: Der Streik der Stahlarbeiter bei den Carnegie-Werken in Homestead wird brutal (u.a. durch den Einsatz von staatlichen Agenten) niedergeschlagen; die Gewerkschaften werden aus den Stahlwerken im Raum Pittsburgh verbannt. In der Folgezeit verübt der Anarchist Alexander Berkman ein (gescheitertes) Attentat auf den Betriebsleiter Henry Clay Frick und wird anschließend zu 21 Jahren Gefängnis verurteilt.

1893: Gründung der kämpferischen Industriegewerkschaften American Railway Union (ARU) unter Eugene Debs sowie der Western Federation of Miners (WFM), bald unter der Führung von William Haywood.

1894: Der Streik der Eisenbahner und der ARU (»Pullman-Streik«) wird durch Bundestruppen und Verfügungsgesetze zerschlagen; die ARU-Führer landen im Gefängnis, die Organisation zerfällt.

1896: Ein harter, mehrmonatiger Arbeitskampf der WFM in Colorado endet mir einer Niederlage der Bergarbeiter; die WFM tritt aus der AFL aus aufgrund ausgebliebener Unterstützung.

1898: Die WFM initiiert eine neue Gewerkschaftszentrale im Westen der USA, was die Gründung der Western Labor Union zur Folge hat. Gründung der International Brotherhood of Teamsters, einer Transportarbeitergewerkschaft, die der AFL beitritt und trotz Berufsprinzip große Solidarität und Kampfgeist entwickelt.

1900: die Knights of Labor sind nach stetem Mitgliederschwund derart marginalisiert, dass sie als Gewerkschaft keine Rolle mehr spielen; offiziell existiert die Organisation noch bis 1949.

1901-02: Unternehmerverbände führen Großoffensive zur Durchsetzung von gewerkschaftsfreien Betrieben.

1901-04: Äußerst harte und militante Arbeitskämpfe der WFM, die zur radikalen Vorhut der amerikanischen Arbeiterbewegung avanciert.

1905: In Chicago konstituiert sich die militante revolutionäre Gewerkschaft Industrial Workers of the World (IWW) unter Federführung der WFM. Sie richtet sich vor allem gegen die Spaltung der Arbeiterklasse aufgrund der berufsständischen Organisierung in der AFL.

1908: Spaltung der IWW; unter der Führung Daniel DeLeons gründet sich eine autoritäre Spielart der IWW, die sogenannten Detroit IWW. In den eigentlichen IWW dominieren nun die Anhänger der direkten Aktion.

1909: Der 45 Tage dauernde Streik von McKees Rocks unter der Führung der IWW endet mit einem Sieg der Arbeiter und leitet eine Welle von radikalen Streiks ein.

1909-11: Free speech fights der IWW zur Verteidigung der Redefreiheit.

1912: Bread and Roses Strike in Lawrence; die IWW setzen für 25.000 TextilarbeiterInnen Lohnerhöhungen durch.

1913: IWW-Streik von 35.000 ArbeiterInnen in der Seidenindustrie von Patterson weitet sich zu einem lokalen Generalstreik aus.

1916: Streik der IWW in verschiedenen Stahlwerken erfasst 16.000 Arbeiter und erzielt Lohnerhöhungen und Arbeitszeitminderungen.

1917-18: Höhepunkt der IWW (knapp 150.000 Mitglieder); mit dem Kriegseintritt der USA beginnt eine bespiellose Repression gegen die IWW. Deportation und Verhaftung Tausender Wobblies brechen der Bewegung das Genick.

1919: Vergeblicher Streik der Bergarbeiter für den Sechsstundentag und die Fünftagewoche. Revolutionäre Auseinandersetzung in mehreren amerikanischen Städten.

Kommentierte Bibliographie: Pennsylvania 1909

»Internationale en miniature«

»Du erinnerst dich nicht an die Wobblies. Du warst zu jung. Oder noch nicht einmal geboren. Es hat niemals etwas Vergleichbares gegeben – weder davor noch danach.« (JAMES JONES, *Verdammt in alle Ewigkeit.*) Tatsächlich sind die IWW eine äußerst herausragende Erscheinung innerhalb der Arbeiterbewegung. Sowohl kulturell als auch politisch haben sie Anfang des 20. Jahrhunderts Akzente gesetzt, die bis heute ihre Spuren hinterlassen haben – auch wenn sie in der allgemeinen Erinnerung oftmals nicht ihrem Ursprung, den Wobblies eben, zugeordnet werden. Vergessen und Verschweigen hat auch dieses Kapitel der Geschichte in der offiziellen

Geschichtsschreibung stark verwässert. In der einschlägigen Arbeiterliteratur dagegen finden sich zahlreiche Episoden aus der Geschichte der IWW, zum Teil sind sie zum Stoff von Mythen geworden, verewigt in Liedern, Parolen und Motiven. Bekannt sind den IWW-Interessierten in erster Linie ihre Kämpfe wie z.B. der Bread-and-Roses-Streik von Lawrence, die Free-Speach-Fights oder die Arbeitslosenkämpfe. Weniger Bedeutung wird oftmals dem Streik von McKees Rocks zugemessen, obwohl dieser in der relevanten IWW-Literatur stets als Auftakt der Offensivphase der IWW angeführt wird. Darstellungen zum Streik selbst finden sich u.a. in den IWW-Standardwerken von MELVYN DUBOFSKY, *We Shall Be All. A History of the Industrial Workers of the World*, Chicago 1969, S. 198-208; und FRED THOMPSON & PATRICK MURFIN, *The I.W.W.: Its First Seventy Years (1905-1975). The History of an Effort to Organize the Working Class*, Chicago 1976, S. 41-4; sowie in: PHILIP S. FONER, *Die amerikanische Arbeiterbewegung von der Kolonialzeit bis 1945*, Berlin 1990, S. 207-11. Leider machen die Autoren zum Teil verschiedene bzw. ungenaue Angaben, was die Verlaufsdaten des Streiks und andere Zahlen betrifft. Zum Abgleich (allerdings etwas schwerer zugänglich) bietet sich deshalb an: JOHN N. INGHAM, »A Strike in the Progressive Era. McKees Rocks 1909«, in: *The Pennsylvania Magazine of History and Biography*, Nr. 90 (1966), S. 353-77. Für zeitgenössische Schilderungen empfehlen sich diverse Artikel von LOUIS DUCHEZ, die diese Entwicklung in Pennsylvania in der *International Socialist Review* 1909 begleitend dokumentierten (siehe Nrn. 3, 4 u. 5). (DUCHEZ war es auch, der die Streikenden als Miniatur-Internationale charakterisierte.) Sehr empfehlenswert ist weiterhin eine Arbeit von GISELA BOCK über die IWW, die wichtige Analysen des Streiks liefert, indem sie ihn unter den Aspekten der Klassenzusammensetzung und Arbeitsorganisation beleuchtet: *Die andere Arbeiterbewegung in den USA von 1909-1922. Die Industrial Workers of the World*, München 1976, S. 7-16 sowie (zur Einordnung unter Gesichtspunkten der Rationalisierung und Migration) S. 17-42. Zum Taylorismus speziell gibt es eine Unmenge von Literatur, angeführt sei an dieser Stelle deshalb nur das »Manifest« des Schöpfers selbst: FREDERICK W. TAYLOR, *Die Grundsätze wissenschaftlicher Betriebsführung*, Weinheim 1977 (Neuauflage des Originals von 1913). Für Hintergründe zum Angriff auf die Gewerkschaften im Stahlsektor siehe generell DAVID BRODY, *Steelworkers in America. The Non-Union Era*, Cambridge 1960. Als Einführung in die amerikanischen Klassenkämpfe, die für eine Einordnung der Streikwelle von 1909-13 in den größeren Kontext von Nutzen ist, empfiehlt sich: JEREMY BRECHER, *Streiks und Arbeiterrevolten. Amerikanische Arbeiterbewegung 1877-1970*, Frankfurt a.M. 1975, in dem andere große Kampfzyklen der amerikanischen Arbeiterklasse aufgearbeitet werden. Eine gute Einschätzung, welche Rolle die IWW im amerikanischen Klassenkampf spielte, der sich in einer »schärferen und extremeren Form als in irgendeinem anderen Teil der Welt« zeigte, lieferte bereits früh BERTRAND RUSSELL in seinem Kapitel »Die syndikalistische Revolte«, in: DERS., *Wege zur Freiheit. Sozialismus, Anarchismus, Syndikalismus*, Frankfurt a.M. 1971 (Neuauflage des Originals von 1918), S. 57-75. Über die IWW selbst liegt, zumindest im Englischen, eine große Anzahl von Literatur vor. Verwiesen sei deshalb nur auf die bereits genannten Titel von DUBOFSKY und BOCK, weiterhin von THOMPSON & BEKKEN (siehe unten) und PHILIP S. FONER, *History of the Labor Movement in the United States. Volume IV: The Industrial Workers of the World, 1905-1917*, New York 1965. (Holger Marcks)

Für eine Auseinandersetzung mit der Migrantenfrage in der amerikanischen Arbeiterbewegung des frühen 20. Jahrhunderts ist besonders nutzbringend: JAMES R. BARRETT, *Work and Community in the Jungle. Chicago's Packinghouse Workers, 1894-1922,* Champaign (Illinois) 1987. Das Buch ist eine äußerst reichhaltige Sozialgeschichte der Fleisch verpackenden Arbeiter und Arbeiterinnen Chicagos. Damit untersucht es zwar lediglich ein spezifisches Segment der amerikanischen Arbeiterklasse, doch mit großer Sorgfalt wird darin exemplarisch die Interdependenz von Ethnizität, »Rasse« (*race*) und Klasse aufgearbeitet. Eine Sammlung von Aufsätzen, die jeweils verschiedene Communties in der amerikanischen Arbeiterklasse behandeln, findet sich in: DIRK HOERDER (Hg.), *Struggle a Hard Battle. Essays on Working Class Immigrants,* DeKalb (Illinois) 1986. Zusammengenommen vermitteln diese Aufsätze ein gutes Bild vom Zusammenspiel zwischen rassifizierenden Kategorien und Klasse sowie den verschiedenen Weisen, in denen sich Immigranten sowohl innerhalb ihrer eigenen Community als auch über ethnische Grenzen hinweg organisierten, um sich gegen ihre Unterdrücker zur Wehr zu setzen. Zum konzeptuellen Gegensatz zwischen *business union* und revolutionärer Gewerkschaft siehe MELVYN DUBOFSKY, *Industrialism and the American Worker, 1865-1920,* Wheeling (Illinois), S. 98-121. Konkret zum Ansatz der IWW bezüglich der Migrantenfrage empfiehlt sich ihre offizielle Geschichte, verfasst von FRED THOMPSON & JON BEKKEN, *The Industrial Workers of the World. Its First 100 Years, 1905-2005,* Cincinatti 2006. Darin sind ihre berühmten Kämpfe ebenso wie ihre weniger bekannten dokumentiert, und es zeigt u.a. auf, wie sich die Organisierung von migrantischen Lohnabhängigen in der Praxis konkret darstellte und auswirkte. Eingehende bibliographische Anmerkungen verweisen auf die Tausenden von Artikeln und Büchern, die über die IWW verfasst wurden. Wichtige statistische Angaben zur sozialen Zusammensetzung der Bevölkerung dieser Zeit finden sich in: BUREAU OF THE CENSUS, *Thirteenth Census of the United States Taken in the Year 1910,* Washington, D.C. (Government Printing Office) 1913. (Jon Bekken)

Der umherschweifende Bierbrauer

WILLIAM E. TRAUTMANNS auf drei Bände angelegte Autobiographie *Fifty Years of War*, welche anhand seiner Lebenserfahrungen die Geschichte der amerikanischen Arbeiterbewegung von 1890-1940 schildert, blieb bis heute unveröffentlicht. Die WALTER P. REUTHER LIBRARY OF LABOR in Detroit, welche die historischen IWW-Archive beherbergt, besitzt lediglich das Manuskript zu Band II, »The Rise and Fall of the Industrial Workers of the World«, welches die Jahre von 1905 bis 1920 behandelt. Der Text wurde erst in den letzten Jahren der Vergessenheit entrissen, weil ein Doktorand darauf und auf TRAUTMANNS Roman »Riot« (siehe unten) seine Dissertation begründete: JAY MILLER, *Soldier of the Class War. The Life and Writing of William E. Trautmann*, Detroit 2000. TRAUTMANNS politisch-historisches Hauptwerk dagegen hat in US-Bibliotheken und Archiven überlebt und birgt möglicherweise einige Schätze: Sein Manuskript »America´s Dilemma« ist eine Abhandlung über Arbeiterräte und industrielle Demokratie; und 1937 verfasste er weiterhin »The power of Folded Arms and Thinking Bayonets«, das einen Überblick über Taktiken des passiven Widerstands in der Arbeitergeschichte liefert. Beide Werke fanden keinen Verlag. Andere seiner Texte werden bis heute, u.a. von den

IWW, vertrieben. Eine besondere Stellung nimmt dabei die Prinzipien-Erklärung des revolutionären industriellen Unionismus ein: *One Big Union – Industrial Workers of the World*, 8. überarb. Aufl., Philadelphia 2001. Der Nachdruck von TRAUTMANNS Broschüre »*Direct Action and Sabotage*« findet sich in folgendem Sammelband: ELISABETH GURLEY FLYNN, WALKER C. SMITH & WILLIAM E. TRAUTMANN, *Direct Action and Sabotage. Three Classic IWW Pamphlets from the 1910s*, Chicago 1997. Weiterhin erwähnt werden sollte Trautmanns literarische Arbeit von 1920, mit der er sich als fiktionaler Erzähler versuchte: sein Roman »Riot« (so der Titel des Manuskripts) erschien unter dem Titel *Hammers of Hell* und handelt vor dem Hintergrund des Streiks von McKees Rocks. Der Literaturwissenschaftler JAY MILLER ordnet ihn stilistisch unter »sozialem Realismus« ein – zwischen Edward Bellamys *Looking Backward* (1888) und Jack Londons *The Iron Heel* (1908). Das Buch hat keine größere Verbreitung gefunden, ist heute ebenfalls nur in Archiven auffindbar und wartet auf eine Übersetzung ins Deutsche. Über Trautmann selbst finden sich kleinere Passagen in: THOMPSON & BEKKEN (siehe oben), zu finden über Trautmanns Namen im Index; sowie in der schon genannten Studie von MILLER. Für ein Derivat von Millers Arbeit, dem noch ein paar Hintergrundinformationen durch einen neuseeländischen Wobbly hinzugefügt wurden, siehe JAY MILLER & MARK DERBY, »William E. Trautmann, New Zealand Wobbly«, *Industrial Worker*, Nr. 1689, Nov. 2006. Ansonsten gibt es zu Trautmann keine gesammelten Informationen, sondern nur Spuren, die er immer wieder hinterlassen hat. Hier wäre viel Raum für weitere Forschung. (Heiner Stuhlfauth)

2.
Ruhrgebiet 1919

»Große Zeiten kommen manchmal und finden kleine Menschen. Dann, wenn die Gelegenheit verpasst wird, geht das unter, was uns groß und mächtig machen konnte.«

Rudolf Rocker über die Ereignisse von 1919

Foto:Arbeiterunruhen in Hamborn am 10. Dezember 1918, Aufmarsch durch die Duisburgerstraße. (Die Hamborner Bergarbeiterbewegung gab wichtige Impulse für die Streikbewegung im Frühjahr 1919.)

Holger Marcks

Als die Gruben in Proletenhand

Die Streikbewegung 1919 im Ruhrgebiet

Es waren glanzvolle und tragische Tage zugleich, als Deutschland im Frühjahr 1919 von einer mächtigen Streikbewegung erfasst wurde. Während München auf die Räterepublik zusteuerte, entwickelten sich das Ruhrgebiet, Mitteldeutschland und Berlin zu den Zentren eines Großversuchs, das wirtschaftliche und gesellschaftliche Leben in die Selbstverwaltung zu überführen. Die zunächst nur sporadisch aufflackernden Aktionen der Arbeiterschaft gipfelten schließlich in regionalen Generalstreiks, wobei vor allem im Ruhrgebiet die Besetzung von Betrieben, ihre Selbstverwaltung durch die Arbeiter sowie die Reorganisation der Arbeit die hervorstechenden Merkmale des Streiks waren.

Zu Unrecht wird diese Bewegung neben dem sogenannten Spartakus-Aufstand, den Ereignissen um den Kapp-Putsch oder etwa den mitteldeutschen Kämpfen von 1921 häufig nur als Randbemerkung in den Annalen des Arbeiterkampfes geführt. Was sich hier offenbarte, war der Versuch, die soziale Revolution in Deutschland doch noch zum Erfolg zu führen, eine angestrebte »zweite Revolution«, die jenseits der Transformation politischer Herrschaft die kapitalistische Ordnung in ihren Grundfesten beseitigen sollte. Ungewöhnlich für die deutsche Geschichte, übernahmen die Arbeiterinnen und Arbeiter selbst die Initiative und zeigten eine impulsive Konsequenz durch die kollektive direkte Aktion: Vorgehensweisen und Visionen, die im vollständigen Widerspruch zu den staatsplanerischen Sozialisierungsvorstellungen der regierenden Sozialdemokratie standen – und dementsprechend von ihr bekämpft wurden.

Die Sozialisierungsfrage

Als infolge der Novemberrevolution Vertreter der Sozialdemokratischen Partei Deutschlands (als Mehrheitssozialisten auch als MSPD bezeichnet) und der Unabhängigen Sozialdemokratischen Partei (USPD) den Rat der Volksbeauftragten bildeten, wurden von der Sozialdemokratie Maßnahmen zur revolutionären Umgestaltung Deutschlands erwartet. Zwar erkannte die MSPD – aus koalitionsstrategischen Gründen – die politische Macht der Räte und eine revolutionäre Neuordnung zunächst an, doch die Sozialdemokratie setzte ihren Kurs als vermeintlich »revolutionäre, aber nicht Revolutionen machende Partei« fort. Ohne eine revolutionäre Strategie folgte sie ausschließlich der Partei- und Staatsraison und war von der Sorge erfüllt, »dass die Regierungsmaschine glatt läuft« (Otto Landsberg). Folge dieser Sachzwanglogik war ein ideenloser Pragmatismus, der sich auf das Abfassen von effektlosen Dekreten beschränkte.

Diese Crux offenbarte sich am deutlichsten in der Kernfrage der Revolution: der Sozialisierung der Wirtschaft. Im Dezember 1918 beauftragte der 1. Rätekongress die Regierung, »mit der Sozialisierung aller hierzu reifen Industrien, insbesondere des Bergbaus, unverzüglich zu beginnen«. Sogar Friedrich Ebert hielt offiziell an der Zielsetzung fest, »eine Sozialisierung unserer Industrie ... zur Durchführung zu bringen«. Doch im Rahmen einer »autoritär-bürokratischen Psychologie« (Rudolf Hilferding) der Volksbeauftragten gab es keine praktische Konzeption dafür. Die

Sozialisierungsfrage wurde schließlich entpolitisiert, als sie einer angeblichen Expertenkommission überwiesen wurde.

Innerhalb der USPD war man da schon weniger engstirnig. Anstelle von bürokratischen Modellideen staatlicher Planung und der Fiktion eines Staatssozialismus forderte z.B. Karl Kautsky eine Produzentendemokratie »sich selbst verwaltender Arbeiter«. Hierbei gab es jedoch nicht weniger Widersinnigkeiten in der Frage, wie denn die Sozialisierung nun durchzuführen sei. Feststellungen wie die des USPD-Theoretikers Ernst Däuming, Parteien seien u.a. mit dem Rätegedanken nicht vereinbar, bedeuteten implizit das Eingeständnis, dass die herkömmliche politische Arbeit der Partei(en) im revolutionären Prozess gar keine tragende Rolle spielen konnte. Wer sollte also die Sozialisierung durchführen, wenn nicht die Arbeiterinnen und Arbeiter selbst?

Durchbruch des Linksradikalismus

Dass die Hoffnung auf grundlegende Veränderungen durch die Regierung nichts weiter als eine bunte Illusion war, erkannten große Teile der Arbeiterklasse frühzeitig. Zudem erfuhr der sozialdemokratische Autoritarismus mit dem Austritt der USPD aus dem Rat der Volksbeauftragten und dem Eintritt Gustav Noskes eine weitere Steigerung. Die SPD machte ihrem Selbstverständnis als »Konkursverwalter des alten Regimes« (Friedrich Ebert) alle Ehre und führte das harte Regiment in der Wirtschaft aus der Kriegszeit weiter. Sie ließ Bürokratie und Militär in alter Tradition weiterarbeiten und war nicht in der Lage, eine Konzeption für die Neuordnung zu finden. Im Juni 1920 sollte dies der damalige Reichwirtschaftsminister Rudolf Wissell auf dem SPD-Parteitag schonungslos eingestehen, als er referierte:

»Wir haben doch nichts anderes getan, als das Programm fortgeführt, das von der kaiserlich deutschen Regierung ... schon begonnen worden war. Wir konnten den dumpfen Groll, der in den Massen steckt, nicht befriedigen, weil wir kein richtiges Programm hatten. ... Das innere Wesen der deutschen Kultur, das gesellschaftliche Leben, erscheint wenig verändert. ... Und das Volk glaubt ..., dass an die Stelle einer militärischen und bürokratischen Herrschaft einzelner nur eine andere getreten ist. ... Ich glaube, die Geschichte wird ... auch über uns in der Regierung hart und bitter urteilen.«

Wissell gehörte allerdings nur zu einer Minderheit, die sich zu solchen Einsichten durchringen konnte, die überwältigende Mehrheit der SPD blieb auch später noch auf Kurs und rechtfertigte die politische Praxis der Nachkriegsjahre: eine revolutionshinderliche Praxis, die auch von den Gewerkschaften mitgetragen wurde.

Die Führung der Zentralgewerkschaften hatte sich schon 1918 mit den Unternehmern zu einer Arbeitsgemeinschaft zusammengeschlossen, um die Ordnung zu garantieren und eine soziale Revolution zu verhindern. Zuvor hatte die Gewerkschaftsleitung die Kriegspolitik mitgetragen und in der Wirtschaft (z.B. in Form des Hilfsdienstgesetzes) umzusetzen versucht. Nun stellte sie sich auf den gleichen Standpunkt wie die SPD: Die Sozialisierung wurde bestenfalls theoretisch behandelt, mit der Schlussfolgerung, dass diese der helle Wahnsinn sei und der wirtschaftliche Wiederaufbau vorausgehen müsse – und dafür seien weitere Entbehrungen notwendig. »Sozialisierung« und »Störung« der Wirtschaft wurden quasi als identische Begriffe verwendet.

Doch während der Kriegszeit war den Arbeiterinnen und Arbeitern die Macht der Unternehmer in unverhüllter Weise klar geworden. Diese zumindest durch Mitbestimmung und Produktionskontrolle zu brechen, wurde zum proklamierten Minimalziel. Die Sozialisierungsvorstellungen wurden nun auch konkreter, da man sich jetzt nicht mehr auf eine »Reform von oben« verließ, sondern die Überwindung des Systems von unten anstrebte. Unter »Sozialisierung« wurden nun nicht mehr bürokratische Planungskonzepte verstanden, sondern die Selbstverwaltung der Betriebe.

Da in dieser Hinsicht von den Arbeiterparteien nichts zu erwarten und die Räte mehr oder minder gelähmt waren, blieben nur noch die Gewerkschaften zur Realisierung dieses Unterfangens. Zwar war von der Führung der großen Gewerkschaften ebenso wenig zu erwarten, doch immerhin war in den Gewerkschaften der progressivste und revolutionärste Teil der Arbeiterschaft organisiert. Hier gab es die Kapazitäten und die Erfahrung, um die Produktion zu übernehmen und zu steuern. Es lag auf der Hand: man musste innerhalb der Gewerkschaftsbewegung mit der Führung und den Traditionen brechen oder gar neue organisatorische Wege beschreiten.

Es geht was an der Ruhr

Schon Ende 1918 machten Teile der Arbeiterschaft im Ruhrgebiet – wie zum Teil schon während des Krieges – Lohnpolitik »auf eigene Faust«, indem Belegschaften ihren Arbeitgebern direkt Forderungen stellten oder gar in den Streik traten. Besonders die Hamborner Bergarbeiterbewegung setzte darin neue Maßstäbe und löste mit ihrem Beispiel eine Welle von Streiks aus, mit denen Bergarbeiter ihre Forderungen nach Zusatzzahlungen durchzusetzen versuchten. Zum Jahreswechsel nahm die Zahl dieser Streiks beachtliche Ausmaße an – doch im Großen und Ganzen standen sie zunächst nur im Zusammenhang konkreter Bedürfnisse. Dies änderte sich jedoch schlagartig, als am 18. Januar 1919 in einem Bergwerk bei Hörde die erste Belegschaft auf einer Versammlung den Sechsstundentag beschloss und anschließend die Zeche besetzte. Indem die Arbeiter eigenmächtig die Betriebsleitung absetzten, den Betrieb in Selbstverwaltung übernahmen und nun die Produktionsabläufe bestimmten, hatten sie die (partielle) Sozialisierung in Eigenregie vollzogen.

Dieses Beispiel entzündete ein Lauffeuer, und in den kommenden Tagen und Wochen besetzten bewaffnete Arbeiter im gesamten Ruhrgebiet ihre Zechen, setzten die Unternehmer auf die Straße und »expropriierten« die Bestände in den Geldschränken. Bis Mitte Februar standen fast 40 Zechen, ein beträchtlicher Teil der Betriebe im Kohlebergbau, unter ihrer Kontrolle und hatten die Sechsstundenschicht eingeführt. Die Bewegung griff auch auf andere Sektoren über, und wo die Unternehmer Widerstand leisteten, kam es zu ernsthaften Auseinandersetzungen, die sich über ganze Industriezweige ausbreiteten. Insbesondere die Metaller und Maurer befanden sich im Kampf, aber auch Künstler schlossen sich an, während sogar ein großer Teil der Intellektuellen, Techniker, Ingenieure, Chemiker usw. die Sozialisierungsbewegung unterstützte. Überhaupt fand über die einzelnen Betriebe hinaus ein beträchtliches Maß an gesellschaftlicher Interaktion statt: Die jeweiligen Betriebe und wirtschaftlichen Bereiche verfügten über ihre Produkte und planten den Austausch sowie ihre allgemeine Verteilung – soweit dies improvisatorisch möglich war. Auf diese Weise wurde ein recht ansehnliches Netz zur Versorgung der Bevölkerung geschaffen.

In zahlreichen Betrieben selbst wurden neue Produktionsmethoden bestimmt, das Akkordwesen abgeschafft, Arbeitszeiten neu geregelt und/oder die Verwaltung umgekrempelt. Vor allem das Sechsstundenprinzip setzte sich weitgehend durch. Dieses verfolgte nicht nur den Zweck, die vom Krieg erschöpften Arbeiter zu entlasten, es wurde auch betont, dass die neu gewonnene Zeit notwendig sei, um körperlich und geistig für die Revolution zu reifen.

Auch der Verantwortung für eine künftige bedarfsgerechte Arbeitsverteilung war man sich bewusst. Und so findet sich in den Resolutionen der Streikenden die Erklärung, dass die neuen Arbeitszeiten gestatten würden, die große Zahl an Arbeitslosen unterzubringen und damit die allgemeine Produktion zu erhöhen. Das sahen Regierung und Unternehmer allerdings anders und versuchten, die Aufständischen als eigennützige und verantwortungslose Wirrköpfe zu brandmarken, die die Wirtschaft des Landes ruinieren würden.

Eine Arie in schwarz-rot

Im realpolitischen Verständnis der Sozialdemokratie musste diese Bewegung zwangsläufig als verwerflich und illegitim erscheinen. Die direkten Aktionen und neuartigen Methoden erzeugten in ihren Reihen pures Unbehagen und stießen auf vollkommenes Unverständnis. In ihrem Welt- und Menschenbild waren politische Prozesse jenseits der staatlichen Wege undenkbar, Umwälzungen dieser Art per se chaotisch und destruktiv. So wurden die Streikaktionen ihrerseits auch als »spartakistische Aufwiegelung« eingeschätzt, anstatt als Methode gesellschaftlicher Veränderung. Was für sie eine Zersetzung darstellte, waren in Wirklichkeit originär syndikalistische Methoden beim konstruktiven Aufbau einer neuen Gesellschaft.

Dementsprechend kann die Streikbewegung auch als syndikalistisch betrachtet werden, zumindest wies sie einen dezidierten Einschlag dieser Art auf. D.h. nicht, dass die Teilnehmenden durchgängig bekennende Syndikalisten waren. Ebenso war die Vorläuferorganisation der anarchosyndikalistischen Freien Arbeiter-Union Deutschlands (FAUD), die Freie Vereinigung deutscher Gewerkschaften (FVdG), nicht die ausschließliche Trägerin der Bewegung.

Zweifellos aber waren die Syndikalisten ein maßgeblicher Faktor: Ihre Agitation gab entscheidende Impulse für den Ausbruch der Bewegung, während die FVdG zu einer Massenorganisation anwuchs und die Bewegung entscheidend mitprägte. Tatsächlich bewirkte der massenhafte Austritt aus den anderen Organisationen eine (kurzfristige) Hinwendung zum Syndikalismus in der Arbeiterbewegung des Ruhrgebietes. Darüber hinaus gab es aber auch noch einen starken Trend unter den Arbeitern, innerhalb der eigenen Gewerkschaft die lokalen Führungsriegen »abzusägen«, um sich gewissermaßen zu verselbstständigen und auf neue Methoden zu setzen. Auch schlossen sich viele Ausgetretene keiner gewerkschaftlichen Organisation an, und viele Arbeiter ohne vorherige Organisationsbindung behielten diesen Status bei. Das war jedoch kein Hindernis, sich aufs Neue zu politisieren und die Kampfformen zu übernehmen, die sich nun in der Bewegung manifestierten – und die waren nun mal, aufgrund ihres direkten Charakters, der Definition nach syndikalistisch. Viele waren sich wohl darüber so wenig im Klaren wie die Regierung, die eigentlich gar nicht wissen wollte, wen und was sie da in die Pfanne zu hauen beabsichtigte.

Reaktionäre Paukenschläge

Mit dem Einschlagen des »Noske-Kurses« begründete die Regierung eine ganze Tradition im Umgang mit der revolutionären Arbeiterschaft. Die neue Regierungskoalition aus SPD, Liberalen und Zentrum startete eine Neuauflage der »Burgfriedenspolitik« und bewilligte neue »Kriegskredite« – diesmal gegen den Feind im Inneren. Benannter Gustav Noske erklärte sich schon anlässlich des Spartakus-Aufstandes bereit, die Rolle des »Bluthundes« zu übernehmen und setzte die reaktionären Freikorps, das spätere Rekrutierungsbecken von SA und SS, gegen die Aufständischen ein. Ohne zu kleckern, verfuhr er ähnlich mit der Streikbewegung an der Ruhr.

Nachdem am 18. Februar der regionale Generalstreik ausgerufen wurde, konnte dieser nach nur drei Tagen Dauer gebrochen werden. Dasselbe gilt für die Generalstreiks in Mitteldeutschland (24. Februar bis 4. März) und Berlin (begonnen am 3. März und mit dem berüchtigten März-Massaker am 9. März gescheitert). Die Generalstreiks schon frühzeitig und nacheinander niederkämpfend, konnten so die Truppen konzentriert eingesetzt und verhindert werden, dass sich die Bewegung aus der regionalen Zersplitterung hin zu einer landesweiten, machtvollen Erscheinung entwickelt.

Im Ruhrgebiet war indes der Belagerungszustand verhängt worden. War die Bewegung zwar in ihrer Gesamtheit gebrochen, so waren zahlreiche Bergarbeiter jedoch nicht zur Kapitulation bereit. Sie setzten den Kampf fort, führten den »Generalstreik« fast allein weiter und stellten sich der Auseinandersetzung. Erst Mitte Mai brach die Streikfront vollständig zusammen. Kurioserweise konnten sich jedoch vereinzelte Zechen noch bis Anfang 1920 halten.

Zwar hatten die Arbeiterinnen und Arbeiter aus den Ereignissen von 1919 viel gelernt, woraus sie Konsequenzen ziehen konnten. – So gingen sie an der Ruhr im März 1920, im Zuge des Kapp-Putsches, abermals in die Offensive und setzten ihr neu gewonnenes Wissen ein. Doch auch wenn es dabei in mancher Hinsicht zu noch erstaunlicheren revolutionären Veränderungen kam, die eine Zeit lang militärisch gegen Freikorps und Reichswehr behauptet wurden – die Auseinandersetzungen von 1919 waren bereits eine Art Vorentscheidung im Kampf um die soziale Revolution.

Helge Döhring

Ruhr 1919: Syndikalisten im Streik

Der rasche Aufstieg des Syndikalismus im Ruhrgebiet

Gegen die Ausrufung des Belagerungszustandes und den Terror der Militärverbände unter Leitung von Gustav Noske beschloss eine Delegiertenkonferenz der revolutionären Bergarbeiter im April 1919 die Weiterführung des ruhrgebietsweiten Bergarbeiterstreiks, welcher fortan auch die »Notstandsarbeiten« umfassen sollte. Zentrale Forderung war die Verhandlungshoheit seitens der revolutionären Arbeiterschaft entgegen den Bestrebungen der Zentralgewerkschaften. Diesen wurde das Recht abgesprochen, im Namen der Arbeiterschaft zu verhandeln. Stattdessen sollten die Vollmachten hierzu einem Zentralzechenrat (»Neunerkommission«) übertragen werden. Anfang April standen an Rhein und Ruhr 238 Schachtanlagen mit 381.000 Bergarbeitern im Streik. Die effizientesten Streiks fanden dabei in den syndikalistischen Hochburgen Mülheim (ca. 7.000 Syndikalisten) und Hamborn (ca. 9.600 Syndikalisten) statt.

Noch im selben Monat reagierten die »Noskegarden« mit dem Sturm auf eine Vertrauensmännerversammlung in Mülheim. Gewehrschüsse und durch die Fenster geworfene Handgranaten töteten zwei Delegierte, 155 anwesende Arbeiter wurden verhaftet. Insgesamt waren von den Verhaftungswellen bis Mai 1919 3.500 gewählte Vertrauensmänner betroffen. Ein Folgetreffen erhob schließlich fünf zentrale Forderungen, die den Ernst der Situation verdeutlichen: 1. Freigabe der politischen Gefangenen; 2. Bestrafung der Schuldigen; 3. Bezahlung der Streikschichten; 4. Verweigerung jeglicher Notstandsarbeiten; 5. Sofortige Auflösung des Freikorps Schulz.

Kurze Blüte des Syndikalismus

Das Rheinland und das Ruhrgebiet boten aufgrund des hohen Industrialisierungsgrades bei gleichzeitigem Organisationsdefizit seitens der Zentralgewerkschaften einen günstigen Nährboden für den Aufstieg des Syndikalismus zu einer Massenbewegung mit knapp 80.000 Mitgliedern in der Region im Jahre 1919. Zum Vergleich: die Reichsorganisation der Freien Vereinigung deutscher Gewerkschaften (FVdG) zählte inklusive dieser 80.000 insgesamt 111.675 Mitglieder.

Berichte im FVdG-Organ *Der Syndikalist* sowie von Delegierten aus der Region zum 12. Kongress der FVdG Ende 1919 lassen sich wie folgt zusammenfassen (alle folgenden Zitate sind der Zeitung oder dem Kongressprotokoll entnommen):

Seit Beginn des Jahres 1919 unterlagen die Syndikalisten und Syndikalistinnen aufgrund ihrer Sozialisierungsbestrebungen im gesamten Ruhrgebiet starken Verfolgungswellen seitens der Staatsgewalt. »Der Belagerungszustand dauert ewig bei uns«, hieß es aus Dortmund. In vielen Gegenden konnten über ein halbes Jahr nicht einmal Mitgliederversammlungen abgehalten werden: »Wenn unsere Genossen sich mucksen, dann gehen sie hoch.« Dennoch wuchs auch hier, besonders im Bergbau, die Bewegung enorm an (mit wöchentlich neuen Zahlstellen) auf insgesamt 40 Ortsvereine und etwa 9.300 Mitglieder. In Oberhausen hatte das Bürgertum die Syndikalisten stets als Schreckgespenst vor Augen: »Die Syndikalisten scheinen im Oberhausener Bezirk so erstarkt, dass 30.000 Bergarbeiter ... mit dem Streik drohten. Ohne die Notstandsverordnung sei es unmöglich gewesen, die Stilllegung der Zechen zu hindern.« Die Anzahl der Mitglieder der FVdG stieg in Oberhausen von 240 im April 1919 auf 1.400 gegen Ende des Jahres. In Hamborn war sogar der größte Teil der Arbeiterschaft (ca. 9.600 Mitglieder) bereits syndikalistisch organisiert. Hier galt der Belagerungszustand als »Ideal des sozialdemokratischen Zuchthausstaates« nur für die FVdG, während andere Arbeiterorganisationen Versammlungsfreiheit genossen.

Zum Belagerungszustand in Mülheim nur soviel: Das bloße Beschaffen von Beitragsmarken fand hier unter Lebensgefahr statt. Hier trat die FVdG auch als Kulturbewegung in Erscheinung. Auf einer Versammlung hatte Rudolf Rocker »über »deutsche Kultur« gesprochen, wie es jedenfalls die Mülheimer Hautevolee niemals vorher gehört hatte, so dass sie zuletzt überhaupt nicht mehr wussten, ob sie Deutsche oder nicht Deutsche waren«.

Die etwa 400 Mitglieder der Freien Vereinigung aus Essen waren bis August organisatorisch der Mülheimer FVdG angeschlossen. So verloren sie im Agitationswettlauf mit der kommunistischen Allgemeinen Arbeiter-Union (AAU) mangels Selbstständigkeit an Boden. Die AAU konnte von diesem organisatorischen Defizit reichlich profitieren und ihr eigenes Süppchen mit den von Syndikalisten gesammelten Streikgeldern kochen.

In Duisburg lag der Vorteil der FVdG – mit insgesamt ca. 13.000 Mitgliedern – in der Schachtorganisation, wo einmal innerhalb von acht Tagen 1.500 Mitglieder gewonnen werden konnten. In Bochum bildete sich dagegen erst im November 1919 eine Freie Vereinigung heraus, welche aber bis Ende des Jahres bereits 2.300 Mitglieder zählte. Auch in den »schwärzesten Orten«, so Moers, Krefeld (ca. 900 Mitglieder), Viersen (ca. 100) und Mönchengladbach (ca. 750), entstanden syndikalistische Ortsvereine.

Schlussbetrachtung

Die syndikalistische Bewegung hatte es im Ruhrgebiet mit zahlreichen Widrigkeiten zu tun. Dazu gehörten im Jahre 1919 die betrieblichen Auseinandersetzungen mit den Kapitalisten, die flankierenden staatlichen Terrormaßnahmen (Belagerungszustand) und die konkurrierenden zentralistischen Arbeiterorganisationen von Sozialdemokraten und Kommunisten. Letztere streuten gar gezielt Verleumdungen und Desinformationen. Zunächst mussten auch die Syndikalisten noch auf die kommunistische *Freiheit* als Organ zurückgreifen. Da diese sich jedoch seit 1919 zunehmend gegen den Syndikalismus positionierte, fassten die Syndikalisten die Gründung einer eigenen Tageszeitung ins Auge, welche ab 1921 unter dem Namen *Die Schöpfung* erscheinen sollte.

Im Verbund mit den Unternehmern wurden nach Massenentlassungen bevorzugt Mitglieder der christlichen und sozialdemokratischen Gewerkschaften wieder eingestellt, um die Freie Vereinigung zu marginalisieren. Die Syndikalisten waren auf sich allein gestellt und konnten gerade in finanzieller Hinsicht nur auf die Kraft der Arbeitersolidarität in Form von Spenden und Solidaritätsstreiks vertrauen. Obgleich die Anbindung zur reichsweiten FVdG gestört war, festigte sich der organisatorische Zusammenhalt. Dennoch schafften es die Syndikalisten in den meisten Orten nicht, die Neumitglieder fester in die Organisation zu integrieren. Die meisten wanderten nach wenigen Jahren wieder zu anderen, zumeist kommunistischen Arbeiterorganisationen ab.

Rudolf Rocker, ein Kopf der internationalen syndikalistischen Arbeiterbewegung, betonte gegenüber der Situation im Ruhrgebiet, es komme weniger auf ein schnelles Anwachsen der Organisation an, als auf die gründliche Integration neuer Mitglieder:

»Auch die Freie Vereinigung deutscher Gewerkschaften hat eine lange aber konsequente Entwicklung durchmachen müssen, ehe sie sich von den sozialdemokratischen Irrgängen freimachte und folgerichtig zum Syndikalismus kam. Offen gesagt, freue ich mich darüber, dass dieser Entwicklungsgang so langsam vonstatten gegangen ist. Die schnellen Entwicklungen taugen in der Regel nicht viel. Es gilt da dasselbe, wie beim einzelnen Menschen. Ein einzelner Mensch, der von einem Grundsatz schnell zum anderen überspringen kann, an dem ist meist nicht viel gelegen, aber wer sich schwer zu einer anderen Ansicht durchringt, von dem können wir eher voraussetzen, dass das Neue ihm ernst ist. So ist es auch mit der syndikalistischen Bewegung in Deutschland.«

Jenes Jahr 1919 war die historische Schnittstelle, um entgegen kapitalistischer Herrschaft eine freie Gesellschaft aufzubauen. Was die Arbeiterschaft in Deutschland aufgrund der vorherrschenden zentralistischen Orientierung verpasste, in ihrem Sinne neu zu gestalten, sollte sich mit dem Aufstieg des Nationalsozialismus bitter rächen. Rudolf Rocker erkannte dies und prophezeite Ende 1919 den syndikalistischen Reichskongressdelegierten:

»Nichts muss kommen! Alles, was heute besteht, kann untergehen. Wir können einer höheren Kultur entgegengehen, aber auch dem Abgrund. Große Zeiten kommen manchmal und finden kleine Menschen. Dann, wenn die Gelegenheit verpasst wird, geht das unter, was uns groß und mächtig machen konnte. Das vergessen Sie nicht.«

Klaus Weller

Carl Butterweg und die »Kommune von Dortmund«

Ein Anarchist und Gewerkschafter als Exponent der radikalen Arbeiterbewegung in Deutschland

Die Kumpels im Ruhrgebiet waren mehr als unzufrieden, damals im Januar 1919. Trotz »Revolution« und SPD/USPD-Regierung hatte sich die Lage in den Zechen nicht verändert: Überstunden, niedrige Löhne, Rationierung der Lebensmittel, aber fette Gewinne für die Unternehmer. So konnte das nicht weitergehen!

Am 19. Januar besetzte die Belegschaft der Zeche »Admiral« bei Dortmund-Hörde als erste ihren Betrieb. Der Sechsstundentag wurde ausgerufen, die alten Betriebsräte wurden abgesetzt und die Verwaltung von den Arbeitern kontrolliert. Das Beispiel machte schnell Schule. Im ganzen Revier besetzten bewaffnete Arbeiter ihre Zechen, vertrieben die Bosse und übernahmen ihre Betriebe in Selbstverwaltung.

Einer der Kumpels war Carl Butterweg, Hauer in besagter Zeche »Admiral«, Vater von vier Kindern, Anarchist und Gewerkschafter, bei den Kollegen angesehen und beliebt. Über sein Leben ist relativ wenig bekannt. Das wenige, das wir wissen, ist in Polizeiakten überliefert: Geboren wurde er am 18. Oktober 1883 als Sohn von Christian und Wilhelmine Butterweg. Er trat früh der Freien Vereinigung der Bergarbeiter bei, einem Teil der sogenannten »Lokalisten«. 1901 als Freie Vereinigung deutscher Gewerkschaften (FVdG) konstituiert, sollte sich später daraus die anarchosyndikalistische Freie Arbeiter-Union Deutschlands (FAUD) entwickeln.

Bedingt durch die praktischen Erfahrungen mit Streiks, Betriebsbesetzungen und Selbstverwaltung radikalisierten sich immer mehr Arbeiterinnen und Arbeiter im Revier. Die Anarchisten bzw. Anarchosyndikalisten, seit über vierzig Jahren stets im Schatten der Sozialdemokratie, waren über Nacht zur dominierenden Kraft geworden. Überall wurden Orts- und Betriebsgruppen gegründet. Im November 1919 soll die Freie Vereinigung allein in Dortmund ca. 12.000 Mitglieder gehabt haben. Neben den direkten Kämpfen in den Betrieben organisierten Anarchosyndikalisten zusammen mit anderen linken Gruppen Demonstrationen und Massenkundgebungen und setzten sich für die generelle Übernahme der Produktionsmittel durch »die Gesamtheit« ein. Zum Teil kam es zu bewaffneten Auseinandersetzungen mit Reichswehr und Freikorps, das Kriegsrecht wurde ausgerufen.

Zwar waren die Kämpfe im Ruhrgebiet 1919 schließlich weitestgehend erstickt worden, doch damit war die Sache noch nicht gegessen. Am 13. März 1920 putschte dann der rechtsradikale Politiker Wolfgang Kapp, unterstützt von Teilen der Reichswehr. Die Regierung floh, die Putschisten marschierten auf die Hauptstadt und auf das Ruhrgebiet. Um dem Putsch zu begegnen, wurde im ganzen Reich der Generalstreik ausgerufen. Im Ruhrgebiet bewaffneten sich Arbeiter und stellten sich als »Rote Ruhr Armee« den putschenden Einheiten entgegen. Nach fünf Tagen hatte der Spuk ein Ende, der rechte Aufstand war von den Arbeitern niedergeschlagen worden.

Doch mittlerweile hatte sich wieder einiges getan, an der Front und im Hinterland. »Vollzugsausschüsse« hatten sich gebildet, die das Leben neu organisierten, die

Verwaltung der Betriebe und Gemeinden übernahmen. Das revolutionäre Fieber, das weiter unter der Oberfläche gesiedet hatte, erfasste das ganze Ruhrgebiet diesmal umso stärker. Die Menschen merkten, dass sie ihr Leben selbst regeln konnten, ohne Chef und Staat. Ein freies Leben war möglich geworden, mitten im Deutschen Reich.

Dass ein derartiges Experiment nicht geduldet werden konnte, versteht sich fast von selbst. Achtzehn Tage nach ihrem Entstehen wurde die »Kommune von Dortmund« blutig niedergeschlagen. Die sozialdemokratische Regierung ging mit Reichswehr und Freikorpsverbänden erneut gegen die Arbeiterinnen und Arbeiter vor. Männer, Frauen und Kinder wurden niedergemetzelt, der Traum von Selbstverwaltung und Rätedemokratie im Blut ertränkt.

Dass es überhaupt zu diesen Entwicklungen kam und die soziale Revolution in Deutschland doch noch für eine kurze Zeit greifbar wurde, ist nicht unwesentlich der Agitation anarchosyndikalistischer Kumpels zu verdanken – solchen Genossen wie Carl Butterweg eben. Als Syndikalist der ersten Stunde, versiert in den Fragen radikaler Gewerkschaftsarbeit, war es ihm möglich, den anderen die Konzepte von Selbstverwaltung und einer menschenwürdigeren Gestaltung der Arbeit nahe zu bringen. Die Kollegen, desillusioniert über die vorherrschenden Strategien in der Arbeiterbewegung, nahmen diese Gedanken dankbar auf. Carl Butterweg sprach eine Sprache, die wohl zu keiner anderen Zeit so gut verstanden wurde. So vermerkt ein Spitzelbericht, dass es »in erster Linie auf die äußerst rege agitatorische Tätigkeit des Bergmanns Butterweg zurückzuführen« ist, dass in der Zeche »Admiral« jener Funke zünden konnte, der den wohl bemerkenswertesten Kampfzyklus der deutschen Arbeiterbewegung auslöste. Über ein Jahr war die soziale Revolution eine sehr reale Möglichkeit in Deutschland.

Die deutsche Arbeiterbewegung

Vom Sozialistengesetz bis zur Märzrevolution 1920

1878: Verabschiedung des Sozialistengesetzes; Unterdrückung der Organisationstätigkeit und Agitation der Sozialdemokratie sowie starke Restriktion der gewerkschaftlichen Tätigkeit. Das Gesetz wurde in der Folgezeit alle zweieinhalb Jahre bestätigt.

1883-89: Einführung staatlicher Sozialversicherungswerke unter Reichskanzler Bismarck zur Befriedung der Arbeiterklasse und Untergrabung des sozialistischen Einflusses.

1886: Beginn der Spaltungstendenzen in der Gewerkschaftsbewegung zwischen sog. Lokalisten und Zentralisten.

1889: Streikwellen in den Industriezentren, vor allem von den Bergleuten getragen. Die Streikenden müssen zum Teil Niederlagen einstecken, jedoch werden die Grundlagen für verbindlichere Organisationsformen gelegt.

1890: Fall des Sozialistengesetzes. Beginn der Auseinandersetzungen in der SPD zwischen der Opposition der sog. »Jungen« (antiparlamentarische Sozialdemokratie) und den Vertretern des Parlamentarismus.

1890-92: Zentralisierung der freien Gewerkschaften durch Schaffung von Zentralverbänden; die Lokalisten bilden in Opposition dazu einen eigenen organisatorischen Zusammenhang heraus.

1891: Erfurter Programm der Sozialdemokratie; Aufstieg zur Massenpartei der Arbeiterschaft. Herausbildung christlicher Gewerkschaftsorganisationen.

1893: Ein Teil der Bewegung der »Jungen« wendet sich dem Anarchismus zu und spaltet sich endgültig von der Sozialdemokratie ab.

1897: Festigung des organisatorischen Zusammenschlusses der Lokalisten.

1899: Erster Kongress der christlichen Gewerkschaften. Die freien Gewerkschaften sprechen sich definitiv für die Durchsetzung des Tarifvertragswesens aus.

1901: Organisatorische Konstituierung der Lokalistenbewegung als Freie Vereinigung deutscher Gewerkschaften (FVdG).

1903-04: Streikbewegung im Crimmitschauer Textilgebiet.

1905: Die freien Gewerkschaften sprechen sich gegen das Konzept des Massenstreiks aus.

1905-06: Massive Streikbewegung der Bergleute im Ruhrgebiet.

1908: Die FVdG gibt sich ein betont revolutionär-syndikalistisches Programm.

1910: Großer Streik in den Hamburger Werften. Die Mitgliederzahl der freien Gewerkschaften überschreitet die Zweimillionenmarke.

1912: Die SPD erhält erstmals über 35% der Wählerstimmen, bleibt jedoch weiterhin ohne Einfluss auf die Staatsmacht.

1913: Die Mitgliederzahl der SPD steigt auf über eine Mio.

1914: Sozialdemokratie und freie Gewerkschaften schließen »Burgfrieden« mit Staat und Unternehmern; Hinwendung zum Konzept des »Kriegssozialismus«. Verbot der FVdG.

1915: Einrichtung eines Kriegsausschusses als Kooperationsorgan von Gewerkschaften, Militärbehörden und Unternehmern zur Eindämmung von wilden Streiks in der Metallindustrie.

1916: Gesetz über den »Vaterländischen Hilfsdienst«; staatliche Anerkennung der Gewerkschaften. Gleichzeitig Ausweitung der Opposition gegen die Burgfriedenspolitik in der Arbeiterschaft. Herausbildung des »Spartakusbundes«.

1917: Gründung der Unabhängigen Sozialdemokratie (USPD); Streikbewegungen in der Arbeiterschaft.

1918: Massenstreiks gegen den Krieg. Parlamentarisierung von oben, revolutionäre Bewegung von unten. Ende des Obrigkeitsstaates und Kriegsende. Ausrufung der Republik und zunächst provisorische Regierung der Volksbeauftragten (SPD/USPD) bei gleichzeitiger Rätebewegung. Zentrale Arbeitsgemeinschaft (ZAG) zwischen Gewerkschaften und Unternehmern zur Eindämmung revolutionärer Unruhe. Gründung der Kommunistischen Partei Deutschlands (KPD). Reorganisation der FVdG.

1919: Parlamentarisierung (Weimarer Verfassung) anstatt Festigung und Ausweitung der Rätestruktur; Friedrich Ebert (SPD) wird Reichspräsident. Die Generalstreiks mit revolutionärer Zielsetzung im Ruhrgebiet, in Mitteldeutschland und Berlin werden durch den Einsatz von Freikorps gebrochen; die Bayrische Räterepublik wird militärisch niedergeschlagen. Umbenennung der FVdG in Freie Arbeiter-Union Deutschlands (FAUD); sie vereinigt ca. 110.000 Mitglieder und gibt sich ein anarcho-syndikalistisches Programm. Gründung des Allgemeinen Deutschen-Gewerkschaftsbundes (ADGB) als Dachverband der freien Gewerkschaften (über zwei Mio. Mitglieder).

1920: Putschversuch reaktionärer Militärs, sog. »Kapp-Putsch«; Ausrufung des Generalstreiks und Bildung der »Roten-Ruhr-Armee« (stark anarchistisch geprägt). Die Märzrevolution im Ruhrgebiet wird blutig niedergeschlagen. Massenstreiks in vielen Bereichen. Das Betriebsrätegesetz wird verabschiedet. Vereinigung der USPD mit der KPD.

(Fortsetzung siehe Chronologie in Kapitel 6)

Als die Gruben in Proletenhand

Über die revolutionäre Nachkriegszeit gibt es zwar eine fast unübersehbare Menge an Literatur, allerdings beschränkt diese sich i.d.R. »nur« auf die allseits bekannten Erscheinungen, wie z.B. die Rätebewegung, die Münchner Räterepublik, den Spartakus-Aufstand, die Märzkämpfe von 1920 oder den Mitteldeutschen Aufstand. Die Streikbewegung von 1919 ist dagegen kaum bekannt und dementsprechend recht dürftig aufgearbeitet worden. So gibt es keine wissenschaftliche Darstellung, die sich ausführlich mit den Ereignissen im Speziellen beschäftigt, während die Versuche einer allgemeinen Einordnung dieser Ereignisse in den Gesamtzusammenhang, d.h. in die Entwicklung der deutschen Arbeiterbewegung, ebenfalls sehr bruchstückhaft ausfallen. Eine einigermaßen brauchbare Kurzdarstellung der allgemeinen Entwicklung und des politischen Kontexts findet sich aber in: ARNO KLÖNNE, *Die deutsche Arbeiterbewegung. Geschichte – Ziele – Wirkungen*, Düsseldorf/Köln 1980, S. 153-86. Hilfreich für ein besseres Verständnis ist außerdem KARL-HEINZ ROTHS Analyse dieser Phase der deutschen Klassengeschichte, *Die »andere« Arbeiterbewegung und die Entwicklung der kapitalistischen Repression von 1880 bis zur Gegenwart. Ein Beitrag zum Neuverständnis der Klassengeschichte in Deutschland*, München 1974, S. 55-80. Hinsichtlich der Rolle der Sozialdemokratie und ihres opportunistischen politischen Kurses empfiehlt sich: DETLEF LEHNERT, *Sozialdemokratie zwischen Protestbewegung und Regierungspartei 1848-1933*, Frankfurt a.M. 1983, insbes. S. 119-31; sowie HEINRICH AUGUST WINKLER, »Revolution als Konkursverwaltung«, in: JOHANNES WILLMS (Hg.), *Der 9. November. Fünf Essays zur deutschen Geschichte*, München 1995, S. 11-32; wobei aber vor allem Winklers Interpretationen mit Vorsicht zu genießen sind. Was die Sozialisierungsvorstellungen der USPD betrifft, so siehe KARL KORSCHS programmatische Schrift *Was ist Sozialisierung?*, Hannover 1919. Zum Charakter der Streikbewegung im Speziellen siehe die relevanten, jedoch sehr spärlichen Passagen im schon erwähnten Buch von KLÖNNE. Weitere kleine Fragmente finden sich in: RICHARD MÜLLER, *Geschichte der deutschen Revolution. Band III: Bürgerkrieg in Deutschland*, Berlin 1979; sowie ARTHUR ROSENBERG, *Entstehung und Geschichte der Weimarer Republik*, Frankfurt a.M. 1988. Brauchbarere Passagen, leider chronologisch etwas zusammenhangslos, finden sich in den Standardwerken zum deutschen Anarchossyndikalismus, so z.B. an verschiedenen Stellen in: HARTMUT RÜBNER, *Freiheit und Brot: Die Freie Arbeiter-Union Deutschlands. Eine Studie zur Geschichte des Anarchosyndikalismus*, Berlin/Köln 1994, sowie ANGELA VOGEL, *Der deutsche Anarchosyndikalismus. Genese und Theorie einer vergessenen Bewegung*; und etwas zusammenhängender in: HANS MANFRED BOCK, *Syndikalismus und Linkskommunismus von 1918-1923. Ein Beitrag zur Sozial- und Ideengeschichte der frühen Weimarer Republik*, Darmstadt 1993, S. 110-21. Eine relativ empfehlenswerte Darstellung findet sich in einem leider nur auf Englisch vorliegendem Buch: JÜRGEN TAMPKE, *The Ruhr and Revolution. The Revolutionary Movement in the Rhenish-Westphalian Industrial Region, 1912-1919*, London 1979. Besonders wertvoll für weitergehende Einblicke in die Zusammenhänge sind zudem diverse Dokumente in: HANS MAGNUS ENZENSBERGER u.a. (Hg.), *Klassenbuch 2. Ein Lesebuch zu den Klassenkämpfen in Deutschland 1850-1919*, Darmstadt/Neuwied 1972, so z.B. zur reaktionären Rolle der Gewerkschaftsführung HANS VON RAUMERS »Unternehmer und Gewerkschaften« (S. 201-4) und RICHARD MÜLLERS »Arbeiterräte und Gewerkschaften« (S. 214-6) sowie zur Aufstandsbekämpfungspolitik GUSTAV NOSKES Schilderung seiner Ernennung zum »Oberbefehlshaber«, abgedruckt unter dem Titel »Einer muss der Bluthund werden« (S. 219-20). – »Den Wortlaut der mir erteilten Vollmachten habe ich nie gelesen und die Bestallung als Oberbefehlshaber nie in der Hand gehabt« (Zitat NOSKE). Für weitere Impressionen empfiehlt sich zudem die vom WDR produzierte neunteilige Fernsehserie *Rote Erde* von 1983, insbes. Teil 9, der die Phase der Grubenbesetzungen im Ruhrgebiet und den unüberwindbaren Gegensatz zwischen den radikalisierten ArbeiterInnen und der regierenden Sozialdemokratie zum Thema hat. (Holger Marcks)

Ruhr 1919: Syndikalisten im Streik

Dieser Beitrag speist sich direkt aus dem Quellenstudium und fördert daher Geschichte aus erster Hand hervor. Der Autor bediente sich zweier Quellen: Zum einen dem »Protokoll über die Verhandlungen vom 12. Kongress der Freien Vereinigung deutscher Gewerkschaften«. Dieser Kongress fand Ende des Jahres 1919 statt, und dort berichteten Syndikalisten aus dem Ruhrgebiet in einem gewissen zeitlichen Abstand zum Geschehen, was einen höheren Reflexionsgrad ihrerseits zuließ. Als Teil einer Ansprache auf dem Kongress finden sich hier auch die Zitate Rudolf Rockers. Berichte von Beteiligten, welche von größerer zeitlicher Nähe zum Geschehenen geprägt waren, finden sich in der zweiten Quelle, *Der Syndikalist*, dem wöchentlich erscheinenden Hauptorgan der FREIEN VEREINIGUNG DEUTSCHER GEWERKSCHAFTEN. Zusammen bilden beide Quellen die beste Reichhaltigkeit, um die Geschichte aus der Sicht der Syndikalisten anschaulich zu rekonstruieren, was angesichts einseitiger sozialdemokratischer und kommunistischer Geschichtsschreibung geboten ist. Zugänglich sind das Kongressprotokoll wie auch der *Syndikalist* in Staatsarchiven und Universitätsbibliotheken, bspw. in Bremen. (Helge Döhring)

Carl Butterweg und die »Kommune von Dortmund«

Die Beschreibung der Person Carl Butterwegs basiert auf dem Kapitel »Sechs Stunden Arbeit« des Buches von HORST STOWASSER, *Leben ohne Chef und Staat. Träume und Wirklichkeit der Anarchisten*, 3. Aufl., Berlin 2003, S. 135-63. Die Originale der dort abgedruckten Dokumente sowie weitere Belege aus dieser Zeit befinden sich im anarchistischen Dokumentationszentrum »Das AnArchiv«, einer großen Sammlung anarchistischer Bücher, Zeitungen und Unterlagen STOWASSERS in Neustadt an der Weinstraße. STOWASSER benutzt die spärlich vorhandenen biographischen Daten von Butterweg, vorwiegend Polizei- und Spitzelberichte, als »Story«, als unterhaltsamen Einstieg in das Thema der Kämpfe an Rhein und Ruhr nach dem Ersten Weltkrieg. Ausführliches zum Kapp-Putsch und den Generalstreik, allerdings aus Sicht der SED/KPD, findet sich in: ERWIN KÖNNEMANN & HANS-JOACHIM KRUSCH, *Aktionseinheit contra Kapp-Putsch*, Ost-Berlin 1972. Als Standardwerk zu den Kämpfen im März 1920 gilt: ERHARD LUCAS, *Märzrevolution 1920*, 3 Bde., Frankfurt a.M. 1973. Als Einführung dazu sei an dieser Stelle empfohlen: FAU DUISBURG (Hg.), *März 1920. Die vergessene Revolution im Ruhrgebiet*, Moers 2007. Genaueres über die Rolle der Syndikalisten vor, während und nach den Märzereignissen findet sich in den bereits oben erwähnten Standardwerken zum deutschen Anarchosyndikalismus. Als kleine Einführung zu den Lokalisten dient: JÜRGEN MÜMKEN, *Vom Lokalismus zum revolutionären Syndikalismus. Die Freie Vereinigung deutscher Gewerkschaften*, Edition Bandera Negra 1998. (Klaus Weller)

3.
Patagonien 1921-1922

»Die Briten von Patagonien, Oberstleutnant Varela zu ewigem Dank verpflichtet, da er seine Pflicht erfüllt hat.«

Inschrift auf dem Grab von Coronel Varela, dem »Schlächter von Patagonien«

Foto: Lokal der Sociedad Obrera in Rio Gallegos (Patagonien) 1920.

Osvaldo Bayer

Den Hunden zum Fraß

Der Landarbeiterstreik in Patagonien 1921-1922

Im fernen Patagonien ereigneten sich zwischen 1921 und 1922 die flächenmäßig größten und dramatischsten Streiks in der Geschichte der argentinischen Arbeiterbewegung. Sie wurden von Landarbeitern der Sociedad Obrera de Oficios Varios de Santa Cruz (Arbeiterverein für verschiedene Berufe) organisiert. So nannte sich in der damaligen Zeit diese Gewerkschaft anarchistischen Ursprungs und Zweigorganisation der anarchosyndikalistischen Federación Obrera Regional Argentina (FORA), deren Zentrale sich in Buenos Aires befand. Die Streiks fanden gleichzeitig im enorm großen Territorium von Santa Cruz, heute Provinz Santa Cruz, im Süden Patagoniens, südlich an die Magellan-Straße und Feuerland angrenzend, statt. Flächenmäßig handelt es sich dabei womöglich um den weitverbreitetsten Streik in der Geschichte. Vom Typus her erinnert er überdies an den Bauernaufstand in Mitteldeutschland, der sich Anfang des 16. Jahrhunderts unter führender Beteiligung des Pastors Thomas Müntzer ereignete.

Eine Geschichte der Unterdrückung

Die patagonische Geschichte kannte damals schon eine Tragödie: die Ausrottung der indigenen Gesellschaften im nördlichen Patagonien durch das argentinische Heer ab 1878 unter General Julio Argentino Roca. Nachdem die eroberten Gebiete 1879 unter den Großgrundbesitzern, hauptsächlich Briten, verteilt worden waren, begann man dort mit der Schafzucht. Dies führte schließlich zur Ausmerzung der friedlich lebenden Tehuelches, die sich vom Fleisch der Guanakos (eine Art der Lamagattung) ernährten und sich mit ihren Fellen bekleideten. Denn als neue Tierarten aus Europa eingeführt wurden, zogen sich die Guanakos, aber auch andere für die Tehuelches wichtige Tierarten wie z.B. die Pampahasen (Maras) in die Kordillere, die südamerikanischen Gebirgszüge, zurück. Also ernährten sich die Tehuelches dann von den Schafen, den neuen »kleinen, weißen Guanakos«, die aus Europa kamen. Für die Besitzer war das »Raub«. Die Tehuelches wussten bis dahin, nicht was Eigentum bedeutet. Die Engländer natürlich schon, und so verpflichteten sie sogenannte »Indianerjäger«, die einen großen Teil der Tehuelches ermordeten.

Die Bevölkerung Patagoniens wandelte sich durch die neue Weidewirtschaft schlagartig, benötigten die Großgrundbesitzer Patagoniens doch große Mengen an Arbeitskräften auf den Estancias (große Landgüter). Mehrheitlich waren diese Landarbeiter »Kreolen« aus dem nördlicheren Argentinien, doch auch aus Buenos Aires kamen Arbeiter. Sogar Spanier, Italiener, Polen und auch einige Deutsche fanden sich darunter. Weiterhin gab es sehr viele »Chilotes«, Chilenen der Isla de Chiloé im Süden Chiles, die nur die Hälfte des Lohns der Europäer und Argentinier bezahlt bekamen.

Schon vor 1920 hatten gelegentlich Streiks unter den Hotel- und Einzelhandelsangestellten in kleineren Städten Patagoniens stattgefunden und ebenso auf einigen Estancias. Doch im November 1920 wurde aufgrund einer Resolution auf der Hauptversammlung der Sociedad Obrera von Río Gallegos, der Hauptstadt der Provinz Santa Cruz, der Generalstreik auf allen Estancias des enormen Territoriums (mit 250.000 km², so groß wie die Bundesrepublik Deutschland vor der Wiedervereinigung) ausgerufen und von allen Landarbeitern befolgt.

Eigentlich waren die Forderungen sehr bescheiden. Zum Beispiel: die großen Schuppen, in denen bis zu hundert Arbeiter schliefen, sollten durch Schlafräume für maximal drei Personen ersetzt werden; die Hinweise auf den Arzneikästen sollten in spanischer und nicht in englischer Sprache sein; es sollten nicht nur, wie es damals üblich war, ledige, sondern auch verheiratete Arbeiter eingestellt werden, da auf den Estancias Frauen nicht gern gesehen waren. Außerdem sollten die Arbeiter monatlich ein Paket Kerzen zur Beleuchtung erhalten – denn elektrisches Licht gab es keines, und im südlichen Patagonien wird es im Winter schon am frühen Nachmittag dunkel, während die Sonne erst gegen neun Uhr morgens aufgeht. Diese notwendigen Kerzen mussten bis dato von den Arbeitern bezahlt werden. Aber sie forderten auch eine – allerdings sehr geringe – Lohnerhöhung.

Aufgrund dieses Generalstreiks ließ der Gouverneur, der außerdem Präsident der Landwirtschaftskammer war (d.h. der Vertreter aller Großgrundbesitzer) seine Beziehungen in Buenos Aires spielen. Ebenso handelten die Engländer gegenüber ihrem Botschafter. Der Staatschef Argentiniens, Dr. Hipólito Yrigoyen (der erste demokratisch gewählte Präsident, allerdings nur von den Männern des Landes, da die Frauen erst dreißig Jahre später das Wahlrechterhalten erhalten sollten), entsandte ein Kavallerieregiment unter Oberstleutnant Varela nach Patagonien, um den Konflikt zu beobachten und eventuell einzugreifen.

Die Eskalation des Streiks

Oberstleutnant Varela, überzeugt von den schlechten Arbeitsbedingungen der Landarbeiter, unterzeichnete auf seine Initiative hin den ersten Vertrag in Patagonien zwischen Landarbeitern und Estancieros, die auf die Forderungen eingingen.

Doch kaum war das Regiment nach Buenos Aires zurückgekehrt, erfüllten die Großgrundbesitzer von Santa Cruz den Vertrag nicht. Daraufhin beschlossen sämtliche Gewerkschaften des gesamten Territoriums von Santa Cruz, erneut in den Generalstreik zu treten. Die Vertreter der Gewerkschaften gingen von Estancia zu Estancia und bildeten lange Kolonnen, die sich dann an strategischen Punkten des Territoriums trafen. So suchte Antonio Soto, ein Spanier und Generalsekretär der Sociedad Obrera von Río Gallegos, die Estancias im Süden von Santa Cruz auf und überzeugte die Arbeiter davon, die Arbeit niederzulegen und in einer langen Kolonne durch das Territorium zu ziehen, um die Einhaltung des Vertrages einzufordern. Ein weiterer Spanier, Ramón Outerello, unternahm die gleiche Mission in der Mitte des Territoriums von Santa Cruz, und im Norden wurde diese Aufgabe von José Font, »Facón Grande« genannt (bezogen auf eine Art Machete, die wegen der Nützlichkeit in der Pampa gerne von Gauchos getragen wurde), ausgeführt.

Alle diese Märsche hatten friedlichen Charakter; man schlachtete lediglich Schafe zum Verzehr, rührte aber nie das Eigentum auf den Estancias an. Nur eine kleine Gruppe, der »Consejo Rojo« (der rote Rat), befolgte die Order, keine Gewalt anzuwenden, nicht. Sie überfiel Polizeireviere, um an Waffen zu kommen, und zündete die Scheunen auf den Estancias an. Auf den meisten Versammlungen der Landarbeiter wurde diese Vorgehensweise verurteilt.

Die Großgrundbesitzer ihrerseits flohen in die Städte an der Atlantikküste, andere nach Buenos Aires. Dort setzten sie alle Hebel in Bewegung, um den Streik zu beenden. London ließ durch seinen Botschafter dem argentinischen Präsidenten mitteilen, dass man »unter keinen Umständen die Besetzung der Estancias der englischen Staatsbürger durch bösartige Elemente dulden wird«.

Präsident Yrigoyen schickte erneut Oberstleutnant Varela nach Patagonien mit der Order, die Streiks endgültig zu beenden und die Ordnung wieder herzustellen. Er genehmigte sogar die Todesstrafe.

Was dann geschah, ist unbegreiflich. Oberstleutnant Varela drängte nicht auf die Erfüllung des Vertrags, den er selber mit unterschrieben hatte, sondern begann sofort mit der Erschießung der Streikenden, in erster Linie ihrer Delegierten, von denen viele eigentlich auf ihn vertrauten. Ja, er wandte sogar Terrormethoden an: so wurden z.B. die Gefangenen zuerst mit Säbelhieben geschlagen und danach hingerichtet.

José Font (»Facón Grande«) dagegen bot mit seiner Kolonne dem Heer die Stirn und konnte einen vorübergehenden Sieg erlangen: das Heer musste sich, mit einem gefallenen Soldaten, zurückziehen. Deshalb bediente sich Varela bei José Font einer Strategie, die man als glatten Verrat bezeichnen kann. Er rief ihn in eines der Militärlager, unter dem Vorwand, mit ihm »verhandeln« zu wollen, ließ ihn dann aber sofort erschießen.

Die Landarbeiter der Estancia »La Anita« wiederum beschlossen auf einer Versammlung, Abgeordnete zu Varela zu schicken. Dieser verlangte von ihnen die »bedingungslose Kapitulation«. Die folgende Versammlung, am 7. Dezember 1921, nahm die Aufforderung mehrheitlich an, hauptsächlich, weil viele der chilenischen Arbeiter keinen Ärger mit dem argentinischen Heer haben wollten. Die Chilenen waren in der Mehrheit, und auch wenn sie – wie bereits erwähnt – weniger als die Argentinier verdienten, so bot ihnen auch eine Rückkehr nach Chile keine besseren Perspektiven. Daher beschlossen sie, sich zu ergeben und unter den vorherigen Bedingungen zu arbeiten.

Der anarchistische Aktivist Antonio Soto, ein weiterer Initiator des Streiks, folgte dem Mehrheitsbeschluss der Versammlung nicht und floh mit einigen Genossen in die Kordillere. Noch auf der Versammlung, als er das Abstimmungsergebnis erfuhr, äußerte er als letzten Beitrag, bevor er ging: »Ich befolge nicht den Beschluss der Vollversammlung, da ich nicht den Hunden zum Fraß vorgeworfen werden möchte.« Pablo Schultz dagegen, ein deutscher Anarchist, der auf der Versammlung den Kampf bis in den Tod vorgeschlagen hatte, akzeptierte den Beschluss der Mehrheit aus gewerkschaftlicher Disziplin und ergab sich mit den anderen.

Nach der Kapitulation baten die Soldaten die Estancieros und ihre Verwalter, die gefährlichen Aktivisten unter den sich ergebenen Arbeitern zu denunzieren. Diese wurden als erste erschossen, dann die Chilenen und weitere Streikende. Auf der »La Anita« zählte man 610 Erschießungen. Als einer der ersten wurde besagter Pablo Schultz erschossen. Diese Hinrichtungen beendeten zwar Ende Dezember 1921 den Streik, doch noch im Januar 1922 führte das Heer sogenannte »Reinigungsaktionen« durch, bei denen Gewerkschaftslokale verwüstet, Druckereien zerstört und Bibliotheken niedergebrannt wurden. Die Estancieros und die Bürokraten in den Städten ehrten die Militärs dafür mit Festessen und mit Bällen.

Die Resultate des Streiks waren eine Katastrophe. Nicht nur brachen die Estancieros den Vertrag, sondern sie setzten auch noch die Löhne herab. Überhaupt wurden die Arbeitsbedingungen deutlich erschwert. Die überlebenden Arbeiter berichteten schließlich von insgesamt 1.500 Erschießungen von Landarbeitern; die

Estancieros von 700 Hinrichtungen. Diese Erschießungen wurden von den Militärs nie zugegeben, stattdessen ist in ihren Berichten stets nur von »Streikenden, die auf der Flucht getötet wurden«, die Rede. Die berühmte Formel: »Auf der Flucht erschossen«. All dies geschah während der Amtszeit der ersten demokratisch gewählten Regierung Argentiniens.

Archäologie des Aufstands

Die argentinische Arbeiterbewegung reagierte mit großem Zorn auf die Erschießungen. Selbst das Parlament tagte auf einer Sondersitzung über das von Präsident Yrigoyen beschlossene Todeskommando sowie über das kriminelle Verhalten von Oberstleutnant Varela und seinen Offizieren. Die Opposition forderte die Entsendung einer Kommission nach Patagonien, um die Zahl der Todesopfer sowie das Verhalten der Militärs zu dokumentieren. Aber die Abgeordneten der Unión Cívica Radical (UCR) – der Partei des Präsidenten – stimmten dagegen, so dass nur noch eine Minderheit der Verordnung zustimmte.

So wurden die Gräueltaten offiziell nicht untersucht. Schweigen bedeckte das Ganze. Es wurde einfach nicht mehr darüber gesprochen. Lediglich Kurt Gustav Wilckens, ein deutscher Anarchist aus Bad Bramstedt (Holstein), durchkreuzte kurz die systematische Verdrängung jeglicher Erinnerung, als er ein Attentat auf Varela verübte und ihn dabei tötete. Er berief sich auf das Recht, »den Tyrannen zu töten«. Wilckens wurde später selbst im Gefängnis ermordet.

Das ganze Geschehen um den großen Streik wurde in der Geschichte zur Legende. Nur im privaten Kreis erzählten die Überlebenden über die Hinrichtungen. Weder wurden die Massengräber gekennzeichnet, noch verloren einflussreiche gesellschaftliche Gruppen wie die katholische Kirche ein Wort darüber. Und auch keine der auf Yrigoyen folgenden Regierungen leitete je eine Untersuchung ein.

Nichts geschah – bis der Autor dieses Beitrages 1968 mit Nachforschungen begann. Es erschienen schließlich vier Bände unter dem Titel »La Patagonia Rebelde«, und es wurde ein gleichnamiger Film gedreht. Der Film (»Aufstand in Patagonien«), der 1974 den Silbernen Bären bei den Berliner Filmfestspielen gewann, wurde von der Regierung Isabel Peróns in Argentinien verboten, während der Autor von der Terrororganisation Triple A, die dem peronistischen Minister López Rega unterstand, zum Tode verurteilt wurde und ins Exil gehen musste. Die Bücher wurden 1976, während der Diktatur von General Videla, »im Namen von Gott, Vaterland und Familie« verbrannt.

Der Autor musste letztlich acht Jahre im Exil in Deutschland leben. Die ersten drei Bände von *La Patagonia Rebelde* wurden noch in Argentinien herausgegeben. Der vierte Band erschien 1978 (auf Spanisch) im Peter Hammer Verlag (Wuppertal), wofür der Autor zu großem Dank verpflichtet ist.

Nach dem Sturz der Militärdiktatur 1983 konnte in Argentinien der Film wieder gezeigt und die Bücher herausgegeben werden. Es begann eine Kampagne zur Rehabilitierung der Hunderten von ermordeten Streikenden. So wurde dem Gaucho José Font (alias »Facón Grande«) an der Stelle, wo er hingerichtet wurde, in Jaramillo (Santa Cruz), ein Denkmal gesetzt. Ebenso trägt das Gymnasium in Gobernador Gregores – auf Wunsch der Lehrenden, der Schülerschaft und deren Eltern – seinen Namen, während bei der Einfahrt in die Stadt San Julián ein Mahnmal zu Ehren des im Streik sehr aktiven Gewerkschafters Albino Argüelles steht, der in der Nähe erschossen wurde. Auch auf der Estancia »La Anita«, wo Hunderte Arbeiter in einem Massengrab liegen, wurde ein Ehrenmal errichtet, und im schon erwähnten Jaramillo wurde ein Museum zum Streik in Patagonien eröffnet. Dass es nicht nur das Massaker, sondern der Streik generell ist, dem man gedenkt, beweist eine Straße in Río Gallegos, die den Namen »Antonio Soto« trägt, den Namen jenes Revolutionärs, der aufgrund seiner Flucht mit dem Leben davonkam. Gleichfalls seinen Namen trägt eine Straße in seiner Geburtsstadt, in El Ferrol (Galizien, Spanien), während an seinem Geburtshaus eine Gedenktafel angebracht wurde.

An der Grabstätte von Oberstleutnant Varela findet man nur eine Tafel mit folgender Inschrift: »Die Briten von Patagonien, Oberstleutnant Varela zu ewigem Dank verpflichtet, da er seine Pflicht erfüllt hat.« Die Geschichte gibt letzten Endes immer die Wahrheit preis.

Holger Marcks

Das Organisationskonzept der FORA

Ein Exkurs zur argentinischen Arbeiterbewegung

Die Federación Obrera Regional Argentina (FORA) war lange Zeit die treibende Kraft der argentinischen Arbeiterbewegung. Anfang des 20. Jahrhunderts organisierte sie schätzungsweise bis zu 200.000 Mitglieder – bei einer Gesamtzahl von 3,5 Millionen Erwerbstätigen im Land. Fast zwanzig Jahre lang, bis Anfang der 1920er Jahre, war sie die Protagonistin des argentinischen Arbeiterkampfes. Danach ging die sich bis dahin herausbildende Hauptströmung den Weg eines reformistischen Syndikalismus; die in eine Minderheitenposition geratenen Anarchisten verloren zunehmend ihren Einfluss – letztlich gänzlich. Beide dieser unglücklichen Entwicklungswege sind zu großem Teil in den Auseinandersetzungen um das Organisationskonzept der Bewegung begründet. Die Inhalte dieser Frage sind wesentlich für Theorie und Praxis einer revolutionären Gewerkschaftsbewegung und verdienen es, hier genauer beleuchtet zu werden.

Vertrackte Spaltungen

Das Kapitel der frühen Arbeiterbewegung in Argentinien gehört wohl zu den spannenderen der Geschichte. Kaum ein anderes ist aber auch so verwirrend wie dieses, in Anbetracht der damaligen ideologischen Streitigkeiten, organisatorischen Spaltungen und Neugründungen.

Der Anarchismus war von Anfang an in der Arbeiterbewegung Argentiniens dominierend, so dass bis zu den 1890er Jahren die bestehenden Berufsverbände mehrheitlich anarchistisch ausgerichtet waren. Ganz unter diesem Zeichen stand dann auch der erste größere Versuch eines gewerkschaftlichen Dachverbandes, der 1901 unter dem Namen Federación Obrera Argentina (FOA) gegründet wurde. Bereits 1902/03 verließ die sozialistische Minderheit diese Föderation und gründete ihren eigenen Verband, die Unión General de Trabajadores (UGT). Die anarchistische Mehrheit dagegen gründete sich auf dem 4. Kongress von 1904 als FORA neu.

Wurde auf dem 4. Kongress noch ein Selbstverständnis als revolutionäre Kampforganisation auf ökonomischer Basis festgehalten, das einen gewissen ideologischen Spielraum bot, legte der 5. Kongress von 1905 sich darüber hinaus ausdrücklich auf die Ziele des Anarchokommunismus fest. Diese ideologische Festlegung war es dann auch, die den Achsnagel aller weiteren Auseinandersetzungen in der argentinischen Arbeiterbewegung bildete.

In der UGT wiederum bildete sich in den Folgejahren eine revolutionär-syndikalistische Mehrheit heraus, die mehrere Einigungsversuche mit der FORA initiierte, die aber alle an der Frage der ideologischen Festlegung scheiterten. Das Resultat dieser Versuche war letztlich die Gründung eines neuen, syndikalistischen Verbandes, der Confederación Obrera Regional Argentina (CORA), der sich sozialistische und autonome aber auch eine Minderheit der anarchistischen Gewerkschaften anschlossen.

Die FORA blieb allerdings die dominierende Kraft und weitere Einigungsversuche seitens der CORA scheiterten erneut, bis sich schließlich die CORA 1914, nach einer Zusage der FORA, ideologische Abstriche zu machen, auflöste und gemeinsam mit autonomen Gewerkschaften der FORA beitrat. Der Einigungskongress von

 1915 (9. Kongress) bekräftigte folglich die Grundsätze von 1904, die die Grundlage eines revolutionär-syndikalistischen Verbandes darstellten. Eine Minderheit von Organisationen, die am Bekenntnis zum Anarchokommunismus festhielt, gründete daraufhin einen eigenen Verband, die FORA V (Bezug nehmend auf die Grundsätze des 5. Kongresses). Während die FORA des 9. Kongresses in den Folgejahren die stärkste Massenorganisation darstellte und ihre Blütezeit erlebte, blieb die FORA V eine Minderheitentendenz, jedoch weiterhin mit relativ großem Einfluss.

Beide Organisationen entwickelten sich dann bis Anfang der 1920er immer mehr auseinander. Die zunehmend reformistisch agierende FORA (bei weiterhin bestehendem Bekenntnis zum revolutionären Syndikalismus) löste sich letztlich 1922 zugunsten eines neuen Verbandes, der Unión Sindical Argentina (USA) auf, erreichte aber nie wieder den Einfluss ihrer Vorgängerin. Die FORA V wiederum existierte – nun wieder einfach als FORA – weiter, verlor jedoch zunehmend Einfluss und verschwand im Zuge des Militärputsches von 1930 vollends.

Anarchistische Gewerkschaften

Der Konflikt, der sich im argentinischen Anarchismus/Syndikalismus dartat, ist mit Sicherheit nicht Argentinien allein vorbehalten. Fast alle anarchistischen und syndikalistischen Bewegungen dieser Zeit kannten ähnliche Auseinandersetzungen, die von der Frage bestimmt waren, wie die Anarchisten zum Syndikalismus stehen. Im Grunde genommen war dies ein Gegenstand von Debatten seit der Zeit, in der sich der Syndikalismus als revolutionäres Konzept herausbildete, angefangen mit der Ersten Internationale Ende der 1860er. Michail Bakunin und Peter Kropotkin äußerten sich ebenso häufig zum Verhältnis von Anarchisten und Gewerkschaften wie alle weiteren namhaften Anarchisten. So konkreter und raumfüllender die Arbeit der Anarchisten in den Gewerkschaften wurde, umso spitzfindiger wurde diese Diskussion geführt. Die deutschen Anarchisten/Syndikalisten stritten sich ebenso darüber wie die spanischen oder auch die amerikanischen. Dennoch nimmt dieser Disput in der argentinischen Arbeiterbewegung eine Sonderstellung ein; nirgends war die Situation vertrackter, nirgends hatte dieser Streit solche Konsequenzen.

Gerade die argentinischen Anarchisten offenbarten in dieser Frage eine große Widersprüchlichkeit, darin besteht ihre große Crux. Der italienische Anarchist Errico Malatesta, der in seiner Zeit in Argentinien großen Einfluss auf die Hinwendung der Anarchisten zu den Gewerkschaften hatte, vertrat bspw. die Auffassung, die Anarchisten sollten intensiv in den Gewerkschaften bzw. der Arbeiterbewegung mitarbeiten, um sie als Propagandafeld zu benutzen. Und in der Tat herrschte in Argentinien häufig ein betont anarchistisches Verständnis vor, in dem die Syndikate vorwiegend die Funktion organisationsstrategischer Sammelbecken einnahmen. Das syndikalistische Moment sollte dabei eher als Mittel zum Zweck und nicht als grundlegender Bestandteil einer sozialen Konzeption gesehen werden. Diego Abad de Santillán, ein Exponent des argentinischen Anarchismus, brachte dies auf den Punkt: »Wir wollen nicht vom Syndikat geistig beherrscht werden, wir wollen das Syndikat beherrschen ..., es zur Propaganda, zur Verteidigung und zur Festigung unserer Ideen benutzen«.

Deswegen zu sagen, die argentinischen Anarchisten wären damit der Lehre Malatestas gefolgt, wäre dennoch falsch. Genau genommen standen sie in einem wichtigen Punkt im Widerspruch zu ihm, sah dieser doch keinen Sinn in einer Gewerk-

schaft von Anarchisten. Sie sollten in den Arbeiterorganisationen zwar entscheidend
mitwirken, als Anarchisten jedoch eigene politische Organisationen haben; die Revolution sei in letzter Konsequenz keine Gewerkschaftssache. Zwar lehnten auch die argentinischen Anarchisten, wie Malatesta, mehrheitlich die Gewerkschaften als revolutionäres Kernelement ab, mit der ideologischen Festlegung dieser auf den Anarchismus (vorherrschend in der FORA bis zum 9. Kongress und daraufhin in der FORA V) vertraten sie letztlich dann doch aber das Konzept einer anarchistischen Gewerkschaft. Was dabei herauskam war nichts Halbes und nichts Ganzes.

Die anarchosyndikalistische Position

Alexander Schapiro, einst mit Sekretärsaufgaben in der Internationalen Arbeiter-Assoziation (IAA) vertraut und im Gegensatz zu Malatesta ein vehementer Vertreter der »gewerkschaftlichen Revolution«, urteilte über die FORA, dass sie nur eine anarchistische Bewegung auf Arbeitergrundlage sei, die spanische Confederación Nacional de Trabajo (CNT) dagegen z.B. sei ihrem Wesen nach eine Arbeiterbewegung auf anarchistischer Grundlage – womit er sich u.a. den Erfolg der CNT und das frühe Scheitern der FORA erklärte. Mag dies auch etwas wortklauberisch wirken, so machten die Anarchisten der FORA tatsächlich in ihrer Einschätzung nicht die traditionelle Konfliktlinie des Klassenkampfes – das Kriterium der Lohnabhängigkeit – als Grundlage der revolutionären Organisation aus, sondern das Prinzip der Rebellion gegen die Autorität. Der Kongress 1904 beschloss in diesem Sinne u.a., dass »die Streiks Schulungen zur Rebellion bedeuten und es empfohlen wird, diese so revolutionär wie möglich zu vollziehen, damit sie der revolutionären Erziehung dienen«.

Die Anarchisten waren mit diesem Verständnis von Gewerkschaft nie in der Lage, ihrem Kampf eine klare revolutionäre Strategie, frei von Widersprüchen, zu geben. Eine Definition der Gewerkschaften als »Keimzelle der zukünftigen Wirtschaftsorganisationen«, wie sie u.a. vom deutschen Anarchosyndikalisten Rudolf Rocker vertreten wurde, wurde von den argentinischen Anarchisten bis zuletzt mehrheitlich abgelehnt. Stattdessen warnte z.B. Santillán davor, eine Theorie der gesellschaftlichen Reorganisation zu entwerfen; dies würde die Spontaneität und den Instinkt des Aufstands hemmen. Dennoch legte man sich auf den Anarchokommunismus als Ziel fest, der aber aufgrund der Absage an eine revolutionäre Programmatik für die Gewerkschaften nie mehr als eine leere Hülse blieb. Die Anarchisten verfielen damit genau in das Gegenteil der ab 1915 tonangebenden Syndikalisten, die zwar die Rolle der Gewerkschaften in einer zukünftigen Ökonomie vage benannten, ohne eine klare gesellschaftliche Zielvorgabe bzw. Ideologie aber ihre revolutionäre Strategie verwässerten und beim Tageskampf stehen blieben.

Für Schapiro und andere Anarchosyndikalisten war das genau der Widerspruch, den es zu lösen galt. Einerseits sah er im reinen Syndikalismus eine »amorphe und unzulängliche Ideologie«, die, bei aller Verbundenheit mir libertären Ideen, zum Reformismus führen würde. Die Verteidigung der Unabhängigkeit der Organisation von Ideologien und das Negieren der Politik genügten einfach nicht, um den Einfluss politischer Parteien aufzuheben. Andererseits sah er bei vielen Anarchisten eine pseudorevolutionäre Phraseologie gegeben, die ihre Existenzberechtigung allenfalls hatte, als die Bewegung noch in den Kinderschuhen steckte (so z.B.: »Das Programm des Anarchismus besteht im Anarchismus selbst, das heißt, in seiner Idealität«). Statt in vorrevolutionären Perioden ihre Revolutionstheorie zunehmend zu präzisieren, reduzierten sie die eigene Praxis auf einen bloßen Aktivismus, der den Anforderungen einer Revolution nicht gerecht werde. Wie Jaap Kloosterman Schapiros Meinung diesbezüglich zusammenfasst, »unterlägen beide Strömungen Missverständnissen, die komplementär seien.«

Feuerprobe – die Theorie in der Praxis

Das große Dilemma der argentinischen Arbeiterbewegung zeigte sich dann auch in einer Situation, die für den Weitergang der Geschichte entscheidend war. Als Anfang 1919 in Buenos Aires eine revolutionäre Situation entstand, die Arbeiterinnen und Arbeiter geschlossen im Generalstreik standen und sich blutige Straßenschlachten mit der Staatsmacht lieferten, waren beide Fraktionen unfähig, diese Situation für emanzipatorische Umwälzungsprozesse zu nutzen. Während die FORA IX sich auf Verhandlungen mit der Regierung einließ, Vereinbarungen traf und zum Abbruch des Generalstreiks aufrief, kamen die Anhänger der FORA V nicht über das Stadium richtungsloser Straßenkämpfe hinaus. Durch ihre vollständige Fixierung auf die Spontaneität als revolutionäres Moment war sie weit davon entfernt, Vorbereitungen für eine praktische Organisation der Revolution zu treffen. Eine solche »bewusste Rebellion«, so schlussfolgerte Schapiro unter dem Eindruck der russischen Revolution, sei aber notwendig, wenn die Arbeiterklasse das Heft nicht aus der Hand geben und mehr als ein politischer Staatsstreich erreicht werden soll.

Die FORA (Anarchisten) zog daraus niemals ihre Konsequenzen. Sie hielt stets an der Verbindung von wirtschaftlicher Kampforganisation und »spezifisch anarchistischer Organisation« fest, auch noch nach 1923, als ihr Niedergang in vollem Gange war. Sie verweigerte sich auch weiterhin einer programmatischen Ausformung, die klassenbedingte Alltagsinteressen der Lohnabhängigen mit einer revolutionären Perspektive zu verbinden vermag. In vielen Kämpfen hatten die argentinischen Anarchisten entscheidende Lebensverbesserungen erreichen können, eine revolutionäre Kontinuität konnten sie dennoch nicht entwickeln. Gerade das wäre aber ihre Aufgabe gewesen, um gegenüber den reformistischen und nicht-anarchistischen Gewerkschaften eine Existenzberechtigung zu haben.

Matthias Seiffert

Vendetta Argentina

Der deutsche anarchistische Attentäter Kurt Wilckens

Kurt Gustav Wilckens wurde 1886 als eines von fünf Kindern einer Arbeiterfamilie in der holsteinischen Kleinstadt Bramstedt bei Hamburg geboren. Bis zu seinem 24. Lebensjahr arbeitete er als Bergarbeiter im schlesischen Kohlerevier, bevor er 1910 in die USA auswanderte. In Arizona fand er wiederum als Bergarbeiter einen Job. Hier, in einer Hochburg der Industrial Workers of the World (IWW), kam er erstmals mit revolutionärem Gedankengut in Berührung. Er trat den Wobblies bei und entwickelte sich rasch zu einem populären »Organizer«, der auf Versammlungen sprach und mithalf, Arbeitskämpfe zu organisieren. Besonders erfolgreich waren die IWW unter den spanisch-sprachigen Kollegen, die zu den am schlechtesten entlohnten zählten. Gegen die wachsende Macht der Gewerkschaft heuerten die Minenbesitzer bewaffnete Streikbrecher an. Es kam zu Schießereien mit Toten auf beiden Seiten, schließlich zu einem handfesten Aufstand, der mit der totalen Niederlage der Arbeiter endete.

Wilckens wurde in einem Lager für deutsche Gefangene interniert. Es gelang ihm die Flucht, doch er wurde erneut verhaftet und 1920 schließlich nach Deutschland abgeschoben. Doch hier hielt es ihn nicht lange. Noch im selben Jahr verließ er Europa erneut, diesmal in Richtung Argentinien.

Mittlerweile sowohl IWW-Mitglied als auch Anarchist, bewegte er sich hier in der anarchistischen Szene. In Buenos Aires, wo er eine Zeit lang als Schauermann im Hafen arbeitete, besuchte er die zahlreichen Cafés und Bars der argentinischen Arbeiterbewegung, unter der damals der Anarchismus stark war.

1921 wurde er aufgrund einer Auseinandersetzung mit einem Polizisten vier Monate lang eingesperrt. Nach dieser wenig erquicklichen Zeit engagierte er sich mit ganzer Kraft für seine gefangenen Genossen.

Den Aufstand in Patagonien verfolgte Wilckens von Buenos Aires aus. Die von Oberst Varela befehligten Massaker an den Landarbeitern entsetzten ihn dermaßen, dass er sich zum Handeln entschloss. Obgleich beeinflusst von den pazifistischen Thesen Tolstojs, war Wilckens der Auffassung, dass man auf von der herrschenden Klasse verübte Gewalt entsprechend reagieren müsse.

Am 27. Januar 1923 warf er auf offener Straße eine Granate nach Oberst Varela. Obwohl an beiden Beinen verletzt, machte dieser nun Anstalten, seinen Säbel zu ziehen und seinen Attentäter anzugreifen. Wilckens griff zu seinem Revolver und löschte das Leben des »Schlächters von Patagonien« aus. Als Wachmänner ihn daraufhin überwältigten, rief er aus: »Ich habe meine Brüder gerächt!« Das Gericht verurteilte ihn zu 17 Jahren Gefängnis.

Dort nahm Wilckens rasch sein politisches Engagement wieder auf. Er schrieb zahlreiche Artikel für die argentinische und internationale anarchistische Presse. Varela, so Wilckens in einem dieser Beiträge, »war kein gewöhnlicher Beamter; in Patagonien war er Gouverneur, Richter, Scharfrichter und Totengräber in einem«.

Wilckens wurde große Solidarität durch Anarchisten zuteil. Er wurde regelmäßig im Gefängnis besucht und nicht nur mit Nachrichten und Literatur, sondern auch mit Lebensmitteln versorgt (Wilckens war Abstinenzler und Vegetarier). Bei der Armee und der argentinischen Rechten stieß das in ihren Augen milde Urteil auf wenig Zuspruch. Ein Komplott wurde geschmiedet. In der Nacht des 15. Juni 1923 schleusten Gefängniswärter Ernesto Perez Millan, Mitglied der ultrarechten, antisemitischen Gruppe Liga Patriotica, die von Armee, Kirche und Unternehmern unterstützt wurde, in die Haftanstalt ein. Der Ex-Polizist Millan hatte während der Beerdigung Varelas Rache geschworen. Während Wilckens in seiner Zelle schlief, feuerte Millan ihm in die Brust. Schwer verwundet, verstarb Wilckens am folgenden Tag.

Die argentinische Arbeiterschaft reagierte empört auf die Nachricht von Wilckens Ermordung. Es kam zu spontanen Streiks und Massendemonstrationen. Doch auch seinem Mörder sollte bald die Stunde schlagen. Millan wurde wegen »Unausgeglichenheit« in eine Nervenklinik eingewiesen, wo er bald darauf von einem anderen Patienten erschossen wurde.

Die argentinische Arbeiterbewegung

Von ihren Anfängen bis zum Zerfall der revolutionären Gewerkschaften

1857: Gründung der ersten gewerkschaftsähnlichen Organisation durch Schriftsetzer/Drucker.

Ab 1860: Herausbildung zahlreicher Arbeitervereinigungen, die sich gegen Rechtlosigkeit und soziale Unsicherheit zur Wehr setzen.

1878: Erster ernsthafter Streik in Argentinien, durchgeführt von der Druckergewerkschaft.

1880-90: Entstehung zahlreicher Gewerkschaften in den urbanen Zentren, meist anarchistisch und migrantisch geprägt.

1890: Erster Versuch einer Art Gewerkschaftsföderation scheitert an der Ablehnung der Arbeiterschaft, die eine Institutionalisierung des ökonomischen und politischen Kampfes befürchtet. Gründung der Unión Cívica Radical (UCR).

1894: Über 4.000 ArbeiterInnen demonstrieren für den Achtstundentag.

1895: Gründung der Partido Socialista Argentina (PSA); sie setzt auf legalistische und reformistische Taktiken, ist kaum verankert in der immer stärker werdenden Gewerkschaftsbewegung.

1896: 20.000 ArbeiterInnen demonstrieren für eine Verkürzung der Arbeitszeit.

1897: Der Beginn der Agrarkrise markiert die Entstehung einer Streikbewegung, die sich bis 1912 zunehmend verstärkt. Gründung der Zeitung *La Protesta Humana* (das spätere Organ der FORA).

1901: Gründung der Federación Obrera Argentina (FOA), um den gewerkschaftlichen Kampf zu koordinieren. Die Föderation vereinigt 27 Arbeiterorganisationen aus Buenos Aires und den ländlichen Provinzen.

1902: Die Regierung verabschiedet ein Aufenthaltsgesetz, das es ermöglicht, jeden Ausländer willkürlich des Landes zu verweisen. Das Gesetz und die Verschärfung der Agrarkrise verursachen den ersten Generalstreik der argentinischen Geschichte.

1902/1903: Zerfall der FOA aufgrund von Spannungen zwischen Sozialisten und Anarchisten. Die sozialistische Minderheit schließt sich in der Unión General de Trabajadores (UGT) zusammen.

1903: Weitere Zunahme von Streiks; die Bahn- und Hafenarbeiter legen mehrere Wochen die Wirtschaft des Landes lahm.

1904: Die anarchistische Arbeitermehrheit der FOA gründet die Federación Obrera Regional Argentina (FORA). 70.000 ArbeiterInnen bei der Demonstration am 1. Mai in Buenos Aires.

1905: Die Arbeiterbewegung erkämpft das Verbot der Sonntagsarbeit und die Einführung von Versicherungsgesetzen. Putschversuch der UCR. Der 5. Kongress der FORA bekennt sich zu den Zielen des Anarchokommunismus.

1907: Gewaltvolle Streiks, insbes. der Bahn- und Hafenarbeiter, fordern zahlreiche Tote durch das Vorgehen der Staatsmacht. Mehrmonatiger Mieterstreik in Buenos Aires.

1909: Coronel Ramón Falcón lässt auf die Mai-Demonstration in Buenos Aires schießen (acht Tote, Hunderte Verletzte); die Arbeiterbewegung antwortet mit einem einwöchigen Generalstreik, bekannt als »Semana Roja« (Rote Woche). Der Staat reagiert wiederum mit Massenverhaftungen und Deportationen von AusländerInnen. Der Anarchist Simon Radowitzky tötet Falcón per Bombe und wird zu lebenslanger Haft verurteilt. Gründung der Confederación Obrera Regional Argentina (CORA) als revolutionär-syndikalistischer Dachverband.

1910: Die Arbeiterbewegung bereitet einen Generalstreik vor; nach mehreren Streiks ruft die Regierung den Ausnahmezustand aus.

1911: Die Streikwelle der ArbeiterInnen bricht nicht ab; die Regierung versucht die UCR miteinzubeziehen und geht auf deren Forderung nach einem allgemeinen Männerwahlrecht ein.

1912: Einführung des allgemeinen Männerwahlrechts. Erfolgloser Streik der Bahntechniker (52 Tage lang) und erste größere Proteste gegen die Großgrundbesitzer.

1913-14: Eine wirtschaftliche Krise führt zu heftigen Kämpfen der Gewerkschaften gegen die Arbeitslosigkeit und bringt die FORA und CORA näher zusammen. Auflösung der CORA zugunsten der FORA.

1915: Wiedervereinigung der FORA mit der aufgelösten CORA auf dem 9. Kongress auf revolutionär-syndikalistischer Basis. Abspaltung der FORA V (Anarchisten).

1916: Die UCR gewinnt die Wahlen, Hipólito Yrigoyen wird Präsident. Nur ein Bruchteil der versprochenen Reformen wird letztlich umgesetzt. Die PSA nimmt eine widersprüchliche Position in der Frage der Landverteilung und der Militarisierung ein und verliert einen Großteil ihrer Mitglieder; sie verliert dadurch jegliche gewerkschaftliche Bindungen und degeneriert zu einer reinen Wahlorganisation.

1916-1918: Ausbleibende soziale Verbesserungen unter der neuen Regierung führen zu einem gewaltigen Wachstum der Gewerkschaftsbewegung; militante Arbeiterstreiks nehmen zu.

1918/19: Generalstreik in Buenos Aires; Lynchmorde an streikenden ArbeiterInnen durch Militär und rechtsextreme Gruppen, bekannt als Semana Tragica (Tragische Woche), lassen den Streik zu einer revolutionären Situation eskalieren. Die Arbeiterbewegung kann den Kämpfen keine klare Richtung geben, erkämpft letztlich jedoch einige Konzessionen.

1921/22: Ein Landarbeiterstreik gipfelt im Aufstand von Patagonien, der von Coronel Varela blutig niedergeschlagen wird (ca. 2.000 Tote).

1922: Auflösung der FORA IX zugunsten des neuen Verbandes Unión Sindical Argentina (USA). Die USA, ebenso wie ihre Nachfolgerin, die Confederación Obrera Argentina (COA) von 1926, kann nie wieder ihren alten Einfluss erreichen. Weiterführung der FORA V als FORA.

1923: Kurt Wilckens erschießt Varela auf offener Straße und wird anschließend selbst in Untersuchungshaft ermordet.

Den Hunden zum Fraß

Als ich mit den Nachforschungen über die Landarbeiterstreiks in Patagonien begann, gab es darüber absolut keine Literatur. Ich wusste von den Geschehnissen, weil meine Eltern zufällig zwischen 1920-21 in der Provinz Santa Cruz gelebt hatten und mir später von dieser Tragödie berichteten. Mein Vater erzählte mir, wie die verhafteten Landarbeiter von den Soldaten mit Peitschenhieben vorangetrieben wurden. Viele von ihnen wurden zuerst ins Gefängnis von Río Gallegos gebracht. Und meine Eltern, die nur 200 Meter von diesem Gefängnis entfernt wohnten, hörten in der Nacht die Schreie der Geprügelten. Als ich mein Buch über den Anarchisten Severino Di Giovanni, der 1931 in Buenos Aires hingerichtet wurde, geschrieben hatte, nahm ich mir vor, Nachforschungen zu den patagonischen Streiks anzustellen. Ich reiste in den Süden und musste feststellen, dass darüber nicht gesprochen wurde. Das hat mich aber in meinem Vorhaben, die Wahrheit zu erfahren, nur gestärkt. Und ich hatte das Glück, das jedem Historiker widerfahren sollte: es lebten noch fast alle, die an den Ereignissen beteiligt waren, außer natürlich Oberstleutnant Varela und die erschossenen Arbeiter. Es lebten noch die Offiziere und die Soldaten – alle schon 69 Jahre alt, denn sie gehörten i.d.R. dem Jahrgang 1900 an; und es lebten die Großgrundbesitzer (alle schon über 80) und die Politiker. Die Soldaten empfingen mich, als hätten sie 45 Jahre auf mich gewartet. Sie redeten und redeten, als müsste alles aus ihnen heraus. Ebenso taten dies die Großgrundbesitzer, um sich zu rechtfertigen, und auch die Offiziere und Politiker. Im Grunde genommen gab es keine Literatur über das Thema im Speziellen. Was ich allerdings finden konnte, waren zeitgenössische Dokumente im Staatsarchiv, im Obersten Gerichtshof der Provinz Santa Cruz und im Provinzarchiv von Santa Cruz in Río Gallegos; ebenso in Zeitungen jener Zeit, die entweder auf Seiten der Großgrundbesitzer standen oder aber Arbeiterzeitungen waren. Darauf basierten meine Nachforschungen, die ganze acht Jahre in Anspruch nahmen. Die hauptsächlichen Quellen, die die Streiks in Patagonien dokumentieren sind im Einzelnen: die anarchistische Zeitung *La Protesta*, diverse Zeitungen aus Santa Cruz, die da wären: *La Opinión Española* und *La Unión* (beide aus Río Gallegos), *La Unión* und *El Comercio* (beide aus Punta Arenas); sowie weiterhin: *La Nación* und *La Prensa* (beide aus Buenos Aires); *La Revista del Círculo Militar*, Nr. 677, 1967; die Zeitschrift *Argentina Austral* vom 1. Januar 1931 (mit einem Artikel von RICARDO FISH, der wichtige Details zum Besitzstand der Großgrundbesitzer und zu deren Vorgehen liefert); das Wochenblatt *El Antártico* (1920) und *La Gaceta del Sur* (1920). Weitere wichtige Dokumente sind: die Protokolle der KONFERENZ VON GENERAL ELBIO CARLOS ANAYA, abgehalten am 2. Oktober und 2. November 1965 im CENTRO DE ALTOS ESTUDIOS MILITARES, in denen man die Repression aus militärischer Sicht nachlesen kann, und die Akte 8123 C aus dem ARCHIV DES OBERSTEN GERICHTSHOFS DER PROVINZ SANTA CRUZ, in denen die Aktionen der Landarbeiter erfasst sind. Die ersten drei Bände meiner Arbeit erschienen 1972-74 in Argentinien unter dem Titel *Los Vengadores de la Patagonia Trágica* (im Garlena-Verlag), der vierte Band erschien 1978 – ebenfalls auf Spanisch – im Peter Hammer Verlag (Wuppertal), da ich Argentinien verlassen musste. Bereits 1974 entstand der argentinische Film »La Patagonia Rebelde«, der auf dem Inhalt der ersten zwei Bände beruht und ein paar Monate nach seiner Erstaufführung von der Regierung Isabel Peróns verboten wurde. Bei den Filmfestspielen 1974 in Berlin erhielt der Film den Silbernen Bären. Die Neuauflage der vier Bände in Argentinien trug dann den Titel *La Patagonia Rebelde* (Buenos Aires 1984). Mittlerweile sind alle Zeugen des patagonischen Landarbeiterstreiks verstorben. (Osvaldo Bayer)

Das Organisationskonzept der FORA

Über die frühe Arbeiterbewegung Argentiniens liegt im Spanischen eine recht ansehnliche Fülle von Literatur vor, die Literaturlage im Deutschen gestaltet sich dagegen recht dürftig, weshalb dieses Kapitel der Arbeiterbewegung hierzulande weitestgehend unbekannt ist. Den wohl umfassendsten und fundiertesten Überblick bietet WALTER BITTNER in: *Gewerkschaften in Argentinien. Vom Anarchismus zum Peronismus*, Berlin 1982. Das Buch besticht zudem durch zahlreiche Statistiken und Tabellen sowie ein sehr ausführliches Literaturverzeichnis, das gut als Wegweiser zu weiterer relevanter Literatur dient (die Liste ist leider aufgrund des Erscheinungsdatums nicht auf dem neuesten Stand). Einen guten Überblick über die Geschichte des Syndikalismus in Argentinien stellt ein Aufsatz von RUTH THOMPSON dar: »Argentine Syndicalism. Reformism before Revolution", in: MARCEL VAN DER LINEN & WAYNE THORPE, *Revolutionary Syndicalism. An International Perspective*, Aldershot 1990, S. 167-83. Auch DIETER BORIS & PETER HIEDL bieten einen Überblick über die argentinische Arbeiterbewegung in: *Argentinien. Geschichte und politische Gegenwart*, Köln 1978. Allerdings sind ihre Schlussfolgerungen bzgl. des Syndikalismus/Anarchismus mit Vorsicht zu genießen, scheinen ihnen doch gewisse Kenntnisse zur Theorie des Anarchismus/Syndikalismus zu fehlen. Zu nennen wäre da auch noch das Werk eines der Köpfe des argentinischen Anarchismus über die FORA, das aufgrund der politischen Verwicklung seiner Person entsprechend zu bewerten ist: DIEGO ABAD DE SANTILLÁN, *La F.O.R.A*, 2. Aufl., Buenos Aires 1971. Einen kurzen Überblick speziell zum Anarchismus in Argentinien, vor allem in den 1920er Jahren, bietet OSVALDO BAYER, »Die argentinischen Anarchisten«, in: *Unter dem Pflaster liegt der Strand*, Bd. 5, Berlin 1978, S. 155-95. Besonders reichhaltig für eine organisationstheoretische Auseinandersetzung mit der FORA ist ein sehr sachlicher Beitrag JAAP KLOOSTERMANS in: CLAUDIO POZZOLI (Hg.), *Jahrbuch Arbeiterbewegung – Band 4. Faschismus und Kapitalismus*, Frankfurt a.M. 1976, S. 159-70, als Einleitung zu ALEXANDERS SCHAPIROS Dokument: »Bericht über die Confederación Nacional de Trabajo (CNT) und den Aufstand in Spanien im Januar 1933« (S. 171-94), in dem SCHAPIRO wichtige Aspekte anarchosyndikalistischer Revolutionstheorie anspricht. Als Beispiel einer genuin anarchosyndikalistischen Position, die im Kontrast zur Konzeption der FORA steht, was das Verhältnis von Anarchismus und Gewerkschaften betrifft, siehe die einführende Schrift RUDOLF ROCKERS, *Anarchismus und Anarchosyndikalismus*, Berlin 2002 (Neuauflage des Originals von 1947). Für ERRICO MALATESTAS Position zum Verhältnis von Anarchismus und Syndikalismus siehe diverse seiner Aufsätze zu dieser Frage in: DERS., *Gesammelte Schriften*, 2. Bde., Berlin 1977/80 (hrsgg. v. ELKE WEHR & BERND KRAMER), insbes. das Kapitel »Ökonomischer Kampf und Syndikalismus«, S. 99-124 (Bd. 2). Schließlich sei noch auf einen Aufsatz von JUAN SURIANO verwiesen, der gute Hintergründe zum jeweiligen Vorgehen des argentinischen Staates gegen die Arbeiterbewegung in den verschiedenen Phasen liefert: »El estado argentino frente a los trabajadores urbanos. Politica social y repression, 1880-1916«, in: *Anuario (Escuala de Historia)*, Nr. 14, 1989/90 (Rosario, Arg.). Wer sich für die weitere

 Entwicklung der argentinischen Gewerkschaften und ihr Verhältnis zum Peronismus interessiert, wird u.a. fündig in dem bereits genannten Buch von Bittner sowie in: David Tamarin, *The Argentine Labor Movement, 1930-1945. A Study in the Origins of Peronism*, Alburquerque 1985. Und wer direkte Quellenarbeit leisten möchte, dem ist gut weitergeholfen mit einem Katalog der Federación Libertaria Argentina, *Catalogo de publications politicas, socials y culturales anarquistas (1890-1945)*, Buenos Aires 2002, der eine umfassende Auflistung fast aller anarchistischen Publikationen jener Zeit enthält. Was die Mitgliederzahlen der FORA betrifft, so muss noch gesagt werden, dass diese eigentlich nicht genau veranschlagt werden können, da beide Strömungen diese kaum ordentlich erfassten und die Frage besteht, ob man nur zahlende Mitglieder zählt oder die reelle Mobilisierungskapazität und Anhängerschaft der Organisationen. (Holger Marcks)

Vendetta Argentina

Zu Kurt Wilckens liegt nur spärlich Sekundärliteratur vor. Osvaldo Bayer hat hier Pionierarbeit geleistet, wie beim Thema patagonischer Aufstand insgesamt. Band IV von *La Patagonia Rebelde: El Vindicator,* Buenos Aires 1984, behandelt Kurt Wilckens. Eine kurze Schilderung zu Wilckens findet sich in: Horst Stowasser, *Leben ohne Chef und Staat. Träume und Wirklichkeit der Anarchisten*, 2. Aufl., Berlin 2003, S. 30-59, die zwar weitestgehend auf Bayers Arbeit fußt, jedoch einen lesenswert verfassten und empfehlenswerten Einstieg in die Thematik bietet. Auch die Lokalgeschichte seiner Geburtsregion hat sich mit Kurt Wilckens beschäftigt, siehe hierzu Juliane Krause, »Attentäter und Held der Arbeiter. Erinnerungen an den Bramstedter Kurt Wilckens«, in: *Segeberger Zeitung*, 27. 1. 2003, S. 8; sowie in: *Heimatkundliches Jahrbuch des Kreises Segeberg*, Bad Segeberg 2003, S. 84. Zu den Kämpfen der IWW in Arizona, an denen Wilckens beteiligt war, siehe Rob E. Hanson, *The Great Bisbee I.W.W. Deportation of July 12, 1917*, Bisbee (Arizona) 1989. Zuletzt sei noch auf den Dokumentarfilm über Wilckens von Frieder Wagner »El Vindicator! Kurt Gustav Wilckens« von 1986 verwiesen, zu dem Osvaldo Bayer das Drehbuch schrieb. (Matthias Seiffert)

4.
Frankreich 1936

»Wir haben das Rendezvous mit der Geschichte verpasst. Die proletarische Revolution ging direkt an unserer Tür vorbei. Wir haben es nicht verstanden, sie zu halten.«

Daniel Guérin über die Ereignisse von 1936

Foto: Streikende Arbeiter in Paris 1936.

Jérémie Berthuin

Das Leben gehört uns!

Generalstreik und Fabrikbesetzungen in Frankreich 1936

Im kollektiven Gedächtnis Frankreichs nimmt die Generalstreikbewegung vom Mai-Juni 1936 großen Raum ein. Denn das Ergebnis dieser Bewegung war beträchtlich: Staat und Unternehmer mussten enorme soziale Fortschritte wie bezahlten Urlaub und gehörige Lohnerhöhungen einräumen. Und dennoch beschränkte sich diese Bewegung, zumindest bis zu einem gewissen Punkt, nicht auf die Durchsetzung reformistischer Forderungen.

Als Massenbewegung war dies einer jener historischen Momente, in denen das Konzept »Klasse gegen Klasse« radikal Wirklichkeit wurde. In jenen zwei Monaten nahm die Arbeiterklasse in Frankreich ihr Schicksal selbst in die Hand, so dass die herrschenden Klassen das Herannahen des »letzten Gefechts« fürchten mussten. Tatsächlich traf die Bourgeoisie sogar Vorbereitungen, das Land zu verlassen und ihr Vermögen auf Schweizer Banken zu verschieben.

Wollen wir den Mai-Juni 1936 verstehen, können wir die besonderen Rahmenbedingungen der Bewegung nicht außen vor lassen. Das gesellschaftliche Umfeld war geprägt vom Aufstieg autoritärer Modelle in Europa und der Welt: ein militaristisches Regime in Japan, ein faschistisches in Italien und der Nationalsozialismus in Deutschland – um nur ein paar zu nennen. Diese Modelle prägten auch die innenpolitischen Vorstellungen im Frankreich der 1930er Jahre – einem Frankreich, das wie alle europäischen Länder unter der Weltwirtschaftskrise und dem daraus folgenden sozialen Elend litt. Auch in Frankreich hatte die »braune Pest« ihre Verfechter und Anhänger.

Die Idee einer »Volksfront« entstand in Reaktion auf diesen Aufschwung der Autoritären. Die extreme Rechte machte mobil und der fortschrittliche Gang der Geschichte – das Beispiel Deutschlands mahnte – drohte, ins Stocken zu geraten.

Entfesselung der Arbeiterklasse

Im Februar 1934 probten dann faschistische und monarchistische Ligen den Aufstand gegen das parlamentarische Regime. Dieser reaktionäre Putschversuch gegen die Dritte Republik belegt die reale Gefahr, der sich damals die Arbeiterbewegung ausgesetzt sah. Und er zeigt, dass der Kapitalismus in einer Krisensituation sehr wohl auf ein autoritäres Regime zurückgreifen kann, um seine Klasseninteressen zu wahren. Das deutsche Beispiel veranschaulicht das im Übrigen allzu deutlich.

Angesichts dieser realen Bedrohung nahm in der Folgezeit des Putsches eine magische Figur Stück für Stück Form an: die »Einheit der demokratischen Kräfte«. Dieser Mythos geht insbesondere auf die Basis der Arbeiterorganisationen zurück, die von der Rivalität zwischen Kommunisten und Sozialisten entnervt war. Auf diesem Nährboden reifte die Volksfront heran.

In dieser Gemengelage versuchte auch die CGT-SR (Confédération Générale du Travail – Syndicalistes Révolutionnaires) mit ihren wenigen Tausend Mitgliedern, ihrer Stimme Gehör zu verschaffen. Sie propagierte die Unabhängigkeit einer Arbeiterbewegung, die vor die Hunde gegangen war in der totalen Umklammerung der Gewerkschaftsbewegung durch die politischen Parteien. Diese Situation lag begründet in der Verkettung der Confédération Générale du Travail (CGT) mit der Sozialistischen Partei (SFIO) einerseits und der Confédération Générale du Travail Unitaire (CGTU) mit der Kommunistischen Partei (PCF) andererseits.

So klein die CGT-SR auch gewesen sein mag, sie stand für den radikalsten Flügel der französischen Arbeiterbewegung. Sie stand außerdem für die Hoffnungen, die mit der Streikbewegung einhergingen – aber auch für die Enttäuschungen, als offenbar wurde, dass sie ohnmächtig war, die Bewegung in einen Prozess zu überführen, der revolutionär hätte sein können. Verheißungsvoll hatte man mit dem Mai-Juni 1936 schon das »Morgenrot leuchten sehen«, wie *Le Combat Syndicaliste*, die Zeitung der CGT-SR, orakelt hatte.

Der Auftakt

So kam es im Mai 1936 in Frankreich zu einer Streikbewegung bis dato ungekannter Größe. Der Machtantritt des Sozialisten Léon Blum fiel so zeitlich zusammen mit einer gigantischen Welle von Streiks. Was auf den ersten Blick seltsam wirkt – das Aufbegehren der Arbeiterklasse zu einem Zeitpunkt, an dem die von ihr getragene Volksfront den Wahlsieg errungen hat –, ist in Wirklichkeit eine logische Konsequenz, bedeuten doch politische Erfolge nichts ohne die entsprechenden ökonomischen Umwälzungen.

Die Bewegung begann in den Breguet-Fabriken in Le Havre, weitete sich auf die Automobil- und Flugzeugfabriken der Pariser Region aus und erfasste schließlich fast alle Branchen. Innerhalb kürzester Zeit befanden sich knapp zwei Millionen Arbeiter und Arbeiterinnen im Streik – im wilden Streik! Denn sie besetzten die Fabriken, und die Angestellten die Büros und Kaufhäuser.

Diese Massenbewegung bestärkte die Anarchosyndikalisten und -syndikalistinnen der CGT-SR in ihrer Argumentation: Wenn es sich der Kontrolle der politischen Parteien entzieht, ist das Proletariat in der Lage, sich zu befreien, sich selbst zu organisieren und die Grundlagen einer anderen Zukunft zu schaffen.

Die soziale Explosion

Alles ging los, als in den Luftfahrtfabriken von Breguet in Le Havre am 11. Mai die Belegschaft in den Streik für die Wiedereinstellung zweier entlassener Kollegen trat. Die Streikenden setzten ihre zentrale Forderung binnen 24 Stunden durch. Obwohl es sich dabei um ein eher kleines Anliegen handelte, war damit der Startschuss für eine Streikbewegung mit weitreichenden Zielen gegeben. Angeregt von dem Streik in Le Havre, breitete sich vom 14. bis 20. Mai eine größere Streikbewegung aus. Überall wurden dieselben Forderungen erhoben: zum einen Lohnerhöhungen, aber vor allem die Anerkennung der Belegschaftsdelegierten und die Verteidigung des Streikrechts.

Am 26. Mai begann schließlich der Streik in den Fabriken Sautter-Harlé (Paris), Hotchkiss (Levallois), Lavalette (Saint Ouen) und Crété (Corbeil). Innerhalb der nächsten drei Tage schlossen sich die Belegschaften aller großen Metallunternehmen dem Streik an: Dewoitine, Renault, Citroën, Framan etc. Der Funke des Streiks verbreitet sich auf zwei Wegen: von Ort zu Ort und von einer Fabrik zur anderen.

Schon bald hatte sich der Streik zum Generalstreik entwickelt. Er erfasste die kleinen Firmen ebenso wie die Bastionen der Arbeiterbewegung; die Lohnabhängigen der Industrie beteiligten sich ebenso geschlossen wie die der Landwirtschaft und des Handels – außen vor blieben meist nur die Angestellten der Banken und des öffentlichen Sektors, die sich der Mobilisierung im Großen und Ganzen nicht anschlossen.

Überall praktizierte man den »Streik an der Maschine«, das heißt: die Besetzung des Betriebs. Der Grund für die Besetzungen ist leicht erklärt: eigentlich wollten sich die Streikenden gegen mögliche Aussperrungen wappnen bzw. den Rückgriff auf »gelbe« Streikbrecher seitens der Unternehmer verhindern. Die Eigentümer geißelten diese Praxis als offensichtlichen Angriff auf das Privateigentum.

Gleichzeitig formierte sich in den besetzten Fabriken und drum herum die Solidarität. Sie drückte sich auf Tausende Weisen aus: die Familien, die Händler oder auch benachbarte Bistros unterstützten die Streikenden und versorgten sie. Wie das konkret aussah, weiß ein streikender Schlosser zu berichten: »Die Streikenden profitierten von unerwarteter Unterstützung ... Mit bitteren Worten über die Besitzenden verlangten die Bistrobesitzer die Gewerkschaftskarte und machten sich an die Zubereitung des Kaffees für die Streikenden. Da keine Löhne bezahlt wurden, richtete man zur Kostendeckung einen Appell an die Großzügigkeit der Öffentlichkeit. So wurde beispielsweise eine Sammelbüchse an einen der Bäume gebunden, die die Straße säumten. Das weckte nun die Aufmerksamkeit eines Gemüsebauers aus der Umgebung. Und eines Morgens hielt er mit seinem Pferd vor den Streikenden, die das Tor bewachten, und bot ihnen eine Kiste voller Salat an.«

Lebensfreude

Die Mobilisierung war der Ausdruck des Überdrusses der Lohnabhängigen, die seit Jahren das Gewicht der Deflation, die Teuerungen und die Arbeitslosigkeit ertragen hatten. Sie stellte den Willen der Arbeiterschaft dar, ihre Forderungen durchzusetzen – und zwar in einem Moment, da sie sich gedeckt sah durch »ihre« Volksfrontregierung.

Aber es gab noch einen tiefer liegenden Grund, und dieser hing mit der Taylorisierung der Industrie zusammen. Ihren Einstand in Frankreich hatte die Taylorisierung 1914 gefeiert, sie schritt mit dem Krieg voran und setzte sich in den 1920er Jahren vollends durch – vor allem im Automobilbau und der metallverarbeitenden Industrie. Diese Entwicklung setzte sich fort und bewirkte eine tiefgreifende Umwälzung der Arbeiterklasse. Die Facharbeiter machten einer wachsenden Zahl von ungelernten und angelernten Arbeiterinnen und Arbeitern Platz. Die massive Dequalifizierung wurde begleitet von einer Veränderung im Lohnregime, ja einer Verallgemeinerung des Akkordlohns. Daraus ergab sich ein Arbeitstempo, das die Arbeiter und Arbeiterinnen in außerordentlichem Maße bedrückte. Diese Beklemmung fand ihren Ausdruck in dem allgemeinen Hass auf die Uhren.

Die Philosophin Simone Weil, die zunächst bei Renault und dann bei Alsthom gearbeitet hatte, fasst diese Gefühle gut zusammen, wenn sie schreibt: »Was ist man? Eine Nummer in der Belegschaft. Man zählt nicht. Man existiert kaum. ... Niemals etwas tun, selbst in Kleinigkeiten nicht, das nach einer Initiative aussieht. ... Man ist ein Ding, das dem Willen eines anderen ausgeliefert ist.« Auf diesen degenerativen Zustand folgte dann ganz unvermittelt die Zeit des Streiks. Und auf einmal hatten die Arbeitenden das Gefühl, eine Macht zu sein, eine Würde wiederzuerlangen.

Spontan und weit hinausgehend über alle Anweisungen der Gewerkschaftsvorstände, war diese Bewegung der Ausdruck einer tiefgreifenden Befreiung – die natürliche Antwort auf das Elend, die Herabwürdigung, die Willkür der Unternehmer

und die höllischen Akkordzeiten. Auf diese Weise holte sich das Leben sein Recht
zurück: »Nachdem sich die Masse während Monaten und Jahren stets schweigend gebeugt, alles erduldet und eingesteckt hat, wagt sie endlich, sich aufzurichten. Aufrecht stehen. Selbst das Wort ergreifen. Einige Tage lang das Gefühl haben, ein Mensch zu sein. Gänzlich unabhängig von den Forderungen ist dieser Streik an sich eine Freude. Eine reine Freude. ... Freude, unter stummen Maschinen zu leben, im Rhythmus des menschlichen Lebens – dieser Rhythmus folgt der Atmung, dem Herzschlag, den natürlichen Bewegungen des Organismus – und nicht im vom Zeitnehmer diktierten Rhythmus.« (Weil)

Die Streikbewegung im Juni 1936 war mit Sicherheit ein Schrei nach Befreiung, sie war der Ausdruck einer zurückeroberten Würde. Dies ist der wesentliche Charakter dieser Bewegung, die zugleich festlichen Charakter hatte und von einem tiefen Verantwortungsgefühl getragen wurde. Man sang und tanzte in den besetzten Fabriken und Geschäften, und dennoch wurden überall die Maschinen gewartet, über die Einhaltung der Ordnung gewacht und auf Alkohol verzichtet.

Von der Hoffnung...

Die Anarchosyndikalisten und -syndikalistinnen der CGT-SR waren schlichtweg beeindruckt, ja erstaunt über diese Erhebung. Sie waren es umso mehr, als die Betriebsbesetzungen und der Einsatz der direkten Aktion eines bestätigten: die Aktualität des revolutionären Syndikalismus. Nach so vielen Jahren der Zustimmung zum Verrat wachte das Proletariat endlich auf, so schien es der CGT-SR.

Inzwischen hatten die Streiks ihren Höhepunkt erreicht. In den Augen der Revolutionäre jeder Couleur konnte diese Konstellation sehr wohl in eine revolutionäre Situation münden. Marceau Pivert, führender Vertreter der SFIO-Linken, verkündete zum Beispiel: »Alles ist möglich!« Die CGT-SR analysierte die Lage nicht anders und forderte die Arbeiterklasse auf, zur zweiten Stufe der Mobilisierung zu schreiten: die Selbstverwaltung der Produktionsmittel. Den Vorschein der sozialen Revolution vernehmend, frohlockte *Le Combat Syndicaliste* wie folgt: »Die großartige Dämmerung, die sich am leuchtenden Horizont zeigt, verheißt neue Zeiten.« Es war die Stunde des Optimismus, und in einigen Fabriken hatten die Arbeiterinnen und Arbeiter tatsächlich beschlossen, vorzupreschen: z.B. in den Keksfabriken von Delespaul-Havez setzte die Belegschaft die Maschinen wieder in Gang und in Bagnolet gründete sich ein Arbeiterrat.

Doch die Bewegung erklomm niemals die Höhen, wie es die CGT-SR herbeigesehnt hatte – die Beispiele von Delespaul-Havez und Bagnolet blieben Einzelfälle. Tatsächlich verlor die Bewegung schnell an Schwung, schon bald (Mitte Juni) sollten die Arbeiter und Arbeiterinnen die Fabriken verlassen. Sie folgten damit schließlich den wiederholten Appellen der politischen und gewerkschaftlichen Chefetagen der Volksfront. Diese hatten derweil – so beunruhigt wie die Unternehmer – nach einem Ausweg aus dem Konflikt gesucht.

Zu diesem Zwecke hatte Innenminister Roger Salengro eine Konferenz einberufen, zu der sich sowohl Vertreter des Kapitals als auch der Arbeiterschaft (Funktionäre der CGT) zusammenfanden. Auf diese Weise wurde zunächst das Matignon-Abkommen vom 7. Juni 1936 vorbereitet, und schließlich, nachdem dieses die Arbeiterschaft immer noch nicht zur Beendigung der Streiks bewegte, folgten noch weitere Sozialgesetze. Die CGT-SR stellte die moralischen und materiellen Errungenschaften dieser Vereinbarungen nicht in Abrede: so z.B. eine 15-prozentige Lohnerhöhung, Beschränkung der wöchentlichen Arbeitszeit auf 40 Stunden, 15 Tage bezahlten Urlaub – also eigentlich eine deutliche Verbesserung der Lage der Arbeiterklasse. (Dadurch fuhren im Juli und August 1936 viele Arbeiterinnen und Arbeiter zum ersten Mal in den Urlaub, aufs Land oder ans Meer.)

...zur Enttäuschung

Die CGT-SR rief die Arbeiterklasse angesichts der Vereinbarungen auf, sich nur auf sich selbst zu verlassen und »den Sieg zu organisieren«. Sie riet den Arbeiterinnen und Arbeitern, über die Einhaltung des Abkommens zu wachen, und warnte vor zu viel Vertrauen – denn die Unternehmer und die Bourgeoisie könnten jederzeit das zurücknehmen, was sie unter dem Druck der Streikbewegung zugestanden hatten.

Doch im Abwarten verlor die Bewegung ihre Dynamik und erstarb letztlich. Maurice Thorez und die PCF, deren Vorsitzender er zu diesem Zeitpunkt war, warfen dabei all ihr Gewicht in die Waagschale, um die Arbeiterschaft zur Wiederaufnahme der Arbeit zu bewegen. In einer berühmten Versammlung formulierte Thorez einen Satz, der unvergessen bleibt: »Man muss einen Streik beenden können.« Damit wandte er sich gegen das »Alles ist möglich!« von Marceau Pivert.

Für die Revolutionäre im Allgemeinen und die anarchosyndikalistischen im Besonderen war diese Entwicklung eine vollkommene Enttäuschung. Einmal mehr hatten die bürokratischen und reformistischen Apparate aufgetrumpft und die Forderungen der Arbeiterklasse umgedreht. Und die revolutionären Kräfte – die SFIO-Linke von Pivert, die Trotzkisten und die Anarchisten – waren genauso wenig wie die CGT-SR in der Lage gewesen, der SFIO und der PCF die Stirn zu bieten. Die Fabrikbesetzungen waren nicht einen Augenblick zu einer sozialen Revolution angeschwollen. Der Anarchist Daniel Guérin nannte dies eine »verpasste Revolution« und schlussfolgerte: »Wir haben das Rendezvous mit der Geschichte verpasst. Die proletarische Revolution ging direkt an unserer Tür vorbei. Wir haben es nicht verstanden, sie zu halten.«

Die warnenden Stimmen, die von der arbeiterfeindlichen Rolle der Volksfront gesprochen hatten, sollten in der Zeit von September 1936 bis März 1937 recht behalten: die erkämpften Fortschritte wurden unter dem Druck der wirtschaftlichen Niederlagen für die Regierung und dem politischen Druck der Unternehmer Zug um Zug zurückgenommen. Der Gnadenstoß wurde den Errungenschaften der Arbeiterklasse im Januar 1937 versetzt, als man eine »Lohnpause« für diese verkündete.

»Es schlägt nun die Stunde der bedingungslosen Kapitulation«, schrieb mit gesenktem Haupt die CGT-SR, deren hellsichtigen Mahnungen und praktischen Ideen nicht ankamen. Die Stimmung des Mai-Juni 1936 war schnell Vergangenheit, der Krieg rückte heran. Die Träume wurden zerstoben und weggefegt von der Barbarei.

Heiko Grau-Maiwald

Tage der Hoffnung

Die Volksfront in Frankreich

Mit dem Wahlsieg der Volksfront im Mai 1936 verband die Arbeiterklasse Frankreichs große Hoffnungen. Nur so ist die ungeheure Streikwelle zu erklären, die daraufhin übers Land rollte und sämtliche Bereiche des gesellschaftlichen Lebens erfasste. Bestand der Zweck der Volksfront eigentlich darin, alle Kräfte zu sammeln, um die faschistische Bedrohung mit parlamentarischen Mitteln aufzuhalten, so weckte deren Wahlsieg letztlich bei den Arbeitern und Arbeiterinnen Hoffnungen, die über die Absichten, den Status quo zu erhalten, hinausgingen. Daraus erwuchs eine Eigendynamik von unten, von denen sich die Unternehmer ebenso überrascht zeigten wie die Parteien der Volksfront und die Gewerkschaften. Letztendlich sahen sich die Arbeitenden jedoch in ihrer Hoffnung auf eine radikale Umwälzung unter dem Eindruck des Sieges der Volksfront betrogen. Die Arbeiterorganisationen erwiesen sich geradezu als Hemmschuh, indem sie für die Aufrechterhaltung ihres Bündnisses mit der liberalen Radikalen Partei (PR) die Interessen der Arbeiterschaft verrieten.

Mobilisierung zur Einheit

Angestoßen wurde die Idee der Volksfront durch die immer konkreter werdende Gefahr des Faschismus im eigenen Land. Bereits seit 1931 steckte Frankreich in einer tiefen Krise, welche die Arbeiterklasse, die Bauern und Bäuerinnen sowie die Mittelschichten traf. Letztere hatten im Zuge dessen das Vertrauen in die bürgerlich-demokratische Radikale Partei verloren. Begünstigt durch diese Situation wagten faschistische Verbände am 6. Februar 1934 einen Putschversuch in Paris. Dieser konnte zwar niedergeschlagen werden, doch triumphierte die Reaktion dennoch: die von den Sozialisten tolerierte liberale Regierung Daladier musste zurücktreten, die neue »Regierung der nationalen Einheit« rückte nach rechts.

Auch die Arbeiterorganisationen waren vom Putsch überrascht worden. Und ohnehin waren sie aufgrund unversöhnlicher Differenzen kaum handlungsfähig. So standen sich die Sozialistische Partei (SFIO) und die Kommunistische Partei (PCF) seit der Spaltung ihrer Mutterpartei 1920 erbittert gegenüber. Doch spätestens mit dem Putschversuch kam Bewegung in diese verfahrene Situation, denn gleich darauf ergingen zumindest von Seiten lokaler SFIO-Gruppen Angebote an die Kommunisten. Die PCF jedoch blieb zunächst stur und antwortete, getreu der Sozialfaschismusthese der Kommunistischen Internationale (Komintern), mit wüsten Beschimpfungen.

Dass das Eis letztlich doch zu brechen vermochte, geht wesentlich auf die Initiative der Gewerkschaften und der Basis zurück. Denn für den 12. Februar rief die Confédération Générale du Travail (CGT) zum eintägigen Generalstreik auf, den die Sozialisten mit einer Massendemonstration unterstützten. Auch die kommunistisch ausgerichtete Confédération Générale du Travail Unitaire (CGTU) schloss sich dieser Bewegung an. Der Ausstand übertraf schließlich alle Erwartungen: etwa eine Million Arbeiterinnen und Arbeiter folgten allein im Raum Paris dem Aufruf; in der Provinz war er nicht weniger erfolgreich. Nach Schätzungen standen viereinhalb Millionen im Streik und beteiligten sich eine Million an den Demonstrationen. Die Bewegung kulminierte letztlich darin, dass sich in Paris die Züge der sozialistischen und kommunistischen Arbeiter und Arbeiterinnen unter dem Ruf »Einheit, Einheit« vereinten. Damit schienen die Arbeitenden selbst entschlossener zu sein als die Führung der PCF, die ihre Beteiligung erst am Vorabend beschlossen hatte.

Die Angriffe der Faschisten rissen auch in der Folgezeit nicht ab, während die Deflationspolitik der Regierungen die Arbeiterklasse ins Elend stürzte. Immer deutlicher wurde deren Schwäche durch die vorherrschende Spaltung. Die Arbeiterinnen und Arbeiter erkannten dies und verstärkten den Druck, bis ihre Führungen nachgaben. Ab Juni 1934 vollzog die PCF dann auch eine Kehrtwende: sie schlug moderatere Töne gegenüber der SFIO an und schwenkte damit auf den neuen Kurs der Komintern ein. Zuvor sah sich die Sowjetunion durch die aggressive Außenpolitik Nazi-Deutschlands gezwungen, ihre Isolation zu überwinden und Verbündete zu suchen.

In Konsequenz wurde Ende Juni der SFIO die Aktionseinheit angeboten, welche letztlich im Juli besiegelt wurde. Maurice Thorez, PCF-Generalsekretär, wandte sich nun den Mittelschichten zu, um sie für die Bildung einer »Einheitsfront für Arbeit, Freiheit und Frieden« zu gewinnen. Der Erfolg der Kommunisten in den Kantonal- und Gemeinderatswahlen 1934 und 1935 schien diesen Kurs zu bestätigen. Die Radikale Partei, die eigentliche Stammpartei der Mittelschichten, fuhr dagegen Verluste ein.

Die Beziehungen zwischen der PCF und der SFIO hatten sich mittlerweile derart gefestigt, dass die SFIO Ende Juni 1935 der Bildung einer Volksfront zustimmte. Um diese zu komplettieren, bedurfte es jedoch noch der Radikalen Partei. Zwar hatte diese bereits ein stückweit ihre Skepsis gegenüber der PCF abgebaut infolge des Abschlusses des französisch-sowjetischen Beistandspakts (Stalin-Laval-Pakt), der sie glauben machte, dass das Umschwenken der PCF nicht einfach nur ein taktisches Manöver sei, trotzdem bedurfte es noch großer Anstrengungen, bis die Radikale Partei endgültig einlenkte. So kam es bereits im Juli zu einer Demonstration aller antifaschistisch-demokratischen Kräfte, doch erst im Januar 1936 wurde das »Programm der Volkssammlung« veröffentlicht. Die PCF war dabei den Radikalen soweit entgegengekommen, dass sie sogar hinter die Forderungen der SFIO zurückfiel. In der Zwischenzeit, im März 1936, hatten auch die Gewerkschaften CGT und CGTU, die 1921 miteinander gebrochen hatten, ihre Wiedervereinigung vollzogen. Ihre Kongresse hatten diesem Schritt bereits im September 1935 zugestimmt. Worum in Deutschland vergeblich gerungen wurde, war in Frankreich wahr geworden.

Den Streikenden hinterher

Die Volksfront konnte sich durch Absprachen in den Wahlgängen zur Nationalversammlung im April/Mai einen deutlichen Sieg sichern. Die SFIO erhielt dabei 146 Sitze, die PCF als eigentlicher Wahlsieger 72. Den Radikalen blieben dank der Unterstützung der Arbeiterklasse 116. Mit mehr als hundert Stimmen Vorsprung verfügte die Volksfront nun über eine sichere Mehrheit. Unter dem Eindruck dieser Ereignisse kamen sofort im Mai die ersten Streiks und Betriebsbesetzungen ins Rollen, die sich bis zum Antritt der Volksfront-Regierung unter dem Sozialisten Léon Blum Anfang Juni sogar ausweiteten.

Diese neue Regierung setzte sich aus 16 Sozialisten, 13 Radikalen und 3 Neosozialisten zusammen. Die PCF und die CGT lehnten dagegen eine Regierungsbeteiligung ab, sicherten der Regierung aber ihre uneingeschränkte Loyalität und Unterstützung zu. Doch die Volksfront setzte auf Reformen; eine radikale Umgestaltung der

Gesellschaft stand nicht auf ihrer Tagesordnung. Deshalb tat sie alles, um sich an die Spitze der Streikbewegung zu stellen, sie unter Kontrolle zu bringen und die Ordnung wieder herzustellen. Sie nahm die Rolle der Vermittlerin ein; gewaltsame Maßnahmen zur Räumung der Betriebe lehnte sie wiederum ab. Auf diese Weise reifte eine revolutionäre Krise heran.

Um der Krise Herr zu werden, versuchte die Regierung, das Problem auf nationaler Ebene zu lösen. Auf eine Initiative der Arbeitgeber hin brachte sie deshalb am 7. Juni die CGT und den Unternehmerverband, die Confédération Générale de la Production Française (CGPF), an einen Tisch. Und tatsächlich machten die Unternehmer Zugeständnisse: Anerkennung von Kollektivverträgen und gewerkschaftlicher Betätigung, Lohnerhöhungen um 7 bis 15 Prozent, Aufnahme von Verhandlungen über Mindestlöhne, Zulassung von Betriebsräten mit Beschwerderechten sowie Sanktionsverzicht gegen Streikende. Sobald die jeweilige Firmenleitung den Vertrag unterschrieben hat, sollten die Streikenden wieder an die Arbeit gehen.

Doch die Gewerkschaftsvertreter hatten die Rechnung ohne die Basis gemacht. Und so saßen sich zwei Tage später die Parteien erneut gegenüber. Denn vielerorts hatten sich die Arbeiterinnen und Arbeiter trotz des Abkommens einfach geweigert, die Betriebe zu räumen. Im Gegenteil, vom 7. bis 12. Juni erreichte die Bewegung zum Teil sogar ihren Höhepunkt. Um eine weitere Zuspitzung zu vermeiden, wurden deshalb im Eilverfahren Sozialgesetze über die 40-Stunden-Woche, bezahlten Urlaub und die Kollektivverträge verabschiedet. Gleichzeitig wurden Anarchisten und Trotzkisten für die Radikalisierung der Bewegung verantwortlich gemacht, während militärische Einheiten und Bereitschaftspolizei zusammen gezogen wurden. Die PCF, deren Mitglieder in den Streiks sehr aktiv waren, verurteilte diesen Schritt, gab aber die Parole aus: »man muss einen Streik beenden können«.

Zukunft nicht erreicht

Die Errungenschaften wurden schnell kassiert: kaum griffen die Lohnerhöhungen, stiegen die Bedarfsgüterpreise drastisch. Im Oktober 1936 wurde schließlich der Franc abgewertet, während die Regierung durch die Kapitalflucht und die grassierende Spekulation unter Druck geriet. Zwar erkannte sie die Notwendigkeit der Kontrolle des Devisengeschäfts an, doch im März 1937 kapitulierte sie offiziell vor Finanzkreisen und Senat. Außerdem wollte man ja die Londoner Finanzwelt nicht verschrecken. Den Lohnabhängigen hingegen wurde eine »Lohnpause«, eine Abkopplung der Löhne von der Preissteigerung mittels Zwangsschlichtung und Verlängerung der Tariflaufzeiten, verordnet.

Im Juni musste die Regierung Blum schließlich zurücktreten; die konservative Mehrheit des Senats hatte ihr außerordentliche Vollmachten zur Beilegung der Finanzkrise verweigert. Daraufhin wurde noch im selben Monat die Regierung Chautemps unter Führung der Radikalen Partei gebildet, an der auch die Sozialisten erneut beteiligt waren. In der Folgezeit fand der konservative Senat unter den Vertretern der Radikalen Partei in der Abgeordnetenkammer zunehmend Unterstützung gegen die Sozialpolitik und die Arbeiterklasse. Anfang 1938 machte Chautemps gar die Streiks für die finanzpolitischen Probleme verantwortlich. In Konsequenz wendete er sich offen gegen die Arbeiterinnen und Arbeiter und die PCF.

In Anbetracht dieser Ereignisse stellte die sozialistische Fraktion fest, dass sich die Regierung nicht mehr auf die Volksfront beziehen könne, und versagte ihr die

72 Unterstützung. Die zweite Periode der Regierung Chautemps begann, diesmal ohne sozialistische Minister. Anfang März startete sie den gleichen Versuch mit demselben Erfolg: schon am 10. März musste sie zurücktreten. Daraufhin amtierte für ganze 26 Tage erneut eine Volksfront-Regierung unter Blum, die schließlich Mitte April vom Kabinett Daladier abgelöst wurde, der eine Regierung der Radikalen unter Beteiligung der Rechten bildete. Erneut war Blum über die Finanzpolitik gestürzt.

Am gleichen Tag erklärte die Radikale Partei in einer Sitzung des Nationalen Komitees der Volksfront ihren Rückzug aus dem Gremium, da sie nicht länger mit der PCF zusammenarbeiten wollte. Die Arbeiterklasse rührte sich nicht; ihre Enttäuschung saß tief und sie war gespalten. Unter den Parteien waren schon in der Frage der Unterstützung des republikanischen Spaniens oder der Sozialpolitik Differenzen offen zutage getreten. Doch spätestens zum Münchner Abkommen von 1938 schieden sich die Geister endgültig.

Lou Marin

»Die Maschinen schweigen, verletzen nicht mehr«

Simone Weils Besuch in den besetzten Betrieben

Simone Weil (1909-1943), Lehrerin für Philosophie, fand Anfang der 1930er Jahre Zugang zum Milieu des revolutionären Syndikalismus, in dem sie sich bis ca. 1939 bewegte. Von Dezember 1934 bis August 1935 hatte sie als Intellektuelle in französischen Fabriken gearbeitet, um auf der Basis einer Lebenserfahrung die Abstumpfungsprozesse repetitiver Industriearbeit der ungelernten Arbeiter und Arbeiterinnen sowie ihre Folgen für das freie Denken zu untersuchen. Anfang Juni 1936 besuchte sie ihre Genossen und Gesnossinnen in den besetzten Betrieben – darunter die Renault-Werke, wo sie selbst ein Jahr zuvor gearbeitet hatte – und erlebte hautnah die Veränderung, hier beschrieben vom Anarchisten Louis Mercier:

»Im Juni 1936 besucht Simone Weil eine der ersten Fabriken – Sauter & Harlé, mitten in Paris –, die von den streikenden Arbeitern besetzt worden waren. Sie wird von demjenigen Aktivisten herumgeführt, der die Bewegung beseelt hat, Félix Guyard, genannt »Lapin« (Kaninchen), seines Zeichens sowohl Syndikalist wie Anarchist. Sie ist beeindruckt von der Haltung der Streikenden, die ruhig, freudig und entschlossen wirkt; aber auch von der Sauberkeit innerhalb der Fabrik, in der alle Maschinen gereinigt worden waren; sowie von den Versorgungs- und Vorratssystemen und der Küche, die von einer Gruppe junger Mitglieder des Koch-Syndikats organisiert wurde, die zumeist ebenfalls Libertäre waren. Die anarchistischen Arbeiter, die am Rande der großen Organisationen standen, aber innerhalb der Basisbewegung wie starke und infizierende Mikroorganismen wirkten, spielten eine wichtige Rolle in der Streikwelle, auch wenn in der Presse kaum darüber berichtet wurde. Wir finden sie in den vordersten Reihen bei der Besetzung der Fabrik Lavalette, bei Bloch, bei Lioré-Ollivier und den Pariser Metallarbeitern; aber ebenso, und das in den ersten Stunden, im Westen des Landes, bei den Werftbetrieben, oder bei den Betrieben für den Flugzeugbau in Toulouse.«

Gleich nach ihrer Besuchstour verfasste Simone Weil ihren Aufsatz »Leben und Streik der Metallarbeiterinnen«, in dem sie ihre eigenen Erfahrungen als noch vor kurzem entrechtete Arbeiterin der nun im Streik erkämpften Lebensfreude und Menschenwürde gegenüber stellte:

»Ich bin nicht schnell genug. Schon macht sich Müdigkeit bemerkbar. Man muss sich beeilen, verhindern, dass eine kurze Unterbrechung eine Bewegung von der nachfolgenden Bewegung trennt. Schneller, immer noch schneller. ... Schweigen. Sofort gehorchen. Sofort an die Maschine gehen, die man mir zuweist. Fügsam die Gesten ausführen, die man mir abfordert. Keine Bewegung der Ungeduld: jede Ungeduld setzt sich in Langsamkeit oder Ungeschicklichkeit um. Verärgerung können sich die Befehlenden leisten, den Gehorchenden ist sie verboten. ... Eine Entlassung. Man entlässt mich aus einem Betrieb, in dem ich einen Monat arbeitete, ohne dass man je Kritik an meiner Tätigkeit geübt hätte. Was hat man gegen mich? Niemand hielt sich für verpflichtet, es mir zu sagen. ... Bei der Arbeit fürchten alle, denen es schwerfällt mitzuhalten, nicht ausreichend flink und schnell zu sein. Die Furcht, Stücke zu verderben, wenn man das Tempo beschleunigt, weil die Geschwindigkeit eine Art Trunkenheit erzeugt, die die Aufmerksamkeit auslöscht. ... Im allgemeinen die Furcht vor Rügen. Man nähme viele Schmerzen in Kauf, nur um eine Rüge zu vermeiden. Der geringste Verweis ist eine schwere Demütigung, weil man nicht zu antworten wagt.«

Diese Hölle der Industriesklaverei war denn auch eine der Ursachen für den Streik: »Sobald man spürte, dass der Druck nachließ, bildeten die seit Jahren schweigsam angesammelten Leiden, Erniedrigungen, Vorwürfe und Bitternisse eine ausreichende Kraft, um den Zwang zu lockern. Das ist die ganze Geschichte des Streiks. ... Man beugte sich unter dem Joch; sobald es sich lockerte, hob man den Kopf. Das ist alles. ... Der entscheidende Faktor – dies muss gesagt werden – ist die Volksfront-Regierung. Endlich – endlich! – kann man streiken, ohne die Angriffe der Polizei oder der Mobilgarde auf sich zu ziehen. ... Vor allem zählt, dass die meisten Metallunternehmen für den Staat arbeiten und ihre finanzielle Lage von ihm abhängt. ... Warum haben die Arbeiter nicht bis zur Bildung der neuen Regierung gewartet? Ohne Zweifel ist es ermutigend zu beobachten, dass die Arbeiter es vorziehen, ihre Angelegenheiten selbst zu regeln, statt sie der Regierung zu überlassen. Aber ich glaube nicht, dass dieser Impuls den Streik bestimmt hat. Nein, den Ausschlag gab, dass man keine Kraft mehr hatte zu warten. Wer gelitten hat, weiß: Erhofft man sich die Erlösung von einem langen und schweren Leiden, dann sind die letzten Tage des Wartens unerträglich.«

Neben der unmittelbaren Freude und Erleichterung entstand so im Streik eine Selbstachtung, die als Erfahrung zum kollektiven Gedächtnis wurde und bleibenden Charakter bekam: »Wie sehr man sich unter Genossen fühlt in diesen Werkhallen, wo sich jeder, als ich dort arbeitete, allein fühlte an seiner Maschine! ... Man spaziert zwischen diesen Maschinen, denen man in vielen Stunden seine Lebenssubstanz opferte – und sie schweigen, verletzen nicht mehr, verursachen keine Schmerzen mehr. Freude, an den Chefs mit erhobenem Kopf vorüberzugehen. ... Freude zu sehen, wie die Chefs vertraulich zu sein versuchen, Hände schütteln, darauf verzichten, Anweisungen zu treffen. ... Freude zu sagen, was man auf dem Herzen hat, jedem, den Vorgesetzten und den Genossen, an diesem Ort, an dem zwei Arbeiter, Seite an Seite, monatelang arbeiten konnten, ohne dass einer der beiden erfahren hätte, was der Nachbar dachte. ... Und was auch immer in der Folge geschehen mag, man hat immerhin dies erlebt.«

Die Gewerkschaftsbewegung in Frankreich

Von der Pariser Kommune bis zum Generalstreik 1936

1871: Die Pariser Kommune leitet eine Reihe von sozialen, politischen und wirtschaftlichen Maßnahmen ein. Der Aufstand wird in der sog. »Blutwoche« von Regierungstruppen niedergeschlagen (30.000 tote KommunardInnen).

1876: Erster Arbeiterkongress (Paris) mit Vertretern von 94 Gruppen; mehrheitliche Zurückweisung revolutionärer Methoden und teilweise Ablehnung von Mitteln des Streiks.

1878: Zweiter Arbeiterkongress (Lyon); Lohn-, Erziehungs-, Genossenschafts- und Krankenversicherungsfragen bestimmen die Diskussion. Als stärkstes Mittel zur Verbesserung der Lage der Arbeiterschaft werden Konsumgenossenschaften propagiert.

1879: Dritter Arbeiterkongress (Marseille), bekannt als »Sozialistischer Arbeiterkongress«; durch eine tendenziell marxistische Mehrheit wird die »unzertrennliche Union zwischen sozialistischer und Arbeiterbewegung« besiegelt.

1880: Kongress von Le Havre; Aufbruch der Gegensätze der verschiedenen Richtungen. 70 Vertreter des Mutualismus tagen parallel und gründen die Union des Chambres Syndicales Ouvriéres (»Union der gewerkschaftlichen Arbeiterkammern«).

1884: Legalisierung von Gewerkschaften durch Verabschiedung des Gewerkschaftsgesetzes (bereits 1864 wurde per Gesetz das Streikrecht verankert).

1886: Erster Gewerkschaftskongress (Lyon); Gründung der Fédération Nationale des Syndicats Ouvriers (FNSO – »Nationale Föderation der Arbeitersyndikate«), zunächst im parteipolitischen Fahrwasser der Marxisten.

Um 1886: Geburt der Generalstreiksidee durch Joseph Tortelier.

1887: Erste Arbeitsbörse in Paris, zunächst eine selbstorganisierte Arbeitsvermittlungsstelle, bald schon gewerkschaftliches Kampfinstrument.

1892: Bekenntnis der FNSO zum Generalstreik als stärkstes Mittel gesellschaftlicher Umgestaltung, Zurückweisung der politischen Aktion. Gründungskongress der Fédération Nationale des Bourses du Travail (FNBT – »Nationale Föderation der Arbeitsbörsen«) unter maßgeblichem Einfluss der Anarchisten. Die FNBT wendet sich gegen den Einfluss von Staat und Politik.

1894: Die FNSO bestätigt das Generalstreiksprinzip und erklärt ihre Unabhängigkeit gegenüber politischer Einflussnahme.

1895: Gründungskongress der Confédération Générale du Travail (CGT), bei dem sich die FNBT mit der FNBO zusammenschließt.

1897: Dritter Kongress der CGT; Bekenntnis zur systematischen Anwendung von Boykott und Sabotage.

1898: Fehlgeschlagener Generalstreik der Eisenbahner.

1902: Kongress der CGT (Montpellier); endgültige Vereinigung der Berufsverbände mit den Arbeitsbörsen (bis dahin eigene Kongresse der FNBT). 122.000 Mitglieder in der CGT.

1904: Kongress der CGT (Bourges); Forderung nach dem Acht-Stunden-Tag.

1905: In den Bergwerken wird der Acht-Stunden-Tag eingeführt.

1906: Einführung einer obligatorischen 24-stündigen Ruhepause pro Woche. CGT-Kongress in Amiens; Verabschiedung der »Charta von Amiens«, in der die parteipolitische Abstinenz erneut bekräftigt wird.

1907: Erster Streik der Elektrizitätsarbeiter in Paris; vollständiger Stromausfall in der Stadt.

1908: Während eines Streiks in Draveil und Villeneuve-Saint-George kommt es zu heftigen Zusammenstößen mit der Polizei; Verhaftung der CGT-Führung.

1910: Generalstreik der Eisenbahner. In der CGT (334.000 Mitglieder) setzt sich immer stärker die reformistische Strömung durch.

1914: Die CGT (600.000 Mitglieder) stemmt sich zunächst angesichts der Kriegsstimmung gegen jeglichen Militarismus. International isoliert steht sie bei Kriegsbeginn mit dem Rücken zur Wand und sorgt schließlich mit für den »Burgfrieden«; Beginn der Zusammenarbeit mit den Sozialisten.

1915: Opposition innerhalb der CGT; der »Burgfrieden« wird brüchig: 98 Streiks mit 9.361 Beteiligten.

1916: 314 Streiks mit 41.409 Beteiligten. Revolutionäre Syndikalisten, die der Regierung unbequem sind, werden gezielt zum Militärdienst einberufen.

1917: Erste Revolten in der französischen Armee. Eine große Streikwelle erfasst das Land, insbesondere Paris: insgesamt 696 Streiks mit 293.810 Beteiligten. Annähernde Pattsituation auf dem CGT-Kongress (Clermont-Ferrand) zwischen regierungstreuer

 Mehrheit und revolutionärer Minderheit.

1918: Streikwelle in Paris und der Provinz. Einziger großer nationaler CGT-Kongress während der Kriegszeit; die Opposition spricht sich erneut gegen die Zusammenarbeit mit dem Staat aus. Die CGT-Führung legt sich nicht auf Revolution, sondern auf die Nationalisierung der Industrie unter gewerkschaftlicher Einflussnahme fest (»Minimalprogramm«).

1919: Einführung des gesetzlichen Acht-Stunden-Tags. Kongress der CGT in Lyon (1,2 Mio. Mitglieder in 2.125 Syndikaten); offener Ausbruch des Konfliktes zwischen dem reformistischen Flügel und der revolutionären Opposition, die die Haltung während des Krieges verurteilt.

1920: Die CGT (1,6 Mio. Mitglieder), macht sich für Gesamtarbeitsverträge mit den Unternehmern und die Nationalisierung der Schlüsselindustrien stark. Eine Reihe von Streiks (gegen den Willen der CGT-Führung) legt fast die gesamte Produktion Frankreichs lahm. Die revolutionäre Opposition sammelt sich innerhalb der CGT in den Comités Syndicalistes Révolutionnaires (»Komitees der revolutionären Syndikalisten«).

1921: Spaltung der CGT; die Opposition führt in Paris einen eigenen Kongress mit Delegierten von 1.564 Syndikaten durch.

1922: Gründungskongress der Confédération Générale du Travail Unitaire (CGTU), der den anarchistischen bzw. revolutionär-syndikalistischen mit dem kommunistischen Flügel der CGT vereint und an die »Charta von Amiens« anknüpft.

1923: Eintritt der CGTU in die Rote Gewerkschaftsinternationale (RGI); Aufbruch von Konflikten zwischen dem anarchistischen und kommunistischen Flügel. Die Gewerkschaft zählt zu diesem Zeitpunkt 400.000 Mitglieder (CGT: 700.000).

1924: Unzufrieden mit dem dominierenden Einfluss der PCF, tritt das Syndicat Unique du Bâtiment (»Vereinigte Baugewerkschaft«) aus der CGTU aus, um eine autonome Gewerkschaft zu bilden; führt 1926 zur Gründung der Confédération Générale du Travail – Syndicaliste Révolutionnaires (CGT-SR). Die CGT erneuert und erweitert ihr Minimalprogramm.

1929: Der CGTU-Kongress (Paris) erklärt die PCF offiziell zur Avantgarde der Arbeiterbewegung. Zunahme von staatsbejahenden Kräften in der CGT.

1932: 280.000 Mitglieder in der CGTU gegenüber 680.000 der CGT.

1934: Wirtschaftsplan der CGT zur Beilegung der wirtschaftlichen Krise; erstmalige Anerkennung der politischen Regierung. Widerstand gegen den Plan u.a. durch die CGT-SR und CGTU. Generalstreik in ganz Frankreich im Zuge des faschistischen Putschversuchs.

1935-36: Wiedervereinigung der CGT (900.000 Mitglieder) mit der CGTU (300.000 Mitglieder).

1936: Nach dem Wahlsieg der Volksfront kommt es zum Generalstreik und zu Fabrikbesetzungen im ganzen Land.

(Fortsetzung siehe Chronologie in Kapitel 11)

Kommentierte Bibliographie: Frankreich 1936

Das Leben gehört uns

Das Standardwerk für eine kritische und libertäre Analyse der Streikbewegung ist: Daniel Guérin, *Front populaire – Révolution manquée*, Paris 1976. Guérin, Aktivist und Theoretiker der libertären Bewegung in Frankreich, gelangte vom Trotzkismus zum libertären Kommunismus. Er ist Autor zahlreicher, zum Teil auch auf Deutsch vorliegender Abhandlungen über den Nationalsozialismus, den Kampf der Homosexuellen und die US-amerikanische Befreiungsbewegung. In seinem Buch *A la recherche d´un communisme libertaire* (Paris 1984) versucht er, Marxismus und libertären Kommunismus zu versöhnen, und vertritt das Konzept des »antiautoritären Marxismus«. Dabei zeigt er die Verbindungen zwischen anarchistischem Gedankengut und den kritischen Rätekommunisten der deutschen und niederländischen Linken (Luxemburg und Gorter) auf. Als junger Aktivist war er bei den Ereignissen im Mai/Juni 1936 dabei. Weiterhin empfehlenswert ist: DANIELLE TARTAKOVSKY, *Le front populaire. La vie est à nous*, Paris 1996, ein gutes Buch aus akademischen Kreisen mit einer hervorragenden Dokumentation (zeitgenössischen Fotos und Zeitungsauszügen). Die traditionell vorherrschende akademische, sprich sozialdemokratische Sicht auf die Ereignisse findet sich bei GEORGES LEFRANC, *Histoire du front populaire*, Paris 1974. Unumgänglich für eine tiefere Auseinandersetzung mit der Streikbewegung ist auf jeden Fall: SIMONE WEIL, *La condition ouvrière*, Paris 1951. Dieses Buch speist sich direkt aus Erlebnissen an der Basis des Streiks (weiteres zu Weil siehe unten). Für ein genaueres Verständnis der Ereignisse von 1936 im historischen Kontext ist es zudem wichtig, sich mit den Geschichten der jeweiligen Strömungen zu beschäftigen. Zur Geschichte der CGT im Allgemeinen siehe MICHEL DREYFUS, *Histoire de la CGT*, Brüssel 1995, das Standardwerk zur Geschichte der großen französischen Gewerkschaft, die sich vom revolutionären Syndikalismus zur reformistischen Gewerkschaft entwickelte. Zu den Linksparteien generell siehe JACQUES DROZ, *Le socialisme démocratique 1864-1960*, Paris 1966, quasi die akademische Bibel zur Geschichte sozialistischer Strömungen im Frankreich des 20. Jahrhunderts. Darin findet sich auch, aus sozialdemokratischer Perspektive, eine Analyse der Gründe für die Spaltung zwischen der sozialistischen SFIO und den Kommunisten. Das seriöseste und am besten dokumentierte Werk über die libertäre Bewegung in Frankreich stammt von JEAN MAITRON: *Histoire du mouvement anarchiste en France. Des Origines à nos Jours*, 2 Bde., Paris 1975. Es behandelt umfassend deren Positionen und Debatten vom Ende des 19. Jahrhunderts bis in die 1970er. Speziell zur CGT-SR siehe JÉRÉMIE BERTHUIN, *De l'espoir à la désillusion. La CGT-SR et la révolution espagnole*, Paris 2000; eigentlich eine Analyse der Stellung der CGT-SR zur Spanischen Revolution, behandelt es aber ebenso aus anarchosyndikalistischer Sicht die Bewegung vom Mai-Juni 1936 in Frankreich. (Jérémie Berthuin)

Tage der Hoffnung

Der Autor stützte sich im Wesentlichen auf zwei Literaturveröffentlichungen, die zu dem Thema im deutschsprachigen Raum vorliegen. Empfehlenswert ist dabei in erster Linie das Buch zweier Franzosen, das 1972 unter dem Titel *Juin 36* erstmals bei Librairie François Maspero (Paris) erschien: JACQUES DANOS & MARCEL GIBELIN, *Die Volksfront in Frankreich. Generalstreik und Linksregierung im Juni `36,* Hamburg 1982. Die Autoren geben darin einen sehr guten Überblick über die Ursachen, die Entstehung und die Entwicklung der Volksfront. Der Schwerpunkt liegt dabei auf der Entwicklung der Streikbewegung und den Fabrikbesetzungen unter den Volksfront-Regierungen. Mit einer unverhohlenen Sympathie für die autonomen Aktionen der Arbeiter sparen sie dabei weder die Schwächen und Irrtümer der Volksfront aus, noch lassen sie den notwendigen analytischen Weitblick vermissen. Als marxistisch-etatistisches Gegengewicht dazu ist eine Abhandlung von HEINZ KÖLLER, Prof. em. an der Humboldt-Universität Berlin und Gastprofessor an der Sorbonne (Paris), der eine Vielzahl von Publikationen zur Geschichte Frankreichs veröffentlicht hat, zu betrachten: *Für Demokratie, Brot, Frieden. Die Volksfront in Frankreich 1935 bis 1938,* Bonn 1996. KÖLLER folgt darin der Linie der Kommunistischen Partei Frankreichs jener Jahre, zeichnet aber auf der Basis akribischer Forschungsarbeiten ein detailliertes Bild der Volksfront und ihrer Politik. Stalinismus und Personenkult erteilt er eine klare Absage. Zu beachten ist auch die Kurzdarstellung eines weiteren Franzosen, Professor für Neuere Geschichte an der Universität Paris VIII: CLAUDE WILLARD, *Geschichte der französischen Arbeiterbewegung. Eine Einführung,* Frankfurt/M. 1981, S. 173-94. Zur Rolle der französischen Gewerkschaften CGT und CGTU von 1934-38 siehe: EUGEN NAEF, *Zur Geschichte des französischen Syndikalismus. Geistige Kräfte der freien französischen Gewerkschaftsbewegung in der ersten Hälfte des zwanzigsten Jahrhunderts,* Zürich 1953, S.119-43. Wer den polemischen Stil erträgt, sollte sich zur Abrundung auch folgendes Traktat zu Gemüte führen: LEO TROTZKI, *Wohin geht Frankreich?,* Antwerpen 1936. Von der Schrift existieren einige Nachdrucke; fündig wird man aber auch unter: http://www.marxists.org/deutsch/archiv/trotzki/1936/06/inhalt.htm. (Heiko Grau-Mailwald)

»Die Maschinen schweigen, verletzen nicht mehr«

SIMONE WEILS Aufsatz »Leben und Streik der Metallarbeiterinnen« gab die damalige Stimmung unter den Arbeitern in den besetzten Betrieben eindrücklich wieder. Er wurde zunächst am 10. Juni 1936 in der revolutionär-syndikalistischen Zeitung von PIERRE MONATTE, *La Révolution prolétarienne*, abgedruckt, bevor der Anarchosyndikalist ANDRÉ PRUDHOMMEAUX am 15. Juli 1936 eine Broschüre daraus machte. In deutscher Sprache ist der Text in einem Suhrkamp-Band zusammen mit weiteren Analysen zur Fabrikarbeit veröffentlicht worden: *Fabriktagebuch und andere Schriften zum Industriesystem*, Frankfurt a.M. 1978, S. 178-91. Ihr *Fabriktagebuch* von 1934/35 ist legendär geworden und bis zum Ende der Phase fordistischer Massenproduktion (mit monotoner Fließbandarbeit und einem hohen Anteil von ungelernten oder angelernten Arbeitern) von Sozialisten aller Strömungen studiert worden, weil hier eine Theoretikerin ihre Analysen konsequent auf eigene, in der Arbeitswelt gemachte Erfahrungen stützte, was weder von Marx, Lenin noch Trotzki gesagt werden kann. Gleichfalls in den 70ern erschien eine von HEINZ ABOSCH übersetzte Sammlung politischer Schriften WEILS, *Unterdrückung und Freiheit*, München 1975, in der anlässlich einer Deutschlandreise Weils im Jahre 1932 sehr hellsichtige Analysen zum Aufstieg des Nationalsozialismus und zur Unfähigkeit der deutschen Arbeiterklasse, sich von Parteiführungen und Gewerkschaftsfunktionären zu emanzipieren und die sozialistisch-kommunistische Aktionseinheit von unten durchzusetzen, enthalten sind. Von Einführungen abgesehen, die bei Rowohlt, Junius und Panorama erschienen sind, wurde dann lange Zeit nichts von ihrem umfangreichen Werk ins Deutsche übersetzt. Die seit langem im Leipziger Universitätsverlag angekündigte Übersetzung der umfassenden Biographie von SIMONE PÉTREMENT, *Simone Weil. Ein Leben,* soll nun 2008 erscheinen. Im Verlag Graswurzelrevolution erschienen ist eine Sammlung mit zeitgenössischen Texten von WEIL und ihren damaligen anarchistischen und linkskommunistischen Genossen, verbunden mit wissenschaftlichen Analysen um zentrale Themen ihrer anarchistischen Lebensphase: CHARLES JACQUIER (Hg.), *Lebenserfahrung und Geistesarbeit.*

Simone Weil und der Anarchismus, Nettersheim 2006, aus dem auch Louis Merciers Erinnerung an Weils Besuchstour in den besetzten Betrieben stammt. Ein Aufsatz von PATRICE ROLLAND, »Simone Weil und der revolutionäre Syndikalismus«, S. 83-116, beschreibt das proletarische Milieu, in dem sie sich in den 30ern bewegte. Dass sie sich schließlich ab 1939 ketzerisch-christlichen Strömungen zuwandte, hat auch mit der Verarbeitung ihrer Spanien-Erfahrung im August 1936 zu tun, wo sie in den anarchistischen Milizen Genossen aus den Pariser Streiktagen, wie Mercier und Prudhommeaux, wiedertraf. Sie erfuhr von willkürlichen Hinrichtungen auch von anarchistischer Seite und kritisierte schonungslos Verrohungstendenzen und die Entstehung einer Bürgerkriegs-Mentalität unter ihren libertären MitkämpferInnen; siehe ebd., »Brief an Georges Bernanos«, S. 121-7. (Lou Marin)

5.
Europa 1933-1945

»Die ITF macht ihre Arbeit alleine und selbstständig ... jede Diskussion über eine andere Methode lehne ich ab ... Die einzige internationale Organisation, die tatsächlich etwas zustande gebracht hat, ist die ITF, und dies dank ihrer Arbeitsmethoden.«

Edo Fimmen 1937 über die Unfähigkeit der reformistischen Gewerkschaften zum Widerstand

Titelblatt der illegalen ITF-Zeitung Die Schiffahrt. Organ des Gesamtverbandes der Seeleute, Hafenarbeiter und Binnenschiffer Deutschlands. Angeschlossen an die Internationale Transportarbeiterföderation, Nr. 5, März 1936.

Jan Benger

Ankerlos

Die Internationale Transportarbeiter-Föderation im Widerstand gegen den Nationalsozialismus

Es ist so eine Sache mit dem Internationalismus. Als Begriff buchstäblich eine Institution in der Arbeiterbewegung, blieben die Vorstellungen von einer praktischen Konzeption von Internationalismus stets sehr vage. Trotz der Verankerung internationalistischer Ideen und der Existenz zahlreicher internationaler Organisationen seit mittlerweile eineinhalb Jahrhunderten gab es nur wenige Momente in der Geschichte der Arbeiterbewegung, in denen internationalistische Ideen in die Praxis umgesetzt wurden. Sicherlich ist die Bedeutung der Kommunikation und des Austausches zwischen Arbeiterorganisationen über Staatsgrenzen hinweg nicht zu unterschätzen. Und auch die Solidaritätsbekundungen und -aktionen, insbesondere materielle Hilfsleistungen, zur Unterstützung einzelner Kämpfe in anderen Ländern haben gelegentlich dazu beigetragen, dass diese Kämpfe eine Stärke entwickeln konnten, die ohne diese Form der Unterstützung nicht möglich gewesen wäre. Doch das allein, seien wir ehrlich, macht noch keinen praktischen Internationalismus aus; es stellt lediglich die notwendigste Grundlagenarbeit dar.

Zu den Gewissheiten der Arbeiterbewegung gehört, dass ihre Schwäche in der nationalen Segmentierung besteht. Dass für die Arbeiterorganisationen, die sich an der Eroberung der Staatsmacht orientierten, die gemeinsame internationale Aktion eher zweitrangig war, mag erklärbar sein: das Terrain des staatspolitischen Kampfes ist seiner Natur nach national. Doch verwundert es umso mehr, dass gerade derjenige Teil der Arbeiterbewegung, der den ökonomischen Kampf als Weg der Emanzipation ausgemacht hat, in dieser Hinsicht nicht viel mehr zu verzeichnen hat. Auch in der Gewerkschaftsbewegung blieben internationale Streiks stets eine Seltenheit. Häufig diskutiert und eingefordert (z.B. zur Verhinderung des Ersten Weltkriegs), scheiterte die Realisierung meist an der nationalen Fixierung. Die ewige Schwäche der Arbeiterbewegung konnte so nie überwunden werden.

Ernsthafte internationale Arbeitskämpfe sind somit in der Geschichte Mangelware. Wenn überhaupt, dann fanden sie in der Regel in den Transportsektoren statt. Hierbei tat sich z.B. die Internationale Transportarbeiter-Föderation (ITF) besonders hervor. Anfang des 20. Jahrhunderts versuchte sie sich mehrfach in der Organisierung europäischer Arbeitskämpfe und ebenso in internationalen Aktionen politischer Art (z.B. zur Beendigung des Polnisch-Sowjetischen Kriegs 1920/21). Eine Besonderheit stellen vor allem ihre Aktionen im Widerstand gegen den deutschen Nationalsozialismus dar. Hierbei handelt sich zwar um keinen Arbeitskampf im engeren Sinne, als politischer Arbeiterkampf, der u.a. mit ökonomischen Mitteln geführt wurde, stellt dies aber eine Auseinandersetzung dar, die zum Teil ein ähnliches Grundvorgehen verlangt. Die Organisierung von Arbeitern und Arbeiterinnen zu Widerstandsaktionen auf internationaler Ebene am Beispiel der ITF ist deshalb ein Aspekt, der für die Frage nach Machbarkeit und Effizienz von internationalen Streiks von großem Nutzen ist.

Widerständig – das Beispiel der Seeleute

Eben jene ITF war eine international agierende Industriegewerkschaft, der nationale Gewerkschaftsverbände der Seefahrer, Binnenschiffer, Straßentransportarbeiter, Straßen- und Eisenbahner angeschlossen waren. Die Mehrheit der Organisation war zwar nicht unbedingt revolutionär, dafür aber durchaus internationalistisch, so dass mit Edo Fimmen (der von allen als Vorreiter des Internationalismus geschätzt wurde) der vielleicht ranghöchste Sozialrevolutionär als Sekretär in der internationalen Gewerkschaftsbewegung installiert wurde, was sich letztlich auch in der Programmatik der Organisation niederschlug.

Das soll nicht heißen, dass der kämpferische Kurs der ITF allein den Direktiven ihrer Führung entsprang. Revolutionäre Tendenzen spielten eine entscheidende Rolle in der ITF. Insbesondere die Seeleute und Hafenarbeiter wirkten in dieser Hinsicht maßgeblich. Angestachelt von den Erfolgen der Matrosenbewegung hatte sich in der Weimarer Republik unter den Seeleuten und Hafenarbeitern, insbesondere der großen Hafenstädte, ein Milieu herausgebildet, das dem Staat als besonders gefährlich erschien und gegenüber dem Nationalsozialismus bis weit in die 1930er Jahre hinein resistent blieb. Und das hatte seine Gründe: die Erfahrung der revolutionären Matrosenbewegung und ihres Gehaltes blieb organisatorisch wie inhaltlich so lebendig für viele Seelaute, dass sie sie zum Herz ihrer Agitation gegen den Nationalsozialismus machten.

Die Seeleute organisierten sich im syndikalistischen, später erst kommunistischen Deutschen Seemannsbund (DSB), mit dem sie alle Wandlungen der kommunistischen Gewerkschaftspolitik mitmachten, freilich ohne große organisatorische Zugeständnisse. Aufgrund zunehmender Repression wurden schon in der Weimarer Zeit auf Seiten der radikalen Arbeiter Bordzellen auf den Schiffen und ein Netz von Vertrauensleuten eingerichtet, welches die Handlungsfähigkeit unter verschärften Bedingungen gewährleisten sollte.

Die letzte Bastion

Als Hitler die Staatsmacht übernahm, gab die deutsche Arbeiterbewegung ein trauriges Bild ab. Die Arbeiterorganisationen ergaben sich größtenteils kampflos ihrem Schicksal: der erhoffte Generalstreik blieb aus. Die Führung des Allgemeinen Deutschen Gewerkschaftsbundes (ADGB) spielte hierbei eine besonders unheilvolle Rolle; sie beschwichtigte die Basis und bot den Nationalsozialisten sogar die Kooperation an. Die ITF fand dafür klare Worte: »Die furchtbare Niederlage der stärksten Arbeiterorganisationen Europas« sei eine Konsequenz von »verbürgerlichten Führern« und den »nicht weniger unfähigen Kommunisten mit ihrer radikalen Zersplitterungspolitik", so die ITF in einem illegalen Flugblatt.

Und diese Worte kamen nicht von ungefähr. Die ITF hatte schon früh durchaus schlechte Erfahrungen gemacht. Ihre Vorschläge, den internationalen Kampf gegen den Nationalsozialismus zu organisieren, wurden zunächst vom ADGB zurückgewiesen; und ihre Initiative, einen internationalen Verkehrsboykott gegen Deutschland zu verhängen, wurde durch mangelnde Kooperation der kommunistischen wie sozialdemokratischen Gewerkschaftsführungen ebenso zunichte gemacht wie der Versuch, beim Völkerbund wegen der Bewaffnung der SA als einer Verletzung des Versailler Vertrags zu intervenieren. Für die Konzeption der Widerstandsgruppen der ITF blieb von da an die Erfahrung wesentlich, dass die deutsche Arbeiterbewegung versagt hatte und dass man alleine handeln müsse. Mehr noch, man hatte auch gar nicht mehr die Zeit und Geduld für eine Zusammenarbeit mit den Exilanten der deutschen Arbeiterbewegung, deren Konzeption offensichtlich jedem effizienten Widerstand im Wege stand.

Auf der Basis der antifaschistischen Kämpfer sollte nun die revolutionäre Arbeiterbewegung neu aufgebaut werden. Von der kontinuierlichen Agitation in den Betrieben unter Einbeziehung der konkreten Lebensumstände und Erfahrungen der Arbeiter wurde eine schleichende Zersetzung des Faschismus erwartet. Fimmen nahm nun unermüdlich Kontakt mit den Resten der zerschlagenen Gewerkschaftsbewegung auf, um eine illegale Wiederherstellung der deutschen Gewerkschaften herbeizuführen.

Fimmen betrachtete den Kampf gegen den Faschismus aus einer internationalen Perspektive: der Widerstand war nicht allein auf den Wiederaufbau der Gewerkschaften in Deutschland begrenzt; er schloss die Unterstützung italienischer Arbeiter ebenso ein wie die der spanischen Republik im Bürgerkrieg. Ebenso zielte der Kampf in Deutschland nicht auf die »Wiederherstellung der Zustände von 1918 bis 1932", der Sturz Hitlers sei eine Etappe. »Wir wollen ein Deutschland, in dem die organisierte Arbeiterschaft durch die von ihr gebildeten Organe, nämlich den revolutionären Obleuten, die Innen-, Außen- und Wirtschaftspolitik selbst bestimmt.«

Dieser strategische Gehalt blieb maßgebend, auch wenn der anfängliche Optimismus zunehmend der Ernüchterung wich. Im Verlauf ihrer Tätigkeit verloren die Aktivisten der ITF ihr Vertrauen in die Fähigkeit der Arbeiterbewegung, von sich aus die nationalsozialistische Herrschaft abzuwerfen. 1938, nach dem Anschluss Österreichs, galt für die Aktivisten der kommende Krieg als sicher. So formulierte die ITF-Zeitung, *Die Schiffahrt*, als Ziel: »Die Niederlage dieses Deutschlands, das nicht unser Deutschland ist«. Und Hermann Knüfken, Aktivist in der Antwerpener ITF-Gruppe, die die Politik der ITF gegen den Faschismus maßgeblich formte, erinnert sich: »Deutschland darf den Krieg nicht gewinnen, das war im Großen und Ganzen unsere Parole.«

Grundlagen des Widerstands

Die ITF hatte sich schon vor 1933 nicht blind gegenüber der nationalsozialistischen Gefahr verhalten, machte aber die Widerstandstätigkeiten im Wesentlichen von den deutschen Gewerkschaftsorganisationen abhängig. Ein Fehler, denn letztlich stand sie doch alleine da. Sofort ab 1933 begann dann die ITF, illegale Gruppen, insbesondere unter den Eisenbahnern, aufzubauen. Der ITF gelang es so, im Transportbereich ein weitverzweigtes Netz von Widerstandsgruppen zu errichten. Maßgeblich bei dieser Arbeit waren z.B. Hans Jahn und Karl Molt.

Aus Gründen der eigenen Sicherheit wurde der Widerstand verständlicherweise nicht offen geführt, sondern konzentrierte sich im Wesentlichen auf Propagandaarbeit, die Arbeiterungehorsam und Klassenbewusstsein fördern sollte. Vor allem versuchte sie von Formen des Widerstandes in den Betrieben zu berichten. Nichtsdestotrotz hatten die Eisenbahner eine Methode gefunden, wodurch sie Waggons zu falschen Bestimmungsorten senden konnten, was der Gestapo immerhin so ärgerlich war, dass sie ein neues Verfahren der Routenbestimmung durchsetzte und die Eisenbahner für politisch äußerst fragwürdig hielt.

Anders stellte sich der Widerstand unter den Seeleuten dar, der – das lag in der Natur dieser Branche – einen weiteren Aktionsradius hatte. Die Organisierung der Seeleute verlief unter weitaus günstigeren Bedingungen, war hier doch ein konstanter Kontakt untereinander und mit den Exilanten möglich. Federführend war hierbei u.a. Hermann Knüfken. Er wendete sich 1935 an Edo Fimmen, dessen sozialrevolutionäre Vorstellungen er teilte. Mit einem Haufen gleichgesinnter Exilanten bildete Knüfken fortan die Antwerpener Gruppe der ITF. Diese bestand aus einer Gruppe von Aktivisten, die meist die verschiedenen Organisationen der revolutionären Arbeiterbewegung durchlaufen hatten und selber auf Erfahrung und Kontakte in der Seeschifffahrt zurückgreifen konnten.

Bei den Seeleuten gestaltete sich die Arbeit am ergiebigsten. Auf Grund der Resistenz der Seeleute und ihrer kontinuierlichen Arbeit konnte die ITF bis 1938 Vertrauensleute und Betriebszellen auf einem Großteil der Schiffe der deutschen Handelsflotte agitieren. Die Antwerpener ITF schätzte, dass eine überwiegende Mehrheit der Seeleute antifaschistisch eingestellt sei. Ein offenes Auftreten hielt man auf Grund der Repression für unmöglich. Die Tätigkeit der Gruppen konzentrierte sich somit hauptsächlich auf Sabotageakte und Informationsübermittlung.

Eine selbstverständliche Tätigkeit stellte das Außerlandesbringen von Verfolgten dar, die als blinde Passagiere auf den Schiffen mitreisten. Die Gestapo schätzte, dass ein Großteil der illegalen Literatur und Flugblätter, die nach Deutschland geschaffte wurden, über die Häfen in Antwerpen und Rotterdam oder Eisenbahntransporte aus dem Ausland liefen. Zurückgreifen konnte die ITF auf die individuelle Resistenz der Arbeiter, die sich in Form von gehäuften Verstößen gegen disziplinarische Regeln zeigte, die trotz der verschärften Anwendung und juristischen Verstärkung der Schifffahrtsordnung auftraten.

»Heute Spanien, morgen Deutschland«

Auseinandersetzungen zwischen Fimmen und der Antwerpener Gruppe kamen wegen des Spanischen Bürgerkriegs auf. Zwar waren sich beide Parteien in der Unterstützung der spanischen Republik einig, jedoch herrschte über das Vorgehen Uneinigkeit. Hielt Fimmen die Aktivisten in Antwerpen für unabkömmlich, so zogen einige von diesen es vor, in den Reihen der antifaschistischen Milizen in Spanien zu kämpfen: zunächst bei einer kommunistischen Kolonne der Unión General de Trabajarodes (UGT), dann wegen Auseinandersetzungen mit den Stalinisten bei der anarchistischen Kolonne Durruti, wo die ITF Kontakte zur Gruppe DAS (Deutsche Anarchosyndikalisten im Ausland) knüpfte, die 1941/42 ausgeweitet wurden, um kriegswichtige Erztransporte aus Schweden, wo die DAS aktiv waren, und Norwegen zu sabotieren.

Der Spanische Bürgerkrieg wirkte auf die Aktivisten der ITF als Fanal. Nach der Niederlage der Arbeiterbewegung in Deutschland und Österreich richteten sich auf Spanien alle Hoffnungen. Unter der Parole »Heute Spanien, morgen Deutschland« sollten die Verhältnisse im internationalen Maßstab umgekehrt werden. Vorbehaltlos unterstützte die ITF die Sache der Republik, sie sammelte Spendengelder und verhinderte im September 1936 einen Waffentransport von Deutschland nach Franco-Spanien. Die ITF half der Republik, im Ausland Schiffe zu kaufen, und bot ihre Zusammenarbeit beim Aufbau einer katalanischen Kriegsmarine an. Eine Initiative der ITF für eine vollständige Handelsblockade Franco-Spaniens scheiterte 1936 nur am Widerstand englischer Gewerkschaften. Man kannte fast alle Schiffe, die von Deutschland aus illegal Waffen nach Spanien transportierten, im Hafen von Hamburg und Stettin wurde die Verladung von Waffen durch Sabotage und Arbeitsverzögerung herausgezögert. Eine geplante Aktion, einen deutschen Waffentransport auf die Seite der Republik zu bringen, scheiterte in der Durchführung.

Im Kriege

Mit Beginn des Zweiten Weltkriegs verschärfte die ITF ihre Sabotageaktionen, die Eisenbahner legten systematisch Strecken lahm und Vertrauensleute der ITF auf den Schiffen erhielten Quecksilberphiolen, mit deren Hilfe die Schiffsmotoren lahmgelegt werden konnten. Doch blieben die Aktionen der ITF zu isoliert, um den Faschismus ernsthaft bedrohen zu können.

Außerdem wurde der Widerstand der ITF im Verlauf des Krieges aus gleich mehreren Gründen erschwert. Zum einen verlor die deutsche Gruppe durch den Tod Edo Fimmens im Jahre 1942 ihren politischen Rückhalt an der Spitze der ITF. Ernsthafter gestalteten sich aber noch die Schwierigkeiten, organisatorisch den Widerstand aufrecht zu erhalten. So musste nach der Besetzung Belgiens durch deutsche Truppen z.B. die deutsche Schifffahrersektion der ITF von Antwerpen nach Schweden verlegt werden, so dass der dauerhafte Kontakt zu den deutschen Seefahrern nicht aufrechtzuerhalten war. Zudem waren die Militanten der ITF wegen ihre revolutionären Überzeugungen auch im Exil nicht sicher. In einigen Ländern konnte die ITF zwar ihren Einfluss ausnutzen, um für einige Genossen Aufenthaltserlaubnisse zu erlangen, die Regel war das aber nicht. Das Exil bot meist ein Leben unter falschem Namen und mit gefälschten Pässen, die aber nicht verhindern konnten, dass zur Jahresmitte 1941 die Aktivisten der Schifffahrersektion zum großen Teil verhaftet waren. 1942 war der organisierte Widerstand der ITF gebrochen, als auch noch die letzte Widerstandsgruppe der Eisenbahner bei der Gestapo aufflog.

Die Verhaftungen und die Verhöre der ITF-Aktivisten durch die alliierten oder neutralen Auslandsgeheimdienste legten den Grundstein für eine zweite Phase des Kampfes der ITF im Krieg, wenn auch eher der verzweifelten Art. Die Geheimdienste legten sehr viel Wert auf die Informationen über Militär, Rüstungsanlagen, Bunkeranlagen u.ä., die die Genossen auf Grund ihrer Tätigkeit kannten, was ihnen die Möglichkeit bot, Ausweisung sowie Haft zu entgehen. Auf die eigenständigen Operationen deutscher Sozialrevolutionäre legte man bei den Geheimdiensten dagegen weniger wert. So reduzierte sich die Kooperation der ITF mit den Geheimdiensten hauptsächlich auf eine nachrichtendienstliche Tätigkeit *durch* die ITF *für* die Geheimdienste.

Verzweifelte Versuche

Aus verschiedenen Gründen war der Widerstand der ITF, gemessen an seinem Zweck, letzten Endes erfolglos: der große Ausstand der Arbeiter und Arbeiterinnen in Deutschland blieb aus, eine Zusammenarbeit mit den kommunistischen Kadern verunmöglichte sich durch die Manöver der kommunistischen Parteien. Enttäuscht von der Arbeiterbewegung wandte sich die ITF zunehmend den alliierten Geheimdiensten zu. Doch die kapitalistischen Staaten verweigerten sich einer beidseitigen Kooperation mit den Linksradikalen der ITF. Es war der letzte Anker, der keinen Boden mehr fand.

Die Besonderheit des Widerstands der ITF liegt also weniger in seinem Effekt als in seinem Zweck. Die ITF ging systematisch vom Standpunkt der Revolution, des Klassenkampfs und des Internationalismus aus. Der Widerstand unterschied sich dadurch grundlegend sowohl von sozialdemokratischen, kommunistischen wie auch den vorhandenen bürgerlichen Widerstandsgruppen. Die sozialdemokratischen Organisationen hatten von Beginn an gezeigt, dass ihnen, hin und her geworfen zwischen Staats- und Parteiraison einerseits und proletarischen Ambitionen andererseits, ein revolutionärer Standpunkt fehlte, der einen konsequenten Widerstand hätte hervorbringen können; während die Volksfrontpolitik der Kommunisten – als Instrument der Sowjetunion – auf die außenpolitische Eindämmung Deutschlands ausgerichtet und mit einer (temporären) Burgfriedenspolitik verbunden war. Letztere desavouierten sich somit durch den Hitler-Stalin-Pakt als Bündnispartner für die ITF von selbst. Dagegen setzte der Widerstand der bürgerlichen Gruppen auf das Nationale; sei es der Verlust »nationaler Werte« im Fokus des Humanismus wie bei der »Weißen Rose« oder das handfeste materielle Wohlergehen Deutschlands zum Zeitpunkt seiner absehbaren Niederlage wie im Falle des Widerstands aus der Wehrmacht.

Das Beharren auf ökonomischem Kampf, Revolution und Internationalismus macht gewissermaßen das Tragische der ITF aus. Sie schöpfte einerseits daraus ihre Konsequenz, war damit aber stets isoliert. Doch das spricht nicht gegen sie, sondern gegen das Milieu, in dem sie mit ihren Methoden schon länger alleine stand.

Holger Marcks

Strukturen des Internationalismus

Das Problem der organisatorischen Bedingungen für eine internationalistische Arbeiterbewegung

Internationalismus ist ein Begriff, der fast jedem Menschen geläufig ist. Und dennoch wirkt er häufig wie eine leere Sprechblase, so vage sind die damit verbundenen Vorstellungen. Im weitesten, diffusen Sinne meint der Begriff schlicht und einfach einen Gegensatz zum Nationalismus; im engsten Sinne steht er für die konkreten Praxis- und Organisationsformen einer Bewegung, deren Angehörige ein gemeinsames Interesse, über nationale und ethnische Grenzen hinweg, eint.

Die Arbeiterbewegung war es denn auch, die zum Sinnbild des Internationalismus wurde, ging diese doch von einem gemeinsamen Klasseninteresse aus und strebte danach, ihre Emanzipation durch den international organisierten Kampf zu verwirklichen. Zahlreiche internationale Arbeiterorganisationen in der Geschichte zeugen davon. Und dennoch: trotz dieses geradezu flächendeckenden Bekenntnisses zum Internationalismus und zahlreicher organisatorischer Großversuche versank die Arbeiterbewegung im nationalen Morast und ihre internationalen Zusammenschlüsse, die eine mächtige Waffe sein sollten, indem man praktische Solidarität organisierte, verkamen zu stumpfen Klingen. Internationalismus, das klingt für viele heute wie ein Relikt aus alten Zeiten; als scheinbar gescheiterte Idee sind seine Implikationen weitestgehend unterbelichtet.

Internationalismus jenseits der Überzeugungen

Die Ursachen für das Scheitern sind nicht etwa darin zu suchen, dass der Mensch dafür nicht geschaffen und die Nation sein natürliches Gefilde sei, wie seit geraumer Zeit – im Zuge des Zusammenbruchs des Ostblocks und des nationalen Revivals in den 1990ern – allgemein angenommen wird. Sie liegen direkt in den Organisationsformen der Arbeiterbewegung selbst begründet. Darauf den Fokus gerichtet, lassen sich nicht nur Erklärungen für das Scheitern des Internationalismus zu Tage befördern, es trägt auch zu einem besseren Verständnis darüber bei, wie die Arbeiterorganisationen die Tragödie zweier Weltkriege und nationalistischer Regime mit beeinflussten.

Was Internationalismus ist und sein kann, lässt sich nicht an ideellen Bekenntnissen festmachen. Denn eine Überzeugung allein schafft noch nicht die angemessenen Handlungen. Auch die überzeugteste Wohltäterin im Geiste kann in der Wirklichkeit nur Schaden anrichten. Gut gemeint ist eben nicht gleich gut, sondern oftmals das Gegenteil. Viel entscheidender ist deshalb, die tatsächlichen Auswirkungen in der Praxis in Rechnung zu stellen. Und dies führt uns letztlich zu der Frage der Organisationsformen.

Denn die Praxiswirkung wird entscheidend herbeigeführt durch die Strukturen von Organisationen; sie wirken handlungsweisend, kanalisieren nämlich Interaktionsprozesse und bestimmen das Feld und die Form des aktiven Handelns. Zum anderen wirkt das damit verbundene politisch-strategische Konzept konstitutiv; es befördert bestimmte Rationalitäten, Mentalitäten und Bewusstseinsformen. Im Bezug auf den Internationalismus heißt das, dass dieser in der Praxis nur wirkliche Konturen

annehmen kann, wenn sich die Arbeiterbewegung ein Organisationskonzept gibt,
dass überhaupt eine internationalistische Programmatik zulässt. Es geht gewissermaßen um die strukturellen Bedingungen für Internationalismus und darum, welche Strukturen ihm entgegenstehen, auch wenn sie sich auf ihn berufen.

Struktureller Nationalismus?

Bereits im Kommunistischen Manifest schrieben Karl Marx und Friedrich Engels: »Obgleich nicht dem Inhalt, ist der Form nach der Kampf des Proletariats gegen die Bourgeoisie zunächst ein nationaler … Das Proletariat eines jeden Landes muss … zuerst mit seiner eigenen Bourgeoisie fertig werden.« Übersetzt in die politische Metaphysik von Marx und Engels bedeutete dies die Eroberung der politischen Macht im eigenen Lande. Die Bildung von nationalen Parteien zu diesem Zweck wurde dabei als Voraussetzung betrachtet, sowohl für den revolutionären Prozess als auch für eine internationale Arbeiterbewegung.

Gerade im Fall der Sozialdemokratie, in der diese politische Programmatik mit der entsprechenden Organisationsform umgesetzt wurde, führte diese Auffassung zu einem Nationalisierungsprozess des Proletariats. Am Ende dieses Prozesses stand zwar die zahlenmäßig stärkste Arbeiterorganisation der Welt. Doch der Preis war eine Zentralisierung und politisch-kulturelle Vereinheitlichung, die alle anderen politischen Konzepte in der deutschen Arbeiterbewegung marginalisiert hatte. Übrig blieb eine staatssozialistisch orientierte Sozialdemokratie, die sich auf die Strategie des Parlamentarismus (mittels der Partei) festgelegt hatte; die Gewerkschaften, als zweiter Arm der Bewegung, wurden entpolitisiert und erfüllten nur noch die Funktion, innerhalb des Kapitalismus unmittelbare Belange der Arbeiterschaft wahrzunehmen.

Mit dieser Strategie, die den Gewerkschaften die Aufgabe konstruktiver Zukunftsaufgaben aberkannte – und anfangs keineswegs selbstverständlich war –, war der Weg für einen Emanzipationskampf von unten, jenseits der politischen Macht, versperrt worden. Gerade aber zwischen staatlich-politischer Strategie und Nationalismus besteht ein unmittelbarer Zusammenhang. Rudolf Rocker widmete dieser Frage in seinem Hauptwerk *Nationalismus und Kultur* seine Aufmerksamkeit und erklärte: »Indem die … Arbeiterparteien ihre ganze Wirksamkeit … auf die parlamentarische Betätigung … und die Eroberung der politischen Macht … einstellten, schufen sie mit der Zeit eine ganz neue Ideologie. … In den Köpfen der Führer … vermengten sich die Belange des nationalen Staates mit den geistigen Belangen ihrer Partei, bis sie allmählich überhaupt nicht mehr imstande waren, eine Grenze zwischen beiden wahrzunehmen …«. Und Kurt Eisner brachte dies auf den Punkt, als er sagte, die Sozialdemokratie sei »eine bis zur Komik getreue Volksausgabe des Staates, in dem sie lebt.«

»Germanisierung« der internationalen Arbeiterbewegung

Die Vereinheitlichungspolitik der Sozialdemokratie, mit der sie Ende des 19. Jahrhunderts auf nationaler Ebene abweichende Sozialismuskonzeptionen marginalisiert hatte, musste denn zwangsläufig auch auf internationaler Ebene zur Geltung kommen. Die Historikerin Susan Milner widmete sich dieser Frage und legte dar, welche Konsequenzen diese ideologischen Hegemoniebestrebungen für die internationale Arbeiterbewegung hatten. Sie zeigt auf, wie die deutsche Sozialdemokratie in Konkurrenz zur französischen Confédération Générale du Travail (CGT), die Anfang des 20. Jahrhunderts als syndikalistisches Gegenmodell zur sozialdemokratischen

 Bewegung durchaus Nachahmer hätte finden können, ihr Modell auf internationaler Ebene durchsetzte.

Die SPD sah dabei im Internationalismus lediglich eine pragmatische Ausdehnung von Arbeitermacht, insbesondere sollte er das Anwachsen und die Autorität der nationalen Verbände steigern. Ihre Haltung beruhte dabei wesentlich auf den nationalen Belangen der deutschen Arbeiterschaft. Die praktischen Entlohnungen, die man sich vom Internationalismus versprach, sah man nur dann gewährleistet, wenn die internationale Zusammenarbeit auf der Basis zentralistischer Organisationen mit dem Ziele der Eroberung der politischen Macht geschehe. In Konsequenz arbeitete die Sozialdemokratie zu Zeiten der Zweiten Internationale an einer Uniformierung der internationalen Bewegung, was die Organisationsmethoden betrifft. Organisationen mit abweichenden Modellen wurden schließlich unter Druck gesetzt, sich dem sozialdemokratischen Modell anzugleichen. So wurde die duale Strategie der Sozialdemokratie auf internationaler Ebene zunehmend institutionalisiert, während die Methoden der Syndikalisten verurteilt und damit eingedämmt wurden.

Diese Quasi-Ausschaltung der Syndikalisten Anfang des 20. Jahrhunderts hatte zwei direkt miteinander zusammenhängende Konsequenzen für das weitere Schicksal der Arbeiterbewegung. Zum einen war damit ein weiterer Meilenstein im Konflikt mit dem Anarchismus/Syndikalismus gesetzt, der seit der Ersten Internationale tobte – die Lehre von der Eroberung der Betriebe und des Grund und Bodens anstelle der politischen Macht wurde weiter in den Hintergrund gedrängt. Zum anderen war damit das einzige wirksame Konzept ausgeschaltet worden, das die Arbeiterbewegung für eine wahre internationalistische Praxis (und damit auch zur Verhinderung von Kriegen) hatte.

Alle Initiativen der französischen Syndikalisten – die entgegen der sozialdemokratischen Arbeitsteilung die Gewerkschaften als Einheit von ökonomischer und politischer Organisationsform betrachteten – vor dem Ersten Weltkrieg, Antimilitarismus und den Antikriegsstreik auf die internationale gewerkschaftliche Agenda zu setzen, scheiterten an der Zurückweisung der sozialdemokratischen Gewerkschaften mit dem Vermerk, dass sie für das Politische nicht zuständig seien. Und eben die Zuständigen, die Parteien, waren, als nationalpolitisch agierendes Projekt, wiederum gar nicht dazu befähigt, den internationalen Widerstand zu organisieren, so verstrickt waren sie in die nationalen Belange, so weit entfernt von dem Terrain, wo die Macht der Arbeiterbewegung eigentlich lag: auf dem ökonomischen Gebiet (in den Betrieben), dem Zuständigkeitsbereich der Gewerkschaften.

Sozialismus als Kulturfrage

Es wäre zu kurz gegriffen, diese Entwicklung als das Resultat einer konkreten, punktuellen Politik oder einer spezifischen Marxismus-Auslegung zu verstehen. Es gibt klare Grunddispositionen, die in dem Konzept der politischen Machteroberung vorangelegt sind und bestimmte Prozesse bedingen. Die Potentiale einer gewerkschaftlichen Emanzipationsstrategie versuchte Marx selbst ebenso auszuschalten, wie es die Sozialdemokratie letztlich tat. Und der bolschewistischen Konzeption, die sich der Gewerkschaft lediglich als Transmissionsriemen bediente, lag letztlich das gleiche parteipolitische Primat zugrunde.

Gleichzeitig war im Marxismus (als politische Bewegung) schon von Anbeginn ein deutlich ausgeprägter »Eroberungsdrang« zu erkennen, der in seinem Absolutheitsverständnis begründet lag. Man denke daran, wie Marx anlässlich des Deutsch-französischen Krieges 1870 jubilierte, dass ein Sieg Preußens zur Zentralisierung der Arbeiterbewegung in Frankreich und damit zum Siege seiner Ideen führen würde. Was Marx nicht erleben durfte – die Pariser Kommune machte seiner Prognose einen Strich durch die Rechnung –, dafür sorgte schließlich die Sozialdemokratie mit ihren Hegemonienbestrebungen in der internationalen Arbeiterbewegung. (Und nicht zuletzt sollte man sich vor Augen halten, dass die SPD die Beteiligung am Ersten Weltkrieg u.a. damit rechtfertigte, dass bei einem Sieg Deutschlands die »Erfolge« der Sozialdemokratie exportiert würden.) Und auch die russische Abberation der Sozialdemokratie, der Bolschewismus, etablierte letztlich eine Politik, die dieser Tradition weiter folgte: die Unterwerfung fast der gesamten internationalen revolutionären Linken unter die Interessen der Sowjetunion und die konsequente Bekämpfung aller anderen Strömungen der Arbeiterbewegung sprechen Bände. Internationale Solidarität verkam letztlich zur Solidarität mit einem Staat. An diese Tradition knüpfte schließlich auch die sogenannte Neue Linke an, deren Internationalismus durch die Solidarität mit Befreiungsbewegungen und den von ihnen errichteten Staatsmächten gekennzeichnet war.

Der Philosoph Albert Camus sah in dieser Tradition, die sich da im Denken der Arbeiterbewegung etablierte, eine der großen Bürden unserer Zeit: »Genau am Tage, als die cäsarische Revolution über den Gewerkschaftsgeist [des revolutionären Syndikalismus] gesiegt hatte, verlor das revolutionäre Denken in sich selbst ein Gegengewicht, dessen es sich nicht, ohne zu verfallen, berauben kann. ... [Es war] die Geschichte des Kampfes zwischen der deutschen Ideologie und dem mittelmeerischen Geist. Gemeinde gegen Staat, konkrete Gesellschaft gegen Tyrannei, altruistischer Individualismus gegen Kolonisierung der Massen ...«

Zwei Seiten einer Medaille

Camus gesellt sich damit zu zahlreichen Anarchisten und Anarchistinnen. Denn in diesem Licht betrachtet besteht der eigentliche Konflikt des 19. und 20. Jahrhunderts weniger in der Auseinandersetzung zwischen Sozialismus und Kapitalismus – die durchaus zwei Seiten einer Medaille sein können –, als zwischen zwei Denktraditionen und Kulturidealen, die innerhalb der sozialistischen Bewegungen nicht gegensätzlicher sein könnten. Dass die vorherrschende (Denk-)Kultur der Sozialdemokratie (und auch des Bolschewismus) mit der des bürgerlichen Obrigkeitsstaates kongruent ist, darauf verwies nicht nur immer wieder Rudolf Rocker; Michail Bakunin nahm dies schon in seiner Auseinandersetzung mit Marx vorweg, und die französischen Syndikalisten verwiesen im Konflikt mit der SPD ebenso auf deren preußischen Charakter wie auch Erich Mühsam, der diese spöttisch mit »Bismarxismus« charakterisierte.

Dies ist der Punkt, wo eine Betrachtung des Einflusses der Sozialdemokratie und des Bolschewismus auf den Gang in die nationalistischen Abgründe des 20. Jahrhunderts interessant wird – und zwar jenseits einer Sozialfaschismustheorie. Denn die Schlussfolgerung liegt auf der Hand, dass ein praktischer Internationalismus der Arbeiterbewegung, gefangen im staatspolitischen Korsett ihrer Organisationen, zwangsläufig keine Gestalt annehmen konnte. Es spricht für sich, dass die Erste Internationale, in der die Einheit von gewerkschaftlichem und politischem Kampf zunächst vorherrschend war, und die gewerkschaftlichen Kämpfe der Zweiten Internationale (bevor die Sozialdemokratie die vollständige Hegemonie erlangte) fast die einzigen Erfolgsgeschichten in diesem Zusammenhang darstellen. Vor allem die von der Ersten Internationale organisierte ökonomische Revolte der internationalen Arbeiterbewegung ließ die Herrschenden erzittern, so dass nach der Pariser Kommune der österreichische Kanzler Graf von Beust dafür plädierte, »der Solidarität des Nichtbesitzes die Solidarität des Besitzes, der Internationale eine Gegeninternationale« gegenüberzustellen.

Während die Besitzenden tatsächlich die Solidarität ihrer Interessen zunehmend organisierten, beseitigten die marxistischen Arbeiterorganisationen das einzige Konzept, das einen emanzipatorischen Internationalismus hätte entfalten können. Dass bei dieser organisatorischen Ausrichtung das internationale Klassenbewusstsein auf der Strecke blieb und die Arbeiterschaft an das nationale Projekt angebunden werden konnte, nimmt so nicht wunder.

Eine dauernde Bürde

Die ITF, die als eine der letzten starken Organisationen syndikalistische Organisationsmethoden aufrechterhielt, ist der lebende Beweis dafür, was für Potentiale in einer umfassenden Arbeiterbewegung jenseits der Sozialdemokratie möglich gewesen wären. Das Beispiel des antifaschistischen Widerstands der spanischen Anarchosyndikalistinnen und Anarchosyndikalisten unterstreicht dies weiterhin. In diesem Lichte stellt der Konflikt zwischen Anarchismus/Syndikalismus und Marxismus mehr dar als nur ein Streit um verschiedene politische Konzepte. Sein Ausgang war geradezu fatal – nicht nur für die Arbeiterbewegung, für die Menschheit generell.

Heute, wo der tragische Höhepunkt dieser Entwicklung mehr als ein halbes Jahrhundert zurückliegt, stellt sich die Situation nicht weniger problematisch dar. Die gegenwärtige Ohnmacht der Gewerkschaften zeigt, wie sehr uns das sozialdemokratische Modell der Arbeitsteilung bis heute belastet. Wir müssen nicht erst die Frage nach Möglichkeiten der sozialen Umwälzung stellen, um dies zu erkennen. Ein Blick auf den globalen Angriff auf die Arbeiterrechte genügt dabei vollkommen. Während die Parteien ihrem Wesen nach keine internationalistische Praxis betreiben können – i.d.R. sogar in der Regierung eine Politik nationaler Imperative betreiben –, beschränken sich die Gewerkschaften auf die nach diesem Modell für sie vorgesehenen Belange und binden sich so an ihre Aufgabe als Arbeitnehmervertretung im volkswirtschaftlichen, nationalen Rahmen.

Darin besteht vor allem die Schwäche der Arbeiterbewegung – und die Stärke multinational agierender Konzerne. Jede internationale Organisation von Gewerkschaften dieser Art kann in diesem Korsett zwangsläufig nicht mehr darstellen als ein Abspracheraum von gewerkschaftlichen Zentralinstanzen, die als Interessensverbände allenfalls *politischen* Einfluss ausüben. An einen *gemeinsamen ökonomischen* Kampf der gewerkschaftlichen Basis ist bei dieser Festbindung nicht zu denken. Gerade das aber verlangt die kapitalistische Offensive. Die Grenzen der Solidarität, die zahlreiche Historiker und Historikerinnen im Scheitern der Arbeiterbewegung erblicken, liegen nicht etwa in der Natur der Sache. Die Arbeiterbewegung hat sie sich durch ihre Organisationsformen selbst gesetzt.

Holger Marcks

Horizontaler Weitblick

Der Internationalist und Gewerkschafter Edo Fimmen

Der Name Edo Fimmen dürfte wohl den wenigsten etwas sagen. Dabei war er einer der herausragendsten Gestalten in der Geschichte der Gewerkschaftsbewegung. Zwischen den beiden Weltkriegen prägte er entscheidend die internationale Gewerkschaftsarbeit, der Widerstand gegen den deutschen Nationalsozialismus wurde von niemandem so vorangetrieben wie durch die Internationale Transportarbeiter-Föderation (ITF), deren Generalsekretär er war.

Es spricht für seine Person, dass die Phase seiner Wirkungszeit in der ITF (die »Edo-Fimmen-Ära«) für eine Zeit ruhmreichen, wenn auch nicht immer erfolgreichen Kampfes steht, eines Kampfes, der aufgrund seines internationalen Charakters bis heute einzigartig ist. Für viele war Fimmen der Inbegriff internationalistischer Praxis, ja zuweilen auch der Proto-Internationalist schlechthin.

Geboren wurde Eduard Carl Fimmen 1881 in Amsterdam, in einer Familie des holländischen Bürgertums – eine Tatsache, die in den wenigen kursierenden Materialien zu seiner Person gerne ausgeklammert wird, ebenso wie sein anfänglicher Werdegang als leitender Angestellter in einem Ölkonzern. Fimmen bekam jedoch noch früh die Kurve, nachdem er über seine Frau, ein aktives Mitglied der Heilsarmee, Einblicke in das soziale Elend der Arbeiterklasse erhalten hatte. In der Folgezeit wurde er zu einem leidenschaftlichen Kämpfer für die Sache des Proletariats. Zuerst Sekretär einer Angestelltengewerkschaft, dann ab 1915 des niederländischen Gewerkschaftsbundes, übernahm er 1919 sowohl den Posten des Sekretärs des Internationalen Gewerkschaftsbundes (IGB) – bis 1923 – als auch den des ITF-Generalsekretärs. Letzteres sollte er bis zum Ende seines Lebens bleiben. Sein Amtsantritt markiert den Beginn einer programmatisch äußerst eigenständigen Form des Arbeiterwiderstands, der sich durch entschlossene Kampf-, Boykott- und Solidaritätsaktionen auszeichnete. Fimmen war vor allem eins: ein Praktiker.

Charakteristisch für ihn war ein gewisses Maß an Theoriefeindlichkeit. Als entscheidende Kriterien der Gewerkschaftsarbeit galten ihm Zuverlässigkeit, Uneigennützigkeit und vor allem eine Resistenz gegen Opportunismus, und nicht etwa die ideologische und theoretische Verhaftung innerhalb der sozialistischen Bewegungen. Allein der Wille zur Tat und mutiger Einsatz für die Arbeitersache machten für ihn einen »anständigen" Sozialisten aus. Aus diesem Pragmatismus der Tat heraus initiierte Fimmen schon frühzeitig Aktionen gegen den sich international ausbreitenden Faschismus und forderte entschlossenen Widerstand gegen den Nationalsozialismus ein, während die meisten Führer der Arbeiterbewegung einen verzerrten, weil metaphysischen Blick auf die dramatischen Entwicklungen gewannen – oder schlichtweg zum Handeln unfähig waren.

Sofort Ende 1932 hatte die ITF ein 13-Punkte-Programm vorgelegt, um »die organisierte Arbeiterschaft in geschlossener Front gegen die alle bedrohende Reaktion einzusetzen«. Dann, auf einem internationalen Treffen Anfang 1933, richtete sich die ITF mit einer ernsten Frage an den Vorsitzenden des Allgemeinen Deutschen Gewerkschaftsbundes (ADGB), Theodor Leipart: ob der ADGB die Hilfe der internationalen Arbeiterbewegung benötige und man vorbereitende Maßnahmen einleiten solle, wollte man wissen. Leipart quittierte diese Frage einfach mit Schweigen. Damit war das eingetreten, was Fimmen schon befürchtet hatte, eine Einschätzung, die auf seinen jahrelangen Erfahrungen mit der Gewerkschaftsbewegung beruhte. Schon Jahre zuvor versuchte er, auf eine Umstrukturierung der internationalen Gewerkschaftsbewegung hinzuwirken. Die Arbeiterbewegung sollte sich demnach auf die Internationalen Berufssekretariate stützen und nicht auf die nationalen Landeszentralen, die sich mit ihrer Bindung an nationale Interessen immer wieder als Bremser im Klassenkampf erwiesen hatten.

Fimmen war sich sehr darüber im Klaren, wie wichtig die Organisationsstrukturen der Arbeiterschaft für die Entfaltung ihrer Kampfkraft und ihres Bewusstseins waren. Er bemängelte, dass die Gewerkschaften seit der Zweiten Internationale auf internationaler Ebene »fast ausschließlich moralische Proteste« durchführen könnten. Während die ITF die nötigen Konsequenzen daraus gezogen hatte und einen kämpferischen Internationalismus praktizierte, versanken die gewerkschaftlichen Landesverbände im nationalen Morast. Begleitet war dieser Prozess davon, dass sich gerade in Deutschland ihr Selbstverständnis zunehmend darauf reduzierte, sich lediglich als »deutsche Arbeiterklasse« (Josef Hierlmeier) zu begreifen. Zahlreiche ADGB-Gewerkschafter suhlten sich zunehmend im »nationalen Interesse« und fanden Gemeinsamkeiten mit den Nazis. Das Schweigen Leiparts auf die antifaschistische ITF-Initiative zeigt, wie weit sie sich von den Prinzipien des Internationalismus entfernt hatten. In der Praxis sah das so aus, dass die ADGB-Spitzenfunktionäre die Forderungen der unruhigen Basis nach Kampfmaßnahmen zurückwiesen. Sie erklärten sogar gegenüber den Nazis ihre Bereitschaft, sich in den neuen Staat einzugliedern, so z.B. als Leipart sich Hitler als unpolitischen Sachverwalter der Arbeitnehmerinteressen anbot. Am 1. Mai 1933 proklamierte dann auch der ADGB-Vorstand, »der deutsche Arbeiter ... soll ein vollberechtigtes Mitglied der Volksgemeinschaft werden.«

Als konsequenter Antifaschist litt Fimmen darunter, dass seine frühen Warnungen ungehört blieben. Unverstanden und alleine, ließen Fimmen und die ITF dennoch nicht die Köpfe hängen. Während die Großmächte der Welt noch vor Nazi-Deutschland zurückwichen, zeigte die ITF den Weg des Widerstands auf. Die ITF avancierte buchstäblich zur Speerspitze der Widerstandsbewegung.

Ob im Kampf gegen den Nationalsozialismus oder im Klassenkampf: Fimmen unterstrich stets, dass der Kampf nur als globaler Befreiungskampf aller Unterdrückten geführt werden könne. Er war einer der wenigen waschechten Internationalisten, in Europas Häfen und darüber hinaus bekannt wie ein bunter Hund. Als einer der ersten suchte er Antworten auf die Fragen der wirtschaftlichen Globalisierung und wie die Arbeiterschaft gemeinsam ihre Spaltung überwinden könne. Internationalismus sollte die Waffe sein, die Klasse die Basis. Selbst in der Katastrophe des Zweiten Weltkriegs lehnte er es ab, den Krieg als Krieg von Völkern zu sehen. Vor einem deutschen Volksgericht erklärte einmal ein Nazi-Staatsanwalt, Fimmen sei »der größte Feind Deutschlands". Doch ein Feind Deutschlands war er nimmer, und genauso wenig dessen Freund. Er war ein Feind der Nazis und der Bourgeoisie, seine Freunde waren die Antifaschisten und die Arbeiterklasse.

Fimmen starb am 15. Dez. 1942 in Mexiko. Für den Widerstand und die ITF war dies ein schwerer Verlust. Die ITF zumindest degenerierte nach seinem Tod zunehmend und verlor ihren kämpferischen revolutionären Elan.

Heute ist der Widerstandskampf der ITF weitestgehend vergessen. Stattdessen umjubelt die deutsche Geschichtsschreibung den »Widerstand« eines Grafen Stauffenberg – und spuckt damit auf den antifaschistischen Widerstand der ersten Stunde.

Internationalismus in der Gewerkschaftsbewegung

Von der Ersten Internationale bis zum Zweiten Weltkrieg

1864: Gründung der Internationalen Arbeiter-Assoziation (IAA – Erste Internationale) in London; sie vereinigt u.a. englische Trade Unions, italienische Mazzinisten, deutsche Sozialisten und französische Proudhonisten.

1867-68: Die IAA organisiert die internationale Solidarität zur Unterstützung diverser Streiks, insbesondere in England und Frankreich, und legt damit den Grundstein für eine Art internationale ökonomische Revolte.

1869: Der Baseler Kongress markiert den Beginn des Konfliktes in der IAA zwischen »Marxisten« und Anarchisten.

1871: Die Pariser Kommune bewirkt eine große Solidaritätsbewegung in der internationalen Arbeiterbewegung.

1872: Auf dem Kongress von Den Haag werden die Anarchisten durch Mandatsschwindel aus der IAA ausgeschlossen; der Generalrat wird nach New York verlegt (bedeutet faktische Auflösung).

1873: Letzter Kongress der IAA in Genf; die Anarchisten gründen die Jurassische Föderation (Antiautoritäre Internationale) zur Fortführung der Internationale.

1876: Offizielle Auflösung der IAA in Philadelphia.

1877: Ende der Jurassischen Föderation. Internationaler Sozialisten-Kongress in der Schweiz.

1883-88: Internationale Gewerkschaftskongresse (1883, 1886, 1888) in Paris und London.

1889: Bildung eines lockeren internationalen Zusammenschlusses von Arbeiterorganisationen (Parteien und Gewerkschaften) als Zweite Internationale.

1890: Der 1. Mai wird zum internationalen Arbeiterkampftag erklärt.

Ab 1890: Gründung diverser internationaler Berufssekretariate.

Ab 1896: Zuspitzung des Konfliktes zwischen der Confédération Générale du Travail (CGT) und den Arbeiterparteien, insbes. der deutschen Sozialdemokratie. Die CGT lehnt die Unterordnung der Gewerkschaften unter das parteipolitische Primat ab und wirbt für die Einheit von ökonomischen und politischen Kampf.

1896/97: Gründung der Internationalen Föderation der Schiffs-, Hafen und Flussarbeiter, ab 1899 Internationale Transportarbeiter-Föderation (ITF).

1900: Gescheiterter Versuch der CGT, eine unabhängige Gewerkschaftsinternationale zu gründen.

1901: Erste Konferenz der gewerkschaftlichen Landeszentralen in Kopenhagen.

1902: Gründung des Internationalen Sekretariats der gewerkschaftlichen Landeszentralen (Sitz in Berlin).

1905: Gründung der Industrial Workers of the World als revolutionär-syndikalistischer Verband von (in der Theorie weltweiten) Industriegewerkschaften. Sie vereinigt zeitweise auch in einigen Ländern größere Mitgliederzahlen, bleibt im Allgemeinen aber auf die USA beschränkt. Die Vorbereitung von länderübergreifenden Antikriegsdemonstrationen (Initiative der CGT) anlässlich der Marokkokrise wird von den deutschen Gewerkschaften abgelehnt.

1907: Die Initiative der CGT auf einem internationalen Treffen, den Antikriegsstreik auf die Tagesordnung der internationalen Arbeiterbewegung zu setzen, wird von der SPD blockiert.

1909: Große internationale Unterstützungsaktion für den Generalstreik in Schweden, in dem die Unternehmer die ArbeiterInnen landesweit aussperren. Durch Solidaritätsgelder in Höhe von mehreren Mio. Mark können die Streikenden ausharren und ein akzeptables Ergebnis erzielen.

1911: Die deutschen Gewerkschaften blockieren erneut die Vorbereitungen von Antikriegsaktivitäten anlässlich der zweiten Marokkokrise. Die ITF organisiert die erste große international koordinierte Streikbewegung der Geschichte, an dem sich insgesondere 120.000 ArbeiterInnen beteiligen; zahlreiche europäische Häfen werden durch den an allen Fronten erfolgreichen Lohnkampf der ITF lahmgelegt, etwa eine Mio. Arbeitstage gehen verloren.

1912: Die deutschen Gewerkschaften senden keinen Delegierten auf den Baseler Antikriegskongress mit dem Verweis, sich nur auf »gewerkschaftliche Belange« zu konzentrieren.

1912/13: Abermalige Blockade einer Antikriegsinitiative der CGT durch die Sozialdemokratie anlässlich des Balkankrieges.

1913: Umbenennung des Internationalen Sekretariats in Internationaler Gewerkschaftsbund (IGB); er vertritt 19 Landeszentralen mit insges. ca. 7,7 Mio. Mitgliedern.

1914: Mit Beginn des Ersten Weltkriegs Einstellung der internationalen Tätigkeit fast aller Gewerkschaftsorganisationen.

1917: Scheitern eines sozialistischen Friedenskongresses in Stockholm.

1919: Neugründung des IGB in Amsterdam; er vertritt 14 Gewerkschaftsbünde mit ca. 23 Mio. Mitgliedern.

1919/20: IGB-Hilfsaktion für die hungernde Bevölkerung Wiens unter der Federführung Edo Fimmens.

1920: Boykott des IGB gegen die protofaschistische Regierung Horthy in Ungarn, maßgeblich von der ITF unter Edo Fimmen getragen.

1920/21: Embargo von Munitionstransporten nach Polen während des polnisch-sowjetischen Krieges, maßgeblich von der ITF getragen.

1921: Gründung der Roten Gewerkschaftsinternationale (RGI) in Moskau, die der 1919 gegründeten Kommunistischen Internationale (Komintern) untergeordnet ist.

1922: Gründung der anarchosyndikalistischen Internationalen Arbeiterassoziation (IAA) in Berlin; sie vereinigt über drei Mio. Mitglieder. Die IAA lehnt den Reformismus und die Reduktion auf gewerkschaftliche Belange (im IGB vorherrschend) ebenso ab wie die Unterordnung unter die kommunistischen Parteien und das Konzept der proletarischen Diktatur (in der RGI vorherrschend).

1924-25: Mehre gescheiterte Versuche der ITF, die Gewerkschaften international auszurichten und nicht länger auf nationale Landeszentralen stützen.

1926: Während des Bergarbeiterstreiks und Generalstreiks in England organisiert die ITF einen erfolgreichen Boykott aller Kohletransporte auf die Insel.

1932-33: Initiativen der ITF, den internationalen Kampf der Arbeiterbewegung gegen den Nationalsozialismus zu organisieren, scheitert an der Ignoranz der deutschen Gewerkschaften. 1933: Austritt der deutschen Gewerkschaften bzw. ihrer NS-Nachfolgeorganisationen aus dem IGB.

1933-45: Vielfältiger und dauernder Widerstand der ITF gegen den Nationalsozialismus

und Faschismus in Europa.
1936-1939: Beteiligung zahlreicher ArbeiterInnen, insbes. von Anarchisten und Syndikalisten, am Kampf gegen das faschistische Franco-Regime im Spanischen Bürgerkrieg.

Kommentierte Bibliographie: Europa 1933-1945

Ankerlos

Die Internationale Transportarbeiter-Föderation und ihre Geschichte sind sicherlich nicht jeder Person bekannt. Betrachtet man die eigenen Darstellungen der heutigen ITF, drängt sich gar der Eindruck auf, dass die Organisation selbst relativ geschichtslos ist; so wenig Raum nimmt die Geschichte ihrer revolutionären Hochphase und ihres Widerstands dabei ein, als ob dieses Kapitel so unbedeutend gewesen wäre; siehe z.B. www.itfglobal.org. (Andererseits hat die ITF heute auch nichts mehr mit revolutionärer Programmatik zu tun. Selbst Gedenken an Edo Fimmen haben meist höchst unpolitischen Charakter, was auf ein gewisses Distanzierungsbedürfnis hinweist). Trotzdem hat es in den letzten zwei Jahrzehnten eine nicht unbedingt kleine Fülle an Schriften zur ITF-Geschichte gegeben. Die frühe Geschichte der ITF und ihre ersten Versuche im internationalen Kampf behandelt HARTMUT SIMON, *Die Internationale Transportarbeiter-Föderation. Möglichkeiten und Grenzen internationaler Gewerkschaftsarbeit vor dem Ersten Weltkrieg*, Essen 1993. Besonderes Augenmerk gilt dabei dem Problem von national bestimmten Interessen, denen die ITF einen proletarischen Internationalismus entgegensetzte. Zeitlich knüpft daran an der Sammelband von BOB REINALDA (Hg), *The International Transportworkers Federation, 1914-1945. The Edo Fimmen Era*, Amsterdam 1997, der die kämpferische und wohl wichtigste Phase der ITF-Geschichte aufarbeitet. Der neueren Geschichte der ITF unter dem besonderen Blickwinkel des Internationalismus widmet sich SIGRID KOCH-BAUMGARTEN, *Gewerkschaftsinternationalismus und die Herausforderung der Globalisierung. Das Beispiel der Internationalen Transportarbeiterföderation*, Frankfurt a.M. & New York 1999. Das Standardwerk zur Geschichte der ITF im Widerstand gegen den Nationalsozialismus stammt von DIETER NELLES, *Widerstand und internationale Solidarität. Die Internationale Transportarbeiter-Föderation im Widerstand gegen den Nationalsozialismus*, Essen 2001. NELLES Monographie zeichnet sich durch eine sorgsame Recherche und Auswertung bislang unbekannter Quellen aus. Das Werk behandelt die gesamte Geschichte der ITF bis zum Ende des Zweiten Weltkriegs unter Konzentration auf den Widerstand gegen den Nationalsozialismus. Einen Einblick in das Umfeld der Seeleute erhält man bei HARTMUT RÜBNER, »Arbeit, Milieu und Konfliktverhalten. Syndikalismus in der Schifffahrt bis in die 1930er Jahre«, in: *Archiv für die Geschichte des Widerstands und der Arbeit*, Nr. 16 (2001), S. 165-212. Für einen Überblick über den Widerstand gegen den Nationalsozialismus generell ist empfehlenswert: PETER STEINBACH & JOHANNES TUCHEL (Hg.), *Widerstand gegen den Nationalsozialismus*, Bonn 1994; MICHAEL SCHNEIDER, »Gewerkschaftlicher Widerstand 1933-45«, in: WOLFGANG BENZ & WALTER H. PEHLE (Hg.), *Lexikon des deutschen Widerstands*, Frankfurt a.M. 1994, S. 215-7; sowie HELMUT ESTER & HANS PELGER, *Gewerkschafter im Widerstand*, Bonn-Bad Godesberg 1967. Speziell zu den letzten verzweifelten Versuchen der ITF für eine Zusammenarbeit mit den Alliierten siehe SIGRID KOCH-BAUMGARTEN, »Spionage für Mitbestimmung. Die Kooperation der Internationalen Transportarbeiterföderation

98 mit alliierten Secret Services im Zweiten Weltkrieg als korporatistisches Tauscharrangement«, in: *Internationale Wissenschaftliche Korrespondenz zur Geschichte der Arbeiterbewegung,* 33. Jg., Nr. 3 (1997), S. 361-90; sowie Dieter Nelles, »Ungleiche Partner. Die Zusammenarbeit der Internationalen Transportarbeiter-Föderation (ITF) mit den westalliierten Nachrichtendiensten 1938-1945«, in: *Internationale Wissenschaftliche Korrespondenz zur Geschichte der Arbeiterbewegung,* Jg. 30, Nr. 4 (1994), S. 534-60. Über Hermann Knüfken und dessen Widerstandsarbeit vor und während des Dritten Reiches siehe Dieter Nelles, »Proletarische Demokratie und internationale Bruderschaft. Das abenteuerliche Leben des Hermann Knüfken«, in: *Schwarzer Faden*, Nr. 67 (1/1999). (Jan Benger)

Strukturen des Internationalismus

Das Thema Internationalismus ist ein sehr weites Feld, wenn man es ereignis- und organisationsgeschichtlich zu fassen versucht. Eine Vielzahl von Publikationen liegt zu den zahlreichen internationalen Organisationen vor. Dagegen lichtet sich der Blätterwald, wenn man das Interesse auf theoretische und analytische Arbeiten zum Internationalismus richtet – ein weitaus nutzbringenderes Feld als das der Organisationsgeschichte. In dieser Hinsicht besonders reichhaltig ist eine Anthologie von Frits van Holthoon & Marcel van der Linden (Hg.), *Internationalism in the Labour Movement, 1830-1940,* 2 Bde., Leiden u.a. 1988. Auf sehr hohem Niveau werden darin verschieden Aspekte des Arbeiterinternationalismus beleuchtet und problematisiert. Besonders interessant ist ein Aufsatz Knud Knudsens, »The Strike History of the First International« (S- 304-21), der den ökonomischen Kampf der Ersten Internationale untersucht und feststellt, dass gerade in der ökonomischen, gewerkschaftlichen Ausrichtung ihr Erfolg und ihre Stärke begründet war. Außerdem findet sich darin ein Beitrag van der Lindens, in dem dieser sich in einer Neubewertung der Geschichte der Ersten Internationale versucht: »The Rise and Fall of the First International. An Interpretation« (S. 323-35). Seine Interpretation des Zerfalls der Ersten Internationale als Folge sozioökonomischer Bedingungen, die die Arbeiterorganisationen in den nationalstaatlichen Rahmen trieb, wurde weitestgehend von den Sozialhistorikern übernommen. Doch so wichtig es auch ist, den Niedergang nicht rein personenbezogen durch den Konflikt zwischen Marx und Bakunin zu erklären, so sehr unterschätzt van der Lindens strukturgeschichtlicher Ansatz die grundlegenden Konsequenzen der konzeptionellen Auseinandersetzung. Denn die Festlegung der Internationale unter der Federführung von Marx auf eine politische Strategie anstatt einer ökonomischen musste zwangsläufig Folgen für die Organisationsentwicklung haben, zumal wenn wir Knudens Theorie über die Bedeutung des ökonomischen Kampfes für die Erste Internationale folgen. Als Gegenstück zu van der Linden kann deshalb herangezogen werden: Susan Milner, *The Dilemmas of Internationalism. French Syndicalism and the International Labour Movement, 1900-1914*, Oxford 1991. Sie zeigt die Kontinuität dieses Konfliktes auf und beleuchtet dessen Fortgang auf internationaler Ebene während der Zweiten Internationale anhand des Konfliktes der französischen CGT und der deutschen Sozialdemokratie. Deutlich wird hier, wie entscheidend für die internationalistische Praxis der Arbeiterbewegung die Dominanz eines bestimmten Konzeptes ist. Hilfreich für eine Auseinandersetzung mit den national(istisch)en Implikationen der Sozialdemokratie ist: Hans-Ulrich Wehler, *Sozialdemokratie und Nationalstaat. Die deutsche Sozialdemokratie und die Nationalitätenfrage in Deutschland von Karl Marx bis zum Ausbruch des 1. Weltkrieges*, Göttingen 1962; und speziell zu den Gewerkschaften siehe Manfred Scharrer, *Organisation und Vaterland. Gewerkschaften vor dem Ersten Weltkrieg*, Köln 1990, insbes. – zur (von der Sozialdemokratie so gut wie verweigerten) »Diskussion« über den Antikriegsstreik – S. 116-20. Nützlich für eine theoretische Auseinandersetzung mit Internationalismus und der Bedeutung der Nation in den gegensätzlichen Konzepten ist weiterhin: Michael Forman, *Nationalism and the International Labor Movement. The Idea of the Nation in Socialist and Anarchist Theory*, University Park (Pennsylvania) 1998. Die Bedeutung der Nation im Denken von Marxismus und Anarchismus beleuchtet auch Petra Weber in: *Sozialismus als Kulturbewegung. Frühsozialistische Arbeiterbewegung und das Entstehen zweier feindlicher Brüder – Marxismus und Anarchismus*, Düsseldorf 1989, S. 352-61. Allerdings widmet sie sich fast ausschließlich der Frühphase des Anarchismus, womit sie wichtige Weiterentwicklungen in der anarchistischen Theorie (insbes. des Syndikalismus) ausblendet. Empfohlen sei deshalb an dieser Stelle eine originär anarchosyndikalistische Arbeit, die wichtige Aspekte dieser Frage immer wieder aufgreift: Rudolf Rocker, *Nationalismus und Kultur*, 2. Bde., Bremen 1976 (Neuauflage des Originals von 1948). Rocker fasst zum einen die theoretischen Stationen des Anarchismus in dieser Frage zusammen und liefert zum anderen selbst scharfsichtige Betrachtungen zum Verhältnis von Marxismus und Nationalismus. Etwas kritischer zu betrachten, aber dennoch wichtig für die Diskussion ist die Schrift eines Rätekommunisten mit starker Neigung zum Anarchismus: Otto Rühle, »The Struggle Against Fascism Begins With the Struggle Against Bolshevism«, in: *Living Marxism*, Bd. 4, Nr. 8 (1939). Auf philosophischer Ebene nähert sich Albert Camus dem kulturtraditionellen Konflikt zwischen Marxismus und Anarchismus/Syndikalismus an, und zwar in: *Der Mensch in der Revolte*, Reinbek b.H. 1969, S. 241-4. Zu erwähnen sei, dass Camus´ Konzeption vom »mittelmeerischen Denken«, das er der deutschen Ideologie gegenüberstellt, keinesfalls biologisch-regionalistisch zu verstehen ist, ebenso wenig wie schon Bakunins Kritik am »Germanischen« des Marxismus – wie oft behauptet –, sondern lediglich der Kennzeichnung zweier antagonistischer Denktraditionen dient. Zu Ersterem siehe Lou Marin, *Ursprung der Revolte. Albert Camus und der Anarchismus*, Heidelberg 1998, S. 71-100; zu Letzterem: Erich Mühsam, »Bismarxismus«, in: *Fanal*, Jg. 1, Nr. 5 (Febr. 1927). Die häufig angeführte Behauptung, die Kritik der französischen Syndikalisten am deutschen Charakter der Sozialdemokratie entspringe einer pro-französischen und damit tendenziell nationalistischen Mentalität, zeugt demnach von großer Unkenntnis. Richtiger ist, dass sie damit auf ein wichtiges Kulturverständnis des Anarchismus verwiesen. (Überhaupt ist der Vorwurf einer deutschen Wesensart auch in der deutschen Arbeiterbewegung weder unberechtigt noch unwichtig, wie der Gang der Geschichte zeigte!) Zur »Solidarität mit Staaten« wie sie zunehmend durch die Doktrin der Sowjetunion verbreitet wurde, siehe Forman (S. 115-66). Unverfälscht findet sich die dazugehörige politische Position z.B. in: Helmut Dressler u.a., *Proletarischer Internationalismus, sozialistischer Patriotismus, klassenmäßige Erziehung*, Ost-Berlin 1973. Für den Internationalismus der Neuen Linken und der Folgebewegungen siehe Josef Hierlmeier, *Internationalismus. Eine Einführung in die Ideengeschichte des Internationalismus – von Vietnam bis Genua*, Stuttgart 2002. Für einen Überblick über internationale Arbeiterorganisation, allerdings erneut unter konsequenter Vernachlässigung anarchistischer/syndikalistischer Zusammenschlüsse, siehe Dimitris Stevis, »International Labor Organizations, 1864-1997. The Weigt of History and the Challenge of the Present«, in: *Journal of*

 World-System Research, Bd. 4, Nr. 1 (Winter 1998), S. 52-75. Speziell dem Syndikalismus in dieser Hinsicht widmet sich WAYNE THORPE, *»The Workers Themselves«. Revolutionary Syndicalism and International Labour, 1913-1923*; sowie GUILLAUME DEVIN (Hg.), *Syndicalism. Dimensions Internationales*, Garenne-Colombes (Frankreich) 1990. Einen internationalen Überblick über die jeweiligen nationalen Organisation der Syndikalisten findet sich in MARCEL VAN DER LINDEN & WAYNE THORPE (Hg.), *Revolutionary Syndicalism. An International Perspective*, Aldershot 1990. Was den Internationalismus in der sonstigen Gewerkschaftsbewegung betrifft, so ist als sehr gute Darstellung (die allerdings etwas mehr an theoretischem Tiefgang hätte vertragen können) zu empfehlen: SABINE HANNA LEICH & WOLFGANG KRUSE, *Internationalismus und nationale Interessenvertretung. Zur Geschichte der internationalen Gewerkschaftsbewegung*, Köln 1991. Ansonsten ist dies eher ein Feld, das verstärkt von Opportunisten bearbeitet wurde und so die Gewerkschaftsfrage aus einer äußerst reformistischen Perspektive beleuchtet, siehe z.B. HANS GOTTFURCHT, *Die internationale Gewerkschaftsbewegung im Weltgeschehen. Geschichte, Probleme, Aufgaben*, Köln 1962. Symptomatisch ist weiterhin eine weniger alte Perspektivenbestimmung: HANS-WOLFGANG PLATZER, *Gewerkschaftspolitik ohne Grenzen? Die transnationale Zusammenarbeit der Gewerkschaften im Europa der 90er Jahre*, Bonn 1991. Das Wort »Gewerkschafts*politik*« allein macht schon klar, wohin die Reise geht, und die internationalen Perspektiven, die das Buch bietet, bestehen demnach auch in einer Art gewerkschaftlichen Lobbypolitik in der EU; Aspekte des ökonomischen Kampfes finden sich dagegen, wenn überhaupt, nur in weichgespülter, schon fast parodierender Form. Für eine kleine internationale Perspektivenbestimmung aus revolutionär-syndikalistischer Sicht siehe dagegen: HOLGER MARCKS, »Klassenkampf im Weltmaßstab. Faustregel gegen Standortkonkurrenz und Klassenspaltung«, in: FAU BREMEN (Hg.), *Klassenkampf im Weltmaßstab*, Hamburg 2006, S. 33-42. (Holger Marcks)

Horizontaler Weitblick

Die historische Größe Edo Fimmens und der Mangel an deutschsprachiger Literatur über ihn stehen in keinem Verhältnis. Direkt zu seiner Person gibt es eine Mini-Biographie von WILLI EICHLER, »Edo Fimmen (1881-1942)«, in: DERS., *Sozialisten. Biographische Aufsätze*, Bonn-Bad Godesberg 1972, S. 107-13. Dieser Text, eine Art Nachruf, wurde bereits 1942, direkt nach Fimmens Tod, verfasst und kann, wenn auch durchaus interessant, kaum als Aufarbeitung seines Lebens gelten. Derartiges liegt mittlerweile in Form einer Arbeit von WILLY BUSCHAK vor: *Edo Fimmen – Der schöne Traum von Europa und die Globalisierung. Eine Biographie*, Essen 2002. Dieses Buch ist die erste Biographie Fimmens und basiert auf umfangreichen Archiv- und Quellenstudien. Dennoch haben sich die Bibliotheken nicht gerade darum gerissen und es ist dementsprechend auch kaum verbreitet. Für einen weiteren Aufsatz über Fimmen siehe SIGRID KOCH-BAUMGARTEN, »Ein Linkssozialist und »Sturmvogel« als internationaler Gewerkschaftssekretär. Edo Fimmen und die ITF (1919-1942)«, in: *Internationale Wissenschaftliche Korrespondenz zur Geschichte der Arbeiterbewegung,* 36. Jg., Nr. 1 (2000), S. 12-28. Mehr Aufsätze zu seiner Person finden sich vor allem in der holländischen Literatur. Eine gute Auswahl dieser findet sich in einem biographischen Lexikon zu Sozialismus und Arbeiterbewegung in den Niederlanden: JOHANNA M. WELCKER, »Fimmen, Eduard Carl«, in: *BWSA*, Nr. 1, 1986, S. 37-42; auch zu finden unter: http://www.iisg.nl/bwsa/bios/fimmen.html. Sein politisches Werk dagegen ist quasi identisch mit der

Geschichte der ITF während seiner Wirkungszeit und somit in den Arbeiten über die ITF (siehe oben) stets enthalten. Beispielhaft für eine ITF-Fimmen-Geschichtsverknüpfung aber ist der Sammelband von BOB REINALDA (siehe oben). Für Quellenarbeiten unumgänglich ist das Archiv der UNIVERSITÄT WARWICK in England zu Fimmen und der ITF; Bestandliste einzusehen unter: http://www.warwick.ac.uk/services/library/mrc/ead/159_05.htm. Von den Schriften FIMMENS selbst wären v.a. herauszustellen: *Krieg dem Kriege. Die Aufgabe der organisierten Arbeiter in der Bewegung für den Weltfrieden*, Berlin 1923 (in der er klare Worte für die Mitschuld der Gewerkschaften am Ersten Weltkrieg findet und für entschiedene internationale Kampfmaßnahmen plädiert); sowie *Vereinigte Staaten Europas oder Europa A.-G. Ein internationaler Ausblick*, Jena 1924 (wo er treffend die Globalisierungstendenzen des Kapitals herausstellt und die Unzulänglichkeit der vorherrschenden nationalen Gewerkschaftsstrukturen attackiert; besonders interessant ist, wie er dabei analysiert, dass diese Strukturen gar keinen praktischen Internationalismus, der über eine moralische Verbundenheit hinausgeht, entfalten können, nationale Mentalitäten reproduzieren und zwangsläufig falsche Taktiken hervorbringen). Letztere Schrift war gerade zu hellsichtig und ist auch heute noch von höchster Aktualität. Zu den ständigen Bemühungen der ITF als Vorhut eines kämpferischen Internationalismus und der Borniertheit übriger Gewerkschaftsverbände siehe LEICH & KRUSE (siehe oben), S. 64-96. Zur Anpassung bzw. sogar Anbiederung vieler ADGB-Gewerkschafter an den Nationalsozialismus siehe »Gewerkschaften und Faschismus. Nationalistische Gewerkschafter in der Weimarer Republik«, *RAG*, Nr. 32, April 2003. Dieser Artikel im *Rundbrief antifaschistischer/antirassistischer GewerkschafterInnen* liefert einen guten Kurzüberblick über jene Entwicklungen, deren Thematisierung innerhalb der Gewerkschaften und deren Bildungsarbeit gerne vermieden wird. Zu gerne zieht man sich einfach darauf zurück, dass die Gewerkschaften zwangsweise gleichgeschaltet wurden. Für umfassenderes zum Anpassungskurs der Gewerkschaften siehe HANNES HEER, *Burgfrieden oder Klassenkampf. Zur Politik der sozialdemokratischen Gewerkschaften 1930-1933*, Neuwied & Berlin 1971; sowie – als dokumentierende Darstellung – HANS GERD SCHUMANN, *Nationalsozialismus und Gewerkschaftsbewegung. Die Vernichtung der deutschen Gewerkschaften und der Aufbau der »Deutschen Arbeitsfront«*, Hannover 1958. Die Geschichte der Standhaften und Couragierten, u.a. auch der ITF, erzählen dagegen z.B. ESTER & PELGER (siehe oben); sowie WILLY BUSCHAK, *Arbeit im kleinsten Zirkel. Gewerkschaften im Widerstand gegen den Nationalsozialismus*, Hamburg 1993. Speziell zum anarchosyndikalistischen Widerstand sei noch empfohlen: ANDREAS GRAF (Hg.), *Anarchisten gegen Hitler. Anarchisten, Anarcho-Syndikalisten, Rätekommunisten in Exil und Widerstand*, Berlin 2001. Für eine Auseinandersetzung mit dem deutschen Widerstand lohnt sich außerdem immer ein Besuch in der GEDENKSTÄTTE DEUTSCHER WIDERSTAND in Berlin. Doch auch wenn dem Arbeiterwiderstand zunehmend mehr Raum gegeben wurde, so ist die Präsenz von Stauffenberg-Materialen weiterhin überproportional – und somit symptomatisch für die bundesdeutsche Erinnerungskultur, die den bürgerlichen (z.T. monarchistischen) »Widerstand« maßlos aufwertet. (Holger Marcks)

6.
Deutschland 1946-1948

»Streiks oder andere Umtriebe gegen die Politik der Militärregierung, die in irgend einer Weise die Forderungen oder Pläne der Besatzungsmacht gefährden könnten, werden ... nicht geduldet werden.«

US-Gouverneur Newman in einer Rundfunkansprache am 16. Mai 1947

Foto: Hungerdemonstration 1947 (vermutlich in Bochum).

Klaus Weller

Totgeschwiegene Streikbewegung

Streiks und Hungermärsche in der deutschen Nachkriegszeit (1946-1948)

Zum Ende des Zweiten Weltkriegs, direkt nach dem Einmarsch der amerikanischen und britischen Truppen, nahmen die Aktivisten und Aktivistinnen der Arbeiterbewegung im Rheinland und im Ruhrgebiet, die die Verfolgung durch die Nazis überlebt hatten, ihre Arbeit wieder auf. Überall bildeten sich antifaschistische Komitees und Gewerkschaftsinitiativen. Zum Teil wurden die Kampftruppen sogar von den Komitees, die sich intensiv vorbereitet hatten, direkt am Stadtrand in Empfang genommen und freudig als Befreier begrüßt. Anfangs wurden diese Initiativen von den alliierten Militärbehörden noch unterstützt, bald darauf aber wurden alle politischen und gewerkschaftlichen Aktivitäten behindert und schließlich verboten. Anfang August 1945 erlaubte Marschall Montgomery, der britische Oberbefehlshaber, den Aufbau von örtlichen Gewerkschaften; allerdings unter ständiger Kontrolle der Militärbehörden und in drei Phasen: zuerst Ausarbeitung von Programm und Satzung und deren Genehmigung; dann Aufbau eines Vorstandes und eines Apparates; dann erst Mitgliedergewinnung, Bestätigung der Funktionäre usw. Dieses Vorgehen sollte dazu dienen, den Aufbau jederzeit unter Kontrolle zu haben und eine »Unterwanderung« durch radikale Elemente zu verhindern.

Erste Schritte in der Not

Die frühe Nachkriegszeit war geprägt durch eine andauernde Minderversorgung fast der gesamten Bevölkerung. Zum Teil mussten selbst Schwerarbeiter in den Zechen und Stahlhütten mit unter tausend Kalorien pro Tag auskommen. Obwohl die Militärregierungen eine Arbeitspflicht für arbeitsfähige Männer und Frauen (Trümmerfrauen) eingeführt hatten, konnte keine ausreichende wirtschaftliche und landwirtschaftliche Entwicklung erreicht werden. Dies hatte sehr unterschiedliche Gründe. Zum einen sah, zumindest in der ersten Zeit der Besatzung, der sogenannte Morgenthau-Plan vor, die Industrie im ehemaligen Reichsgebiet drastisch zu reduzieren. Zum anderen hemmte die Aufteilung in Zonen den Aufbau eines Wirtschaftssystems, das in der Lage gewesen wäre, die gesamte Bevölkerung zu ernähren. Die Menschen waren somit auf importierte Waren angewiesen, die von den Militärs beschafft und mit deutscher Hilfe verteilt wurden. Am 5. September 1946 wurde schließlich aus der Amerikanischen und der Britischen Zone die sogenannte Bizone gebildet. Gleichzeitig stellte der amerikanische Außenminister Byrnes klar, dass die drei Westzonen einen separaten Weg ohne die Sowjetische Zone gehen würden.

Während dieser Zeit waren in allen größeren Betrieben teils mit, teils ohne Genehmigung der Militärbehörden Betriebsräte und Initiativen entstanden, die Mitbestimmung auf betrieblicher Ebene einforderten. Eine gesetzliche Grundlage gab es hierfür noch nicht. So kam es im November 1946 und im April/Mai 1947 zu den ersten großen Streiks der Nachkriegsgeschichte. Bei der Firma Bode-Panzer in Hannover war die Belegschaft 23 Tage, bei Miele in Bielefeld gar fünf Wochen im Streik, um Betriebsvereinbarungen durchzusetzen, die die betriebliche Mitbestimmung regeln sollten. Immer stärker wurden die Forderungen, zumindest die Schlüsselindustrien in »Gemeineigentum« zu überführen.

Sogar die gerade in Gründung befindlichen Gewerkschaften des Deutschen Gewerkschaftsbundes (DGB) konnten sich diesen Forderungen nicht ganz verschließen. Sie setzten aber von vorneherein nicht auf die Durchsetzungsfähigkeit der Arbeiterinnen und Arbeiter, sondern auf den Parlamentarismus und die sich ebenfalls gründenden Parteien. Die Möglichkeit der Sozialisierung sollte in den Verfassungen der Länder festgeschrieben werden. Insgesamt war in Gewerkschaftskreisen das Vertrauen in die Alliierten groß. Nicht durch Druck aus den Betrieben und von der Straße sollten Änderungen herbeigeführt werden, sondern allein durch Appelle an die politische Führung.

Radikalisierung der Bergleute

Im Herbst 1946 war es dann soweit. Die Bergleute weigerten sich wie schon 1919, befohlene Sonderschichten zu fahren. Entgegen den Anweisungen der Gewerkschaftsleitungen schlossen sie die Zechen, riefen den Streik aus und stellten Forderungen auf: »Ausreichende Versorgung mit Lebensmitteln!« – »Überführung der Kohleindustrie in Gemeineigentum!« – »Die Gruben in des Volkes Hand!« Hieraus entstand rasch eine große Demonstrations- und Streikbewegung im gesamten Ruhrgebiet und Rheinland, die sogenannten Hungermärsche, die sich immer weiter ausbreiteten, da die Lebensbedingungen sich zusehends verschlechterten. In Dortmund demonstrierten 25.000 Menschen, in Braunschweig waren es 30.000, in Düsseldorf gar 80.000, und selbst in Hagen gingen 20.000 auf die Straße. Den Höhepunkt stellte ein 24-stündiger Generalstreik der Bergarbeiter im gesamten Ruhrgebiet am 3. April 1947 dar.

Die Forderungen wurden schnell radikaler. Es ging zwar immer noch um die Minderversorgung mit Lebensmitteln und deren ungerechte Verteilung durch die Militärregierung und die deutschen Ämter, die oft mit ehemaligen Nazis besetzt waren. Immer stärker wurden jetzt aber die Forderungen nach der Besetzung von Ämtern mit »demokratischen Kräften« und der Kontrolle der Betriebe und Fabriken durch die Arbeiter und Arbeiterinnen. »Die Sozialisierung ist zu einer Sache des arbeitenden Volkes zu machen«, ist denn auch in einer Resolution der Revierkonferenz der Bergleute zu lesen. Überall entstanden Initiativen zur Sozialisierung der Zechen und Werke.

Die Gewerkschaftsführungen sahen diese Entwicklung mit großem Misstrauen; die Situation war ihnen entglitten. Sie hatten weiterhin Vertrauen in die Parteien, die immer noch versprachen, entsprechende Gesetze zur Mitbestimmung zu verabschieden. Hans Böckler, der erste DGB-Vorsitzende nach dem Krieg, sah »in den Streiks keine geeigneten Mittel«, die entsprechenden Forderungen durchzusetzen, und drohte den Streikenden mit dem Gewerkschaftsausschluss. Öffentlich fiel er der Bewegung mit einer Anti-Streik-Resolution in den Rücken. Die Alliierten gingen noch weiter. Sie drohten den Kumpel offen mit Kürzung der Nahrungsmittelimporte, strengen Strafen und sogar mit Einsatz des Militärs. Offene Konfrontationen vermieden sie jedoch in der Regel.

Die Streiks weiteten sich mittlerweile immer weiter aus. In Bayern kam es am 21. Januar 1948 zum Generalstreik, in Württemberg-Baden am 3. Februar, auch in der Britischen Zone wurde weiter gestreikt, allerdings immer nur im voraus befristet und auf 24 Stunden festgelegt. Hier machte sich langsam die ordnende Hand der sozialdemokratischen Gewerkschaften bemerkbar. So kommentierte eine Gewerkschaftszeitung aus der Britischen Zone: »Teils flammten diese Aktionen spontan auf, zum Teil aber vollzogen sie sich aufgrund von Funktionärsbeschlüssen und unter der festen Führung der örtlichen Gewerkschaften.«

Die Gewerkschaftsführungen setzten weiterhin darauf, Veränderungen über die Parteien und Parlamente zu erreichen. Sie versuchten nun immer stärker, die Massenbewegungen, die nur sehr schwer zu kontrollieren und ihnen von vornherein suspekt waren, unter ihren Einfluss zu bringen und ins Leere laufen zu lassen. Trotzdem kam es in vielen Städten, so z.B. in Kassel, Mannheim, Stuttgart, zu weiteren Streiks, die sich zum Teil offen gegen die Vorstände der DGB-Gewerkschaften richteten.

Da die Streiks sehr zersplittert und inkonsequent geführt wurden, gab es so gut wie keine erkennbaren Resultate und Verbesserungen. In manchen Ländern wurden Gesetze zur Errichtung von Betriebsräten verabschiedet, in einigen Landesverfassungen stehen bis heute Absichtserklärungen zur wirtschaftlichen Neuordnung. Ohne jegliche Konsequenz. Selbst das war den Militärregierungen noch zu viel, etliche derartige Vorhaben wurden verhindert. Der Entwurf der Hessischen Verfassung sah die Verstaatlichung der Energiewirtschaft und der Grundstoffindustrie vor. 72 Prozent der Bevölkerung sprachen sich in einer Abstimmung hierfür aus. Daraufhin verfügte die amerikanische Militärregierung kurzerhand die Aufhebung des entsprechenden Paragrafen. Der DGB sah eine »Wiederaufrüstung des Großkapitals«, die Sozialisierungen seien jedoch lediglich »vertagt« (Böckler). Thema wurde die Sozialisierung nie mehr.

Generalstreik! – ohne Konsequenz

Ruhe war aber noch nicht eingekehrt in der Britischen Zone. Nachdem die Lebensmittelversorgung einigermaßen sichergestellt war, die Gewerkschaften auch Lohnerhöhungen durchgesetzt hatten, stiegen die Preise dramatisch an, was zu einer erheblichen Verschlechterung der Lebenslage der arbeitenden Bevölkerung führte. Es kam zu erheblichen Unruhen und massiven Protesten. Dies veranlasste den Gewerkschaftsrat der Bizone, einen Generalstreik vorzubereiten. Am 12. November 1948 folgten dem Aufruf von insgesamt 11,7 Millionen Beschäftigten über neun Millionen. Da auch diese größte Streikaktion seit dem Kapp-Putsch nicht in eine längerfristige Strategie eingebunden war und nur der Beruhigung der Massen diente, zeigte sie keinerlei erkennbare Wirkung – weder damals im Bereich der Gesellschaft, noch später und heute in den Geschichtsbüchern.

So finden in gängigen Veröffentlichungen zur Geschichte der Nachkriegszeit diese Streikbewegungen in der Britischen Zone und der Bizone kaum Erwähnung. Bis auf wenige Ausnahmen werden auch in der einschlägigen Literatur zur Geschichte der Gewerkschafts- und Arbeiterbewegung sowohl die Streiks und Hungermärsche als auch der Generalstreik regelrecht totgeschwiegen.

Holger Marcks

Repression und Integration

Die Herstellung des sozialen Friedens in der deutschen Nachkriegszeit

Während einerseits die Streikbewegungen ab 1946 in den westlichen Besatzungszonen einer akuten Notlage entsprangen und die Proteste primär der Existenzsicherung galten, offenbarten sie andererseits ein überraschend starkes Klassenbewusstsein. Zu den zentralen Punkten der Bewegung gehörten z B. gleich zu Anfang die Kontrolle der Lebensmittelversorgung durch die Bevölkerung und die Sozialisierung der Kohleindustrie, verknüpft mit Forderungen nach Entnazifizierung in der Verwaltung und der Wirtschaft. Dieser Programmatik lag ein gemeinsamer Stimulus zugrunde, der sich gegen die Verstrickung kapitalistischer Interessen mit nationalsozialistischen Kontinuitäten richtete.

Von Baronen und Kriechtieren

Auf den ersten Blick ohne Zusammenhang, so bestand zwischen der vorherrschenden »Hungerpolitik« und der Situation im Bergbau tatsächlich eine unmittelbare Verwandtschaft. So verfolgte z.B. die britische Militärregierung mit ihrer Wirtschaftspolitik ihre höchst eigenen Interessen, die sie durch eine Enteignung der Grubenbesitzer gefährdet sah. Anstelle einer Arbeitsverteilung, die auf die Überwindung der zusammengebrochenen Lebensmittelversorgung und der schlechten Wohnverhältnisse abzielte, ordnete sie Sonderschichten zur Steigerung der Kohleproduktion zu Reparationszwecken an. Zum Gelingen dieses Vorhabens war die Beibehaltung kapitalistischer Produktionsverhältnisse notwendig; ein sozialisierter und bedarfsausgerichteter Bergbau stand dazu im krassen Widerspruch. Eine konsequente Entfernung der Industriellen, die wesentlich in die Kriegs- und Wirtschaftspolitik des Nationalsozialismus eingebunden waren, war gerade deshalb für sie nicht erstrebenswert, weil dies eine Neuordnung der Besitzverhältnisse zwangsläufig hätte nach sich ziehen müssen. Insofern bestand durchaus eine Abhängigkeit der Westalliierten von den wirtschaftlichen Größen der Nazizeit.

Gerade aber in den Kohlebaronen – wie auch den Stahlfabrikanten – sahen viele Arbeitende Hauptverantwortliche, die vom Nationalsozialismus nicht nur profitierten, sondern direkt Schuld am kriegerischen Expansionismus und den Kriegsverbrechen trugen. Wie sehr man sich darüber bewusst war, zeigen die Proteste vom 27. Januar 1947, als man den Jahrestag der Düsseldorfer Industriellentagung mit Adolf Hitler zum Anlass für Protestaktionen nahm. Im März wurde schließlich im Düsseldorfer Landtag ein Antrag abgelehnt, der durch die Delegationen von 100.000 Bergleuten gestützt wurde, welche die »entschädigungslose Enteignung der kriegsverbrecherischen Kohlebarone« forderten. Die Ablehnung hatte schließlich eine Streikwelle zur Folge, an der sich zu ihrem Höhepunkt fast 350.000 Arbeitende beteiligten.

Der Unmut galt aber auch der Situation im Verwaltungsbereich. Insbesondere das Zentralamt für Ernährung und Landwirtschaft mit seinen Dienststellen zur Erfassung und Verteilung der Lebensmittel geriet dabei heftig unter Beschuss. Diesem Amt, das Dr. Schlange-Schöningen unterstand, wurde nicht nur eine erhebliche Schuld an der Ernährungskrise zugewiesen (u.a. wurden oftmals Zweidrittel der Rationen gar nicht ausgehändigt), sondern vor allem die personelle Besetzung des Amtes bildete den Achsnagel der Auseinandersetzung: nach diversen Angaben sollen 163 der 169 Beamten ehemalige NSDAP-Mitglieder gewesen sein. In Konsequenz forderten die Streikenden die sofortige Auflösung des Zentralamtes und die Bildung von Kontrollausschüssen.

Wessen Antifaschismus?

Man darf durchaus Skepsis an der Lauterkeit dieser Entnazifizierungsmoral der Arbeiterschaft anmelden. Zum einen fällt ins Auge, dass sie nun zu Massenaktionen bereit war, während sie sich im Dritten Reich zu passiv verhielt und dieses zu Teilen auch aktiv bejahte. Zum anderen ist nur wenig davon bekannt, dass sie sich kritisch mit den eigenen Verantwortungen, z.B. mit der Rolle der Arbeiterorganisationen bei der nationalsozialistischen Machtergreifung auseinandersetzte. Es mag also nicht unbedingt abwegig sein, darin eine Art »Sündenbock«-Mechanismus zu erblicken, der eine Nicht-Auseinandersetzung mit der eigenen Vergangenheit erleichterte.

Auf der anderen Seite wäre es töricht, keinen Unterschied zwischen der Verantwortung des Einzelnen unter diktatorischen Bedingungen einerseits und z.B. der Verantwortung von wirtschaftlichen Entscheidungsträgern andererseits zu sehen. (Ganz abgesehen davon, dass der Großteil des Widerstands im Dritten Reich tatsächlich aus der Arbeiterklasse kam.) Auch die Westalliierten trugen dem zunächst mit einer Klassifizierung von individuellen Belastungsgraden Rechnung. Während jedoch eine Säuberung der politischen Naziriegen sie personell kaum in die Bredouille brachte, hätte eine konsequente Entledigung von Verantwortlichen in anderen Bereichen (Wirtschaft, Verwaltung, aber auch Wissenschaft) für sie ein nicht zu bewältigendes Vakuum bedeutet. So kam es schnell, dass die Entnazifizierung in diesen Bereichen relativ inkonsequent vollzogen wurde. Sie verkam in erster Linie zu einer moralischen und nicht zu einer strukturellen Frage, indem man meinte, nach der Ausschaltung der Nationalsozialisten als politische Kraft stehe die »innere Genesung des Volkes« im Vordergrund. Im Bezug auf den Einzelnen bedeutete dies, dass gerade diejenigen schnell zur Rehabilitierung gelangten, die sich loyal gegenüber der Besatzungsmacht verhielten und sich deren Ideologie anpassten – und damit vermeintlich ihre demokratische Gesinnung bewiesen.

Im Widerspruch dazu standen z.B. die antifaschistischen »Volkskomitees«. Ihre in der Anfangsphase getroffenen Entscheidungen wurden von den Alliierten häufig wieder rückgängig gemacht, meistens dann, wenn es sich um die Entfernung von Nazis aus der Verwaltung handelte, von denen die Militärs glaubten, dass sie sie noch brauchen würden. Und auch in der Folgezeit waren es gerade antifaschistische Kräfte, die für die Westalliierten beim Aufbau einer neuen Elite kaum eine Rolle spielten, während ihre politischen Bemühung eingedämmt und verzögert wurden – man wollte eben keine politische Gruppe »bevorzugen«, wie es hieß.

Fleißig und gehorsam

In der westdeutschen Arbeiterschaft gab es tatsächlich einen großen Teil, der das Schmierentheater der Entnazifizierung durchschaute und den Bruch mit faschistischen Kontinuitäten ernst meinte. Dem standen die Interessen der neuen deutschen Eliten in Politik und Wirtschaft, aber auch der Besatzungsmächte entgegen, die den Rückgriff auf Nazikräfte – und damit ihre Rehabilitierung – für unerlässlich hielten bei Wiederaufbau und Reparationserfüllung. Gleichzeitig versuchten die Militärregierungen »jegliche Politisierung der Massen zurückzudrängen, die darüber hinausging, ihre Interessen dem Staatsapparat lediglich anzumelden«. (Schmidt & Fichter)

Unter anderem deshalb wurde mit deutlicher Härte gegen die Streikbewegung vorgegangen. Als die Streikbewegung im Frühjahr 1947 ihren vorläufigen Höhepunkt erreicht hatte, reagierten alle Besatzungsmächte im Westen mit dem Verbot der Streiks und Proteste. Besonders drastisch stellten sich die Erklärungen der amerikanischen Militärregierung dar, die rigorose Gegenmaßnahmen ankündigte und die Motivation der Streikenden zu diffamieren versuchte:

»Streiks oder andere Umtriebe gegen die Politik der Militärregierung, die in irgend einer Weise die Forderungen oder Pläne der Besatzungsmacht gefährden könnten, werden in Hessen nicht geduldet werden ... Jede Person oder Gruppe von Personen, die so handelt, wird bestraft werden, und vergessen Sie nicht, dass nach den Gesetzen der Besatzungsarmeen und der Militärregierungen die Schuldigen sogar mit der Todesstrafe belegt werden können ... Vermeiden Sie Streiks, meiden Sie Agitatoren, die Streiks anschüren, und lehnen Sie es ab, jenen zuzuhören, die aus politischen oder selbstsüchtigen Gründen die Besatzungspolitik unnötig kritisieren .... Seien Sie fleißig!« (Rundfunkansprache von US-Gouverneur Newman am 16. Mai 1947).

»Mit Agitatoren wird ungeachtet ihrer Position sofort abgerechnet werden«, lautete eine weitere Ankündigung, mit der eine Atmosphäre der Einschüchterung erzeugt wurde.

Gewerkschaft als Mittel der Klassenherrschaft

Verlautbarungen wie diese machen verständlich, weshalb die Streikbewegung bis 1948 ihre Schlagkraft fast vollständig einbüßte und in der Folgezeit die Aktionen, ungeachtet ihrer Größe, nur noch inkonsequent und symbolisch geführt wurden. Tatsächlich ist der symbolische Charakter des Generalstreiks vom 12. November 1948 wesentlich auf Repressionserfahrungen zurückzuführen. Nachdem es Ende Oktober bei einem Streik in Stuttgart zu heftigen Auseinandersetzungen mit der Polizei gekommen war – die US-Militärpolizei setzte Tränengas und Panzer ein –, waren die Gewerkschaftsführungen derart eingeschüchtert, dass sie alle Kundgebungen und Demonstrationen untersagten. Der Generalstreik wurde letztlich zur »Arbeitsruhe« umdeklariert.

Das ist jedoch nur ein Teil der Wahrheit. Denn im Prinzip kam es den Gewerkschaften gerade recht, sich so aus der Affäre ziehen zu können. Als die Welle von Demonstrationen und Massenstreiks Anfang 1948 immer stärker geworden war, nahm der Druck der Basis derartige Ausmaße an, dass die Gewerkschaftsführungen überhaupt erst in die für sie unangenehme Lage kamen, dem Generalstreik zustimmen zu müssen, wenn sie nicht die Kontrolle über die Bewegung verlieren wollten. Wie sehr man dabei ein doppeltes Spiel betrieb, wird daran deutlich, mit welch heimtückischer Politik die in den Gewerkschaften tonangebende Böckler-Clique der Bewegung entgegenarbeitete. Und hierbei hatte sie nicht nur die moralische Rückendeckung der Militärregierungen; die Kräftekonstellation, die sich da in den deutschen Gewerkschaften bemerkbar machte, war sogar das beabsichtigte Produkt der Gewerkschaftspolitik der Besatzungsmächte, insbesondere der US-amerikanischen. Und gemessen an deren Absichten hatte der von ihnen geformte Gewerkschaftsapparat seine Feuertaufe voll und ganz bestanden.

Ohne Probleme konnten die neu geschaffenen Gewerkschaften den Unmut kanalisieren und somit einer womöglich unkontrollierbaren Bewegung mit radikalen Forderungen den Wind aus den Segeln nehmen. Die deutschen Gewerkschaften, die laut US-Absichten ein »Bollkwerk gegen Kommunismus und Radikalismus« sein sollten, setzen diese Aufgabe von Beginn an um und funktionierten als Instrument der Entpolitisierung und Klassenintegration.

Eine Arbeitnehmervertretung vertritt nun mal nicht immer die Interessen von Arbeitnehmern. Bei der Ortung ihrer Position im politischen Koordinatensystem dürfen wir nicht dem Fehler verfallen, offizielle Etiketten für bare Münze zu nehmen. Man mag viele Gründe für die integrationsorientierte Gewerkschaftskonzeption des DGB haben, über eines dürfen wir uns aber nichts vor machen: in erster Linie erfüllt er die Funktion, den sozialen Frieden zu garantieren; erst in zweiter (oder gar dritter) Linie vertritt er die Interessen der Arbeiterschaft. Das ist das grundlegende Prinzip, dem der rote Faden seiner Geschichte folgt – von damals bis heute.

Rudolf Mühland

Der doppelte Schmitz

Hans Schmitz sen. und jun. – zwei Generationen des Arbeiterwiderstands

Hans Schmitz sen. ist Jahrgang 1891 und kam als junger Arbeiter aus Polch in der Eifel nach Wuppertal. Der überzeugte Pazifist beteiligte sich am Ende des Ersten Weltkriegs bewaffnet am Sturz der Monarchie und am Aufbau der Wuppertaler Arbeiter- und Soldatenräte. Als Anarchosyndikalist der ersten Stunde war er schnell als zuverlässiger und unermüdlicher Kämpfer für die Sache bekannt. Infolge seines Aufrufes zur »Beschlagnahmung aller Lebensmittel für das Volk durch das Volk« vor 5.000 Erwerbslosen war er gezwungen, sich einer Verhaftung durch Flucht (Dezember 1923) zu entziehen.

1925, nach der Hindenburg-Amnestie, konnte er wieder nach Wuppertal zurückkehren. Seine Bekanntheit erschwerte ihm das Leben, denn er fand nur noch Aushilfsbeschäftigungen als Bauarbeiter. Zeitgenossen schilderten ihn als einen begnadeten Redner, der einen nicht unerheblichen Einfluss auf die radikalen Arbeiter und Arbeiterinnen in Wuppertal ausübte. 1930/31 sollte Hans ein erstes Opfer der Nazis werden. Nach einer Rede in Leuscheid (Westerwald) wurde er von einer Horde Nazis angegriffen. Von diesem Angriff erholte er sich gesundheitlich nicht mehr. Kurz darauf, im Februar 1931, starb er an den Folgen dieses brutalen Überfalls.

Hans Schmitz jun. wurde 1914 geboren. Als kleiner Junge erlebte er die Arbeiter- und Soldatenräte 1917/18 und dann noch einmal im Zuge des Kapp-Putsches 1920. Er besuchte die weltliche (religionsfreie) Schule und gehörte der anarchosyndikalistischen Kindergruppe Freie Jugend Morgenröte an. Später schloss er sich der Syndikalistisch-Anarchistischen Jugend Deutschlands (SAJD) und der Freien Arbeiter-Union Deutschlands (FAUD) an, für die er als Kassierer unterwegs war. 1931 gehörte er zu den Gründern der Wuppertaler »Schwarzen Schar«, einer militanten und zum Teil bewaffneten anarchistischen Anti-Nazi-Organisation.

Nachdem 1933 die Anarchosyndikalisten und -syndikalistinnen alle Organisationen offiziell aufgelöst hatten, beteiligte er sich in den illegalen Strukturen am Widerstand gegen die Nazis. Neben den »üblichen« Widerstandsformen zeichnete sich die Wuppertaler Gruppe durch weitere spezifische Aktionsformen aus. Zum Beispiel: als die Nazis in Wuppertal ihren Fackelmarsch machen wollten, schubste er zusammen mit anderen Arbeitern und Arbeiterinnen die jubelnde Menge in den Fackelzug. Die Nazis verprügelten daraufhin die in ihre Reihen Geschubsten. Dies ging ein paar Mal gut, dann hatten die Nazis verstanden und die Freunde mussten den Rückzug antreten.

1942 heiratete er eine Edelweißpiratin. Der Plan war, sie durch die Heirat aus der Waffenfabrik, in der sie Zünder für Bomben bauen musste, herauszubekommen. Nicht nur ging diese Rechnung nicht auf, Heinz selbst wurde noch im gleichen Jahr auf Grund »unglücklicher« Begleitumstände in die Wehrmacht eingezogen. Sabotage am eigenen Leib bewahrte ihn davor, an die Ostfront zu kommen. Später landete er an der Westfront und hatte eine Flakbatterie zu betreuen. Für jedes abgeschossene Flugzeug gab es einen Ring. Seine Batterie ging leer aus. Sabotage am Material rettete so manchem »feindlichen« Piloten das Leben.

Nach dem Krieg suchte er sofort wieder Kontakt zu den alten Genossen und Genossinnen. Er half mit, die Föderation Freiheitlicher Sozialisten (FFS), die Nachfolgeorganisation der FAUD, zu gründen. 1947 wurde Hans Schmitz ohne sein Zutun zum Betriebsrat gewählt. Die Kollegen hatten ihn einfach aufgestellt. Im Hungerwinter desselben Jahres organisierte er einen wilden Streik in seiner Firma. Die Kollegen nutzten die Gelegenheit, um hamstern zu gehen. Der Streik war ein kleiner Erfolg. Den Arbeitern wurde zumindest gestattet, sich eine Heizung zu bauen, und außerdem bekamen sie täglich eine Butterstulle. Hans Schmitz flog darauf hin allerdings bei der IG Metall raus, und der Boss der Firma sagte ihm eine nur kurze Zukunft bei ihm voraus. Hans blieb bis zur Rente. Und auch als Rentner blieb Hans Schmitz, der seit Ende des Weltkriegs in Düsseldorf lebte, weiter aktiv. Im März 2007 verstarb er im Alter von 92 Jahren.

Arbeiterbewegung und Arbeiterklasse in Deutschland

Von der frühen Weimarer Republik bis zur Nachkriegszeit

(Zur Vorgeschichte siehe Chronologie in Kapitel 2)

1921: Große Streikwelle im Öffentlichen Dienst, im Metall- und Baubereich. Die mitteldeutschen Kämpfe, aus KPD-Perspektive auch »Märzaktion« genannt, werden militärisch niedergeschlagen.

1922: 800.000 Eisenbahner im Streik. Die Inflation nimmt dramatische Züge an. Mitgliederhöchststand des Allgemeinen Deutschen Gewerkschaftsbundes (ADGB): ca. 7,9 Mio.

1923: Unruhen im ganzen Reich; die Reichsregierung geht gegen linke Länderregierungen in Sachsen und Thüringen vor. Die Inflation vernichtet sämtliche Geldmittel. Französische Truppen schießen auf streikende Krupp-Arbeiter (»Essener Blutbad«). Aufstände in Mülheim und anderen Städten sowie weitere Massenstreiks. Die FAUD erreicht mit knapp 150.000 Mitgliedern ihren Höchststand.

1924: Stärkste Streikbewegung mit insgesamt 36.360.100 Streiktagen. Die Arbeitslosigkeit steigt stark an. Mitgliedertiefststand der KPD (95.000).

1925: Mitgliedertiefststand der SPD (ca. 690.000).

1925-29: Die »Goldenen Jahre« der Weimarer Republik: weniger Arbeitslose und wenig Streiks. Auch die Exportzahlen steigen kurz an, beginnen dann aber wieder zu sinken.

1925-26: Gemeinsame Kampagne von SPD und KPD zur Vermögensenteignung der ehemaligen Fürsten.

1926: Die Mitgliederzahl des ADGB fällt auf ca. 3,9 Mio. In der KPD setzt sich die Theorie vom »Sozialfaschismus« durch, die der SPD als »Hauptstütze der Bourgeoisie« den »Vernichtungskampf« ansagt.

1928: Die Unternehmen der Eisenindustrie sperren in Reaktion auf Lohnforderungen der Gewerkschaften über 200.000 Metallarbeiter aus.

1929: Weltwirtschaftskrise, ausgelöst durch Börsenkrach in den USA. Intensivierung des KPD-Kurses, den »Hauptstoß« gegen die »sozialfaschistische« SPD zu führen.

1930: Die Arbeitslosigkeit steigt auf 2,6 Mio. Wieder vermehrt Streiks und Demonstrationen aufgrund von Lohnkürzungen und wirtschaftlicher Not.

1931: 4,9 Mio. Arbeitslose; Notverordnungen der Regierung Brüning, Lohnkürzungen, Herabsetzung der Leistungen der Arbeitslosenhilfe und Sozialversicherung. Organisierter Widerstand gegen die erstarkenden Nationalsozialisten beginnt sich zu formieren. 6,3 Mio. Arbeitslose im Dezember. Gemeinsame Kampagne der KPD mit der NSDAP gegen die sozialdemokratische Länderregierung Preußens.

1932: Nur noch ein Drittel der Arbeiter sind voll beschäftigt, zwei Drittel sind arbeitslos oder verrichten Kurzarbeit. Mitgliederhöchststand der KPD (360.000). Allmähliche Abwendung der ADGB-Führung von der Sozialdemokratie, Hinwendung zu nationalen Gesichtspunkten. Vorbereitung der FAUD auf den Untergrund angesichts der drohenden Machtübernahme der Nazis. KPD und NSDAP unterstützen gemeinsam den Streik bei den Berliner Verkehrsbetrieben.

1933: Machtübernahme der NSDAP. Die FAUD formiert sich frühzeitig im Untergrund. Die ADGB-Führung dagegen bietet sich Hitler zur Zusammenarbeit an und bekennt sich anlässlich des 1. Mai zum Teil der Volksgemeinschaft, Forderungen der Basis nach entschiedenen Kampfmaßnahmen werden zurückgewiesen. Die nicht exilierten SPD-Abgeordneten versuchen sich in einer Beschwichtigungspolitik gegenüber Hitler. Letztlich Verbot der Arbeiterorganisationen und -parteien, Bekämpfung jeglicher Aktivitäten der Arbeiterbewegung. Gründung der Deutschen Arbeitsfront (DAF) als Einheitsverband der Arbeitnehmer und Arbeitgeber.

1934: Die Betriebsvertrauensratswahlen werden zum Desaster für die Nazis; die Statistiken werden nie öffentlich, derartige Wahlen ab 1935 nicht mehr durchgeführt.

1935: Einführung des »Reichsarbeitsdiensts« (sechsmonatige Dienstpflicht für männliche Jugendliche).

1936: Der Arbeitsplatzwechsel wird in bestimmten Branchen genehmigungspflichtig. Viele verfolgte Gewerkschafter verlassen Deutschland und schließen sich in Spanien den revolutionären Organisationen an. Der aktive offene Widerstand der illegalen KPD blutet aus, die Aktivitäten werden weitestgehend in die Zwangsorganisationen des Reiches verlegt.

1937: Die letzten Widerstandsgruppen der illegalen FAUD werden zerschlagen.

1938: Vollständige Aufhebung der freien Wahl des Arbeitsplatzes.

1943/44: Häftlingsaufstände in verschiedenen Konzentrationslagern.

1945: Schon vor der Kapitulation Bildung von »Antifaschistischen Komitees«. Erste Zusammenschlüsse zu Gewerkschaften, Bildung von Betriebsräten. Erste Streikbewegungen gegen Sonderschichten. Wiederzulassung der KPD in allen Besatzungszonen.

1946: Erste Gewerkschaftskonferenzen finden statt. Der 1. Mai wird in allen Bundesländern zum Feiertag erklärt. Forderungen nach Sozialisierung der Schlüsselindustrien und Banken werden laut. Lebensmittel werden knapp, es kommt zu Protesten, Streiks und »Hungermärschen«. Der Alliierte Kontrollrat erlässt ein Betriebsrätegesetz. SPD und KPD in der sowjetischen Besatzungszone vereinigen sich zur SED.

1947: Gründung der »Bizone«. Vermehrt Hungermärsche im Ruhrgebiet. Streiks in allen Teilen der Westzonen, u.a. zur Durchsetzung von Mitbestimmungsforderungen. Gründung der Föderation Freiheitlicher Sozialisten (FFS) als Nachfolgeorganisation der FAUD.

1948: Größter Streik der Nachkriegsgeschichte: in der britischen Zone legen über 9 Mio. Menschen die Arbeit nieder.

Totgeschwiegene Streikbewegung

In der allgemeinen Geschichtsschreibung werden die umfassenden Streiks und Protestbewegungen in der Bizone während der Nachkriegszeit meist nur am Rande erwähnt. Auch in der Geschichtsschreibung über die Arbeiter- und Gewerkschaftsbewegung, traditionell sozialdemokratisch geprägt und den DGB-Gewerkschaften nahestehend, findet diese Bewegung kaum Beachtung. Selbst Gewerkschaftern, die schon jahrelang Seminare über diesen Geschichtskomplex halten, sind diese Kämpfe und sogar der Generalstreik im November 1948 kaum bekannt. Eine ausführliche, längere Darstellung findet sich zumindest in: FRANK DEPPE u.a., *Geschichte der deutschen Arbeiterbewegung*, Köln 1989, S. 414-48 u. S. 454-67. Diese Veröffentlichung aus dem Verlag Pahl-Rugenstein gilt als »links« und vertritt tendenziell die Positionen der sogenannten »Gewerkschaftslinken«. Noch deutlicher springt die politische Orientierung ins Auge bei GERHARD MANNSCHATZ & JOSEF SEIDER, *Zum Kampf der KPD im Ruhrgebiet für die Einigung der Arbeiterklasse und die Entmachtung der Monopolherren 1945-1947*, Ost-Berlin 1962, insbes. S. 207-36. Die Autoren promovierten mit dieser Arbeit am Institut für Gesellschaftswissenschaften beim ZK der SED. Mehr ist zur Einschätzung dieser Arbeit kaum zu sagen; nichtsdestoweniger liefert sie einige interessante Hintergründe und Informationen. Wesentlich sachdienlicher, auch was die Rolle der KPD angeht, ist die Darstellung der beiden Klassiker zu diesem Thema: UTE SCHMIDT & TILMAN FICHTER, *Der erzwungene Kapitalismus. Klassenkämpfe in den Westzonen 1945-48*, Berlin 1971, S. 18-32 u. S. 40-50; sowie EBERHARD SCHMIDT, *Die verhinderte Neuordnung 1945-1952*, Frankfurt/Köln 1970, S. 53-96 u. S.105-18. Besonders interessant ist aufgrund eines umfassenden Dokumentenanhangs (knapp die Hälfte der 163 Seiten) sowie beigefügter Statistiken und Aufstellungen die Arbeit von CHRISTOPH KLESSMANN & PETER FRIEDEMANN, *Streiks und Hungermärsche im Ruhrgebiet 1946-1948*, Frankfurt 1977. Erwähnt sei an dieser Stelle noch ein kleines, aber interessantes Werk aus dem SOAK-Verlag von PETER KULEMANN, *Die Linke in Westdeutschland nach 1945*, Hannover 1978. Dieses behandelt zwar hauptsächlich die Geschichte der titoistischen Unabhängigen Arbeiterpartei Deutschlands (UAPD), geht aber auch auf die Streiks in der Bizone ein (S. 23-34), wobei es die Rolle der SPD und des DGB, aber auch die der KPD sehr kritisch beleuchtet. (Klaus Weller)

Entnazifizierung und Enteignung

Grundlegend für eine Auseinandersetzung mit der Nachkriegsordnung sind die Bücher von U. SCHMIDT & FICHTER sowie von E. SCHMIDT (siehe beide oben). Beide Werke legen großen Wert auf eine Analyse der Kontinuität in den sozioökonomischen Machtverhältnissen und interpretieren die Wirtschaftsordnung in den Westzonen – jenseits formell-demokratischer Legitimationsapparate – als kapitalistische Rekonstruktion. Für die Bewegung der antifaschistischen Volkskomitees siehe insbesondere ULRICH BORSDORF u.a., *Arbeiterinitiative 1945. Antifaschistische Ausschüsse und Reorganisation der Arbeiterbewegung*, Wuppertal 1976. Für eine interessante Einordnung der Streikbewegung von 1948 siehe neuerdings TOM ADLER, »Gegen falsche Gegensätze«, in: *Express*, Nr. 10-11, 2007, S. 4-7. ADLER findet in diesem Artikel klare Worte: »Der Generalstreik ... *sollte* ... offensichtlich die wachsende Wut kanalisieren und Dampf ablassen, er war damit nicht einmal ein Versuch, die Restauration der kapitalistischen Verhältnisse zu verhindern.« Unverzichtbar für eine Auseinandersetzung mit der Gewerkschaftspolitik der Besatzungsmächte und damit mit der Grundsteinlegung der DGB-Konzeption ist: MICHAEL FICHTER, *Besatzungsmacht und Gewerkschaften. Zur Entwicklung und Anwendung der US-Gewerkschaftspolitik in Deutschland 1944-1948*, Opladen 1982. Die empirisch-fundierte Studie basiert auf zahlreichen Dokumenten der US-Besatzungsmacht und arbeitet gut heraus, wie die integratorische Konzeption der deutschen Einheitsgewerkschaft den Zweck einer sozialpazifistischen (gleichsam apolitischen) und antiradikalen Organisation erfüllen sollte. Für ein besserer Verständnis der Geschichte der deutschen Arbeiterklasse in ihrer Vollständigkeit (d.h. jenseits des gängigen zeitlichen Sprungs von 1933 auf 1945) ist unerlässlich: TIMOTHY W. MASON, *Arbeiterklasse und Volksgemeinschaft. Dokumente und Materialien zur deutschen Arbeiterpolitik 1936-1939*, Opladen 1975. Zur klassenintegratorischen Konzeption im Dritten Reich siehe außerdem EBERHARD HEUEL, *Der umworbene Stand. Die ideologische Integration der Arbeiter im Nationalsozialismus*, Frankfurt a.M. & New York 1989. Zur Entnazifizierungspolitik und nationalsozialistischen Aufarbeitung im »deutsch-deutschen« Vergleich siehe generell JÜRGEN DANYEL (Hg.), *Die geteilte Vergangenheit. Zu Umgang mit Nationalsozialismus und Widerstand in beiden deutschen Staaten*, Berlin 1995. Interessant ist weiterhin eine literarische Auseinandersetzung mit den Nazi-Kontinuitäten in Wirtschaft und Verwaltung von JOHANNES MARIO SIMMEL, *Hurra – wir leben noch!*, München 1978, in der dieser immer wieder, in fast schon parodierender Form, dieses Problem und die plötzliche »innere Genesung« (sprich: Demokratisierung) von Alt-Nazis anspricht. (Holger Marcks)

Der doppelte Schmitz

Der Artikel beruht sowohl auf persönlichen Gesprächen mit Hans Schmitz jun. als auch auf seinem autobiographischen Aufsatz »Umsonst is dat nie«. Dieser wurde zum einen abgedruckt in: FORSCHUNGSGRUPPE WUPPERTALER WIDERSTAND (Hg.), *Se krieje us nit kaputt. Gesichter des Wuppertaler Widerstands*, Essen 1995, S. 71-96, und erschien außerdem als separate Broschüre: HANS SCHMITZ, *Umsonst is dat nie. Widerstand – Ein persönlicher Bericht*, Grafenau 2004. Letztere besticht durch zahlreiche Fotographien aus Hans Schmitz´ Privatbesitz. Zu Hans Schmitz sen. sei besonders auf das Buch von ULRICH KLAN & DIETER NELLES verwiesen, *Es lebt noch eine Flamme. Rheinische Anarcho-Syndikalisten/-innen in der Weimarer Republik und im Faschismus*, 2. Aufl., Grafenau 1990, S. 76-106. (Rudolf Mühland)

7.
Österreich 1950

»Die Republik ist nicht wehrlos – niemals werden wir uns dem kommunistischen Truppenterror beugen.«

Aus einer ÖVP-Parlamentsrede zum Oktoberstreik

Foto:Streikende Arbeiter greifen einen improvisierten Wasserwerfer der Wiener Polizei an.

Mathias Wittau

Die Gewerkschaft im Nacken

September- und Oktoberstreik in Österreich 1950

Die riesige Streikbewegung, die Österreich im Herbst des Jahres 1950 erfasste, ist aus mehreren Gründen hochinteressant. Einerseits handelt es sich dabei um einen ausgedehnten wilden Streik, gerichtet u.a. gegen die Gewerkschaftsbürokratie und die Sozialdemokratie, die sich bereits der umfassenden Zusammenarbeit mit dem Kapital verschrieben hatten. Andererseits wurde der Streik in einer beispiellosen Medienkampagne zum kommunistischen Putschversuch umgedeutet – ein Mythos der sich zum Teil auch heute noch hält – und somit Streiks an sich, im kollektiven politischen Bewusstsein Österreichs, nachhaltig negativ belegt. Nicht umsonst hat Österreich eines der geringsten Streikaufkommen auf der Welt.

»Die Wirtschaft wie Phoenix aus der Asche stieg ...«

Die bittere Armut der Nachkriegszeit, die die lohnabhängige Bevölkerung am stärksten traf, war in den ersten beiden Jahren geprägt von Schwierigkeiten bei der Versorgung mit allen lebensnotwendigen Dingen. Immer wieder kam es deswegen zu Hungerdemonstrationen und kleineren Aufständen. Als die Wirtschaftsleistung 1947 anzusteigen begann, verständigten sich Gewerkschaften, Regierung und Kapital hinter verschlossenen Türen auf den ersten Lohn-Preis-Pakt. Mit ihm sollten einerseits die Inflation und der Schwarzmarkt unter Kontrolle gebracht und andererseits das notwendige Kapital für Investitionen aufgebracht werden.

Die Idee war derart einfach wie unglaublich. Der Österreichische Gewerkschaftsbund (ÖGB), in dem bis dahin noch keine Wahlen stattgefunden hatten, handelte mit der Wirtschaft aus, dass die Arbeitenden auf Lohnerhöhungen verzichten, damit die Wirtschaft investieren kann. Die Preise jedoch sollten um rund 30 Prozent steigen. Das »Zugeständnis« der Wirtschaft bestand darin, dass die Preiserhöhungen darauf beschränkt bleiben sollten. Die Devise lautete: »Zuerst muss investiert werden, dann kann verteilt werden". Dies bedeutete eine schlichte Umverteilung von den Ärmsten zu denen, die die Wirtschaft und damit den Reichtum ohnehin in der Hand hatten.

Wurde das erste Lohn-Preis-Abkommen 1947 noch relativ widerspruchslos hingenommen, so begann sich in den folgenden Jahren der Unmut zu verstärken. Bereits beim dritten Abkommen, das im Mai 1949 ausgehandelt wurde, kam es dann zu massiven Protesten. Alleine in Wien demonstrierten 100.000 Menschen, in Steyr, einer traditionell sehr klassenbewussten Stadt mit einer Bevölkerung von damals knapp 37.000, gingen 12.000 Menschen auf die Straße.

Diese Entwicklung ist vor dem Hintergrund zu sehen, dass die Bevölkerung tatsächlich vor dem Problem stand, die notwendigen Kalorien zum Leben kaum auftreiben zu können. Zwar war es überall ersichtlich, dass die Wirtschaftsleistung angestiegen war – die Produktion lag im Jahre 1950 schon mit 142 Prozent über dem Vorkriegsstand – und dass die Versorgungsschwierigkeiten der ersten beiden Nachkriegsjahre nicht mehr der Grund für den Hunger sein konnten. Die Lebensmittel wären vorhanden gewesen. Nur lag der Reallohn 1950 weit unter dem Vorkriegsniveau und dementsprechend auch die Kaufkraft. Die Währungsreform vom Dezember 1947, mit der der Schilling auf ein Drittel seines vorherigen Wertes abgewertet wurde, belastete die Menschen bereits sehr stark.

Das vierte Lohn-Preis-Abkommen

Die Einzelheiten des 1950 folgenden vierten Lohn-Preis-Abkommens wurden bewusst an einem Freitag (22. September) bekannt gegeben. Der neuerliche Pakt beinhaltete, dass die Preise für Zucker um 34 Prozent, für Brot um 26 Prozent, für Mehl gar um 64 Prozent und für Verkehrstarife und Strom um 25 Prozent steigen sollten. Demgegenüber sollten die Löhne und Gehälter genauso wie die Pensionen und Renten nur um 10 bis maximal 15 Prozent angehoben werden.

Abermals hatten der ÖGB sowie die Sozialistische Partei Österreichs (SPÖ) ihre Zustimmung zu massiven Verschlechterungen der Lebensbedingungen gegeben. Als Antwort erlebte Österreich die bis heute bedeutsamsten und zugleich heftigsten Streiks in der Zweiten Republik – eine Serie von wilden Streiks, von Beginn an gegen die eigene Gewerkschaft.

Zu den ersten Demonstrationen kam es am Montag, dem 25. September, im sowjetischen Sektor von Wien. Die eigentlichen, umfassenden Streiks begannen jedoch in Oberösterreich (amerikanische Besatzungszone) in den Großbetrieben der Verstaatlichten Österreichischen Industrie (VÖEST). In Donawitz bei der VÖEST sowie in Steyr legten bereits die Nacht- und Frühschichten immer wieder die Arbeit nieder oder fingen gar nicht erst an zu arbeiten. Der Streik breitete sich im Laufe des Tages über alle Großbetriebe bis nach Wien und Vorarlberg aus sowie in alle USIA-Betriebe (Geschäftskette der sowjetischen Besatzung zur Versorgung mit dem Lebensnotwendigsten). Im Laufe des nächsten Tages dürften sich rund 220.000 Arbeiter und Arbeiterinnen, rund 40 Prozent des Industrieproletariats dem wilden Streik angeschlossen haben.

Der ÖGB, der ja den Pakt mitentwickelt und mitgetragen hatte, stellte sich offen gegen seine Mitglieder. Einige der aufrichtigen und schockierten sozialdemokratischen Basisfunktionäre ließen sich in dieser frühen Phase noch von den spontanen Massen mitreißen und unterstützten die Forderungen der Belegschaften. Da jedoch der Großteil der Sozialdemokratie sich gegen Kampfmaßnahmen aussprach, konnte die Kommunistische Partei Österreichs (KPÖ) das Vakuum nutzen. Manche behaupten gar, dass die KPÖ notgedrungen zum »Hauptinitiator der Streiks wurde«. Doch selbst die KPÖ, die den Streik unterstützte und zur Teilnahme aufrief bzw. darauf hingearbeitet hatte, war von der Heftigkeit überrascht.

Überall sahen Betriebsräte und andere Funktionäre sämtlicher Parteien durch die spontanen Aktionen der Massen ihre Macht schwinden. Alle versuchten Einfluss auf die Streikenden auszuüben und den Konflikt in kontrollierbare Bahnen zu lenken.

Für den Dienstag rief die KPÖ zu einer Demonstration in Wien auf. Sie verlor jedoch in ihrer Tageszeitung, der *Volksstimme*, kein Wort darüber, was entweder der absoluten Unvorbereitetheit zu schulden ist, oder ein Indiz dafür ist, dass auch die KPÖ keine zu große unkontrollierbare Masse mobilisieren wollte. Nach unterschiedlichen Quellen kamen zwischen 4.000 (so die Polizeiprotokolle) und 16.000 Menschen um das Bundeskanzleramt zusammen. Dabei kam es zu Zusammenstößen, Wasserwerfereinsätzen und dergleichen. Einige Absperrungen der Polizei wurden überrannt. Vor dem Bundeskanzleramt versuchten die Streikenden eine Abordnung zum Kanzler durchzubringen. Die Situation war derart aufgeladen, dass Innenminister Oskar Helmer (SPÖ) mit der

 US-Besatzung telefonierte und um Unterstützung für die 400 Polizisten im Innenhof des Bundeskanzleramts bat. Die US-Militärs boten auch sogleich an, die Demonstration gewaltsam aufzulösen, was schlussendlich aber vom Wiener Polizeipräsidenten Josef Holaubek (SPÖ) verhindert wurde. Schließlich zog die Demonstration nach einigen scharfen Reden von KPÖ-Abgeordneten ohne weitere Zwischenfälle ab.

In Niederösterreich begannen die Belegschaften am Dienstag, Bahnlinien und Straßen zu blockieren. In Linz wurde das Gebäude der Arbeiterkammer (AK) besetzt und der AK-Präsident zum Rücktritt gezwungen (den er später freilich widerrief). In Ballungsräumen zogen die Lohnabhängigen von Fabrik zu Fabrik, um weitere Personen zum Mitstreiken aufzufordern.

In Wien, Niederösterreich und Oberösterreich waren fast alle Belegschaften im Ausstand. Nur in der Steiermark liefen die Kampfmaßnahmen zunächst zaghaft an. Letztendlich hatten sich insgesamt bis zu 400.000 Menschen an den Streiks, Betriebsbesetzungen oder Demonstrationen beteiligt.

Im Zeichen des Kalten Krieges?

Die USIA-Betriebe, in denen 53.000 Menschen beschäftigt waren, wurden sehr umfassend bestreikt. Jedoch kann keine Rede davon sein, dass die Streikbewegung von dort ihren Ausgang nahm, wie oft behauptet wurde. Die verkürzte Machtlogik und die daraus folgende Propaganda des ÖGB lautete, Streiks in einer Sowjeteinrichtung müssten auch von der Sowjetunion gesteuert sein. Dass das USIA-»Management« mit dem Streik ebenfalls sehr unzufrieden war, ist damals nicht Gegenstand der Debatte gewesen.

Darüber hinaus hatte die Sowjetunion selbst kein Interesse an einer Ausweitung des Kalten Krieges – also in Form eines zusätzlichen Krisenherdes mitten in Europa, was sicherlich die Folge eines Einwirkens auf den Streik gewesen wäre. Der Koreakrieg war bereits voll im Gange, und die UdSSR wollte ein paktfreies Österreich als Riegel gemeinsam mit der Schweiz zwischen der Nordsee und den italienischen Häfen – kein geteiltes wie Deutschland. Zwar existieren durchaus glaubwürdige Berichte über die vereinzelte Beteiligung der Sowjetarmee an den Ereignissen, z.B. aus Wiener Neustadt (einer Industriestadt rund 50 Kilometer südlich von Wien), wo der sowjetische Militärkommandant den massiven Einsatz der Gendarmerie gegen besetzte Fabriken unterband. Jedoch hat die Sowjetarmee nicht bedeutend in die damaligen Ereignisse eingegriffen.

Tatsache ist aber auch, dass in der sowjetischen Zone die KPÖ einfacher agieren konnte und nicht mit so großer Repression rechnen musste wie anderswo. Aus Kärnten ist z.B. bekannt, dass britische Soldaten ganze Belegschaften mit aufgepflanzten Bajonetten an die Arbeit zwangen.

Die SPÖ, der ÖGB, die bürgerlichen Medien und das Kapital arbeiteten mittlerweile, wie nur irgend möglich, gegen den Streik. Darüber hinaus entschloss sich die KPÖ nach einer Sitzung am 26. September, den Streik in Niederösterreich und Wien zu »unterbrechen«. Dies dürfte ihr wohl folgenschwerster Fehler gewesen sein, wie sie Jahre später auch eingestand. Am Dienstagnachmittag begann also auch die KPÖ, unter großer Kraftanstrengung, die Belegschaften zum Weiterarbeiten aufzufordern, und lud für das Wochenende zu einer »Gesamtösterreichischen Betriebsrätekonferenz« nach Wien ein. Der politische Hintergedanke dürfte einerseits eine Rücksichtnahme auf die Interessen der Sowjetunion, andererseits eine taktisch-reformistische Überlegung gewesen sein; was zeigt, dass auch die KPÖ staatstragend agierte.

Das Ende des Septemberstreiks

In Niederösterreich wurde dann tatsächlich am Mittwoch vielerorts wieder gearbeitet, in Wien vermehrt ab Donnerstag. Bei der VOEST in Oberösterreich dagegen wurde bis Freitag durchgehend gestreikt, und in der Steiermark begannen am Mittwoch, dem 27. September, überhaupt erst in größerem Maßstab Kampfmaßnahmen.

In Linz wurde die Demonstration am 28. September von den Betriebsräten zu einer Kundgebung abgeändert. Der kommunistische VÖEST-Betriebsrat Rudolf Kührer schrieb dazu nach einer Betriebsratssitzung: »Unter dem Eindruck der allgemeinen Kampfentschlossenheit der Arbeiter und Angestellten kam es zu folgenden Beschlüssen: 1. Es wird weiter gestreikt. 2. Es wird nicht marschiert, damit es zu keinen wilden Aktionen kommt.«

Zu besagter Betriebsrätekonferenz im Lokomotivwerk in Wien-Floridsdorf erschienen, vermutlich wegen der Anti-Streikpropaganda, nur 2.417 von rund 35.000 Betriebsräten. Die SPÖ z.B. versuchte, gewählte Delegierte bereits auf den Bahnhöfen aufzuhalten und von der Teilnahme abzubringen. Auf der Konferenz waren dennoch Delegierte aus allen wesentlichen Industriezentren. Die Konferenz formulierte ein Ultimatum zur Zurücknahme des vierten Lohn-Preis-Abkommens an die Regierung, bei dessen Nichterfüllung ein Generalstreik ab dem 4. Oktober begonnen werden sollte. Der große Fehler bestand jedoch darin, dass die reale Kampfkraft falsch eingeschätzt wurde. Die Vorstellung, man könne Menschen, die drei Tage zuvor zurück an die Arbeit gedrängt wurden, neuerlich problemlos mobilisieren, war eine fatale Fehlanalyse.

Medienkampagne Putschversuch

Am Wochenende begann die Regierung gemeinsam mit dem ÖGB, die Lüge vom »kommunistischen Putschversuch« zu forcieren – eine Idee des sozialistischen Innenministers Helmer. Mit exorbitantem Aufwand wurde allerorts vor der Errichtung einer »Österreichischen Volksdemokratie« gewarnt. Mit den Unglaublichkeiten, die über Medien, Parteiwandzeitungen und dergleichen verbreitet wurden, wurde die Angst vor dem Kalten Krieg voll ausgenutzt. Ein verständliches Anliegen der Arbeiterklasse wurde so zu einer »bedrohlichen Situation« gemacht und der Streik erfolgreich zum kommunistischen Putschversuch umgedeutet. Wie boulevardesk die zugehörige Medienkampagne geführt wurde, wird klar, wenn man sich Zeitungen der damaligen Zeit durchliest oder sich Abgeordnete der Österreichischen Volkspartei (ÖVP) anhört, die im Parlament mit überschlagender Stimme ins Mikrofon schreien: »die Republik ist nicht wehrlos – niemals werden wir uns dem kommunistischen Truppenterror beugen«. Zu viele Menschen glaubten diese Propaganda.

Der Oktoberstreik

Auf die Forderungen der Streikenden wurde generell nicht im geringsten eingegangen. Die Staatsgewalt nutzte die Streikunterbrechung, um sich zu konsolidieren. Etliche Fabriken wurden Anfang Oktober von Gendarmerie oder Polizei besetzt. ÖGB und SPÖ übten massiven Druck auf sozialistische Betriebsräte und Gewerkschafter aus. Dutzende kommunistische Vertrauensleute und Betriebsräte wurden verhaftet.

Als am 4. Oktober der Streik neuerlich begann, streikten »nur« noch rund 120.000 Menschen – darunter nun tatsächlich sehr viele Kommunisten und Kommunistinnen. Anarchistische Beteiligungen am Streik sind lediglich in einem Polizeiprotokoll dokumentiert. Nur zwei Anmerkungen in weiteren Texten aus dieser Zeit berichten von libertärer Teilnahme.

In Wien wurden am 4. und 5. Oktober noch Barrikaden gebaut, und es wurde versucht, den Verkehr zum Erliegen zu bringen. Aus jenen Tagen stammen auch die berühmten Fotos mit Schutthaufen auf den Straßenbahnweichen.

Was dann jedoch einsetzte, war ein unglaublicher Angriff gegen die Streikbewegung. Polizei und Gendarmerie gingen in jenen Gegenden, in denen sie die Produktionsbetriebe nicht schon im Vorfeld besetzt hatten, mit Gewalt gegen die Streikenden vor. Mancherorts wurden Menschen mit Bajonetten von der österreichischen Staatsgewalt an die Fließbänder gezwungen. In anderen Fabriken wurden die Belegschaften mit Waffengewalt ausgesperrt. Es wurden sogar private Prügeltrupps aufgestellt, um die Streikposten zu entfernen. Die US-Armee lieferte bereits am Wochenende bereitwillig Bajonette und Tränengas.

Besonders infam war der damalige Vorsitzende der Bau-Holz-Gewerkschaft und SPÖ-Rechtsaußen Franz Olah. Er stellte eine Truppe von 2.000 mit Holzstangen bewaffneten Gewerkschaftsmitgliedern zusammen, die mit LKW ausgestattet wurden und bei den streikenden Betrieben und den Barrikaden in Wien Streikposten davonknüppelten. Dies konnte er perfekt als selbstlosen Einsatz der Gewerkschaft gegen den kommunistischen Putschversuch verkaufen. Olah gab später einmal zu, dass es ihm persönlich darum ging, den Einfluss der KPÖ im ÖGB zu unterbinden.

In Anbetracht dieser Angriffe von unterschiedlichsten Seiten und extremer Repression empfahl die Streikexekutive der Gesamtösterreichischen Betriebsrätekonferenz am Freitag, dem 6. Oktober, den Streik abzubrechen. Am darauf folgenden Montag wurde nirgends mehr gestreikt.

Die Auswirkungen

Das vierte Lohn-Preis-Abkommen wurde nicht zurückgenommen. Dennoch blieben die Preiserhöhungen in den ersten Monaten nach dem Streik recht moderat, was zumindest einen kleinen Teilerfolg der Streikbewegung darstellen dürfte. Das fünfte und letzte Lohn-Preis-Abkommen fiel dann auch nicht mehr allzu gravierend aus und wurde von der Regierung medial besser verkauft, um neuerliche Streiks zu verhindern.

In der Folgezeit des Streiks wurden neben diversen Maßregelungen rund tausend exponierte Kollegen und Kolleginnen direkt gefeuert. Außerdem wurden im ÖGB 85 KP-Funktionäre entfernt. Olah verfügte gar, dass bei der Bau-Holz-Gewerkschaft »keine Kommunisten irgendwelche Funktionen bekleiden dürfen«. Die Sozialpartnerschaft, die endgültig Mitte/Ende der 1960er Jahre institutionalisiert wurde, hat u.a. in der Niederschlagung dieses Streiks ihre Wurzeln. Eine weitere langfristige Folge ist jedenfalls der Niedergang des Klassenbewusstseins, da es der Regierung und dem ÖGB erfolgreich gelang, Kampfmaßnahmen in eine Bedrohung für die Arbeiterklasse selbst umzudefinieren, was im »kollektiven Bewusstsein« österreichischer Arbeiter und Arbeiterinnen bis heute verankert zu sein scheint. Die keynesianische Wirtschaftspolitik und das ab 1953 einsetzende sogenannte »Wirtschaftswunder« taten ihr Übriges dazu, dass große Teile der Arbeiterschaft sich nicht in Klassen, sondern in Schichten verorteten, aus denen man – so man sich nur genug anstrengt – aufsteigen kann.

Ein weiteres Mal hatte sich gezeigt, dass die Lohnabhängigen mit dem Vertrauen auf Vertretungsstrukturen und Funktionäre lediglich zum Spielball von Macht- und Parteiinteressen werden. Da es keine adäquate Antwort des Proletariats auf den

Klassenverrat des ÖGB gab, konnte dieser seine Macht festigen, obwohl er sich immer weiter von den Interessen seiner Mitglieder entfernte.

Mathias Wittau

Gegen Kapital, Faschismus und Reaktion?

Austrofaschismus, Sozialdemokratie und Nachkriegspolitik in Österreich

Um den Ausbruch der Streiks im September und Oktober 1950 verstehen zu können, muss die Entwicklung und Vorgeschichte der Arbeiterbewegung in Österreich ebenso betrachtet werden. Neben dem Austromarxismus – also der sozialdemokratischen Doktrin von 1918, die Revolution von der Erreichung der absoluten Parlamentsmehrheit abhängig zu machen – ist die Errichtung des faschistischen Systems im Jahr 1933 von Interesse. Das Fehlen von Klassenkampforganisationen, die für die Arbeiterklasse eine ernsthafte Perspektive dargestellt hätten, hat somit eine bemerkenswerte Kontinuität in Österreich. Einen weiteren Höhepunkt dieser Entwicklung war die Umsetzung des Korporatismus, eines eigentlich faschistischen Konzeptes, dass dann im Nachkriegsösterreich unter dem Namen Sozialpartnerschaft zu »Weltruhm« gelangte. Im von den Alliierten zwischen 1945 und 1955 besetzten Österreich begaben sich die Interessenvertretungen freiwillig in ein gegenseitiges Abhängigkeitsverhältnis mit dem Staat, das seither durch Aushandlungsmechanismen geprägt ist. Eine Wahrung des Klasseninteresses des Proletariats fand in den von oben gegründeten Organisationen wie dem Österreichischen Gewerkschaftsbund (ÖGB) oder der Sozialistischen Partei Österreichs (SPÖ) niemals statt. Mehr noch, der Staat konnte jegliche Arbeiterautonomie unterbinden und berechtigte Forderungen der Lohnabhängigen kanalisieren. Daher musste es zwangsläufig zu einem Aufbegehren gegen die »eigenen« Organisationen kommen, wie wir beim Oktoberstreik 1950 eindrucksvoll gesehen haben.

Faschismus und Niedergang der Arbeiterbewegung

Besondere Beachtung verdient die austrofaschistische Machtergreifung im Jahre 1933. Noch bevor es 1938 zum Nationalsozialismus und dem Anschluss Österreichs an das Dritte Reich kam, konnten die Christlichsozialen unter Engelbert Dollfuß einen faschistischen Ständestaat errichten. Das Parlament und der Verfassungsgerichtshof waren ausgeschaltet.

Die Gewerkschaften waren bereits 1933 verboten worden, ebenso wie die Kommunistische Partei (KPÖ) und die spärlichen libertären Organisationen. Eine umfassende Verhaftungswelle traf zu dieser Zeit die antifaschistischen Kräfte. So kam es am 12. Februar 1934 zur offenen bewaffneten Konfrontation in der Qualität eines Bürgerkrieges, in der die faschistischen Heimwehren gemeinsam mit dem staatlichen Bundesheer siegreich gegen den sozialdemokratischen Schutzbund waren. Bei den Kämpfen bis zum 15. Februar starben rund 1.600 Menschen. Dieses letzte Aufbäumen der Arbeiterklasse gegen den österreichischen Faschismus konnte, begünstigt durch Verfehlungen der Sozialdemokratischen Arbeiterpartei (SDAP) sowie die Nichtumsetzung des geplanten Generalstreiks, von christlichsozialer Seite niedergeschlagen werden. In der Folge wurde auch die SDAP verboten. Bis zum Anschluss 1938 herrschte in Österreich die »Vaterländische Front«, zu deren Hauptstützen die katholische Kirche gehörte.

Das austrofaschistische Regime hatte jedoch auch gegen die NSDAP zu kämpfen. Dollfuß selbst wurde bei einem nationalsozialistischen Putschversuch im Juni 1934 ermordet. Der Austrofaschismus agierte von Anfang an im Spannungsfeld zwischen dem faschistischen Italien Mussolinis und Nazideutschland. Dem anfänglichen Versuch, dem großdeutschen Nationalsozialismus eine Österreich-patriotische, faschistische Identität (als »zweite deutsche Nation«) entgegenzusetzen, folgte, nach massivem Druck Nazideutschlands, eine Amnestie der rund 17.000 inhaftierten NSDAP-Mitglieder und die Aufnahme von Nationalsozialisten in das austrofaschistische Regierungskabinett – als Umsetzung des sogenannten Juliabkommens mit Hitler. Entgegen aller Beteuerungen von christlichsozialer Seite hatte diese Politik des sogenannten »deutschen Weges« die Entwicklung zum NS-Großdeutschland stark mitgeprägt. Der Anschluss des Staates Österreich an Nazideutschland selbst erfolgte dann ohne Gegenwehr und unter Ausschlagung von gemeinsamen Verteidigungsangeboten der illegalen Sozialdemokratie.

Nach dem Anschluss wurden vor allem die jüdische Bevölkerung in Konzentrationslager deportiert. 65.000 Juden und Jüdinnen kamen ums Leben. Die GESTAPO konnte bereits am 12. März eine Liste von Personen mit sozialistischem, kommunistischem und anarchistischem Hintergrund übernehmen, die sie als politische Häftlinge vor allem im KZ Dachau internierten. Auch austrofaschistische Politiker der Ersten Republik wurden in Konzentrationslagern gefangen gehalten – wenn auch vermehrt als stark begünstigte »Sonderhäftlinge«.

Die Mär vom ersten Opfer

Die Moskauer Deklaration, die aufgrund von geostrategischen Interessen der Sowjetunion die vollständige »Befreiung« und Wiedererrichtung von Österreich zu einem alliierten Ziel erklärte, begünstigte, dass niemals eine Aufarbeitung des Bürgerkrieges und der Unterdrückung der Arbeiterbewegung stattfand. Alle griffen bereitwillig die Idee des »ersten Opfers« Österreich auf. Weder der jahrelange großdeutsche Kurs der Sozialdemokratie und anderer, noch die in Österreich sehr starke nationalsozialistische Bewegung oder die austrofaschistische Diktatur waren nach dem Zweiten Weltkrieg jemals wirklich ein Thema.

Zwar erklärte die im April 1945 neugegründete Österreichische Volkspartei (ÖVP), dass sie nicht in der Tradition des Ständestaates stehe, mit Gründungsmitgliedern wie Leopold Figl (Ostmärkische Sturmscharen) oder Julius Raab (ehemaliger Führer der niederösterreichischen Heimwehr) war die personelle Kontinuität jedoch gegeben. In der ersten Konzentrationsregierung, die sich 1945 mit KPÖ, ÖVP und SPÖ unter Duldung der Sowjetunion ernannte, waren somit direkt verantwortliche Arbeitermörder wieder an der Macht. Im ÖVP-Parlamentsklub hängt noch heute – 2007 – ein Bild von Engelbert Dollfuß, jenem österreichischen Führer, der 1933 geputscht und das Parlament ausgeschaltet hatte.

Die Sozialdemokratische Arbeiterpartei (SDAP) gab sich bei ihrer Neugründung im Jahr 1945 den Namen »Sozialistische Partei Österreichs« (SPÖ). Die letzten »revolutionären Sozialisten« (die die SPÖ mit aufbauten) wurden Ende der 1940er Jahre aus der SPÖ entfernt. (Im Jahre 1990 wurde der Parteiname wiederum in »Sozialdemokratische Partei Österreichs« umgeändert.). Diese Abkehr der Sozialdemokratie von sozia-

listischen Werten setzte bereits viel früher, und verstärkt 1934 ein, was zur Folge hatte,
dass vermehrt antikapitalistische Kräfte aus der SDAP sich der damals illegalen KPÖ anschlossen. Die KPÖ war es denn auch, die während der Naziherrschaft die Hauptlast des bewaffneten Widerstandes trug. In dieser Zeit, seit Mitte der 1930er Jahre, fuhr die KPÖ einen patriotischen Kurs, der die Zusammenarbeit mit »aufrechten« Österreichern und Österreicherinnen ebenso beinhaltete wie auch mit der Sozialdemokratie und katholischen Zusammenhängen. Die Sozialdemokratie selbst spielte dagegen im Widerstand gegen die NS-Herrschaft nur eine sehr kleine Rolle. Und auch die nach der Befreiung aktiven Sozialdemokraten waren meist sehr gemäßigte Kräfte.

Geht´s der Wirtschaft gut ...

Die Situation im von der Roten Armee befreiten Ostösterreich (Wien als Hauptstadt wurde später im Herbst 1945, wie Berlin, ebenfalls in mehrere Besatzungssektoren unterteilt), war von Beginn an von der starken Zusammenarbeit der SPÖ mit der ÖVP geprägt – noch während in anderen Teilen Österreichs gekämpft wurde. In der Übergangsregierung war die SPÖ mit zehn Regierungssitzen vertreten, die ÖVP mit neun. Zwar war von April bis November 1945 die KPÖ mit sieben Sitzen ebenfalls in der Regierung. Nach der ersten Wahl war die KPÖ jedoch nur noch mit einem Ministerposten (bei einem Wahlergebnis von 5,4 Prozent) in der Konzentrationsregierung von Leopold Figl (ÖVP) vertreten, der mit 49,8 Prozent die absolute Mandatsmehrheit im Parlament hatte und eigentlich nicht auf eine Koalition angewiesen gewesen wäre. Vom Beginn der Zweiten Republik an gab es keine relevanten antikapitalistischen Kräfte. Mehr noch, die Sozialdemokratie paktierte offen und gegen die Interessen des Proletariats mit jenen Kräften, die elf Jahre zuvor die Sozialdemokratie selbst verboten.

Auch der ÖGB, der am 15. April 1945 mit Fraktionen der SPÖ, ÖVP und KPÖ von oben gegründet wurde, sollte von Anfang an eine »demokratische Interessenvertretung österreichischer Arbeitnehmer mit freiwilliger Mitgliedschaft, als überparteilicher Verein« sein. An revolutionäre Gewerkschaften war zum Leidwesen der Arbeiter und Arbeiterinnen nicht zu denken. An den reformistischen gewerkschaftlichen Kurs der Ersten Republik wurde auf ganzer Linie angeschlossen.

Die Politik der nächsten Jahre war bestimmt vom Proporz und einer Zusammenarbeit, die auf den Weg zur Sozialpartnerschaft führen sollte. Die Gewerkschaftsführer und die SPÖ teilten sich die Macht in Absprache mit der ÖVP und dem Kapital. Karl Altmann, das letzte Regierungsmitglied der KPÖ, trat im Jahre 1947, im Zuge der Auseinandersetzungen um den ERP-Fonds (Marschallplan) von seinem Posten als Energieminister zurück, weil er den »kapitalistischen Wiederaufbau auf Kosten der Arbeiterklasse« ablehnte.

Hinzu kam, dass ab Kriegsende sowohl die ÖVP als auch verstärkt die SPÖ in den Reihen der ehemaligen Nationalsozialisten für Parteieintritte warben. Ehemalige NSDAP-Mitglieder, die sich bereit erklärten, einer der beiden Parteien beizutreten, wurden als sogenannte »Minderbelastete« betrachtet. Der offensichtlichste Beleg für den rechten Rand in der SPÖ und das permanente Buhlen um NSDAP-Mitglieder war wohl der spätere Wahlkampf 1957. Der SPÖ-Politiker Adolf Schärf ließ damals den Slogan plakatieren: »Wer einmal schon für Adolf war, wählt Adolf auch in diesem Jahr.« Das alte Logo der Sozialdemokratie jedoch – die drei Pfeile im Kreis – sollte allerdings noch einige Dekaden in Gebrauch sein. Die Pfeile standen dabei ursprünglich »gegen Kapital, Faschismus und Reaktion«.

Matthias Seiffert

Das Bluthunderl

Der österreichische Gewerkschaftsfunktionär und Sozialdemokrat Franz Olah

Es ist mitunter schon verwirrend, welchen Eindruck Protagonisten der Sozialdemokratie hinterlassen, und nicht zuletzt, bei wem. Während die damalige österreichische Rechtsaußenregierung aus ÖVP und BZÖ Franz Olah 2005 den höchsten Orden der Republik (»Großes Goldenes Ehrenzeichen mit Stern«) verliehen ließ, zieht so manch gestandener Arbeiteraktivist bei seinem Namen ein Gesicht, als hätte er in eine Zitrone gebissen. Olah kann damit sehr gut leben, und schämte sich nie der zahlreichen Anerkennungen von bürgerlicher und konservativer Seite. Denn schließlich besteht sein historisches Verdienst ja auch nicht in Fortschritten für Arbeiterschaft und Gewerkschaften, sondern im Niederringen der größten Streikbewegung der österreichischen Nachkriegsgeschichte.

Franz Olah wurde 1910 in Wien geboren, lernte Klaviermacher und trat mit 16 Jahren der den Sozialdemokraten nahestehenden Sozialistischen Arbeiterjugend (SAJ) bei. Für ihn bedeutete dies den Startschuss einer mustergültigen Karriere als sozialdemokratischer Berufsfunktionär. In den folgenden Jahren stieg er rasch in der Parteihierarchie auf und bewährte sich dabei vor allem als Organisator, der eher im Hintergrund wirkte.

Die Ereignisse rund um den Arbeiteraufstand vom Februar 1934 müssen tiefe Spuren bei Olah hinterlassen haben. Obwohl sich die Sozialdemokratische Arbeiterpartei (SDAP) um einen friedlichen Ausgleich mit den ein Jahr zuvor an die Macht gelangten Austrofaschisten bemühte, kam es zu blutigen Kämpfen. Vergeblich versuchten die sozialdemokratischen Führer, ihre Basis zurückzupfeifen. Als der Republikanische Schutzbund, die 80.000 Mann starke Kampfabteilung der SDAP, verboten und entwaffnet werden sollte, setzten sich die Arbeiter und Arbeiterinnen in den Industriezentren zur Wehr. Die Basis des Schutzbundes blieb auf sich allein gestellt und konnte sich ohne die übergeordneten Strukturen des sozialdemokratischen Apparates, der sich ihnen größtenteils verweigerte, nicht flächendeckend koordinieren. Auch verhinderte die SDAP-Führung die Herausgabe von Waffen, wo sie es konnte.

Die Rebellion scheiterte, und nicht nur der Schutzbund, sondern sämtliche sozialdemokratische Organisationen wurden verboten, zahlreiche Funktionäre interniert, so auch Franz Olah. Die Parteiführung floh ins Exil, die Partei ging in den Untergrund. Schuld an diesem Fiasko trug, daran hegte man unter den Parteichefs keinen Zweifel, die ungeduldige Basis, die man nicht fest genug im Griff gehalten hatte.

Olah war in den darauf folgenden Jahren für die Revolutionären Sozialisten (RS) tätig, der illegalen Nachfolgerin der SDAP in Österreich, die als straffe Kaderpartei organisiert war. Dem irreführend kämpferischen Namen zum Trotz diente sie vor allem dazu, die sozialdemokratische Dominanz über die österreichische Arbeiterschaft aufrecht zu erhalten und den Einfluss der Kommunisten zurückzudrängen. Olahs hauptsächliches Aufgabengebiet in dieser Phase waren die Gewerkschaften. Mit dem Anschluss Österreichs an Deutschland 1938 wurde Olah ins KZ Dachau deportiert. Ein Jahr vor Kriegsende nach Buchenwald verlegt, kam er erst 1945 wieder frei.

Von 1945 bis 1948 war Olah Abgeordneter der als Sozialistische Partei Österreichs (SPÖ) wiedergegründeten Sozialdemokratie in Wien, ab 1949 Vorsitzender der Bau- und Holzgewerkschaft. In dieser Funktion wirkte er auf ganz eigene Weise während des Oktoberstreiks von 1950. Mit aller Vehemenz wetterte er gegen die Streikbewegung und gehörte zu den maßgeblichen Personen, die die Legende vom kommunistischen Putschversuch in die Welt setzten. Die Erinnerungen an 1934 dürften dabei keine unerhebliche Rolle gespielt haben. Nicht noch einmal sollte die Arbeiterschaft der Kontrolle der Sozialdemokratie entgleiten.

Olah stellte eine eigene Truppe von etwa 2.000 Schlägern zusammen, die Streikposten überfielen und verprügelten und Streikwillige einschüchterten. Nach diesem Vorbild wurden in den meisten von sozialdemokratischen Gewerkschaften dominierten Betrieben gewalttätige Streikbrechertrupps aufgestellt. Zumindest in den westlichen Besatzungszonen konnten diese von Polizei und Gendarmerie ungehindert operieren und hatten einen wesentlichen Anteil an der Zerschlagung der Bewegung.

Olahs Ansehen schadete das kaum. Im Gegenteil: die Putschlegende wurde von bürgerlichen Parteien, Medien, Kirche, SPÖ und Gewerkschaften dermaßen einhellig vertreten und wiedergekäut, dass sie bald jeder glaubte. Er wurde schließlich 1959 Präsident des Österreichischen Gewerkschaftsbundes (ÖGB), blieb daneben aber auch für die SPÖ aktiv. Vor allem avancierte er zur entscheidenden Schnittstelle zwischen sozialdemokratischer Arbeiterschaft und Kapital. Das geheime Raab-Olah-Abkommen von 1961 legte den Grundstein für die Sozialpartnerschaft in Österreich.

Auch in anderen Bereichen agierte Olah lieber geheim. Ende der 1950er, Anfang der 1960er Jahre zweigte er erhebliche Summen von Gewerkschaftsgeldern ab, um damit die beiden Tageszeitungen *Krone* und *Express* ins Leben zu rufen. Beide sollten für eine SPÖ-freundliche Presse sorgen (die *Kronenzeitung* ist heute das auflagenstärkste Boulevardblatt des Landes).

Den Höhepunkt erreichte Olahs Karriere 1963 mit dem Amt des österreichischen Innenministers. Kurz darauf fiel er jedoch in Ungnade. Anlass war ein weiterer tiefer Griff in die Gewerkschaftskasse, diesmal zugunsten der Freiheitlichen Partei Österreichs (FPÖ), die Olah damit für eine Koalition gewinnen wollte. Als das aufflog, war Olah nicht mehr tragbar. Bereits 1964 wurde er mit Schimpf und Schande aus der Partei gejagt und 1969 wegen der Veruntreuung von Gewerkschaftsgeldern zu einem Jahr Gefängnis verurteilt.

Olah versuchte es hernach noch einmal mit einer von ihm selbst gegründeten Partei zurück aufs politische Parkett, doch seine Demokratische Fortschrittliche Partei (DFP) hatte nur lokal mäßigen Erfolg. Seitdem führt Olah ein ruhiges Leben, das nur hin und wieder von Ehrungen bezüglich seiner Verdienste um Österreich unterbrochen wird. Dabei pflegen Olah und die Seinen die Putschlegende unermüdlich weiter. In einer Gedenkschrift von 2000 erklärt uns etwa die österreichische Eisenbahnergewerkschaft, Franz Olah sei 1950 »mit seinen Leuten kommunistischen Rollkommandos« entgegengetreten. Und 1990 erklärte Olah in einem Interview, der Oktoberstreik sei ein politischer Streik gewesen, und »ein politischer Streik ist immer ein Putschversuch«. Seine historische Rolle beurteilt er mit jener wienerischen Nonchalance, die keine falsche Bescheidenheit kennt: »Die Russen haben [1950] gesehen: In Österreich ist nichts zu holen, außer mit äußerster Gewalt.«

Arbeiterbewegung und Staat in Österreich

Vom Ersten Weltkrieg bis zur Sozialpartnerschaft

1918: Ende des Ersten Weltkriegs; Auflösung Österreich-Ungarns. Die Provisorische Nationalversammlung Deutsch-Österreichs beschließt unter Beteiligung der Sozialdemokratie den Anschluss an Deutschland. Gründung der Kommunistischen Partei Österreichs (KPÖ). In den Industriezentren bilden sich Räte, die kommunistische Rote Garde scheitert mit einem Putschversuch; dem folgt der rasche Niedergang der Rätebewegung. Die provisorische Armee »Volksheer« wird von sozialdemokratischen und kommunistischen Soldaten dominiert. Im Gegenzug entstehen überall im Land reaktionäre »Heimwehren«.

1919: Im Friedensvertrag von Saint-Germain wird Österreich die Vereinigung mit Deutschland verboten und zu Reparationszahlungen verpflichtet. Das Bundesheer wird auf 30.000 Mann beschränkt, eine Wehrpflicht wird untersagt. Aus den Wahlen zur konstituierenden Nationalversammlung geht die Sozialdemokratische Arbeiterpartei (SDAP) als stärkste Kraft hervor; der Sozialdemokrat Karl Renner leitet als Staatskanzler die provisorische Regierung. Gesetzliche Abschaffung von Monarchie und Adel.

1920: Inkrafttreten der neuen Verfassung und Beginn der Republik Österreich. Aufgrund von Reparationsschulden und Verlust wichtiger Agrar- und Industriegebiete an Nachbarstaaten kommt es zu einer schweren Wirtschaftskrise und einer Hyperinflation. Die Nationalratswahlen gewinnen die bürgerlichen Christsozialen (CS; ursprüngliche Eigenbezeichnung: »Die Antisemiten«), die eine Minderheitsregierung stellen. Auflösung des Volksheers und Gründung des Bundesheers. Arbeiterkammern per Gesetz gegründet.

1923: Die CS-Regierung wird bei den Nationalratswahlen bestätigt.

1924: Gründung des Republikanischen Schutzbundes als paramilitärischer Organisation der SDAP; er speist sich zum Großteil aus ehem. Angehörigen der früheren österreichungarischen Truppen und des Volksheers.

1925: Mit der Währungsreform (Schilling statt Krone, Deflationspolitik) wird die Inflation abgebremst, das soziale Gefälle vergrößert sich jedoch.

1926: Die SDAP bekennt sich zu Marxismus und Demokratie (Austromarxismus) und bestimmt den Schutzbund als Instrument zur Abwehr von Faschismus und Reaktion.

1927: Absolute Mehrheit für das Wahlbündnis aus CS und Deutschnationalen im Nationalrat. Arbeiterproteste gipfeln im Wiener Justizpalastbrand; 89 Demonstranten werden von der Polizei getötet, hunderte verletzt.

1928/29: Der Schutzbund ist mit 80.000 Mann die stärkste militärische Macht im Land.

1930: Unklare Mehrheitsverhältnisse nach den Nationalratswahlen, die CS stellen jedoch weiter den Kanzler. Im Kroneuburger Eid schwören sich die Heimwehrmitglieder gegen die Demokratie ein und erklären, die Macht ergreifen zu wollen.

1932: Engelbert Dollfuß (CS) wird Bundeskanzler. Höchststand der Arbeitslosigkeit (26%).

1933: Kanzler Dollfuß nutzt eine Parlamentskrise zum Staatsstreich. Errichtung einer Diktatur (Austrofaschismus), Einführung der Zensur und Ausschaltung der Opposition. Zusammenschluss von CS, Heimwehr und deutschnationalem Landbund zur Einheitspartei Vaterländische Front (VF). Schutzbund, KPÖ und NSDAP werden verboten, Versammlungs- und Demonstrationsverbot, Aussetzung aller Wahlen. Unterstützung des Regimes durch Katholische Kirche und Mussolini. Einführung eines korporatistischen Ständestaates.

1934: Der vom Schutzbund ausgelöste Februaraufstand, an dem sich auch viele Kommunisten beteiligen, endet im Fiasko. Alle sozialdemokratischen Organisationen und Gewerkschaften werden verboten. An Stelle der SDAP gehen die Revolutionären Sozialisten (RS) in den Untergrund. Starker Mitgliederzuwachs für die (illegale) KPÖ. Bei einem Putschversuch der Nationalsozialisten kommt Dollfuß ums Leben; Kurt Schuschnigg (VF) wird neuer Kanzler.

1936: Im Zuge des Juliabkommens mit Deutschland werden die Nationalsozialisten in die VF und den Ständestaat integriert.

1938: Weitere Zugeständnisse an Deutschland und Nationalsozialisten im Berchtesgadener Abkommen. Einen Tag vor einer anberaumten Volksabstimmung über die Unabhängigkeit marschieren deutsche Truppen in Österreich ein; der Nationalsozialist Seyß-Inquart übernimmt die Regierung. Zehntausende feiern Hitler auf dem Heldenplatz in Wien. Bei nachgeholten Abstimmungen werben führende Sozialdemokraten für den Anschluss. Österreich wird als »Ostmark« Teil des Deutschen Reiches. Antisemitische Übergriffe und Plünderungen, besonders in Wien. Deportation von 60.000 Menschen in Konzentrationslager.

1939-45: Im Zweiten Weltkrieg sind Österreicher überproportional in leitenden Positionen in SS und Wehrmacht vertreten. Lokal aufflackernder Widerstand, zum Teil auch durch katholischen Klerus, kann sich nicht effizient vernetzen. Sabotageakte v.a. durch Eisenbahn- und Industriearbeiter. Gegen Kriegsende entstehen Partisanengruppen, teilweise durch Jugoslawien unterstützt.

1945: Kriegsende. Österreich wird in alliierte Besatzungszonen aufgeteilt, der Anschluss an Deutschland für nichtig erklärt. Als Nachfolgerin der SDAP wird die Sozialistische Partei Österreichs (SPÖ) gegründet, aus den CS geht die Österreichische Volkspartei (ÖVP) hervor; letztere gewinnt die Nationalratswahlen. Konzentrationsregierung aus allen drei Parlamentsfraktionen einschließlich KPÖ; das letzte Wort jedoch hat der Alliierte Rat, dem jedes beschlossene Gesetz zur Genehmigung vorzulegen ist. Wiederzulassung von Gewerkschaften. Gründung des Österreichischen Gewerkschaftsbundes (ÖGB). Wiederbelebung der Arbeiterkammern.

1947: Betriebsrätegesetz und das Kollektivvertragsgesetz werden verabschiedet. ÖGB hat eine Mio. Mitglieder. Erstes Lohn-Preis-Abkommen.

1948: Zweites Lohn-Preisabkommen beschlossen.

1949: Drittes Lohn-Preisabkommen. Bei den Nationalratswahlen erringt die erstmals angetretene Wahlpartei der Unabhängigen (WdU), ein Sammelbecken ehem. Nationalsozialisten, auf Anhieb fast 12%. SPÖ und ÖVP bemühen sich daraufhin um eine verstärkte Integration ehem. NS-Kader in ihre Reihen. Große Koalition mit Leopold Figl (ÖVP) als Kanzler.

1950: Empörung über das vierte Lohn-Preisabkommen führt zum Oktoberstreik.

1951: Fünftes Lohn-Preisabkommen.

1953: Die Nationalratswahlen bestätigen die große Koalition. Neuer Bundeskanzler wird Julius Raab (ÖVP), der gleichzeitig Chef der Wirtschaftskammer ist.

1955: Mit dem Staatsvertrag erlangt Österreich die volle Souveränität. Abzug der Besatzungsmächte, Österreich verpflichtet sich zur Neutralität. Wirtschaftlicher Aufschwung, annähernde Vollbeschäftigung.

1956: Fortsetzung der großen Koalition unter Raab nach Nationalratswahlen. Umbenennung der WdU in Freiheitliche Partei Österreichs (FPÖ).

1957: Erstmals tritt die »Paritätische Kommission für Lohn und Preisfragen« zusammen, das spätere Organ der Sozialpartnerschaft.

1959: Kaum Veränderungen bei Nationalratswahlen, Raab bleibt Kanzler in der großen Koalition; die KPÖ ist nicht mehr im Parlament vertreten.

1961: Das geheime »Raab-Olah-Abkommen« regelt Details der Sozialpartnerschaft, die bis 1964 endgültig institutionalisiert wird.

Die Gewerkschaft im Nacken

Für eine Auseinandersetzung mit den Streikereignissen von 1950 ist der Putsch-Mythos von besonderer Bedeutung. Beispielhaft für eine Darstellung des Oktoberstreiks als kommunistischer Putschversuch ist eine Publikation von ALFRED MIGSCH, *Anschlag auf Österreich. Ein Tatsachenbericht über den kommunistischen Putschversuch im September-Oktober 1950*, Wien 1950 (hrsgg. vom Zentralsekretariat der SPÖ). Unzählige Gewerkschaften und deren Granden schrieben lange Zeit in diesem Sinne. Eine ernsthaftere Aufarbeitung der Ereignisse fand erst ab Beginn der 1980er statt. Heute – mit dem Abstand, der eine kritischere Analyse möglich macht – gilt es als gesichert, dass es sich ausschließlich um einen Streik, wenn auch einen politischen und ungeahnt heftigen handelte. Als Beispiel für eine Arbeit, die am Anfang einer kritischen wissenschaftlichen Aufarbeitung stand, ist zu nennen die Diplomarbeit von FRIEDRICH WAGNER, *Der Streik vom September/Oktober 1950. Unter besonderer Berücksichtigung der Linzer Ereignisse*, Linz 1982. Als eine Art »Standardwerk« der (sozialdemokratischen) Gewerkschaftsgeschichte gilt: FRITZ KLENNER & BRIGITTE PELLAR, *Die österreichische Gewerkschaftsbewegung. Von den Anfängen bis 1999*, Wien 2000. Dieses Buch, das im ÖGB-Verlag erschienen ist, berichtet vom »Generalstreikversuch« (siehe S. 414-30) und belegt somit, dass selbst der ÖGB die Putschlüge nicht mehr offensiv verbreitet – wenn auch manche Teilgewerkschaften auf deren Webauftritten noch Gegenteiliges verkünden. Interessant ist in diesem Zusammenhang auch ein bemüht objektives Buch des Leiters des Heeresgeschichtlichen Museums in Wien, MANFRIED RAUCHENSTEINER: *Stalinplatz 4. Österreich unter alliierter Besatzung*, Wien 2005. Dieses Buch berichtet auch vom Oktoberstreik (S. 181-91). Obwohl es mit Unterstützung der Wirtschaftskammer entstanden und aus einer (wert-)konservativen Sichtweise geschrieben ist, spricht es ebenfalls nicht von einem Putschversuch. Weitere, sehr gute Beiträge sind in den zahlreichen Veröffentlichungen der kommunistischen ALFRED-KLAHR-GESELLSCHAFT zu finden; siehe www.klahrgesellschaft.at. Einen tieferen Einblick ermöglicht auch eine eigene Broschüre (*Aktuell*, Nr. 14) der KPÖ OBERÖSTERREICH (Hg.)*, Heiße Tage im Herbst. Zur Geschichte des Oktoberstreiks 1950 in Oberösterreich*, Linz 2000. Interessanterweise dokumentiert sie, dass auch die KPÖ versuchte, »wilde Aktionen« weitestgehend zu unterbinden. Besonders lesenswert ist das im Picus Verlag erschienene Buch von MICHAEL LUDWIG u.a.: *Der Oktoberstreik 1950. Ein Wendepunkt der Zweiten Republik*, 2. Aufl., Wien 1998. Das Spannungsfeld innerhalb der Sozialdemokratie wird u.a. durch zwei Ausstellungen deutlich. Zu nennen wäre einerseits die entlehnbare Ausstellung der Arbeiterkammer (AK) Wien: INSTITUT FÜR GEWERKSCHAFTS- UND AK-GESCHICHTE, *Entscheidung im Oktober. Vorgeschichte und Verlauf des Oktoberstreiks 1950*; siehe http://wien.arbeiterkammer.at/www-397-IP-19907.html. Auch die AK kann nicht mehr an der Putschversion festhalten und bewirbt die Ausstellung u.a. folgendermaßen: »Die Ausstellung zeigt ... den von den Kommunisten vereinnahmten Generalstreikversuch gegen die Preis- und Lohnabkommen in Österreich ... Ebenso wird die konsequente und erfolgreiche Abwehr der KP-Aktion durch den ÖGB als eine wesentliche Basis für die Chance auf den Staatsvertrag gezeigt.« Etwas anders gestaltet sich die Ausstellung der (ebenfalls sozialdemokratisch dominierten) Volkshochschule Hietzing über Gewalt und Politik von Michael Krassnitzer: *GegenGewalt – Februar 34ff,* Wien 2004; siehe http://projekte.vhs.at/nachleseHietzing/GegenGewalt. Der Ausstellungsteil mit dem Titel »Der Putsch, der keiner war: Oktoberstreik 1950« beginnt mit den Sätzen: »Geht es nach Schulbüchern und Sonntagsreden, so gab es im Herbst 1950 einen kommunistischen Putschversuch in Österreich. Historiker sind sich heute weitgehend einig, dass es dem nicht so war. Es handelte sich vielmehr um einen kommunistischen Streik, der den Fall des vierten Lohn- und Preisabkommens sowie die Änderung der Machtverhältnisse innerhalb des ... ÖGB zum Ziel hatte.« Des Weiteren existieren zahlreiche bemühte Broschüren und Artikel in Parteizeitungen trotzkistischer Gruppen, bspw. die Broschüre der Sozialistischen Linkspartei (Hg.), *1950 – Der große Oktoberstreik. Putsch oder Aufstand der österreichischen ArbeiterInnen? Die Lehren aus der schmerzlichen Niederlage,* Wien 2000. Dass die damaligen TrotzkistInnen der IKÖ (Internationale Kommunisten Österreichs; die österreichische Sektion der Vierten Internationale) in ihrem Antistalinismus gegen die KPÖ und den Streik an sich polemisierten, da sie sich auf Seiten der Sozialdemokratie wähnten, wird leider in keinem dieser Texte ernsthaft aufgearbeitet. Ein weitere lesenswerte Publikation ist: Gewerkschaftsforum Hannover (Hg.), *Die europäische Gewerkschaftslinke. Organisierung – Kämpfe – Perspektiven,* Hannover 2003. Sie enthält ein Interview mit Karl Fischbacher (Labournet Austria), der den Oktoberstreik treffend in seinen gegenwärtigen Kontext stellt. Nochmals angemerkt sei, dass es immer noch keine Aufarbeitung der Ereignisse von herrschaftsfreier/anarchistischer Seite gibt. Zudem ist eine libertäre Teilnahme nur in einem Polizeiprotokoll und in zwei Nebensätzen völlig anderer Texte überhaupt schriftlich festgehalten. Schlussendlich gibt es auch noch die belletristische Form der Themenbehandlung. Exemplarisch hierfür ist der Roman von Franz Kain, *Am Taubenmarkt*, Weitra & Linz 1991. Für eine ernsthafte Quellenarbeit ist es nötig, die damals erschienenen Tagszeitungen durchzugehen, v.a. jene der Parteien, wie die *Volksstimme* der KPÖ und die *Arbeiterzeitung* (*AZ*) der SPÖ, sowie die Polizeiprotokolle und Sitzungsprotokolle der Gewerkschaften, Parteien, Ministerien, des Nationalrates und diverser weiterer involvierter öffentlicher Stellen durchzuarbeiten. (Mathias Wittau)

Gegen Kapital, Faschismus und Reaktion?

Die österreichische Arbeiterbewegung, der Austrofaschismus und die Nachkriegspolitik in Österreich sind Gegenstand unzähliger Publikationen. Hier können in aller Kürze nur ein paar wenige Werke genannt werden, die als Anhaltspunkte für eine weitergehende Beschäftigung mit der Materie dienlich sind. In Bezug auf den Austromarxismus und somit der faktischen Abkehr der österreichischen Sozialdemokratie von revolutionären Bestrebungen ist zu empfehlen das Buch von Hans Hautmann, *Geschichte der Rätebewegung in Österreich 1918-1924,* Wien & Zürich 1987. Zum Austrofaschismus ist von Interesse: Arnold Reisenberg, *Februar 1934. Hintergründe und Folgen,* Wien 1974 – auch wenn hierin in erster Linie Positionen der KPÖ wiedergegeben werden. Eine weitere empfehlenswerte Publikation zur austrofaschistischen Politik liegt mit dem Buch des Ludwig-Boltzmann-Instituts (Hg.) vor: *Es wird nicht mehr verhandelt. Der 12. Februar 1934 in Oberösterreich*, Linz 1984. Eine neue Aufarbeitung des Austrofaschismus mit bemüht wissenschaftlichem Anspruch sowie Bezug zur Gegenwart bietet Stephan Neuhäuser (Hg.), *Wir werden ganze Arbeit leisten. Der austrofaschistische Staatsstreich 1934 – Neue kritische*

 Texte, Norderstedt 2004. U.a. enthält dieses Buch einen lesenswerten Beitrag von GERHARD SENFT (Pierre Ramus Gesellschaft). Weiterhin von Interesse könnte das populäre Buch von EMMERICH TÁLOS & WOLFGANG NEUGEBAUER sein: *Austrofaschismus. Politik – Ökonomie – Kultur 1933-1938,* 5. Aufl., Wien 2005. Zur Geschichte der SPÖ wäre zu nennen: WOLFGANG MADERTHANER & WOLFGANG MÜLLER, *Die Organisation der österreichischen Sozialdemokratie*, Wien 1996. In Bezug auf den Zweiten Weltkrieg ist ein Buch unbedingt lesenswert: DOKUMENTATIONSARCHIV DES ÖSTERREICHISCHEN WIDERSTANDES, *Österreicher und der Zweite Weltkrieg*, Wien 1989. Besonders die Kapitel »Widerstand und Opposition« (S. 81-93) und »Nach dem Krieg« (S. 145-71) vermitteln differenzierte Hintergründe zu den Problemen der Aufarbeitung. Zur Sozialpartnerschaft an sich ist ERNST WIMMER, *Sozialpartnerschaft aus marxistischer Sicht*, Wien 1979, durchaus lesenswert. Einen ersten Einblick in die anarchistische Bewegung während des Austrofaschismus, des Kriegs und der Nachkriegszeit bietet ein Text von REINHARD MÜLLER: *Ferdinand Groß (Wien 1908 - Graz 1998). Aus dem Leben eines österreichischen Anarchisten und Antimilitaristen,* Graz 1998, der in der antimilitaristischen Zeitschrift *Friedolins Befreiung* erstveröffentlicht wurde und über http://www.anarchismus.at/txt4/gross.htm online abrufbar ist. (Mathias Wittau)

Das Bluthunderl

Zur Geschichte der Ersten Republik, die reich ist an Mythen, Legenden und bis heute in Österreich heiß umstrittenen Ereignissen, existiert reichhaltige Literatur. Eine umfangreiche Gesamtdarstellung zur neueren österreichischen Geschichte bietet: ANTON PELINKA, *Zeitgeschichte im Aufriss. Österreich seit 1918 – 50 Jahre Zweite Republik*, 4. erg. Aufl., Wien 1995. Speziell mit dem Bürgerkrieg beschäftigt sich HEINRICH DRIMMEL, *Vom Justizpalastbrand zum Februaraufstand. Österreich 1927-1934,* Wien 1986. Eine der neuesten wissenschaftlichen Arbeiten befasst sich erstmals konkret mit der militärischen Vorbereitung auf den Waffengang: OTTO NADERER, *Der bewaffnete Aufstand. Der Republikanische Schutzbund der österreichischen Sozialdemokratie und die militärische Vorbereitung auf den Bürgerkrieg (1923-1934),* Graz 2004, eine sehr fleißige und quellenreiche Arbeit. Leider ist ihr nicht nur stilistisch anzumerken, dass der Autor weder gelernter Historiker noch geübter Schriftsteller, sondern Offizier des Bundesheeres ist; es überrascht ob seiner Profession kaum, dass NADERER die Hauptursache für das Scheitern des Schutzbundes in der Disziplinlosigkeit der Arbeiter und dem Fehlen eines starken Mannes an der Spitze sieht. Neben der genannten Literatur nutzte ich auch diverse Publikationen von der KPÖ und ihr nahestehenden Organisationen und Verlagen; exemplarisch sei hier nur genannt: *Geschichte der Kommunistischen Partei Österreichs. 1918-1955: Kurzer Abriß. Von einem Autorenkollektiv der Historischen Kommission beim ZK der KPÖ unter Leitung von* FRIEDL FÜRNBERG, Wien 1977. Es mag bessere, zumal eingängiger geschriebene Arbeiten zu diesem Zeitraum geben; die zähe, schematisch orthodoxmarxistische Schilderung gleicht nicht von ungefähr ähnlichen Werken aus der DDR. Wer aber den kommunistischen Standpunkt kennenlernen will – und das ist bei der Frage nach einem kommunistischen Putschversuch im Oktoberstreik unumgänglich –, wird in diesen sauren Apfel wohl oder übel beißen müssen. Leichtere Kost bietet da freilich PETER PELINKA, *Eine kurze Geschichte der SPÖ. Ereignisse, Persönlichkeiten, Jahreszahlen,* Wien 2005, ein Büchlein von nicht einmal hundert Seiten. Allerdings darf man vom Autor, der immerhin Chefredakteur des SPÖ-Zentralorgans *Arbeiterzeitung* gewesen ist, nicht allzu viel kritische Distanz erwarten. Dasselbe gilt für seine Arbeit über die Sozialdemokratie im Untergrund: *Erbe und Neubeginn. Die Revolutionären Sozialisten in Österreich 1934-1938,* Wien 1981. FRANZ OLAH selbst hat auch geschrieben – ein echter Tausendsassa eben. Seine Memoiren, *Die Erinnerungen,* Wien 1995, jedenfalls sind für all jene, die Sinn für unfreiwillige Satire haben und über schwarzen Humor verfügen, ein nicht enden wollender Quell der Freude. OLAH wird hier nicht müde, sich für jeden Lebensabschnitt selbst auf die Schulter zu klopfen, führt zahlreiche Gewährsleute an, die in ihm den unerschütterlichen Fels in der Brandung aus nationalsozialistischen und bolschewistischen Wogen sehen, und hat auch sonst keine Probleme mit unterentwickeltem Selbstbewusstsein. Er bereut nichts, hat alles stets richtig gemacht, und seine historische Leistung bestehe darin, Österreich vor den Roten gerettet zu haben. Um sein (unglaublich autokratisches) Selbstverständnis als Gewerkschaftsführer der Bau-Holz zu erfassen, ist sicherlich das Tondokument der Österreichischen Mediathek (audiovisuelles Archiv des Technischen Museums Wien) geeignet; abrufbar unter: http://www.staatsvertrag.at/Innenpolitik/Die_Krise_von_1950/Streik_-_Putsch.htm. Weniger eingenommen von der Herrlichkeit Olahs zeigen sich da schon WILHELM SVOBODA, *Franz Olah. Eine Spurensicherung,* Wien 1990; und ARTUR POSSNIGG, *Franz Olah – der erste Machtpolitiker Österreichs?*, Wien 2001. Speziell mit dem Veruntreuungsskandal befassen sich HELMUT KONRAD & MANFRED LECHNER, *»Millionenverwechslung«. Franz Olah, die Kronenzeitung, Geheimdienste*, Wien u.a. 1992. Und wer sich auch noch für Olahs missglückte Parteigründung interessiert, findet mehr darüber bei MICHAEL KONVICKA, *»Olahs« Partei: Die Demokratische Fortschrittliche Partei (DFP). Ein Beitrag zur österreichischen Zeitgeschichte der 60er und 70er Jahre*, Wien 1994. (Matthias Seiffert)

8.
Italien 1969

»Jeder Vertragsabschluss ..., jede Wiederherstellung der Normalität des kapitalistischen Produktionsverhältnisses, ist ein Betrug.«

Franco Berardi zur autonomen Konfliktstrategie

Foto: Werksbesetzung bei FIAT Turin. „Heute verkaufen die Arbeiter von Mirafiori ihre Arme [=Arbeitskraft] nicht.“

Lars Röhm

Klima im Wandel

Unterüberschrift& Die Streikbewegung des Heißen Herbsts 1969 in Italien

Kein Schmerz ist größer als die Erinnerung an das Glück in Zeiten des Leides, verkündete schon Dante in seinem Inferno. Doch gerade in Zeiten des Tiefstandes der Bewegung ist die Versuchung, sich an bessere Zeiten zu erinnern, nur allzu groß. Es sei jedoch darauf verwiesen, dass die Erinnerung – oder besser: die Geschichte – niemals eine Gebrauchsanweisung für die Gegenwart, noch ein Rückzug in ein historisch geschöntes Disneyland sein kann und darf. Was bleibt ist die Auffrischung des gemeinsamen Gedächtnisses, eine Analyse der Zeit, der Ereignisse und – dank der gewissermaßen luxuriösen Position derer, die zurückblicken – eine Einsicht in Fehler und Fehleinschätzungen, aus denen wir sicherlich unsere Lehren ziehen können.

So sei es einem durchaus vergönnt, sich in sowohl klimatisch als auch gesellschaftlich wärmere Gefilde zu begeben: in diesem Falle der Heiße Herbst des Jahres 1969 in Italien. Eine Zeit, die Zeugin einer der größten Streikbewegungen nach dem Zweiten Weltkrieg sein sollte; eine Bewegung, die die Arbeitgeber nicht nur ca. 300 Millionen durch Streiks verlorene Arbeitsstunden kosten, sondern auch die gesamten Produktions- und Gesellschaftsverhältnisse nachhaltig und zum Teil radikal verändern sollte. Um dieses Phänomen jedoch vollständig zu verstehen, gilt es, einige Monate zurück zu gehen.

Frühlingserwachen

Italien befand sich im Frühjahr des Jahres 1969 in einer Phase des rapiden Wandels. Die Dürrejahre nach dem Zweiten Weltkrieg waren überwunden und die Wirtschaft brummte. In der Tat nahm der wirtschaftliche Aufschwung solche Ausmaße an, dass die Produktion, vor allem in der Automobilindustrie, der Nachfrage nicht nachkam. Tausende junge Arbeiter verließen den immer noch rückständigen Süden des Landes, um Arbeit und Glück in den industriellen Zentren des Nordens zu finden. Allein das FIAT-Werk Mirafiori in Turin wuchs in dieser Zeit von einer Produktionsstätte mit wenigen Tausend Arbeitern zu einer wahren Fabrikstadt mit über 30.000 Arbeitenden an. Der Pariser Mai von 1968 flimmerte noch in der Luft, es herrschte Aufbruchstimmung. Was die zugezogenen Arbeiter jedoch vorfinden sollten, war alles andere als die Erfüllung ihrer Träume.

Arbeit zu finden – einmal in einer Stadt wie Turin angekommen – war eine Frage von einem, maximal zwei Tagen. An allem anderen mangelte es: es gab weder genug Wohnungen für all die neuen Arbeiter und Arbeiterinnen, noch genug Schulplätze für ihre Kinder. Vielen Arbeitern blieb nichts, als in den Bahnhofshallen oder in ihren Autos zu schlafen. Die lokale Bourgeoisie nutzte die Situation schamlos aus, und die Mieten und Lebensmittelpreise stiegen ins Unendliche. Wer das Glück hatte, eine Wohnung zu besitzen, ohne dabei ein Zimmer mit vier bis sechs anderen Personen zu teilen, musste dafür schon 50 bis 60 Prozent des Gehaltes opfern. Wenn man also noch Kosten für Kleidung und Nahrung für eine Familie plus Schulbücher für die Kinder und die Kosten für die öffentlichen Verkehrsmittel dazu rechnet, blieb herzlich wenig. Die Situation nahm im Laufe des Jahres und wegen der durch Streiks verlorenen Löhne derart drastische Ausmaße an, dass die Turiner Stadtverwaltung eingreifen musste, um bei den Elektrizitätswerken einen Aufschub der unbezahlten Rechnungen zu erwirken, ohne dass der Strom für den Winter abgestellt würde.

Auch die Arbeit war für die jungen Arbeiter nicht viel mehr als ein fürchterlicher Albtraum, in den sie sich nach dem Aufstehen begaben. Die meisten von ihnen waren unqualifiziert und endeten an den Fließbändern der Fabriken. In den Fabrikhallen herrschte ohrenbetäubender Lärm und erdrückende Hitze. Sicherheit am Arbeitsplatz gab es nicht und es herrschte eine despotische Hierarchie. Der wirtschaftliche Umbruch hatte an den sozialen Verhältnissen nichts geändert, und die Arbeiter, von denen viele noch nicht einmal die italienische Hochsprache, sondern nur den jeweiligen Dialekt ihrer Heimat sprachen, wurden behandelt wie Sklaven. Der Angnelli-Clan – Besitzer der FIAT-Werke – führte sich wie der Besitzer des ganzen Landes auf.

Besonders in den FIAT-Werken standen die Gewerkschaften mit dem Rücken zur Wand: nicht nur, da ihre eigentliche Basis stets die qualifizierte Facharbeiterschaft gewesen war (1969 fast eine Randgruppe), sondern auch, weil sie bei FIAT Mirafiori auf die genannten 30.000 Arbeitenden lediglich über knapp 20 Gewerkschaftsfunktionäre verfügten. Andernorts sah es nicht grundlegend besser aus. Nicht zuletzt hatten sie sich in den letzten Jahrzehnten gemütlich in der Sozialpartnerschaft eingerichtet und suhlten sich in ihren Privilegien. Es war nur eine Frage der Zeit, bis dieses Pulverfass explodieren musste.

Für den Herbst waren nun Verhandlungen für den neuen Tarifvertrag der Metallarbeiter angesetzt...

Es beginnt zu brodeln

Um die jungen »Einwanderer«, die vielfach von gewissen politischen Autoren als »neues Proletariat« bezeichnet wurden, ihre Situation und das, was folgen sollte, zu verstehen, gilt es, vor allem zwei Faktoren zu beachten:

Zum einen waren sie zwar unqualifiziert, verfügten aber durchaus über eine gewisse Erfahrung in Sachen Arbeitskampf – wenn auch nicht im gewerkschaftlichen Sinne – aus ihrer Zeit als Hilfsarbeiter und Tagelöhner im Süden; zum anderen war für viele die Flucht aus dem Süden nicht nur eine ökonomische Frage, sondern auch eine Flucht vor archaischen gesellschaftlichen Verhältnissen. Sie waren beeinflusst von der Studentenbewegung, trugen Jeans und lange Haare, suchten ihre persönliche Freiheit. Im Gegensatz zu den Facharbeitern, die sich als eine Art industrielle Handwerker – stolz auf ihre Arbeit und dessen Produkt – betrachteten, waren die Jungen entfremdet von dem, was sie am Fließband verrichteten, betrachteten es – nicht zu Unrecht – als stumpfsinnig, ja unwürdig und entwickelten schnell (im Gegensatz zu den alten kommunistischen Kolossen) eine extreme Verachtung gegenüber der Arbeit selbst.

Bereits im Frühjahr kam es zu ersten Konflikten – vor allem im FIAT-Werk Mirafiori (Turin). Die jungen Arbeiter forderten erhebliche Verbesserungen der Arbeitsbedingungen, Qualifizierungen, drastische Lohnerhöhungen und vor allem, in direktem Kontrast zu Facharbeitern und Gewerkschaften, gleichen Lohn für alle. Anstatt sich jedoch in den Gewerkschaften zu organisieren – die mit Blick auf die Verhandlungen im Herbst die Kämpfe zu deckeln versuchten –, kam es zu ersten Verbindungen mit den Studierenden.

Auch war dies die Geburtsstunde neuer Kampfformen. Die Produktion wurde durch kleinere Streiks an entscheidenden Punkten und Demonstrationszüge durch die Fabrik lahmgelegt. Den einzelnen Arbeitern ging dadurch weniger Lohn verloren, während die Produktion trotzdem stillstand. Die Demonstrationszüge funktionierten wie ein Schneeball, der durch die Fabrikhallen rollte: in jedem Abschnitt wurden Arbeiter »eingefangen« und in den Zug gezogen. Dies verhinderte zum einen direkte Repressalien gegen Einzelne und »überzeugte« zum anderen diejenigen Arbeiter, die sich nicht gleich freiwillig an den Streiks beteiligten. Es wurden Versammlungen der Arbeiter abgehalten, die ihre Forderungen direkt an die Fabrikleitung weitergaben. Die einzelnen Produktionsabschnitte wählten ihre eigenen Delegierten und booteten so die verhassten Vorarbeiter aus.

Im Laufe des Frühjahrs verbanden sich die Kämpfe in der Fabrik mit denen der Stadtteilversammlungen gegen die horrenden Mietpreise und denen der Arbeiterkinder in den Schulen. Die Verbindungen mit der Studentenbewegung verfestigten sich und die Kämpfe wurden radikaler.

Es wird Herbst

Einige Erwerbstätige und Studierende Turins vereinigten sich in der »Versammlung der Arbeiter und Studenten« und verteilten Flugblätter mit der Schlussformel »la lotta continua« (»der fortwährende Kampf«) vor den Werkstoren bestreikter Fabriken. Aus der Versammlung sollte schließlich die gleichnamige Organisation (Lotta Continua) hervorgehen. Die erste große Ausweitung der Kämpfe fand Anfang Juli statt, nachdem zum ersten Mal beschlossen wurde, auch außerhalb der Fabrik zu demonstrieren.

Innerhalb der Fabrik blieb es bei den Rangeleien zwischen den Jungen (unterstützt von den Studierenden) und der Fraktion der Facharbeiter und Gewerkschafter, die versuchte, die spontanen und autonomen Kämpfe unter Kontrolle zu bringen. Diese Kämpfe allerdings gewannen an Fahrt, und die Jungen waren mittlerweile »incazzati«: stinksauer!

Die Demonstration endete in Straßenschlachten, die sich bis in die Nacht zogen. Der Bewegung gelang es dadurch jedoch, ihre Kämpfe auch über die Fabrik hinaus zu tragen. Mit Hilfe der »Versammlung der Arbeiter und Studenten« entstanden Verbindungen zu anderen Fabriken und anderen Städten. Während die traditionellen Gewerkschaften versuchten, die Bewegung unter Kontrolle zu bringen oder einzubinden, kam es zu Schul- und Mietstreiks und sogar zu Hausbesetzungen durch Arbeiterfamilien.

Die politisierten Arbeiter und Studierenden formten ihre Avantgarden und forcierten ihrerseits den Konflikt mit Parteien und Gewerkschaften. In den Fabriken nahm die Militanz der Kämpfe derweil für die Fabrikleitungen ungeahnte und beängstigende Formen an. Die Avantgarden starteten weitere Streiks: die Werkstätten wurden von Streikbrechern »gesäubert«, die Angestellten aus ihren Büros gezerrt, produzierte Wahren zerstört, Vorarbeiter gefesselt und gezwungen, mit roter Fahne in der Hand die internen Demonstrationszüge anzuführen. Während die etablierten Gewerkschaften um den neuen Tarifvertrag bangten, begann die »autonome Arbeiterbewegung«, d.h. ihre Avantgarden, das Interesse an einem Tarifvertrag – der für sie einen schriftlich fixierten Betrug bedeutete – zu verlieren, ja sogar dagegen zu arbeiten und auf revolutionäre Veränderungen zu drängen.

 Die Tatsache, dass sämtliche Lebensbereiche der Arbeiter und Arbeiterinnen, die Fabriken, Stadtviertel und Schulen, sich in umkämpftes Terrain verwandelt hatten, gab den politischen Avantgarden durchaus Grund, an den Erfolg einer solchen Ausweitung zu glauben.

Die Tarifverhandlungen sollten einen fulminanten Anfang finden: nach dem 3. Juli hatten sich die Streikbewegungen ausgedehnt auf die gesamten Werke von Fiat, Alfa Romeo, Pirelli, Om, Falck, Breda, Innocenti, Magneti Marelli, Autobianchi, Sit-Siemens, Borletti, Seat, Michelin, Farmitalia, Lancia, Phillips, Zanussi, Porto Marghera, Porto Torres, Marzotto di Valegno, Ducati (Bologna), Nuovo Pignone und Galileo (Florenz), Piaggio und Saint Gobain (Pisa), Italisider und Bagnoli (Taranto), Fatme (Rom), sowie Olivetti und Ivrea in Neapel und unzählige kleinere Fabriken. Am Generalstreik des 19. November sollten sich 20 Millionen Arbeiter und Arbeiterinnen beteiligen. Bei der Staatsanwaltschaft waren zu diesem Zeitpunkt ca. 12.000 Anzeigen gegen Arbeiter und Arbeiterinnen wegen Aktionen während der Arbeitskämpfe eingegangen, und mindestens 20.000 Arbeitende waren wegen Beteiligung an wilden Streiks suspendiert. Als die Bewegung sich zum Zeitpunkt der Tarifverhandlungen auf dem Höhepunkt befand, sollte es für die »Autonomen« jedoch zum Einbruch an allen Fronten kommen.

Heißer Herbst oder heiße Luft

Den etablierten Gewerkschaften gelang es schließlich, einen Vertrag abzuschließen, der einige der Forderungen der autonomen Streiks aufgriff. Zudem hatte sich durchaus ein Demokratisierungsprozess sowohl in den Fabriken als auch in den Gewerkschaften durchgesetzt, und viele Arbeiterinnen und Arbeiter waren mit dem Ergebnis recht zufrieden. Zum anderen war es den autonomen Avantgarden nie gelungen – wie angestrebt –, die neue Bewegung in eine Organisation zu fassen. Dies lag zum einen sicherlich daran, dass sich niemand wirklich im Klaren war, wie diese Organisation aussehen könnte, wenn es weder Partei noch Gewerkschaft werden sollte – auch wenn es Lotta Continua – in Verbindung mit Potere Operaio (PO), einer hauptsächlich in Porto Marghera verankerten Organisation – halbwegs gelungen war, sich auf nationaler Ebene eine Struktur zu geben: von lokalen Bürgerkomitees, über regionale Versammlungen bis hin zur nationalen Versammlung.

Es scheint, dass sich die Bewegung in einem sich hochschaukelnden Schwanken zwischen den Extremen zu lascher oder zu straffer Organisierung stranguliert hatte. Dies zeigte sich einerseits in der Organisationsfeindlichkeit und andererseits in der mangelhaften Diskussion über eine Art Föderalismus libertären Charakters, der im entscheidenden Moment Geschlossenheit und Disziplin bewirken, hingegen bei lokalen Angelegenheiten die Autonomie bewahren sollte.

Die damit verbundenen Streitigkeiten über die politische Strategie zwischen unterschiedlichen Fraktionen taten das ihre. Nach dem von Faschisten verübten und den Anarchisten angelasteten Attentat an der Piazza Fontana in Mailand am 12. Dezember 1969 gab die »Gewaltfrage« der Bewegung schließlich den ersten Gnadenstoß. Während PO in den 1970er Jahren in der Autonomia Operaia aufging, nahm Lotta Continua langsam ein trauriges Ende: von der Aufgabe der Arbeitskämpfe zu Gunsten einer »Bewegung« und der damit einhergehenden Hinwendung zum Persönlichen zu Ungunsten des Politischen, über eine partielle Hinwendung zur

Parteipolitik bis hin zu harten Konfrontationen mit dem aufkommenden Feminismus – all das besiegelte ihr Schicksal.

Es bleibt allerdings auch festzuhalten, dass 1969 die »Politisierten« nur eine Minderheit (wenn auch mit gewissem Einfluss) in einer Bewegung von Arbeitern und Arbeiterinnen waren, die in einer Situation absoluter Ausbeutung und ohne jedwede Repräsentation im Kräftemessen mit der Bourgeoisie für die Wahrnehmung ihrer eigenen Interessen kämpfte. Die Strategie der Arbeiteravantgarden hatte sich – unter Einbeziehung der erfahrenen Aktivisten der »Einwanderer« – anfangs zwar gegen die etablierten Gewerkschaften durchgesetzt, war letztlich jedoch auf sie selbst zurückgefallen. Nachdem die Gewerkschaften zumindest einen Teil ihrer Nachkriegsstarre, ihrer Hierarchien, der Arbeitgeberfreundlichkeit und Staatsfixierung für einen Moment aufgegeben hatten, wurde der Konflikt zunehmend zu einem innermarxistischen Politikum. Die eine Avantgarde war gegen die andere ausgetauscht worden und hatte den Arbeiterinnen und Arbeitern wenig für eine konkrete Verbesserung der Lebensverhältnisse zu bieten. Die autonome Bewegung verrannte sich zunehmend in eine Spirale aus Radikalität zum Selbstzweck. Sie pflegte einen Fetisch der Erneuerung (ohne die positiven Traditionen der Arbeiterbewegung in sich aufzunehmen) und verbiss sich mit zunehmendem Einflussverlust in den Waden des »Establishments«, ohne nach rechts und links zu schauen. Was in einem Moment des Aufbruchs und mit einem Kräfteverhältnis zu Gunsten der Arbeiterschaft begonnen hatte, konnte sich über diesen Moment der Spontaneität nicht hinausretten und ging in bedeutenden Teilen letztlich doch in traditionellen Gewerkschaften, Basisgewerkschaften, Parteien und kommunistischen Erneuerungsbewegungen auf.

Stilisierung eines revolutionären Subjekts

Eine weitere Schwäche der Bewegung lässt sich zweifelsohne auch an bestimmten Analysen der Zeit und ihrer Phänomene festmachen. Ein erster Stolperstein war sicherlich die Tatsache, dass das ideologische Futter für die politischen Diskussionen – also die Basis für den eigentlichen »Operaismus«, den theoretischen Ansatz, mit dem die Bewegung u.a des Heißen Herbstes vornehmlich in Verbindung gebracht wird – einem Zirkel kommunistischer Intellektueller entsprang, der mit den Fabrikarbeitern herzlich wenig zu tun hatte. So nimmt es nicht Wunder, dass gewisse Beobachtungen aus dem Elfenbeinturm heraus in ein Bild gegossen wurden, das – von oben betrachtet – zwar schön und symmetrisch aussieht, der Realität aber nicht gerecht wird. Ganz abgesehen von der Tatsache, dass im Falle von Porto Marghera durchaus Facharbeiter einen Teil des Rückgrats von PO bildeten, ist die Theorie des »neuen Massenproletariats« mit Vorsicht zu genießen. Es ist das Tappen in die Falle gewisser marxistischer Herangehensweisen – auf der unerbittlichen Suche nach dem revolutionären Subjekt *par excellence* –, welche nicht die Analyse der Realität, sondern die Realität der Analyse anpassen.

Außerdem hat die schlechte Repräsentation der Arbeiterschaft durch die Gewerkschaften zwar ein Vakuum hinterlassen, allerdings bleibt zu bedenken, dass das Misstrauen gegenüber den Gewerkschaften bei der breiten Masse der Arbeiterinnen und Arbeiter nicht unbedingt auf einer ideologischen Analyse fußte. Es sei deshalb noch einmal an die Herkunft der »Einwanderer« erinnert: sowohl die Landarbeiter als auch die Sprösslinge des ländlichen Kleinbürgertums kamen aus einem Umfeld, in dessen direkter Umgebung die klassische gewerkschaftliche Organisierung des Industrieproletariats und die damit verbundenen Herangehensweisen und Rituale keine Rolle spielten und schon deshalb befremdlich wirken mussten. Und dies bedeutet nicht unbedingt, dass sie die ideengeschichtliche und strenge innermarxistische Kritik der intellektuellen Avantgarden nachvollzogen oder getragen hätten.

Zu erwähnen ist weiterhin, dass derjenige, der alles auf eine Karte setzt, zwar beim Glücksspiel reich werden, eine revolutionäre Bewegung aber niemals auf einem Bein stehen kann. Damit soll keineswegs die Kritik an der staatstragenden Rolle der Parteien oder der reformistischen Gewerkschaften gemindert werden, es gilt festzustellen, dass der Kampf an zu vielen Fronten geführt wurde: d.h. jung gegen alt, unqualifizierte Arbeiter gegen qualifizierte, Basis gegen Gewerkschaften und Parteien. Diese Trennlinien gehören sicherlich auch zu den Gründen für das Scheitern der Bewegung. Hätte der radikale Teil der Arbeiterbewegung des Jahres 1969 in sich eine größere Einheit der Klasse erreicht, wären dem Heißen Herbst womöglich andere Entwicklungen als die eingetretenen gefolgt.

Doch auch wenn bestimmte Analysen der Avantgarden nicht kurzsichtiger hätten sein können – im Übrigen ein zu der Zeit durchaus verbreitetes Phänomen – bleibt der sogenannte Heiße Herbst etwas, was gerade durch seine Spontaneität und Intensität fasziniert. Ein Achtungserfolg vor dem man durchaus den Hut ziehen kann, ohne dabei einem der viel verbreiteten Mythen aufzusitzen.

Felix Baum

Aufstieg und Niedergang des Massenarbeiters

Die Operaisten und der Heiße Herbst

Der italienische Heiße Herbst 1969 brach nicht über Nacht an, noch endeten die Kämpfe am 21. Dezember, als die Gewerkschaften den letzten Tarifvertrag unterzeichneten. Vielmehr war er einer der Gipfelpunkte einer Kampfwelle, die in den 1960er Jahren einsetzte und in den 1970er Jahren von Repression und Wirtschaftskrise gebrochen wurde. Nicht nur in Italien, auch in den Automobilfabriken Amerikas oder bei wilden Streiks in Deutschland standen in dieser Zeit oft – aber keineswegs ausschließlich – junge, ungelernte Arbeiterinnen und Arbeiter an vorderster Front. Im Operaismus, einer marxistischen Strömung, deren Ursprung meist in der Zeitschrift *Quaderni Rossi* (»Rote Hefte«, 1961-64) ausgemacht wird, kennt man diese Proletarier als Massenarbeiter.

Vorboten des Heißen Herbstes

Allerdings scheint das, was sich später mit diesem Begriff verband, nur sehr bedingt in den Ursprüngen des Operaismus vorhanden. Die *Quaderni Rossi* traten zunächst als Kritiker der etablierten Arbeiterbewegung auf, die nach 1945 im Sinne des nationalen Wiederaufbaus technischen Fortschritt und staatliche Wirtschaftslenkung propagierte. Gestützt auf Marx' Kapitalkritik einerseits, Untersuchungen in Betrieben andererseits (z.B. in Form von Fragebögen, die zum einen bewusstseinsbildend auf die Befragten selbst wirken und zum anderen analytische Grundlage für Handlungsansätze sein sollten), entzifferten die frühen Operaistinnen und Operaisten dagegen den Fabrikalltag als Schauplatz eines beständigen Kleinkriegs, in dem Maschinerie und Arbeitsorganisation keineswegs die historisch unausweichliche Ankunft des Sozialismus verbürgten, sondern die lebendige Arbeit unterwarfen und den »Gesamtarbeiter« (Marx) atomisierten. Auch Wirtschaftsplanung galt ihnen nicht als trojanisches Pferd, um von den Schalthebeln der Macht aus allmählich den Sozialismus einzuführen, sondern als spätkapitalistische Notwendigkeit, um die potenziell krisenhafte Entwicklung und insbesondere den Klassenkonflikt zu steuern.

Zwar entdeckten die *Quaderni Rossi* bereits 1961 »neue Kräfte bei FIAT«: junge, im Schnelldurchgang oder gar nicht qualifizierte Arbeiter, die sich für die große Politik nicht interessierten, der Gewerkschaft fremd gegenüberstanden und vor allem ihre Arbeit unerträglich fanden. Doch als es 1962 in Turin aus Protest gegen den separaten Tarifabschluss einer Metallgewerkschaft zu einer dreitägigen Straßenschlacht kam, an der sich vor allem junge Massenarbeiter beteiligten, gaben die *Quaderni Rossi* eine beinahe distanzierte Erklärung ab: »Das Ausmaß an Wut und Aggressivität, die diese Jugendlichen gezeigt haben, resultiert aus Arbeits- und Lebenserfahrungen, die ihnen nicht erlaubt haben, sich als Teil einer umfassenderen Klasse zu fühlen. Der anarchistische Typus des Arbeiterkampfes ist der Gegenpol einer reformistischen Linie und Praxis, die den hohen Grad des gegenwärtigen Klassenantagonismus nicht wahrhaben wollen«. Anders als der spätere Operaismus, der im Heißen Herbst wirkungsmächtig wurde, war ein Flügel der *Quaderni Rossi* bemüht, einen Bruch mit der alten Arbeiterbewegung zu vermeiden, da er bei aller Kritik weiterhin auf die Erneuerung vor allem der Gewerkschaften hoffte. »Autonomie der Arbeiterklasse« bezeichnete für diese Fraktion eine Perspektive, die auf die Wiederaneignung der Produktion durch die unmittelbaren Produzenten zielte. Die tagtägliche Knechtung in der Fabrik konnte ihr zufolge nicht durch Lohnsteigerungen, sondern nur durch einen vollständigen Bruch mit der kapitalistischen Logik der Produktion beendet werden.

Ein anderer, interventionistischer orientierter Flügel spaltete sich ab und gründete die Zeitschrift *Classe Operaia* (1963-67). Erst jetzt verdichtete sich die Entdeckung der »neuen Kräfte« innerhalb der Arbeiterklasse zu der These, der in der alten Arbeiterbewegung tonangebende Typus des Facharbeiters habe mit der Durchsetzung der Fließbänder seine zentrale Rolle zugunsten des Massenarbeiters eingebüßt. Dieser wolle sich nicht mehr in seiner Arbeit verwirklichen, sondern ihr entfliehen; im Gegensatz zu ständischen Neigungen des Facharbeiters sei er egalitär orientiert. Seine stärkste Waffe wurde dabei im rücksichtslosen Lohnkampf ausgemacht. »Autonomie« zielte nun darauf ab, die kapitalistische Entwicklung durch unberechenbare Kämpfe aus dem Schritt zu bringen.

Vom Lohnkampf zur Revolution

Nachdem die Kämpfe einige Jahre vor sich hin brodelten, gewannen sie 1968/69 an Schwung. Wie die eher spontaneistische Organisation Lotta Continua entstand Potere Operaio (PO) im Heißen Herbst aus der Arbeiter- und Studentenversammlung Turins, in der Aktivisten der Studentenbewegung und FIAT-Arbeiter aufeinander trafen. Ein regionaler Vorläufer war bereits seit einigen Jahren vor allem im Chemiekomplex Porto Marghera aktiv; seit dem Frühjahr 1969 gaben Protagonisten der Strömung zudem die agitatorische Zeitung *La Classe* heraus, die bemüht war, die Keime der Arbeiterautonomie in den italienischen Betrieben Italiens zu vernetzen. Nun wollte PO mit seiner gleichnamigen Wochenzeitung die Sache auf ein neues Niveau heben. PO war mit zeitweilig 3.000-4.000 Mitgliedern die einzige größere Organisation, die der Operaismus hervorbrachte. Antonio Negri, heute Philosoph einer sagenumwobenen »Multitude«, wurde 1971 zu ihrem politischen Generalsekretär gewählt.

Die Stoßrichtung des Heißen Herbstes brachte PO auf die Formel: »Verweigerung der Arbeit«. Der Lohnkampf selbst, von den ersten Operaistinnen und Operaisten mit einer gewissen Skepsis betrachtet, war zum Politikum geworden: er drückte die Ablehnung der Fabrikarbeit aus und sollte die Spaltungen in der Klasse aufheben. Ein »Kongress zur Koordinierung der Arbeiter-Avantgarden« im Oktober forderte eine pauschale Lohnerhöhung für alle – keine prozentuale, die die Differenzen zwischen den Arbeitern zementieren würde – und zwar unabhängig von der Produktivitätsentwicklung, deutliche Arbeitszeitverkürzung und Lohnkategorie II (die bis dato mittlere Gehaltsstufe) für alle als ersten Schritt zur Abschaffung der Lohnhierarchie. Die Forderungen waren streng genommen gewerkschaftlich, aber die Gewerkschaften wurden als Abwiegler gesehen. Vor allem aber ging der Heiße Herbst überhaupt nicht in irgendwelchen Forderungen auf. Es waren die Aktionen der Arbeiterinnen und Arbeiter selbst, die ausgelassenen Umzüge in den Fabriken, die Betriebsbesetzungen und Sabotageaktionen, die Zusammenstöße mit der

Staatsmacht, die Vertreibung elitärer Angestellter aus ihren Büros, in denen PO den massenhaften Willen entdeckte, die Klassengesellschaft zu zerstören. Die operaistischen Thesen über den Massenarbeiter schienen sich zu bestätigen, und so bestand PO auf der »Hegemonie des Arbeiterkampfs über den studentischen und proletarischen Kampf.« »Die Arbeiter wollen nicht mehr arbeiten«, hieß es noch im Oktober 1970 in *Potere Operaio*. Aber wollten sie die Revolution? Und was hieße das überhaupt?

Bereits in der ersten Ausgabe von *Potere Operaio* vom September 1969 ist zu lesen, dass die Koordinierung der Kämpfe nicht mehr ausreiche. Erforderlich sei nun eine Organisation, »um die massenhaften Kämpfe der Arbeiter zu planen, zu führen und zu leiten.« PO fiel in den Leninismus zurück und erging sich in einem regelrechten Kult der Organisation. Von der Transformation der Arbeiterkomitees in Parteikomitees war die Rede, von der »Partei der Insurrektion«, von der politisch-militärischen Organisation. Der operaistische Diskurs wurde martialisch: »Gewalt gegen Gewalt, Subjektivität gegen Subjektivität, Organisation gegen Organisation.«

Franco »Bifo« Berardi, ein ehemaliger PO-Aktivist, reflektierte rückblickend: »Für die Gewerkschaft, und auch für die Mehrheit der Arbeiter (was nicht die Bedeutung herunterspielen soll, die die revolutionäre Minderheit unter den Arbeitern, auch den unorganisierten, in diesen Jahren hatte), handelte es sich um einen Kampf für Forderungen, zweifellos mit innovativen Elementen, aber durchaus vereinbar mit dem Projekt, die Macht der Gewerkschaft in der Fabrik und der Gesellschaft zu konsolidieren. ... Wenn Potere Operaio hingegen vom politischen Charakter des Konflikts spricht ... meint er die Notwendigkeit, den Fabrikkampf offen zu halten, um ihn zu einem allgemeinen gesellschaftlichen Kampf gegen die kapitalistische Macht und gegen den Staat zu entwickeln. ... Deshalb wirft Potere Operaio der Gewerkschaft vor – jenseits punktueller Kritik an den Inhalten des Tarifvertrags der Bauarbeiter und später der Chemiearbeiter – einen Betrug zum Schaden der gesamten Arbeiterklasse unterzeichnet zu haben. Aber jeder Vertragsabschluss ..., jede Wiederherstellung der Normalität des kapitalistischen Produktionsverhältnisses, ist ein Betrug.«

Geplatzte Hoffnungen

1969 versicherte PO: »Die Autonomie ist stärker als die Gewerkschaft.« Doch diese ging erneuert aus den Kämpfen hervor, auch durch das neue Modell der Delegierten, die direkt in den einzelnen Abteilungen gewählt wurden und für viele die Macht der Basis verkörperten, von Lotta Continua wie PO hingegen als reformistisch abgelehnt wurden. Aus Sicht der Operaisten drohte der Arbeiterkampf, sobald er zu festen Formen gerinnt und sich in institutionalisierten Teilerfolgen niederschlägt, eher die Integration der Klasse als ihre Autonomie zu befördern. Zwar versuchte PO, die in den Kämpfen aufscheinende Entkopplung von Löhnen und Produktivitätsentwicklung mit der Forderung nach einem »politischen Lohn«, einem von Arbeit unabhängigen Einkommen für alle, zu radikalisieren. Im Unterschied zu Forderungen der Gewerkschaften oder auch der heutigen nach Existenzgeld war dies jedoch nicht als realistisches Ziel gemeint. Die Forderungen der Operaisten zielten weniger auf ihre Erfüllung als auf die Eskalation der Auseinandersetzungen.

Der Leninismus von PO war mehr als eine Schrulle. Es drückte sich in ihm ein wirkliches Problem aus: der Übergang von der Arbeiterautonomie zur Umwälzung der Gesellschaft. Anders als die »autonomen Freiräume«, die hierzulande mit dem magischen Wort »Autonomie« verbunden sind, kann die Arbeiterautonomie nie von Dauer sein, bedeutet sie doch, mit den Regeln zu brechen, der Mehrwertproduktion ein Bein zu stellen und dergestalt die Verhältnisse in die Krise zu stürzen. In Italien stellte sich diese Krise nach 1969 als eine Art Doppelherrschaft in den Fabriken dar: die Lohnarbeit ging weiter, aber der Betriebsfrieden war einem andauernden Stellungskrieg gewichen. Die Meister hatten vor den Arbeitern Angst, die Produktivität ging steil in den Keller, immer wieder flackerten Streiks auf und 1973 kam es zur autonomen Besetzung von FIAT Turin. Doch ohne einen qualitativen Sprung der Bewegung standen auch die Errungenschaften der Betriebskämpfe auf dem Spiel. Denn die Unternehmen begannen bald, die zu Festungen von Arbeitermacht mutierten Fabriken durch Auslagerungen, neue Technologien und prekäre Arbeitsverhältnisse zu schleifen, während der starke Anstieg der Arbeitslosigkeit die Kampfbereitschaft der Arbeiterinnen und Arbeiter untergrub. Bereits 1971 sprach *Potere Operaio* von einem »Gebrauch der Krise« durch die Unternehmer und stellte eine »Krise der Autonomie« fest. 1973 löste sich die Organisation auf.

In dieser Krise kündigte sich der Niedergang des Massenarbeiters als maßgeblichem Akteur des Klassenkampfes an. Während die Kämpfe in den großen Fabriken defensive Züge annahmen, tauchten neue proletarische Figuren auf; die Massenrevolte von 1977 war bereits von arbeitslosen Jugendlichen, prekär Beschäftigten und pauperisierten Studierenden geprägt. Einen ebenbürtigen Nachfolger – also einen, der gleichermaßen als Verkörperung der proletarischen Existenz schlechthin gelten könnte – hat der Massenarbeiter nie gefunden, und mit dieser Unmöglichkeit, in den verworrenen Frontverläufen der Klassenauseinandersetzungen ein zentrales Subjekt auszumachen, ist auch der klassische Operaismus Geschichte geworden.

Tamara Jagelovsk

Arbeiterautonomie in Porto Marghera

Ein bewegtes Industriegebiet im Veneto

Porto Marghera, das Industriegebiet von Venedig, war Ende der 1960er, Anfang der 1970er Jahre eines der Zentren der Arbeiterautonomie in Italien – damals arbeiteten hier 40.000 Menschen (fast ausschließlich Männer).

Im zweiten Industriegebiet von Marghera ging 1952 das Petrochemiewerk der Firma Edison (später Montedison) in Betrieb. Produziert wurden nach technisch überholten Patenten hochgiftige Stoffe wie Phosgen oder monomerisches Vinylchlorid (MVC) für die PVC-Herstellung. Die jungen Techniker hatte man direkt von der Schulbank weg rekrutiert, die Arbeiter waren meist Pendler aus den Dörfern der weiteren Umgebung, wo Kirche und Christdemokraten die absolute Macht ausübten. Viele von ihnen waren Bauern und im Unterschied zu den Metallarbeitern im alten Industriegebiet ohne jede Kampferfahrung. Die aus ehemaligen faschistischen Militärs bestehende Werksleitung ließ die Arbeiter bespitzeln und Zuwiderhandlungen sofort bestrafen. 1958 waren zum ersten Mal zwei Arbeiter bereit, bei der Betriebsratswahl für die kommunistische Gewerkschaft Confederazione Generale Italiana del Lavoro (CGIL), zu kandidieren; sie gewannen auf Anhieb die meisten Stimmen. Sie gehörten später zu den Gründern des Arbeiterkomitees von Porto Marghera, das über die kampfreichen Jahre 1968/69 hinaus bis Ende der 1970er Jahre für die unabhängige Organisierung im Betrieb und im Reproduktionsbereich stand.

Der politische Kern bestand aus Arbeitern und Angestellten, die seit 1964 Kontakt zu »Intellektuellen« aus Padua hatten. In einer Debatte auf gleicher Ebene entwickelten diese »politischen Arbeiter« ihre Kritik an der produktivistischen Logik der Partito Comunista Italiano (PCI) und der Gewerkschaften. Die Untersuchung des Produktionszyklus in ihrer Fabrik befähigte sie nicht nur, die Fabrik am Laufen zu halten, sondern sie auch komplett zu blockieren. Hieraus entstand die lokale Gruppe Potere Operaio (PO), die 1967 das erste Flugblatt vor der Fabrik verteilte.

Im Zentrum der Agitation standen die materiellen Bedürfnisse der Arbeiter, also mehr Lohn und weniger Arbeit, gleiche Bedingungen für alle, die Gleichstellung von Arbeitern und Angestellten sowie der Arbeiter von Fremdfirmen und ein garantierter Mindestlohn. Die Gruppe versuchte, in den Fabriken Basiskomitees zu initiieren und ein Arbeiternetz aufzubauen. Die wichtigste Organisations- und Kampfform war die Versammlung.

Als im Juni 1968 bei Montedison die Produktionsprämie fällig war, mobilisierte das neugegründete Arbeiterkomitee für eine egalitäre Forderung, nämlich 5.000 Lire für alle. Ende Juli wurde jeden zweiten Tag gestreikt. Das trieb die Kosten für den Unternehmer hoch und begrenzte sie für die Arbeiter. Nach neun Tagen wollte die Gewerkschaft den Streik abbrechen. Das Arbeiterkomitee rief zu einer Versammlung in der Uni auf, wo die Verschärfung des Kampfs beschlossen wurde. Am 1. August sperrte Montedison aus. Die Arbeiter des Petrochemiewerks trafen sich mit den Arbeitern der anderen Werke an der zentralen Straßenbrücke nach Venedig und blockierten sie. Sie zogen weiter zum Bahnhof von Mestre und besetzten die Gleise. Angesichts der Entschlossenheit der mit Steinen bewaffneten Arbeiter zog sich die

 Polizei zurück. An den Demonstrationen hatten sich 15.000 Menschen beteiligt. Am Ende wurden nur 1.000 Lire Prämie für alle erreicht, aber die Chemiearbeiter von Porto Marghera waren als neue politische Kraft sichtbar geworden. Die Reaktion folgte auf dem Fuß: Versetzung der Aktivisten in Strafabteilungen, Gewerkschaftsausschluss, Strafanzeigen.

Als die Gewerkschaft im Sommer 1969 den Betriebsrat auflöste und Neuwahlen ausschrieb, stimmte die Hälfte der Arbeiter des Petrochemiewerks ungültig. In den Tarifstreiks im Heißen Herbst effektivierten sie ihre Streiktaktik und reduzierten die Notfallbesatzungen auf ein Minimum, bis die Produktion stillstand. Im August 1970 entwickelte sich der Kampf der Arbeiter der Fremdfirmen um ihre Festeinstellung bei Montedison zu einem dreitägigen Barrikadenkampf, unterstützt von der Bevölkerung von Marghera.

Immer zentraler wurde der Kampf der Arbeiter gegen eine Produktion, die sie und die Anwohnerschaft krank machte, insbesondere seit sie erfuhren, dass die PVC-Produktion krebserregend ist. Das Arbeiterkomitee kritisierte die perfide gewerkschaftliche Politik, den Arbeitern über Gefahrenzulagen ihre Gesundheit abzukaufen, und kämpfte für die Schließung der gefährlichen Abteilungen und Lohnfortzahlung für die betroffenen Arbeiter.

Das Arbeiterkomitee wurde 1969 Teil der nationalen Organisation von PO, bewahrte jedoch seine Eigenständigkeit. Auf dem Gründungskongress in Florenz im Januar 1970 bezog Augusto Finzi vom Petrochemiewerk eine klar antileninistische Position: Was die Arbeiter tun, nämlich Versammlungen in der Fabrik abhalten, Flugblätter schreiben usw., sei schon spontane Organisierung. Das Arbeiterkomitee führe und schule die Arbeiterklasse. Revolutionäre Organisierung entwickle sich so innerhalb der Arbeiterklasse, ausgehend von ihren materiellen Bedürfnissen. Die Arbeiterkoordination sei kein Informationsorgan über die Kämpfe, sondern politischer Entscheidungsträger, Koordination der Arbeiteravantgarden. Die Organisation sei lediglich Instrument zur Erkämpfung konkreter Ziele.

Während sich PO 1972 schon in der Auflösung befand, festigte das Arbeiterkomitee von Porto Marghera den Kontakt zu anderen autonomen Betriebsgruppen in ganz Italien. Sie hielten gemeinsame Treffen ab und brachten eine Zeitung heraus.

Die Gewerkschaft konnte das verlorene Terrain nicht so schnell zurückerobern. Ende 1972 lehnten die Arbeiter von Montedison und Châtillon den Tarifabschluss der Chemiegewerkschaft ab. Auf der Welle dieses Erfolges konstituierte sich die Autonome Versammlung (Assemblea Autonoma di Porto Marghera), deren Kern aus dem Arbeiterkomitee, Leuten von Lotta Continua und Chemie- und Metallarbeitern bestand.

Statt Forderungen aufzustellen und zu verhandeln, gingen Arbeiter dazu über, die Arbeitszeit selbst herabzusetzen. Berühmt wurde der Versuch, in einer Abteilung des Petrochemiewerks einen eigenen Schichtplan mit fünf statt vier Schichten selbst zu organisieren, um eine Wochenarbeitszeit von 36 Stunden durchzusetzen.

Aus der Autonomen Versammlung heraus wurden nicht nur Kämpfe in den Betrieben organisiert, sondern zunehmend auch Hausbesetzungen, Miet- und Strompreisboykotts und proletarische Einkäufe im Supermarkt. An den Stadtteilkomitees beteiligten sich auch Schüler und Schülerinnen, Studierende, Lehrende, Hausfrauen. Ein Prinzip war, dass jede Person nur für den Zusammenhang sprechen konnte, dem sie angehörte. Ausdruck dieser Aktivitäten war die Zeitung *Controlavoro*, die jeden

Montag erschien. Die Forderung nach »Lohn für Hausarbeit«, die einige Frauen aus und gegen PO entwickelten, hat ihren Ursprung in diesen Kämpfen.

Mitte der 1970er Jahre verschärfte sich die Krise in Italien, die Kämpfe in den Betrieben stagnierten. Die Gewerkschaften stellten sich hinter die Politik der Regierung zur Eindämmung der Lohnkosten, flankiert von der PCI, die den »Historischen Kompromiss« mit den Christdemokraten anstrebte. Der Streik gegen die Streichung von sieben Feiertagen und die Abschaffung der automatischen Anpassung der Löhne an die Inflationsrate schlug auch in Porto Marghera fehl. Innerhalb der Autonomia wurde über eine Verschärfung der Kampfformen diskutiert, um die blockierte Situation aufzubrechen. Bewaffnete Gruppen erhielten ab 1977 großen Zulauf.

Der Staat antwortete mit Repression. Im Zuge der Verhaftungswelle gegen die Autonomia 1979 verschwanden einige Aktivisten der Autonomen Versammlung für mehrere Jahre in Untersuchungshaft. *Controlavoro* erschien noch bis Anfang der 1980er Jahre.

Arbeiterklasse und Staat in Italien

Vom Ersten Weltkrieg bis zum Heißen Herbst

1918: Die Gewerkschaft Confederazione Generale del Lavoro (CGL) vereinbart ein Abkommen mit der Partito Socalista Italiana (PSI – »Italienische Sozialistische Partei«), die darin festgehaltene Aufgabenteilung (wirtschaftlich – politisch) führt letztlich zu ihrer Abhängigkeit von der Partei.

1918-19: Hochkonjunktur revolutionärer Bestrebungen; massiver Zuwachs der Gewerkschaften und der PSI.

1919: Streiks in der Metall- und Textilindustrie leiten größere Streikwelle ein (über eine Mio. Beteiligte). Entstehung erster faschistischer Kampfbünde unter Mussolini.

1919-21: Regierungskrise; die Pattsituation im Parlament zwischen PSI und der Katholischen Volkspartei führt zu einer Wechsellähmung der koalitionsunfähigen Parteien. Die revolutionär-syndikalistische Unione Sindacale Italiana (USI) zählt ca. eine Mio. Mitglieder.

1920: Ausweitung der Streiks, die Bewegung nimmt revolutionären Charakter an. Staatliche und wirtschaftliche Krise infolge von massiven Fabrikbesetzungen in Turin und Mailand. Die Faschisten gehen mit »Strafexpeditionen« zur Wiederherstellung der Ordnung gegen die ArbeiterInnen vor.

1921: Gründung der Partito Nazionale Fascita (PNF – »Nationale Faschistische Partei«). Allgemeine Lohnsenkungen durch die Industriellen. Abspaltung der Kommunistischen Partei (PCI) von der PSI.

1922: Allgemeine Erhöhung der Arbeitszeiten. Die Faschisten gehen massiv gegen die Arbeiterbewegung vor: Verhinderung der Maifeiern und Niederwerfung des Generalstreiks. Marsch auf Rom; Mussolini wird vom König zum Ministerpräsidenten ernannt, erhält unbeschränkte Vollmachten durch das Parlament. Abspaltung der sog. Maximalisten von der PSI, die jegliche reformistische Konzessionen ablehnen.

1923: Einschränkung des Einflusses von Oppositionsparteien durch neues Wahlgesetz (2/3 aller Mandate für die Nationalisten reserviert). Bildung einer Parteimiliz führt zur Institutionalisierung der Gewalt. Verhaftung der PCI-Führung.

1924: Wahlsieg der Faschisten. Symbolischer Auszug der Opposition aus dem Parlament.

1925/26: Massenverhaftungen und -verbannungen sowie Säuberung des Beamtentums; Verbot aller antifaschistischen Parteien (PSI, PCI u.a) und Organisationen (inkl. USI).

1926: Ausbau des korporativen Systems (Korporatismus) durch eine Hierarchie der Arbeit und Berufe sowie durch das Gesetz über kollektive Arbeitsbeziehungen, die die Grundlage für die Faschisierung der Gewerkschaften bilden.

1927: Zusammenfassung der Gewerkschaften in Korporationen, die im Staatsinteresse Produktionsplanung betreiben.

1928: Neues Wahlgesetz; von den Körperschaften vorgeschlagene Deputierte werden vom Faschistischen Großrat, der neuen Exekutive, ausgewählt.

1930: Neugestaltung des Nationalrats der Korporationen.

1934: Gesetz über die Bildung und Aufgaben der Korporationen.

1934/35: Die Exilkommunisten und -sozialisten bilden eine antifaschistische Aktionseinheit (wurde zuvor seitens der PCI abgelehnt gemäß der Sozialfaschismusthese).

1936-39: Italien unterstützt das faschistische Franco-Regime im spanischen Bürgerkrieg. Aktivisten der USI kämpfen im Bürgerkrieg auf Seiten der spanischen Anarchosyndikalisten.

1938: Beginn einer offiziellen antisemitischen Politik in Italien.

1938/39: Einrichtung der »Kammer der Fasci und der Korporationen«, einem das Parlament ersetzenden Plenarorgan.

1939: Bündnispakt mit Deutschland.

1940: Eintritt in den 2. Weltkrieg auf Seiten Deutschlands.

1942: Neugründung der PCI, PSI und anderer Parteien im Untergrund.

1943: Landung der Alliierten in Süditalien; Absetzung Mussolinis durch den Faschistischen Großrat. Inhaftierung Mussolinis und Befreiung durch deutsches Sonderkommando. Besetzung Italiens durch deutsche Truppen. Gründung der Republik von Salò als deutschem Marionettenstaat. Beginn eines parallelen Bürgerkrieges zwischen italienischen Antifaschisten und Faschisten.

1944: Nach Befreiung Roms Sechs-Parteien-Kabinett aller antifaschistischen Parteien. Gründung der Confederazione Generale Italiana del Lavoro (CGIL) als Einheitsgewerkschaft.

1945: Kapitulation der deutschen Streitkräfte in Italien; Mussolini wird auf der Flucht erschossen.

1946: Kommunistische Mehrheit in der CGIL.

1946-48: Italien wird Republik.

1947: Ausscheiden der PCI und PSI aus der von den Christdemokraten (DC) geführten Regierung.

1948: Die Regierung setzt ihre Europapolitik gegen Streiks und Opposition der PCI und PSI durch. Die christliche und sozialdemokratische Minderheit bildet innerhalb der CGIL eine Allianz. Gründung des Südtiroler Gewerkschaftsbundes (SGB).

1948-49: Austritt der Sozialdemokraten und Christen aus der CGIL.

1949: Süditalienische Agrarkrise und Aufstände in Kalabrien. Teilenteignung des Großgrundbesitzes.

1950: Gründung der christlichen Confederazione Italiana Sindicati Lavoratori (CSIL) sowie der sozialdemokratisch-republikanischen Unione Italiana del Lavoro (UIL). Neugründung der USI.

1951/52: Einigung der gemäßigten Sozialisten in der Partito Socialdemocratico Italiano (PSDI).

1953: Häufige Regierungswechsel.

1955: Die DC stellt erneut den Staatspräsidenten.

1957: Entstehung von »ethnischen« Spannungen im SGB. Gründung der Confederazione Italiana Sindacati Autonomi Lavoratori (CISAL).

1960: Staatskrise in Folge von Streiks und Unruhen.

1961: Die ArbeiterInnen setzen in Streiks die Dezentralisierung der Tarifverhandlungen durch.

1962: Auflösung des seit dem Krieg bestehenden Bündnisses zwischen PCI und PSI. Öffnung der DC nach links.

1963: Wahlsieg der PCI; Linksregierung der DC mit der PSI und PSDI. Einsetzen einer starken Binnenwanderung von Arbeitskräften in den Norden.

1964: Abspaltung des Autonomen Südtiroler Gewerkschaftsbundes (ASGB) vom SGB als »ethnische Gewerkschaft« der deutschen und ladinischen Minderheit.

1966: Vereinigung der PSI und PSDI zur Partito Socialista Unito (PSU).

1967: Der ASGB wird deutsche Sektion der UIL. Die Studentenbewegung nähert sich der Arbeiterschaft an; direkte Aktionsformen und die Bildung von Basiskomitees sind die Folge.

1968: Studentenbewegung und Universitätsbesetzungen. Streiks von Fabrikarbeitern und Landarbeitern sowie Generalstreik.

1969: Spaltung der PSU (Neugründung von PSI und PSDI). Heißer Herbst und Streikbewegungen im ganzen Land.

Kommentierte Bibliographie: Italien 1969

Klima im Wandel

Sich mit der italienischen Arbeiterbewegung zu befassen, ist stets ein Fluch und ein Segen zugleich. Ein Segen, da es sich um eine Geschichte handelt, die einen unglaublichen Reichtum an Erfahrungen beinhaltet und ein Fluch – für HistorikerInnen – aus demselben Grund. Der Reichtum an Erfahrungen bedeutet eine schier unerschöpfliche Quelle an Literatur und Dokumenten, ohne dabei allen Phänomenen in Gänze gerecht zu werden. Für ein Verständnis des Heißen Herbstes ist es zunächst unerlässlich, sich auch mit der Vorgeschichte der italienischen Arbeiterbewegung zu befassen, ohne die sich dieses Phänomen nicht in Tiefe verstehen lässt. Auch ist es unerlässlich, sich Quellen zu bedienen, die sich nicht nur spezifisch mit dem Herbst 1969 befassen, da diese oft – genauso wie der vorliegende Text – von einem bestimmten politischen Gesichtspunkt aus geschrieben sind. In dem Meer von Texten stellt sich folglich schnell die Frage nach der Eingrenzung und Beschränkung auf eine kleine Anzahl von Titeln. Besonderen Vorzug gebührt dabei m.E.: Roberto Franzosi, *The Puzzle of Strikes. Class and State Strategies in Postwar Italy,* Cambridge 1995; sowie Stefano Musso, *Tra fabbrica e società. Mondi operai nell'Italia del Novecento,* Mailand 1999. Die Tatsache, dass die beiden Autoren in der einschlägigen Literatur recht häufig als Referenz herangezogen werden, unterstreicht die Brauchbarkeit dieser Werke. In der Tat zeichnet sich das Werk Franzosis – einmal abgesehen von dem überaus treffenden Titel – vor allem dadurch aus, dass es nicht einfach Ereignisse aneinander reiht und generell in ein gesamtgesellschaftliches Bild setzt, sondern dass es speziell einen Einblick in die wechselhaften Beziehungen zwischen Staat und Arbeiterklasse gibt. Dies ist umso hilfreicher, da die politischen Entwicklungen und Verflechtung im Italien nach dem Zweiten Weltkrieg – und mehr noch ab dem Jahr 1969 – für die nicht vorbereiteten LeserInnen in einem scheinbar undurchsichtigen Durcheinander verschwimmen, durch das sich ohne einen Leitfaden schwerlich hindurch finden lässt. Das Werk Mussos hingegen zeichnet sich durch eine ähnlich tiefgreifende Analyse aus. Wie sich am Beispiel des Heißen Herbstes gezeigt hat, haben sich Kämpfe des Proletariats nicht nur auf Fabrikhallen beschränkt. Dies als spezifisches Phänomen der 69er Bewegung zu betrachten, wäre allerdings mehr als töricht. Um die Situation des Jahres 1969 zu verstehen, gilt es also, auch in die »Welt der Arbeiter« außerhalb der Fabriken einzutauchen, was ein besseres Verständnis des Zusammenspiels von Reaktion und Gegenreaktion sowie von traditionellen und neuen Konfliktlinien eröffnet. Generell bedeutet aber eine Aufarbeitung des Heißen Herbsts eine Sisyphosarbeit. Wenn es mühsam ist, sich durch die allgemeine Geschichte der italienischen Arbeiterbewegung zu arbeiten, so gilt dies ganz besonders für das Jahr 1969, vor allem aufgrund der Tatsache, dass es sich nicht um ein großes Einzelereignis handelt, sondern sich der wahre Charakter der Kämpfe eigentlich durch eine unendliche Anzahl paralleler Kämpfe an unzähligen unterschiedlichen Orten auszeichnet. So vielfältig wie die Kämpfe, so vielfältig ist die Literatur. Das Gros der gängigen und zugänglichen Literatur befasst sich dementsprechend mit Einzelphänomenen: persönliche Erinnerungen, die politische Theorie des Operaismus, lokale Bewegungen wie in Porto Marghera etc. Wer also einen Gesamtüberblick geben will, läuft daher ständig Gefahr, mit seiner Arbeit gefährlich nah an die simplen Auflistungen eines Telefonbuches oder aber – sofern man der Vielfältigkeit durch ausführliche Schilderungen gerecht werden will – an einen Text biblischen Ausmaßes zu gelangen. Das Werk von DIEGO GIACHETTI & MARCO SCAVINO, *La FIAT in mano agli operai. L'autunno caldo del 1969,* Pisa 1999, erscheint in diesem Zusammenhang als der hilfreichste Leitfaden. Zwar nutzen sie die Ereignisse bei den FIAT-Werken in Turin als roten Faden, schaffen es jedoch durchaus, ein Gesamtbild der Bewegung zu zeichnen – was m.E., zugegebenermaßen, nicht ganz ohne »Stützräder« zu bewältigen ist. Die Bedeutung der Wahl der FIAT-Werke und Turins ist dabei nicht außer acht zu lassen: während Porto Marghera das konkrete Beispiel für »Spezialisten« ist, hat sich im kollektiven Gedächtnis Italiens in Verbindung mit dem Heißen Herbst unweigerlich Turin festgesetzt – was es umso sinnvoller macht, dies als Ausgangspunkt der Betrachtungen zu nutzen. Schließlich ist es auch Turin – aber dies sei nur am Rande erwähnt –, wo die Auswirkungen des Jahres 1969 (z.B. in Form der vergleichsweise immer noch günstigen Mieten) bis heute noch am deutlichsten wahrzunehmen sind. Letztendlich zeichnet sich das Werk GIACHETTIS & SCAVINOS durch eine Analyse aus, die es vermeidet, alten Wein in neuen Schläuchen zu präsentieren, und sich nicht scheut, gängige Allgemeinposten solidarisch-kritisch zu hinterfragen. (Lars Röhm)

Aufstieg und Niedergang des Massenarbeiters

Eine umfassende Darstellung des Operaismus bietet STEVE WRIGHT, *Den Himmel stürmen. Eine Theoriegeschichte des Operaismus*, Berlin & Hamburg 2005. WRIGHT lässt die Entwicklung der Theorie vor dem Hintergrund der italienischen Klassenkämpfe transparent werden – was bei der Lektüre der operaistischen Schriften selbst nicht immer der Fall ist. Was der als zentral erachtete Begriff der Klassenzusammensetzung nach dem von WRIGHT konstatierten Untergang des Operaismus noch bedeutet, bleibt entgegen dem Vorhaben des Buches unklar. Einen guten Überblick über die italienischen Bewegungen der 1960er und 1970er bieten NANNI BALESTRINI & PRIMO MORONI, *Die goldene Horde. Arbeiterautonomie, Jugendrevolte und bewaffneter Kampf in Italien*, Berlin & Göttingen 1994; sowie GUIDO VIALE, *Die*

Träume liegen wieder auf der Straße, Berlin 1979. Letzteres ist bereits aufgrund der dichten Schilderung des Heißen Herbstes lesenswert, aufschlussreich sind ferner die Polemiken gegen den Operaismus, den Viale, ehemals bei Lotta Continua aktiv, als rigide-leninistisch darstellt. Zentrale Schriften des frühen Operaismus – insbesondere Raniero Panzieris Kritiken der Maschinerie und der Planung – versammelt Claudio Pozzoli (Hg.), *Spätkapitalismus und Klassenkampf. Eine Auswahl aus den Quaderni Rossi*, Frankfurt a.M. 1972. Mit dieser Phase des Operaismus befasst sich auch Wolfgang Rieland, *Organisation und Autonomie. Die Erneuerung der italienischen Arbeiterbewegung,* Frankfurt a.M. 1977, der sich – wie der Untertitel andeutet – gegen eine bestimmte linksradikale Stilisierung des Operaismus zum schroffen Gegensatz der alten Arbeiterbewegung wendet. Einblicke in die operaistischen Fabrikuntersuchungen bieten Wolfgang Rieland (Hg.), *Klassenanalyse als Klassenkampf. Arbeiteruntersuchungen bei FIAT und Olivetti,* Frankfurt a.M. 1974 (der zentrale Arbeiten von Romano Alquati enthält); sowie Quaderni Rossi, *Arbeiteruntersuchung und kapitalistische Organisation der Produktion*, München 1972. Zentral für den späteren Operaismus, wie ihn *Classe Operaia* und *Potere Operaio* verkörpern, ist zweifellos Mario Tronti, *Arbeiter und Kapital*, Frankfurt a.M. 1974. Trontis Bestimmung der Arbeiterklasse als Motor der historischen Entwicklung des Kapitalismus wurde später als »kopernikanische Wende« im Marxismus berühmt oder auch berüchtigt. Seinen mit Marx-Zitaten gespickten philosophischen Höhenflügen zu folgen, ist gelegentlich mühsam, im Unterschied zur deutschen Marxologie aber nie langweilig; selten wurde die Selbstnegation der Arbeiter und Arbeiterinnen als Produktivkraft schärfer pointiert. Historische Konkretisierungen erfuhr die Massenarbeiterthese in dem Sammelband von Sergio Bologna u.a., *Operai e Stato. Lotte operaie e riforma dello stato capitalistico tra rivoluzione d'Ottobre e New Deal*, Mailand 1972. Auf deutsch liegen daraus vor Sergio Bologna & Massimo Cacciari, *Zusammensetzung der Arbeiterklasse und Organisationsfrage*, Berlin 1973 (enthält u.a. den Versuch, die Rätebewegung um 1918 als Facharbeiterbewegung zu entziffern); sowie Antonio Negri, *Die kapitalistische Theorie des Staates seit 1929: John M. Keynes*, in: ders., *Zyklus und Krise bei Marx*, Berlin 1972. Eine Geschichte der Arbeiterklasse in Deutschland, die deutlich der Massenarbeiterthese folgt, wenngleich der Massenarbeiter bereits vor dem »Fordismus« im Kaiserreich entdeckt wird, liefert Karl-Heinz Roth, *Die »andere« Arbeiterbewegung und die Entwicklung der kapitalistischen Repression von 1880 bis zur Gegenwart. Ein Beitrag zum Neuverständnis der Klassengeschichte in Deutschland*, München 1974; drei kontroverse Diskussionsbeiträge hierzu: Erhard Lucas, James Wickham & Karl-Heinz Roth, *Arbeiterradikalismus und die »andere« Arbeiterbewegung. Zur Diskussion der Massenarbeiterthese*, Bochum 1977. Von Potere Operaio liegt auf deutsch nur die knappe Schrift *Was ist Arbeitermacht?* (Berlin 1972) vor, in der sich bereits der Abschied von der Zentralität der Fabrik ankündigt. Weitere agitatorische Texte – auch aus *La Classe* – finden sich in: Lucio Castellano (Hg.), *Aut. Op. La storie e i documenti: da Potere Operaio all'Autonomia Organizzata,* Mailand 1976, sowie in dem italienischen Internetarchiv www.nelvento.net. Eine kritische Geschichte von PO, die allerdings mit Vorsicht zu genießen ist, da der Autor zur heutigen Mythenbildung des Antonio Negri neigt, bietet Franco Berardi, *La nefasta utopia di Potere Operaio,* Rom 1998. Last but not least ist Anfang der 1970er aus dem Operaismus eine feministische Kritik hervorgegangen; ein Schlüsseltext hierzu ist: Mariarosa

DALLA COSTA & SELMA JAMES, *Die Macht der Frauen und der Umsturz der Gesellschaft*, Berlin 1973. (Felix Kurz)

Arbeiterautonomie in Porto Marghera

Der Film »Porto Marghera – die letzten Feuer« von MANUELA PELLARIN (2007) lässt Arbeiter (nicht nur von Potere Operaio) die Geschichte dieses Industriegebiets und ihrer Kämpfe seit den 1950ern erzählen. WILDCAT & FRIENDS haben den Film in zehn Sprachen untertitelt. Das 80-seitige Booklet enthält eine ausführliche Chronologie der Kämpfe, alte Texte des Arbeiterkomitees und Hintergrundmaterial über die Arbeiterautonomie. Auf der DVD ist noch ein längeres Interview mit AUGUSTO FINZI, in dem er eine sehr persönliche Bilanz seiner politischen Aktivitäten zieht; näheres dazu auf www.wildcat-www.de. In dem Interview »Wir hatten die fixe Idee, dass wir keine Stellvertreter (sein) wollten« schildert GIANNI SBROGIÒ, Aktivist der Autonomia Operaia in Porto Marghera 1967-1980, wie sie sich damals außerhalb von Parteien und Gewerkschaften organisierten; siehe *Wildcat*, Nr. 78, Winter 2006/2007. Die Dokumentation und die Aufarbeitung der Erfahrungen des Arbeiterkomitees und der Autonomen Versammlung von Porto Marghera durch die Beteiligten selbst haben erst begonnen. Während der Repression nach dem 7. April 1979 wurden viele schriftliche Unterlagen und Fotos verbrannt oder versteckt, vieles ist verschollen. Einige Beteiligte hatten das Land verlassen, andere saßen im Knast. Eine gemeinsame politische Diskussion fand danach nicht mehr statt. Kurz vor seinem Tod 2004 übergab Augusto Finzi seine gesammelten Unterlagen der Bibliothek von Marghera als Grundstock für ein Arbeiterarchiv. Das »Archivio Operaio Augusto Finzi« wurde 2006 der Öffentlichkeit vorgestellt. Das Material ist jedoch noch nicht zugänglich, da die Katalogisierung nicht abgeschlossen ist. Irgendwann sollen die Dokumente im Internet stehen. Der Förderkreis des Arbeiterarchivs war Mitorganisator des Kongresses »Settanta – gli anni sospesi« im Oktober und November 2007 in Mestre, auf dem die Kämpfe in Porto Marghera in den 1960er und 1970er Jahren rekonstruierten wurden. Außerdem ist ein neuer Film von MANUELA PELLARIN in Arbeit, beruhend auf zahlreichen Interviews, die im letzten Jahr von DEVI SACCHETTO mit ehemaligen Basis-Aktivisten durchgeführt wurden. Eine Auswertung dieser Interviews wird zusammen mit Redebeiträgen vom Kongress in Mestre voraussichtlich 2008 als Buch erscheinen. Das Standardwerk zu den Arbeiterkämpfen im Veneto stammt von dem Historiker CESCO CHINELLO: *Sindacato, PCI, Movimenti negli anni Sessanta. Porto Marghera, Venezia, 1955-1970*, das 1996 bei Franco Angeli in Mailand erschienen ist. (Tamara Jagelovsk)

9.
Südafrika 1976

Wir sind es,
die dem Feind trotzen,
denn es geht um die Freiheit,
nur die Freiheit kann den Durst stillen –
Aus dem Terror andrer
haben wir gelernt, dass wir es sind,
die Geschichte machen
und unsere Freiheit erkämpfen werden.
Mongane Wally Serone, »No More Strangers«

Foto: DemonstrantInnen im Township Alexandra am 17. Juni 1976.

Nicole Ulrich

»Nur die Freiheit stillt den Durst«

Schülerstreik, Aufstand und Generalstreiks in Südafrika 1976

Die Jugendrevolte von 1976, die mit einem Schülerstreik begann, nimmt einen zentralen Stellenwert in der Geschichte des nationalen Befreiungskampfes in Südafrika ein. Sie markierte den Anfang vom Ende der Apartheid und inspirierte Aktivisten und Aktivistinnen auf der ganzen Welt. Frustriert von der gemäßigten Haltung der älteren Generation, die es nicht wagte, das Apartheid-System offen zu attackieren, suchten afrikanische Jugendliche aus der Arbeiterklasse nach neuen Wegen des Widerstands. Was als spontanes Aufbegehren begann, weitete sich zu einem der größten und blutigsten Aufstände in der Geschichte Südafrikas aus. Die Kämpfe der Jugendlichen waren dabei Teil einer neuen Welle des Widerstands, die ihren Ausdruck ebenso in der Wiedergeburt der unabhängigen afrikanischen Gewerkschaften in dieser Zeit fand.

Als die Schülerproteste sich zu einem Aufstand ausweiteten, waren Eltern und Arbeiterschaft in eine Entwicklung von Ereignissen hineingezogen worden, die als Schülerstreik und -protest begonnen hatte. Die politische Landschaft Südafrikas veränderte sich mit jeder Stufe, den der offene politische Widerstand voranschritt. Eine neue Generation von Aktivisten und Aktivistinnen, in den Schulen wie in den Betrieben, veränderte das Land, und durch ihre offene Missachtung des Apartheid-Staates legten sie die Grundlagen für die großen Kämpfe in den 1980er Jahren, die sie inspirierten.

Die Frustration der Jugend

Während der Jugenderhebung stellten die Schulen einen wichtigen Raum für kollektive Aktionen dar. Die dort vorherrschenden Missstände führten schließlich in den South Western Townships (Soweto), dem süd-westlichen Vorortbereich von Johannesburg, zu Protesten gegen die Bildungspolitik, die wiederum den Aufstand von 1976 entzündeten. Die Ursachen für den Aufstand wurden lange Zeit und häufig vereinfachend in der Einführung von Afrikaans als Unterrichts- und Prüfungssprache gesehen. Doch auch wenn die neue Sprachpolitik dazu beitrug, die Proteste hervorzurufen, so war es die allgemeine Frustration über die rassistische Unterdrückung und die kapitalistischen Umstrukturierungen, die die Erhebung ermöglichte und anwachsen ließ.

Denn mit dem Beginn einer Wirtschaftskrise in den frühen 1970er Jahren wurden die Jahre des Aufschwungs der Apartheid-Wirtschaft beendet. Die wachsende Inflation und steigende Arbeitslosigkeit ließen Hunderttausende Jugendliche der afrikanischen Arbeiterklasse verarmen und drängten sie noch weiter an den Rand der Gesellschaft. Unzufriedenheit machte sich auch breit aufgrund von unterfinanzierten, rassistischen und autoritären staatlichen Einrichtungen wie den lokalen Verwaltungsbehörden der Townships und dem auf *Rassen*trennung basierendem Bantu-Erziehungssystem.

Die Bedingungen in den Schulen der Townships waren äußerst bedenklich. Die Apartheid-Regierung und große Konzerne, insbesondere angloamerikanische, erhöhten während der frühen 1970er Jahre zunehmend ihre Investitionen für den Bildungsbereich, um damit die Anzahl angelernter Arbeitskräfte zu steigern. Mit der Modernisierung der Bildung sollten die Bedürfnisse des expandierenden Sektors der verarbeitenden Industrien befriedigt werden. Die Schulen der afrikanischen Jugend jedoch blieben miserabel ausgestattet und überfüllt. Im Apartheid-System wurden afrikanische Schülerinnen und Schüler in nach »Rassen« getrennten Schulen unterrichtet, die von der völlig unterfinanzierten Behörde für Bantu-Erziehung geleitet wurden.

Die Schulen hatten weder genügend Lehrpersonal noch ausreichende Einrichtungen wie Büchereien, Sportplätze oder Versuchslabore. In manchen Schulen gab es weder Elektrizität noch die nötigsten Sanitäranlagen. Gleichzeitig wurde von körperlicher Züchtigung in hohem Maße Gebrauch gemacht. An der Vulamazibuko-Schule in Diepkloof (einem Stadtteil im Osten Sowetos) zum Beispiel bestraften Lehrer regelmäßig ihre Schüler damit, dass sie deren Füße in kaltes Wasser steckten und danach auf ihre Zehen schlugen.

»Schwarzes Bewusstsein«

An den Schulen fanden größere Zahlen afrikanischer Schüler und Schülerinnen zusammen, einig in ihrer gemeinsamen Frustration. Sie begannen nach Wegen zu suchen, wie sie ihre Sorgen zum Ausdruck bringen und lösen konnten. Weder ihre Eltern noch die nationalistischen Befreiungsorganisationen im Exil, wie der African National Congress (ANC) und der Pan-Africanist Congress (PAC), oder die im Untergrund agierende South African Communist Party (SACP), konnten ihnen wirklich eine Richtung weisen. Selby Semela, ein führender Schüleraktivist von damals, erinnerte sich später, dass »die alten Organisationen trostloser Maulhelden« für sie kaum eine Rolle spielten.

Als Konsequenz dessen gründete die afrikanische Jugend ihre eigenen Organisationen wie das African Student Movement (ASM), welches Schüler und Schülerinnen in den Schulen Sowetos organisierte. Es verschrieb sich dem Zweck, sich für die Schülerbelange einzusetzen sowie soziales und politisches Bewusstsein zu fördern. Viele Mitglieder des ASM waren beeinflusst von jungen Lehrern, die an den afrikanischen Universitäten der sogenannten »Homelands«, wie z.B. der Turfloop-Universität bei Sovenga, unterrichteten und die die Ideologie des »Black Consciousness« (BC), des »Schwarzen Bewusstseins«, propagierten.

Inspiriert von der Black-Power-Bewegung in den USA und aufbauend u.a. auf den Ideen von Steve Biko, dem theoretischen Kopf der Black People's Convention (BPC), war die BC-Bewegung eine nationalistische Strömung, die die Notwendigkeit betonte, einen Sinn für Stolz und Selbstwertgefühl in »schwarzen« Menschen wachzurufen, bevor die politische Organisierung stattfinden könne. Im Gegensatz zum älteren ANC umfasste für die BC-Bewegung der Begriff »Schwarze« ausdrücklich alle rassistisch unterdrückten Gruppen: »Farbige« (*coloured*) und Inder (die kleinste und ebenfalls unterdrückte Minderheit Südafrikas) genauso wie Afrikaner. (Unter »Afrikanern« versteht man in Südafrika meist nur die »schwarze«, i.d.R. die bantusprachige Bevölkerung. Als »Farbige« werden dagegen meist sogenannte »Mischlinge«, die in der Regel Afrikaans oder Englisch sprechen, bezeichnet) Dahinter stand der Gedanke, eine »vereinte schwarze Front« aufzubauen. Demgemäß änderte das ASM schon bald seinen Namen in South African Student Movement (SASM) und versuchte sich auch jenseits von Soweto zu organisieren.

Auch andere wichtige Ereignisse inspirierten die Jugend von Soweto. Die Streiks von Durban (Hafenstadt im Osten) im Jahre 1973, die sich bis Port Elizabeth (Hafenstadt im Süden) und zum East Rand, dem Verwaltungsdistrikt östlich von Johannesburg, ausweiteten und an denen mehr als 90.000 Arbeiter beteiligt waren, erschütterten die politische Grabesstille der 1960er Jahre. Während und nach den Streiks gründeten Arbeiter neue, progressive Gewerkschaften und leiteten so die Wiedergeburt der afrikanischen Gewerkschaftsbewegung ein. Damit kehrte die afrikanische Arbeiterklasse wieder als treibende gesellschaftliche Kraft auf die Bildfläche zurück. Gleichzeitig ließ der plötzliche Zusammenbruch des portugiesischen Kolonialismus in Moçambique und Angola viele daran glauben, dass eine nationale Befreiung im Apartheid-Südafrika möglich sei. Der Glaube, dass das Apartheid-System unerschütterlich wäre, brach in einem Moment in sich zusammen, als sich immer größere Zahlen von Arbeitenden und Jugendlichen in den Fabriken und Schulen konzentrierten und sich dadurch immer mehr über ihr gemeinsames Schicksal bewusst wurden.

Ein Funke, ein Feuer

Es gab zwei Schlüsselereignisse, die die Jugend Sowetos zum Handeln antrieb. Während der 1970er Jahre begann die Apartheid-Regierung sich in Richtung einer frühen neoliberalen Politik zu bewegen. Als Folge dessen wurde das ohnehin unzureichende Budget für den Bildungsbereich noch weiter gekürzt, und zwar zu demselben Zeitpunkt, an dem immer mehr Kinder in die Schule eingeschrieben wurden. Gleichzeitig reduzierte man die Schuljahre. Durch die Abschaffung der sechsten Klasse im Elementarbereich entstand eine riesige »Zunahme« von Schülerinnen und Schülern, die in das erste Jahr der Sekundarschule gedrängt wurden. In der Folge verschlimmerten sich die Überfüllung der Schulen und die Verknappung der Lehrmittel erheblich. In dieser explosiven Atmosphäre traf nun die Behörde für Bantu-Erziehung die schwerwiegende Entscheidung, dass eine höchst umstrittene »Fünfzig-zu-Fünfzig«-Sprachregelung in den Schulen eingeführt werden sollte. Die Hälfte der Prüfungsfächer sollte auf Afrikaans unterrichtet werden, einer Sprache, die nur ein kleiner Teil des Lehrpersonals und der Schülerschaft sprach. Diese Zumutung wurde als ein Akt nationaler Unterdrückung betrachtet.

Verschiedene Schulbehörden waren die ersten, die gegen die Sprachpolitik Einwände erhoben, doch die Behörde für Bantu-Erziehung war fest entschlossen. Ihre Unnachgiebigkeit und die Einstellung, die sie zu erkennen gab, wurden zum Fokus des politischen Zorns der Schülerschaft. Bis Februar 1976 war diese Entwicklung soweit gediehen, dass die Schüler und Schülerinnen Proteste organisierten.

Nach einem Boykott von Prüfungen im Frühjahr und ersten gewaltsamen Auseinandersetzungen berief das SASM für den 13. Juni eine Versammlung ein, um das Sprachenproblem zu diskutieren. Dort wurde beschlossen, dass die Schülerschaft Sowetos in den Streik treten und am 16. Juni eine Massendemonstration durchgeführt werden sollte. Ferner wurde ein Aktionskomitee eingerichtet, aus dem dann der Soweto Student Representative Council (SSRC) hervorging.

Der Streik wurde geschlossen durchgeführt. Über 15.000 Jugendliche beteiligten sich an den Protestaktionen. Viele stellten ihre Feindseligkeit gegenüber der Sprachpolitik zur Schau, indem sie Plakate trugen, auf denen z.B. zu lesen war: »Schwarze sind keine Müllkübel – Afrikaans stinkt« oder »Afrikaans ist die Sprache des Unterdrückers«.

Die Polizei hatte keine Vorbereitungen für dieses Ereignis, einen Protest von seit Jahren nicht mehr gesehenen Ausmaßen, getroffen und die Spannung wuchs. Um neun Uhr morgens stießen die Polizei und die Jugendlichen dann an der Vilikazi Street zusammen: die Polizei ging mit Tränengas vor, Demonstranten warfen Steine und die Polizei wiederum eröffnete das Feuer. Zwei Kinder starben dabei, zahlreiche wurden verletzt.

Die Wahrheits- und Versöhnungskommission befand später, dass Oberst Theuns Swanepoel von der Aufstandsbekämpfungseinheit der südafrikanischen Polizei – ein berühmt-berüchtigter Totschläger und unter dem Beinamen »Rooi Rus« (»Roter Russe«) bekannt – nach der Maxime »Schießen, um zu töten« vorging.

Das Polizeivorgehen entzündete eine gesteigerte Wut der jungen Demonstranten. Bis zum Mittag waren Krawalle überall in Soweto ausgebrochen. Autos wurden mit Steinen eingedeckt und Barrikaden errichtet. Verwaltungsgebäude und Schulen wurden angegriffen, indem sie in Brand gesteckt wurden, aber ebenso einige Bierhallen, da die Jugendlichen im Alkoholismus einen Grund für soziale Befriedung und politische Apathie sahen. Auch zwei Weiße wurden angegriffen und getötet: einer war Dr. Melville Edelstein, ein Liberaler, der kurz zuvor einen Bericht veröffentlicht hatte, in dem er vor bevorstehenden Unruhen in Soweto warnte. Trotz der harten Vorgehensweise der Polizei, die versuchte, die Erhebung zu ersticken, gingen die Ausschreitungen in Soweto weiter und griffen schnell auf andere Teile des Landes über.

Arbeiter und Schüler vereint

Die Auseinandersetzungen machten den Weg frei für organisiertere Formen des Protestes. Der SSRC rief nun die Arbeiterschaft dazu auf, die Proteste mit einer Reihe von politischen Generalstreiks bzw. *stayaways* (»Fernbleibe-Aktionen«) zu unterstützen. Der erste Streik fand vom 4. bis 8. August statt und zwei Drittel der afrikanischen Arbeitskräfte in Johannesburg und Pretoria blieben zu Hause. Der zweite, zu dem für den 23. bis 26. August aufgerufen wurde, wurde noch stärker unterstützt. Es wird geschätzt, dass 430.000 Arbeiter und Arbeiterinnen der Arbeit am ersten Tag fern blieben und 320.000 am zweiten und am dritten Tag.

Diese Streiks wurden jedoch überschattet von gewalttätigen Zusammenstößen zwischen Heimbewohnern (vorwiegend Zulu-Wanderarbeitern) und Anwohnern Sowetos. Die Polizei und Mitglieder des Bantu-Stadtrats waren sofort damit beschäftigt, diesen Konflikt anzuheizen und für ihre Interessen auszunutzen. Es gibt allerdings Hinweise, dass der SSRC es versäumt hatte, ausreichend mit den Migranten zu kommunizieren, und diejenigen bedrohte, die zur Arbeit gingen. Viele der Migranten hatten keinen Zugang zur Bildung und verstanden einfach nicht, warum die Jugendlichen so aufgebracht waren.

Der SSRC rief zu einem weiteren Streik vom 13. bis zum 15. September auf. Dieses Mal startete die Schülerschaft gründlichere Sondierungsgespräche und traf sich mit Delegationen von verschiedenen Wohnheimen. Dieser Streik war dann auch der am meisten erfolgreiche. So nahmen am 15. September sogar 200.000 vorwiegend »farbige« Arbeiter in Kapstadt daran Teil. Dies war eine äußerst bedeutende Aktionseinheit über ethnische Grenzen hinweg, die verstärkt wurde durch eine vermehrte Teilnahme »farbiger« Schüler an der Auflehnung in den Schulen. Dem folgte noch ein weiterer erfolgreicher Streik von Arbeitern im östlichen Witwatersrand: in Tembisa (einem großen Township) und Isando (einem Industriekomplex).

Die Regierung ging scharf gegen die unruhige Bevölkerung vor in Folge der Erhebung, doch die Kämpfe gingen auch noch 1977 weiter. Politische Aktivisten und eine Anzahl von Gewerkschaftern wurden festgenommen und inhaftiert. Weiterhin wurden 17 BC-Organisationen verboten. Zu dem Zeitpunkt, als der Aufstand endete, gab es 575 Tote (451 von der Polizei getötet) und 3.907 Verletzte (2.389 durch die Polizei) zu verzeichnen. Am 12. September wurde zudem Steve Biko in der Haft ermordet.

Da die Regierung befürchtete, dass die Schülerschaft und die Arbeiterschaft ihre Kräfte auf einer festen Basis bündeln könnten, blieb die Repression ein herausstechendes Merkmal des südafrikanischen Apartheid-Staates. Gleichwohl führte die Regierung zwischen Mitte und Ende der 1970er Jahre begrenzte Reformen durch, um radikale Bewegungen zu kooptieren, das Land wirtschaftlich zu stabilisieren und die wachsende politische Unruhe einzudämmen. Die neue Aufstandswelle, die mit den Streiks von 1973 begann und sich 1976 fortsetzte, zeigte, dass sich die afrikanische Arbeiterklasse nicht mehr so leicht niederhalten ließ. Letztendlich sollte sich sogar zeigen, dass die Arbeiterklasse das Apartheid-System zum Einsturz bringen würde.

Niederlagen und Siege

Der Preis war hoch, doch der Aufstand von 1976, der in den Schulen und den staubigen Straßen von Soweto begann, machte deutlich, dass es möglich ist, gegen einen scheinbar allmächtigen und gewalttätigen Staat anzukämpfen. Trotzdem sollte dieser Aufstand nicht unkritisch romantisiert werden, bei all seiner Opferbereitschaft und historischen Bedeutung. Der Aufstand war nicht nur verbunden mit staatlichem Terror, er beinhaltete ebenso rassistisch motivierte Zusammenstöße und erste Konflikte zwischen Township-Anwohnern und migrantischen Wohnheimbewohnern wie auch die erstmalige Anwendung der berüchtigten »Halskette« gegen vermeintliche Spitzel (eine dann in den 80ern weit verbreitete Lynchmethode, bei der Personen ein mit Benzin gefüllter Gummireifen über Arme und Brust gestülpt und anschließend angezündet wird).

Es gab ebenso deutliche Schwächen, die der Politik des Aufstands innewohnten. Am Ende des Aufstands flohen zahlreiche SSRC-Führer ins Exil. Sie gründeten dort 1979 den South African Youth Revolutionary Council (SAYRCO), genau die Form isolierter Exilpolitik nachahmend, mit der bereits der ANC so viele Jungendliche ernüchtert hatte. Als die Aktivisten ins Ausland flohen, wurde der entscheidende Kampf *innerhalb* Südafrikas geschwächt. Denn dadurch, dass der SAYRCO, ebenso wie der ANC und der PAC, Tausende politisch bewusste junge Menschen aus dem Land holte (in der – später enttäuschten – Hoffnung, als siegreiche Guerilla-Kämpfer zurückzukehren), wurden die Gewerkschaften, die nach 1973 entstanden waren, und die klassenkämpferischen Gruppen in den Gemeinden, die 1976 entstanden, erfahrener Aktivisten und Aktivistinnen beraubt.

Denn diejenigen Jugendlichen, die sich entschieden, im Land zu bleiben, kamen in die Fabriken und brachten eine neue Entschlossenheit mit sich. Die »Klasse von 1976« gab so der neuen Gewerkschaftsbewegung ihre Energie. Sie diskutierten eifrig über politische Probleme, insbesondere über die Rolle der Gewerkschaften in ihrem Kampf, und bereiteten so ihre Kollegen und Kolleginnen auf die nationale Befreiung vor.

Strategische Schwächen

Der durch einen Schülerstreik entfachte Aufstand von 1976 markierte, zusammen mit den Streiks von 1973, den Beginn einer neuen Ära. Das mutige Handeln der Jugendlichen ebnete den Weg für die Organisierung in Gewerkschaften und Gemeinden, die schließlich zu den Erhebungen und Generalstreiks der 1980er Jahren führen sollten. Es zeigt, dass eine neue Generation mit festem Willen in der Lage ist, den Geist des Widerstands in der Bevölkerung neu zu entfachen.

Allerdings blieb auch ihre Politik größtenteils in einem nationalistischen Standpunkt verhaftet: die klassische BC-Ideologie unterschied sich nicht arg von der des ANC. Und so vermochte auch die Politik der neuen Generation nicht, die ältere Tradition des afrikanischen Nationalismus grundlegend zu beseitigen. Zum Beispiel stand der ANC dafür, großen Wert auf eine klassenübergreifende Einheit, den Nationalstaat und einen nicht-rassistischen Kapitalismus zu legen. Die Politik der Jugendlichen wiederum war maßgeblich von einer *alternativen nationalistischen* Tradition beeinflusst und nicht von einer Alternative *zum* Nationalismus.

Wenn auch die Betonung der BC-Bewegung eines »schwarzen Stolzes« äußerst wichtig war, so hatte die Bewegung niemals eine klare Strategie zu dieser Zeit. Die BC-Bewegung legte großen Wert auf persönliche Veränderung und weniger darauf, eine Gegenmacht aufzubauen. Sie entwickelte nur äußerst unzureichend eine antikapitalistische Position, und das, obwohl nationale Unterdrückung und kapitalistische Ausbeutung fest miteinander verwurzelt waren im Südafrika der Apartheid. Ende der 1970er machte sie diesbezüglich Veränderungen durch, als viele BC-Aktivisten eine sozialistische Position einnahmen – allerdings eine, die im Allgemeinen äußerst unkritisch gegenüber dem Sowjet-Modell war. Überhaupt konnte die BC-Bewegung den Verlust ihres ideologischen Kopfes Biko niemals wieder ausgleichen. Sie wurde zunehmend sektiererisch, isolierte sich von den sozialen Kämpfen der Masse und geriet immer mehr ins politische Abseits. Kurz gesagt, auch die BC-Bewegung war nicht in der Lage, eine wahrhafte ideologische und organisatorische Alternative zu den Ansätzen des älteren ANC oder PAC zu bieten.

Die Repression der BC-Bewegung und ihre strategischen Fehler führten dazu, dass diese Tradition bis zu den frühen 1980er Jahren isoliert war. Der illegale ANC dagegen lebte wieder auf und schaffte es, die Imagination der meisten Ableger der »Klasse von 1976« einzufangen. Flexibel in seiner Politik und mit einer sehr klaren Strategie, erlangte der ANC zunehmend die Hegemonie, wie die 1980er Jahre voranschritten. Und in vielen Bereichen, in denen die BC-Bewegung einflussreich blieb, war sie mit weitläufiger politischer Gewalt durch ANC-Anhänger konfrontiert.

So erlangte der ANC, der noch bei den Ereignissen von 1976 fast gar keine Rolle gespielt hatte, die vollständige Kontrolle über den nationalen Befreiungskampf und bildete letztlich 1994 eine neue kapitalistische Regierung. Diese Regierung hat die fundamentalen ökonomischen und sozialen Probleme des Landes bei weitem nicht gelöst – und kann es auch nicht.

Lucien van der Walt

Zyklen der Akkumulation – Zyklen des Klassenkampfes

Zum Verhältnis von Apartheid, Arbeit und Befreiung in Südafrika

Die 1970er Jahre eröffneten eine Periode der ökonomischen Krise und politischen Instabilität in Südafrika. Das rasante Wirtschaftswachstum der 1950er und 1960er Jahre sowie die politische Ruhe der 1960er Jahre endeten, als 1973 eine massive Streikwelle in Durban ihren Anfang nahm. Dem folgte die Schülerrevolte von 1976, die in Soweto begann, sich über das ganze Land ausbreitete und mehrere Generalstreiks auslöste.

Damit hatte der Auflösungsprozess des Apartheidprojekts, das 1948 startete, begonnen. Die Expansion des südafrikanischen Kapitalismus, der auf billiger, kolonisierter Arbeit von Afrikanern in einer nach »Rassen« getrennten sozialen Ordnung beruhte, wurde durch die Ausbildungskrise und den winzigen Konsummarkt untergraben, die diese Gesellschaftsordnung zwangsläufig hervorbrachte. Als das Apartheid-Modell zu scheitern begann, ging die afrikanische Arbeiterklasse zum Handeln über. Gleichzeitig gingen große Teile der »weißen« Arbeiterklasse zur radikalen Rechten über. Bis zu den 1990er Jahren war die Apartheid formal »besiegt«, jedoch nicht der Kapitalismus: Ungleichheit und Armut bestehen weiter; sie treffen Millionen von Menschen aller »Rassen« (ein Konstrukt, das nicht einfach verschwand), über der eine zunehmend »multirassische« herrschende Klasse steht. Das Beispiel Südafrika zeigt anschaulich, wie eng verwoben ökonomische und soziale Unterdrückung sind und wie unvollständig eine politische Befreiung ohne die ökonomische ist.

Arbeiterklasse und »Rassen«spaltung am Vorabend der Apartheid

Die Periode direkt nach dem Zweiten Weltkrieg war gekennzeichnet von stürmischen Protesten der Arbeiterklasse. Sie war geprägt von Konsumboykotten, Streiks, Landbesetzungen und Protesten von heimkehrenden Soldaten. Jedoch spiegelten sich die koloniale Vergangenheit und die Geschichte der »Rassentrennung« (Segregation) auch in der Politik der Arbeiterklasse wieder. Diese war genauso diskrepant wie die Arbeiterklasse selbst. Afrikanische Arbeiter – insbesondere männliche Arbeitsmigranten, deren Familien auf den ländlichen Bauernhöfen überall in Afrika lebten – bildeten die Grundlage einer Wirtschaft, die sich aus Billigarbeit speiste. »Weiße« Arbeiter dominierten dagegen die Facharbeiter- und Aufseherposten.

Zwischen diesen zwei Enden des Spektrums gab es eine breite Palette von Arbeitern, was Ausbildungsgrad und berufliche Tätigkeit betrifft. Auch gab es dazwischen eine breite Streuung von Nationalitäten, was städtische Afrikaner und »Farbige« ebenso umfasste wie indische Arbeiter und arme »Weiße«. Sogenannte »Rassengesetze« gewährten jeder dieser Gruppen unterschiedliche Rechte und die Arbeitgeber spielten die Gruppen dementsprechend gegeneinander aus.

Die nationale Unterdrückung der Afrikaner – der südafrikanische Kapitalismus wurde auf Grundlage der kolonialen Vorherrschaft errichtet – machte die Situation noch komplizierter. Die Aufspaltung in »Rassen« war nicht einfach nur eine Frage von Vorurteilen, sondern war tief verflechtet mit dem Kapitalismus sowie einem autoritären und rassistischen Staat. Zum Beispiel wurden in den Bergwerken zugewanderte Afrikaner durch spezielle Arbeitsgesetze besonders eng an die Arbeitgeber gebunden. Jede ihrer Bewegungen wurde durch ein internes Kennkartensystem kontrolliert und Unterkünfte wurden ihnen nur in Form von streng überwachten Wohnheimen geboten. Ihre Familien lebten wiederum auf dem Lande, wo sie sich mit Subsistenzwirtschaft über Wasser hielten. Auf der anderen Seite waren die »weißen« Bergarbeiter – die vollständig urbanisiert und proletarisiert sowie seit den 1930er Jahren weitestgehend mit Bürgerrechten ausgestattet waren – freie Lohnarbeiter mit Gewerkschaftsrechten. Allerdings waren sie stets davon bedroht, durch Arbeiter mit niedrigeren Löhnen ersetzt zu werden.

Zwei Traditionen der Arbeiterorganisierung

In der Geschichte reagierten die Arbeiter auf diese Aufspaltung in verschiedener Weise. Manche entschieden sich dafür, exklusive Gewerkschaften und politische Parteien zu gründen, die Arbeiter entlang gruppenspezifischer und rassistischer Trennlinien protegierten, so eine Hierarchie nach Hautfarben und Ausbildungsgraden zementierend. Anfang des 20. Jahrhunderts zum Beispiel unterstützen Gewerkschaften »weißer« Handwerker die South African Labour Party (SALP), deren Programm sich für »berufliche Rassenschranken« (sogenannte *job colour bars*), »Rassentrennung« und die Rückführung der asiatischen Minderheit aussprach. 1922 führten »weiße« Bergarbeiter im Witwatersrand (dem wirtschaftlichen Kernstück des Landes) einen Generalstreik durch, der sich schnell zu einem bewaffneten Aufstand auswuchs. Vielsagenderweise war ihre zentrale Forderung eine berufliche *Rassen*schranke.

Allerdings wurden solchen Traditionen immer wieder die alternative Tradition einer inklusiven, d.h. alle Arbeiter einbeziehenden Gewerkschaftsbewegung entgegengehalten, eine Tradition, die in Südafrika zum Teil auf die anarchistischen und revolutionär-syndikalistischen Aktivisten des frühen 20. Jahrhunderts zurückgeht und später von der South African Communist Party (SACP) fortgesetzt wurde. Die Syndikalisten, stark beeinflusst von den Industrial Workers of the World (IWW) in den USA, befürworteten »die eine große Gewerkschaft« (»One Big Union«) aller Arbeiter, um sowohl den Kapitalismus als auch die nationale Unterdrückung zu bekämpfen. In Erwiderung auf segregationistische Vorstellungen traten sie für gleiche Löhne und Arbeitsbedingungen für alle ein und erblickten darin eine Möglichkeit, alle Arbeiter zu vereinigen.

In der Praxis spiegelten die syndikalistischen Gewerkschaften in Südafrika in gewisser Weise die Realität der gespaltenen Arbeiterklasse wieder. Die Industrial Workers of Africa (IWA) zum Beispiel waren in Wirklichkeit eine Gewerkschaft städtischer Afrikaner. Spätere linke Richtungsgewerkschaften wie z.B. die Industrial and Commercial Workers' Union (ICU) und die Federation of Non-European Trade Unions (FNETU) in den späten 1920er Jahren folgten demselben Muster. Was an dieser Tradition dennoch so beeindruckend war, ist, dass diese Gewerkschaften sich nicht nur auf die sogenannten Brot-und-Butter-Fragen fokussierten, sondern ebenso »politische« Fragen aufgriffen, die mit der nationalen Unterdrückung zusammenhingen, und in Verbindung mit Kämpfen auf Gemeindebasis standen, die ein weiteres Hauptkampffeld im Klassenkampf waren.

Die Expansion der verarbeitenden Industrie von 1914 an – die ursprünglich auf den Bedingungen der Kriegszeit beruhte und später auf der staatlichen Förderung einer importunabhängigen Industrie – bewirkte ein rasantes Wachstum der Anzahl von Arbeitern in Fertigungs- und Wartungsjobs. Nicht nur sorgte dies für eine konzentrierte Ansammlung von Arbeitern in den Betrieben, es bildete ebenso eine andere Art der Klassenzusammensetzung – im Gegensatz zu der in den Bergwerken – heraus. Die Fabrikbesitzer benötigten eine beständige Menge angelernter Arbeitskräfte. Dies brachte Arbeiter verschiedener »Rassen« in relativ ähnlichen Berufen zusammen und ermöglichte ab den 1930er Jahren eine »neue Gewerkschaftsbewegung«, die tatsächlich *rassen*übergreifend in der Textil-, Kleidungs-, Nahrungs- und Lederindustrie organisiert war.

Apartheid und Differenz

Am Vorabend der Apartheid im Jahre 1948 befanden sich die Gewerkschaften und die Linke auf dem Rückzug. Die Kriegsjahre hatten eine weitere Expansion der verarbeitenden Industrie hervorgebracht und damit auch den Aufstieg des mächtigen (vorwiegend afrikanischen) Council of Non-European Trade Unions (CNETU) sowie das Anwachsen des zunehmend *rassen*übergreifenden South African Trades and Labour Council (SATLC). Die SACP war die tonangebende Kraft im CNETU und gewann auch in allen anderen Bereichen an Einfluss; die Labour Party schaffte die Segregation ab; eine Organisation radikaler Soldaten, die Springbok Legion, war äußerst aktiv; und es gab eine Welle erfolgreicher Landbesetzungen durch afrikanische Besetzer. Auch wenn viele andere Kräfte aktiv waren – so z.B. eine große faschistische Bewegung unter »Weißen« und weiterhin einflussreiche afrikanisch-nationalistische Bewegungen und der Buren-Nationalismus –, so war diese Periode doch eine Zeit des wachsenden Klassenkampfes und Klassenbewusstseins.

Im Jahre 1948 jedoch brachen der CNETU und der SATLC auseinander, und eine rapide wachsende Arbeitslosigkeit dezimierte die Mitgliederreihen der Gewerkschaften und die Zuversicht der Arbeiter. Der afrikanische Nationalismus machte sich überall auf dem Kontinent breit und brachte oftmals – neben seiner zweifellos wichtigen antikolonialen Position – eine tiefe Feindschaft gegenüber der Linken und gegenüber der unabhängigen Gewerkschaftsbewegung mit sich. Buren-Nationalismus war ebenfalls auf dem Vormarsch: die National Party (NP) gewann noch im selben Jahr die Wahlen – und blieb bis 1994 an der Regierung.

In ihrem ersten Regierungsjahrzehnt wurde von der Apartheid-Regierung nicht nur wieder die Segregation fest verankert und gegen jeglichen Ungehorsam streng vorgegangen, es wurde auch die SACP verboten und linke Aktivisten aus dem öffentlichen Leben gedrängt. Gleichzeitig wurden die Arbeitsrechte abgeändert, so dass *rassen*übergreifende Gewerkschaften ausgeschlossen und Streiks von Afrikanern illegal wurden. Afrikanische Gewerkschaften wurden zwar nicht verboten, doch sie arbeiteten unter extrem harten Bedingungen.

Die 1950er Jahre waren eine Zeit der Turbulenzen und des Aktivismus. Der African National Congress (ANC), der zunehmend von der im Untergrund agierenden SACP beeinflusst wurde und als weiteren Arm der Bewegung den South African Congress of Trade Unions (SACTU) hatte, organisierte umfassende Kampagnen des zivilen Ungehorsams ebenso wie verschiedene politische Generalstreiks (*stayaways*).

Die Spannung wuchs und der Staat unterdrückte, nach Massakern an protestierenden Schwarzen bei Sharpeville und Langa 1960, den ANC und dessen Absplitterung, den Pan-Africanist Congress (PAC). Die Nationalisten und die Kommunisten, die beide zunehmend als Exilbewegungen agierten, gingen zu einer Politik des Guerillakriegs über. Abgesehen davon, dass die Erfolge dieser Politik ausblieben, bedeutete diese neue Strategie eine Abkehr von der Massenorganisation und der SACTU schwand dahin. Jedoch bewirkten das in den 1950er Jahre einsetzende und bis in die 1970er andauernde schnelle Wirtschaftswachstum ein massives Anwachsen der Arbeiterklasse. Wenn auch die Apartheid-Regierung sich in den 1960er Jahren darauf konzentrierte, sich einer Reihe nominell unabhängiger afrikanischer »Homelands« zu widmen – die mit dem »weißen« Südafrika durch Arbeitsmigranten verbunden sein sollten –, so geriet dieses System der Arbeitsmigration zunehmend in die Krise. Denn die Landverknappung untergrub die Rentabilität der afrikanischen Bauernhöfe, auf der das System basierte.

Die Siebzigerjahre und danach

Die Anfänge einer globalen Rezession in den frühen 1970er Jahren, in Verbindung mit einer massiven und wachsenden Verknappung von Fachkräften in Südafrika und dessen geringe Größe des Binnenmarktes, sorgten dafür, dass das Wachstum zum erliegen kam. Die Arbeitslosigkeit unter Afrikanern, insbesondere unter ungelernten Arbeitsmigranten, wuchs, ebenso wie die Inflation, schnell an; die Reallöhne aller Arbeiter stürzten ab. Besonders hart von der wirtschaftlichen Flaute getroffen, ließen afrikanische Arbeitsmigranten 1973 die Streikaktivitäten wieder aufleben, womit sie die Grundlage für ein Revival der afrikanischen Gewerkschaften legten, die sich schnell ausbreiteten und die wachsende Gruppe angelernter städtischer Arbeiter in sich versammelten.

Die Schülerrevolte und die Generalstreiks von 1976 und 1977 signalisierten weiterhin die Wiedergeburt einer aktiven Opposition gegen die Apartheid, und die Arbeiterklasse gab zunehmend den Ton der Veränderung in Südafrika an. Konfrontiert mit einer Wirtschaftskrise und einem Volksaufstand, experimentierte die Apartheid-Regierung zunehmend mit einer Mischung aus politischen Reformen und neoliberaler Umstrukturierung.

Eine Folge war die zunehmende Beseitigung von *Rassen*regelungen in den Arbeitsrechten von 1979 an, was das Anwachsen der neuen Federation of South African Trade Unions (FOSATU) erleichterte. Dies veranlasste die mächtigen, exklusiven »weißen« Gewerkschaften dazu, einen fortwährenden Kampf zur Verteidigung der beruflichen *Rassen*schranken zu führen. Diese Gewerkschaften brachen letztlich gar mit der NP, um die radikale Rechte zu unterstützen. Auf der anderen Seite lösten Reformversuche im Parlament 1983, denen kurz darauf eine massive Erhöhung der Mieten in den afrikanischen Townships folgte, eine riesige Welle von Kämpfen aus, die sich über mehrere Jahre erstreckte. Die Kombination von politischen Reformen und neoliberaler Umstrukturierung im Zusammenhang mit der Wirtschaftskrise und wuchernder Arbeitslosigkeit war ein explosives Gemisch.

1985 schlossen sich dann im Congress of South African Trade Unions (COSATU) die FOSATU und andere Gewerkschaften zusammen. Im Gegensatz zur FOSATU, die für eine Politik der gewerkschaftlichen Unabhängigkeit und für Arbeiterkontrolle eintrat, war der COSATU eng mit dem ANC verbunden, der nun als politische Kraft im Lande wiedererstarkte.

Das »neue Südafrika«

Trotz der heftigen Repression waren die Tage der Apartheid gezählt. Massive Streiks, Schüler- und Studentenproteste, Miet- und Gebührenboykotte, Gemeindeaufstände und bewaffnete Angriffe eskalierten immer weiter. Konfrontiert mit politischen Umschwüngen, fortwährenden wirtschaftlichen Problemen, internationaler Isolation und tiefer Uneinigkeit innerhalb der herrschenden Klasse ebenso wie innerhalb der »weißen« Bevölkerung, bekamen in der NP die Reformer die Oberhand, die auf ein Übereinkommen mit dem ANC pochten.

In mancher Hinsicht war das »neue Südafrika«, das durch die Verhandlungen von 1990-1993 geschaffen wurde, ein großer Fortschritt für die afrikanische Mehrheit der Arbeiterklasse. Die für alle gesellschaftlichen Gruppen zugänglichen Wahlen am 27. April 1994 beerdigten das Südafrika der billigen unfreien Lohnarbeit und der nationalen Unterdrückung. Nicht nur wurden die Gesetze radikal reformiert, das Wohlfahrtssystem ausgeweitet und Gewerkschaftsrechte verbürgt, sondern auch das Prinzip zumindest der sogenannten »Rassengleichheit« wurde im öffentlichen Diskurs und in der staatlichen Politik etabliert.

Dennoch blieben viele Probleme ungelöst. Der Kapitalismus blieb selbstverständlich bestehen. Eine Folge dessen war, dass die riesigen Ressourcen, die hätten verwendet werden müssen, um Südafrikas große soziale Frage und die krasse Ungleichheit zu lösen, in den Händen der kleinen – wenn auch zunehmend multi*rassischen* – ökonomischen und politischen Elite verschlossen blieben. Der Neoliberalismus wurde auf breiter Front angewendet und trug direkt zu einem massiven Anstieg von Servicegebühren, der Arbeitslosigkeit und einer Flexibilisierung der Arbeit bei. Wenn auch die Wirtschaft sich letztlich erholen mag, so geschah dies auf Kosten von Millionen Menschen. Es bleibt eine unbestreitbare Tatsache, dass die große Mehrheit der Armen Afrikaner sind und dass große Teile der afrikanischen Arbeiterklasse geopfert wurden zum Zwecke der globalen Konkurrenzfähigkeit und der Wiederherstellung von Profitabilität. Die afrikanische Arbeiterklasse war entscheidend für die Niederlage der Apartheid und den Wahlsieg des ANC 1994 – doch sie ist immer noch gefesselt von Tausenden Ketten.

Michael Schmidt

Die Klasse von 1976

Selby Semela und die Generation des Aufstands

Selby Semela, 1958 in eine große »schwarze« Arbeiterfamilie geboren, spielte eine führende Rolle bei dem Aufstand, der am 16. Juni 1976 in Soweto ausbrach. Innerhalb eines Jahres wurde er vom Apartheid-Staat ins Exil gezwungen. Niedergelassen in den USA, stand er in Verbindung mit der Exilbewegung und der radikalen Szene in Amerika. In dieser Zeit wurde er vom Situationismus beeinflusst. Er kehrte nie wieder nach Südafrika zurück.

1976 war Semela 18 Jahre alt. Er war aktiv im African Student Movement (ASM), einem Zusammenschluss, der zu der Bewegung des Black Consciousness (BC) gehörte und der Schüler in den Schulen Sowetos organisierte. Das ASM versuchte später seinen Wirkungskreis auf andere Townships auszudehnen und änderte seinen Namen in South African Student Movement (SASM). Als die Unzufriedenheit 1976 anwuchs, spielte das SASM eine Schlüsselrolle bei der Mobilisierung von Schülern. Semela selbst wurde zum Kassenwart des »Aktionskomitees« gewählt, das von Oberstufenschülern gegründet wurde, um die Massendemonstrationen an jenem schicksalhaften 16. Juni zu organisieren. An diesem Tag kam es zum Zusammenprall zwischen Schülern und der Polizei in Soweto. Bis zum Mittag waren die Townships von Krawallen überzogen und die Proteste breiteten sich schnell über das Land aus, sich zu einer Reihe von Generalstreiks und Erhebungen in den Städten auswachsend. Es sollte mehr als ein Jahr dauern, bis der Aufstand niedergeschlagen werden konnte.

Semela war unter den Hunderten, womöglich Tausenden von Aktivisten, die während dieses heißen Jahres ins Exil flohen. Wie andere Aktivisten Sowetos war er ein Ziel von Polizeiaktionen, und tatsächlich wurde er auch von einem »schwarzen« Polizisten angeschossen und verwundet. Er lebte zunächst im Untergrund, floh dann nach Botswana und schließlich nach Großbritannien, von wo aus er in die USA kam. Ein Foto, das 1977 in London gemacht wurde, zeigt ihn mit seinem Freund Teboho »Tsietsi« Mashinini, seinem Weggefährten und Vorsitzender des Aktionskomitees, der eine zentrale Rolle während des Aufstands spielte. Ihre jugendlichen Gesichter sind erfüllt von Hoffnung, im Schulterschluss strecken sie ihre Fäuste in die Luft. Mit 19 Jahren war Mashinini eine Art Dandy, der von Mädchen wegen seiner abgefahrenen Schlaghosen und seines Afros begehrt wurde, aber auch ein ernsthafter Militanter, der sich seine Sporen in Straßenkämpfen gegen lokale Gangster und als Redner im Debattierclub der Schule verdiente.

Doch das Band ihrer Freundschaft sollte nur kurz währen. Wie in anderen Gemeinden politisch Emigrierter rieben sich die Exilanten der »Klasse von 1976« in heftigen Debatten und Auseinandersetzungen auf. Viele Exilanten traten schließlich den älteren nationalistischen Gruppen bei, insbesondere dem African National Congress (ANC), der in Südafrika verboten war. Andere versuchten, die BC-Bewegung zu reformieren, indem sie 1979 eine BC-Exilorganisation gründeten mit den Zentren in Großbritannien und Nigeria.

Semela jedoch zog andere Konsequenzen. Aus den Erfahrungen von 1976 entwickelte er zunehmend Kritik an der BC-Tradition. 1979 lebte er in der Radikalenhochburg Berkeley (Kalifornien) und wurde vom Situationismus inspiriert. In einem Text kritisierte er dann die autoritären Elemente der Kämpfe von 1976-1977. Die Revolte zeigte seines Erachtens die Wichtigkeit von Selbstorganisation – und dennoch wurde das Aktionskomitee im August 1976 in den Soweto Students' Representative Council (SSRC) umgewandelt, dem das Konzept einer »selbsternannten Exekutive zugrunde lag, die diktatorisch kontrolliert wurde von dessen Vorsitzenden«, zu jenem Zeitpunkt Murphy Morobe, der später ein ANC-Führer werden sollte. Die exilierte BC-Bewegung habe diese Lektion nicht gelernt. Der Aufstand machte die Kraft der Spontaneität der Arbeiterklasse und des Massenkampfes deutlich, doch die selbsternannten BC-Führer wendeten sich dem leninistischen Autoritarismus zu und »erhoben laut Anspruch auf die zweifelhafte Ehre einer Avantgarde-Partei«. Das ganze Projekt degenerierte zu »isolierten Gruppen radikaler Cheerleaders«, hungrig nach Medienberühmtheit und Auslandsanlagen und besessen von Macht. Zweifelsohne hatte er bereits solche Tendenzen bei seinem einstweiligen Genossen Mashinini feststellen müssen.

Das Pamphlet wurde in weiten Kreisen der Exil- und Antiapartheidbewegung gelesen – weltweit. Doch es wurde gemieden von den Verfechtern sowohl des ANC als auch der BC-Exilorganisation und hatte keine Wirkung in Südafrika. Ab Ende 1970er Jahre befand sich die BC-Tradition in einem steilen Abstieg. Der ANC, der nur eine Randerscheinung in den 1970er Jahren war, wurde neu aufgebaut und übernahm die Fackel der nationalen Befreiungsbewegung. Schon relativ früh befürwortete der ANC politische Gewalt gegen die BC-Bewegung: so rief er in einer Rundfunkübertragung aus dem Untergrund von 1978 ausdrücklich dazu auf, dass eine Reihe bestimmter BC-Persönlichkeiten »liquidiert« werden sollte.

Semelas scharfe Kritik an der Bürokratisierung und Verknöcherung durch Machtstrukturen in »Volksbewegungen« ist auch heute noch von Wert – wenn auch mehr in dem Licht betrachtet, wie z.B. der ANC an der Macht zunehmend zu einer autoritären Partei degenerierte, die eine Mischung aus elitärer Bereicherung, afrikanisch-nationalistischer Demagogie und neoliberaler Umstrukturierung hervorbringt.

Semela lebt heute zurückgezogen in New York City. Sein Name ist so gut wie vergessen in Südafrika: keine umfangreiche Biographie, kein Platz in der nationalen Erinnerung. Für den ANC und die BC-Exilanten ist er eine unbequeme Person, die man besser vergisst.

Apartheid und Klassenkampf in Südafrika

Vom Zweiten Weltkrieg bis zum Ende der Apartheid

1945: Der 1941 gegründete Council of Non-European Trade Unions (CNETU) erreicht eine Mitgliederzahl von über 100.000. Protestwelle mit Konsumboykotten, Streiks und Landbesetzungen.

1946: Fatale Niederlage des CNETU im Grubenarbeiterstreik; danach schneller Zerfall der Organisation.

1947: Der South African Trades and Labor Council (SATLC) erreicht eine Mitgliederzahl von über 180.000.

1948: Die National Party (NP) wirbt im Wahlkampf für eine strikte Apartheid-Politik und gewinnt die Wahlen; Regierungskoalition mit der Burenpartei.

1949: Die Regierung macht sich an die vollständige Umsetzung der Apartheid zum »Schutz« der drei Mio. »Weißen« gegenüber 11 Mio. »Schwarzen« und anderen ethnisierten Gruppen: Verbot der »Rassenvermischung« und Schaffung eines Herrschaftsapparates, basierend auf »Rassenklassifizierungen«.

1950: Verabschiedung eines Gesetzes zur geographischen Trennung von klassifizierten Gruppen. Die South African Communist Party (SACP) wird kriminalisiert.

1951: Gesetz zum Aufbau separater Bantu-Verwaltungsbehörden führt zur Schaffung provisorischer »stammesmäßiger« und regionaler Verwaltungsstrukturen in den Bantu-»Reservaten«. Gesetz gegen Landbesetzungen ermöglicht es der Staatsgewalt, unautorisierte Hüttenbauten von Schwarzen einzureißen.

1953: Verabschiedung eines Gesetzes, das öffentliche Einrichtungen (Strände, Busse, Krankenhäuser, Schulen usw.) bestimmten »Rassen« vorbehält. Einführung des Bantu-Erziehungssystems, das auf dem Prinzip basiert, Schwarze auf die Unterordnung unter »Weiße« »vorzubereiten«. Neuformierung der SACP im Untergrund. Gründung des Congress of Democrats (»Demokratenkongress«), einer »weißen« Antiapartheidgruppe.

1954: Die »Einwanderung« von Schwarzen in die Städte wird gesetzlich beschränkt. Auflösung des SATLC nach zahlreichen Spaltungen und dauerndem Niedergang.

1955: Gründung des South African Congress of Trade Unions (SACTU), als quasi-gewerkschaftlicher Arm des African National Congress (ANC).

1956: Verbot unangemeldeter Versammlungen. Auch die »farbige« Bevölkerung verliert das Wahlrecht. Der ANC verkündet die *Freedom Charta*. 160 Oppositionelle werden des Hochverrats angeklagt.

1958-59: Einrichtung von separaten, aber abhängigen Regierungen in den sog. »Homelands«, den einer jeweiligen »Bantu-Nation« zugewiesenen Territorien.

1959: Schaffung separater Universitäten für »Schwarze«, »Farbige« und »Inder«. Abspaltung des Pan-Africanist Congress (PAC) vom ANC.

1960: Massaker von Sharpeville (67 Tote) nach Demonstrationen von Schwarzen; Ausrufung des Notstands. Verbot des ANC und PAC; die Organisationen führen den Kampf im Untergrund und aus dem Exil weiter.

1961: Einführung von Bantu-Stadträten in den »schwarzen« Townships als pseudo-autonome Struktur ein Versuch der Regierung, die konservativen Elemente unter den Schwarzen zu kooptieren. Nach Austritt Südafrikas aus dem Commonwealth Intensivierung der Apartheidgesetze und Verhaftungswillkür. Der ANC gründet seinen bewaffneten Arm (Umkhonto we Sizwe).

1962: Der PAC gründet seinen bewaffneten Arm (Poqo).

1963: Der UN-Sicherheitsrat verhängt ein Waffenembargo über Südafrika.

1966: Nach der Ermordung des Premierministers Verwoerd (durch einen »Weißen«) werden 18.000 Schwarze willkürlich verhaftet und z.T. monatelang in Gefängnissen und Lagern festgehalten.

1967: Aufbau eines Systems, das Industrieunternehmen zunehmend an die Grenzen zu den Homelands ansiedelt, um damit die »schwarze« Bevölkerung einerseits als Arbeitskräfte zu nutzen, andererseits aber von den »weißen« Städten fernzuhalten.

1968: Gründung des African Student Movement (ASM) in Soweto.

1970: Aberkennung der Staatsbürgerschaft der Bantu-Bevölkerung, die nun »Bürger« ihres jeweiligen Homelands sind; verfolgt den Zweck, den »Schwarzen« die Bürgerrechte auf »südafrikanischem« Gebiet zu verweigern.

1971: Gründung der Black People´s Convention (BPC) unter der Führung Steve Bikos; Versuch einer Dachorganisation von BC-Organisationen.

1972: Umbenennung des ASM in South African Students Movement (SASM); Ausweitung der Aktivitäten über Soweto hinaus.

1973: Eine Streikwelle, an der fast 100.000 Arbeiter beteiligt sind, nimmt von der Hafenstadt

Durban ihren Ausgang; in der Folgezeit Gründung zahlreicher neuer Gewerkschaften.

1976: Der vom SASM initiierte und vom Soweto Students Representative Council (SSRC) organisierte Schüleraufstand von Soweto weitet sich zu einem landesweiten Aufstand aus; die »schwarze« Bevölkerung führt mehrere Generalstreiks durch, an denen sich z.T. fast ein halbe Mio. ArbeiterInnen beteiligen.

1977: Die Aufstandsbewegung setzt sich fort; heftige Repression und Verbot der Organisationen und Presseorgane der BC-Bewegung (insges. 17), u.a. des SASM. Ermordung Steve Bikos. Fluchtwelle jugendlicher Aktivisten, Ende des Aufstands. Verschärfung des Waffenembargos durch die UN. Mittlerweile arbeiten über eine halbe Mio. »Weiße« in den Verwaltungsapparaten, die zur Aufrechterhaltung des Apartheid-Systems nötig sind.

1979: Gründung der Federation of South African Trade Unions (FOSATU), die zunächst das Programm einer unabhängigen Gewerkschaftsbewegung vertritt. Gründung des South African Youth Revolutionary Council (SAYRCO) als Exilorganisation von SSRC-Aktivisten.

1983: »Farbige« und »Asiaten« erhalten begrenzte politische Rechte durch neue Verfassung.

1984: Die FOSATU zählt über 120.000 Mitglieder; gerät aber immer mehr ins Fahrwasser des ANC. Aufhebung einzelner Apartheidbestimmungen nach zunehmender Gewalt der protestierenden »schwarzen« Bevölkerung.

1985: Die FOSATU schließt sich mit anderen Gewerkschaften im Congress of South African Trade Unions (COSATU) zusammen, der sich nach dem ANC ausrichtet. Infolge von Massenunruhen kommen 800 Menschen zu Tode.

1986: Eine massive Demonstrationswelle führt zum nationalen Ausnahmezustand; Tausende Verhaftungen, vereinzelt auch Schauprozesse gegen »Schwarze«. Verschärfung des Wirtschaftsembargos durch die UN.

1989: Weitere Zunahme der Massenproteste. Der neue Präsident de Klerk erklärt die Apartheidpolitik für gescheitert.

1990: Verkündung des Endes der Apartheid. Aufhebung des Verbots von Antiapartheidgruppen und -parteien sowie des Ausnahmezustands (seit 1986). Erste Gespräche mit der Opposition; der ANC verzichtet auf weitere Gewalt.

1990-94: Zehntausende Exilanten kehren nach Südafrika zurück. Beseitigung der Gesetze zur »Rassentrennung«. Verabschiedung einer Übergangsverfassung mit allgemeinen Wahlrecht; Vorbereitung von freien Wahlen. Die Wahlen von 1994 gewinnt der ANC; Präsident wird Nelson Mandela.

Kommentierte Bibliographie: Südafrika 1976

»Nur die Freiheit stillt den Durst«

Zentral für eine Auseinandersetzung mit den Ereignissen von 1976 in Südafrika ist die Situation in Soweto. Eine gute Darstellung der Geschichte dieser Zusammenballung von Townships findet sich bei: PHIL BONNER & LAUREN SEGAL, *Soweto. A History*, Johannesburg 1988. Das Buch ist sehr gut recherchiert, gut zugänglich und mit vielen Bildern ausgestattet. Es schildert anschaulich das alltägliche Leben der gewöhnlichen Bevölkerung Sowetos (auch unter Berücksichtigung der verschiedenen Lebensstile, Sport- und Freizeitaktivitäten) und dokumentiert eine Anzahl von politischen und Gemeindeprotesten. Zur BC-Bewegung siehe generell THOMAS G. KARIS & GAILM GERHART (Hg.), *From Protest to Challenge. A Documentary History of African Politics in South Africa, 1882-1990,* Bd. 5 (1964 – 1979), Bloomington & Indianapolis 1997.

Dieses Buch enthält zwei Überblickskapitel über das Aufkommen der BC-Bewegung
und ihre Ideologie sowie ein Kapitel über den Aufstand von 1976. Es zeichnet die Geschichte der Schülerorganisationen und die verschiedenen Phasen des Aufstands nach. Besonders nutzbringend ist, dass das Buch ebenfalls Originaldokumente im Zusammenhang mit der BC-Bewegung und dem Aufstand enthält. Dazu gehören Auszüge aus den Rundschreiben von BC- oder BC-nahen Organisationen, Manifeste, Flugblätter der Schüler Sowetos und Abschriften von Reden. Für weitere Quellen, insbes. der Oral History und Augenzeugenberichte, siehe ELSABE BRINK, *Soweto, 16 June 1976. It All Started With a Dog,* **Kapstadt** 2001. Speziell zur Bildungsfrage siehe BARUCH HIRSON, *Year of Fire, Year of Ash*. London 1979. Das Buch zeichnet die Geschichte der Bildung in Südafrika und die Entfaltung des Bantu-Erziehungssystems nach. Außerdem untersucht es das Aufkommen der Schülerbewegung und den Aufstieg der BC-Bewegung. Eine sehr detaillierte Darstellung des Aufstands von 1976 findet sich ebenso darin. HIRSON ist ein linker Historiker und seine Arbeiten enthalten oftmals Einzelheiten und Einblicke, die sich nicht in Standarddarstellungen finden. Für Debatten über die Rolle des ANC im Aufstand von 1976 siehe NOZIPHO DISEKO, »The Origins and Development of the South African Students' Movement, 1968-1976«, in: *Journal of Southern African Studies,* Nr. 18, Bd. 1 (1992), S. 41-62; sowie JEREMY BRICKHILL & ALAN BROOKS, *Whirlwind Before the Storm*, London 1980. Jüngere Wissenschaftler haben damit begonnen zu erforschen, wie sich der Aufstand von 1976 in den verschiedensten Teilen des Landes auswirkte; siehe z.B. NGOANAMADIMA J.S. MATHABATHA, *The Struggle Over Education in the Northern Transvaal. The Case of Catholic Mission Schools, 1948 to 1994,* Amsterdam 2005. Zur neuen Gewerkschaftsbewegung in den 1970ern und frühen 1980ern siehe z.B. STEVEN FRIEDMANN, *Building Tomorrow. African Workers in Trade Unions 1970- 1984,* Johannesburg 1987. Das Buch enthält eine detaillierte Schilderung der Gewerkschaftsbewegung in dieser Zeit. Obwohl es vorwiegend auf dokumentarischen Quellen und Interviews mit hohen Gewerkschaftsfunktionären basiert, ist es sehr umfassend und ein gutes Referenzwerk. Leider hat das Buch keinen Index, was es schwieriger macht, schnellen Zugang zu den Informationen zu finden. Speziell zu den Streiks von Durban 1973 siehe IIE, *The Durban Strikes 1973. »Human Being with Souls«,* Durban 1974. Hierbei handelt es sich um eine umfangreiche Broschüre, die verfasst wurde von Mitgliedern des INSTITUTE FOR INDUSTRIAL EDUCATION, einer Bildungs- und Forschungsgruppe, die in Verbindung mit den frühen Gewerkschaften stand. Es bietet eine detaillierte Darstellung der Streiks wie auch von Reaktionen des Staates und der Unternehmen. Offensichtlich in Angst vor staatlicher Repression geschrieben, gibt es jedoch eine ganze Menge an Dingen, die die Autoren aussparen, was manche Organisationen und Personen betrifft, die in den Streik involviert waren. (Nicole Ulrich)

Zyklen der Akkumulation – Zyklen des Klassenkampfes

Zum Verhältnis von Klassenkampf und nationalem Befreiungskampf siehe generell ROBERT FINE & DENNIS DAVIS, *Beyond Apartheid. Labour and Liberation in South Africa*, London & Concord 1990. Dieses Buch konzentriert sich auf das komplizierte Verhältnis zwischen Bewegungen der Arbeiterklasse, insbesondere Gewerkschaften, und afrikanischen nationalistischen Formationen. Aus einer unabhängigen marxistischen Perspektive geschrieben, ist es eine wichtige und kritische Studie, die für eine klassenorientierte Politik plädiert und Nationalismen zurückweist. Zur politischen

Ökonomie Südafrikas ist besonders empfehlenswert: Tom Kamp, *Historical Patterns of Industrialisation,* 2. Aufl., London 1993. Das Kapitel zu Südafrika stellt wohl die beste Kurzeinführung zu dessen politischer Ökonomie zwischen den 1880ern und 1980ern sowie zum Verhältnis von Billiglohnarbeit und nationaler Unterdrückung dar. Allerdings berücksichtigt es nur unzureichend das Aufkommen des Neoliberalismus. Für eine kurze Einordnung der Akkumulationszyklen des südafrikanischen Kapitalismus jener Zeit im globalen Kontext siehe Beverly J. Silver, *Forces of Labor. Arbeiterbewegungen und Globalisierung seit 1870*, Berlin & Hamburg 2005, S. 81-85. Der beste Überblick über Proteste und Organisationen der Arbeiterklasse in Südafrika findet sich bei: LACOM, *Freedom From Below. The Struggle for South African Trade Unions,* Skotaville 1989. Dieses Buch wurde vom Labour and Community Project in einem Populärstil für Arbeiter verfasst. Es erfasst die Geschichte der Proteste der Arbeiterklasse und ihrer Organisationen von 1800 bis zu den 1980ern. Es ist sehr gut zugänglich und gut bebildert; wohl die beste radikale Populärgeschichte, die in den 1980ern in Südafrika veröffentlicht wurde. Abgesehen von ein paar wenigen faktischen Fehlern dient es als sehr gutes Referenzwerk. Speziell zum frühen revolutionären Syndikalismus in Südafrika siehe Lucien van der Walt, »Revolutionärer Syndikalismus, Rasse und Klasse in Südafrika. Die International Socialist League und die Industrial Workers of Africa 1915 bis 1920«, in: *Archiv für die Geschichte des Widerstandes und der Arbeit*, Nr. 16 (2001), S. 213-46. Zur neuen Gewerkschaftsbewegung in den 1970ern und frühen 1980ern siehe außerdem Dave Hemson, Martin Legassick & Nicole Ulrich, »White Activists and the Revival of the Workers' Movement«, in: SADET, *Road to Democracy in South Africa,* Bd. 2 (1970- 1980), Pretoria 2006. Dieser Artikel bietet einen umfassenden Überblick über die Gewerkschaften und die Streiks in den 1970ern. Es stellt die Behauptungen bestimmter ANC- und anderer Nationalisten in Frage, dass die neuen Gewerkschaften der 1970er und frühen 1980er reaktionär gewesen seien. Viele der anderen Artikel in diesem Band dagegen sind aus einer äußerst problematischen nationalistischen Perspektive geschrieben und versuchen im Wesentlichen zu beweisen, dass der ANC verantwortlich war für jeden größeren Kampf gegen die Apartheid. Tatsächlich aber war der ANC von Anfang der 1960er bis Mitte der 1980er nur eine marginale Kraft. Zur neueren politischen und ökonomischen Transformation Südafrikas siehe Hein Marias, *South Africa – Limits to Change. The Political Economy of Transition*, 2. Aufl., London & Kapstadt 2001. Dieses Buch ist eine unentbehrliche Darstellung der Veränderungen in der politischen Ökonomie und der sozialen Kämpfe in Südafrika seit den letzten Tagen der Apartheid bis in das erste Jahrzehnt des »neuen Südafrika«. Es ist komprimiert geschrieben und sehr informativ, wenn es auch immer noch teilweise im Gesichtskreis des ANC verfangen ist. (Lucien van der Walt)

Die Klasse von 1976

Innenanblicke und Reflektionen des damaligen Aktivisten Selby Semela finden sich in: Selby Semela, Sam Thompson & Norman Abraham, *Reflections on the Black Consciousness Movement in South Africa*, Johannesburg & Durban 2005 (Neuveröffentlichung des Originals von 1979), mit einer Einleitung von Michael Schmidt. Semela, eine führende Figur im SSRC, schrieb mit an diesem situationistisch beeinflussten Pamphlet, das eine kritische Analyse der BC-Bewegung und des SSRC liefert, vor allem in Hinsicht auf deren Avantgardismus und darauf, dass sie »der

Frage ... nach ihren Zielen« vollständig aus dem Weg ging. Es beleuchtet viele Aspekte, die bisher sehr vernachlässigt wurden, ist aber insgesamt nicht vollständig überzeugend. Weitere Innenanblicke zum Aufstand finden sich in der literarischen Bearbeitung eines anderen ehemaligen Schüleraktivisten: MBULELO VIZIKHUNGO MZAMANE, *Die Kinder von Soweto*, Berlin 1986. Allerdings fällt dieses bei aller Lebendigkeit der Schilderung, recht dürftig aus, was Reflektion und Selbstkritik betrifft. Für Einblicke in die Abläufe an jenem schicksalhaften 16. Juni 1976, dem Tag des Aufstands, sei weiterhin eine Internetseite empfohlen, die anhand von Bildern und einer Straßenkarte Sowetos die Ereignisse und Etappen an diesem Tag rekonstruiert: http://sowetouprisings.com. (Michael Schmidt)

10.
England 1984-1985

»Die Lösung des Gewerkschaftsproblems ist der Schlüssel zu Großbritanniens Genesung.«

Aus einem Strategiepapier der Thatcher-Regierung 1979

Foto: Streikposten in Celynen South Colliery (Wales) unter Beobachtung der Polizei am frühen Morgen des 6. November 1984.

Matthias Seiffert

Ein Streik wie kein anderer

Der Streik der britischen Bergarbeiter 1984-85

Es ist gar nicht einfach, für den britischen Bergarbeiterstreik von 1984/85 Superlativen zu finden, die ihn angemessen beschreiben. Was sich in diesem Jahr jenseits des Kanals abspielte, sprengte die Grenzen des bis dahin Bekannten. Für und Wider des Streiks spalteten und politisierten die ganze Gesellschaft. Er bedeutet die vielleicht einschneidendste Zäsur in der jüngeren britischen Geschichte.

Vor dem Abgrund

Anfang der 1980er Jahre war Großbritannien ein klassisches Industrieland. Neben der Stahlindustrie war vor allem der Bergbau eine der wichtigsten Branchen und in manchen Regionen der einzige Sektor, in dem man Arbeit finden konnte.

Die rechtskonservative Regierung der Tories unter der berüchtigten Premierministerin Margaret Thatcher war 1983 bei den Wahlen bestätigt worden. Unter dem Eindruck wachsender Arbeitslosigkeit, die an die 20-Prozent-Marke heranzureichen drohte, einem äußerst bescheidenen Lebensstandard der Arbeiterklasse und einer allgemeinen Perspektivlosigkeit für Jugendliche begann die »Eiserne Lady« mit ihrem Programm zur rücksichtslosen Umgestaltung des gesamten sozio-ökonomischen Systems. Es beinhaltete die Privatisierung der meisten staatlichen Bereiche von Post, Telekom bis Eisenbahn, die rigorose Zusammenstreichung sozialer Hilfe und Förderung sowie die Umstellung der britischen Energieversorgung die bis dahin von der Kohle abhängig war, auf Atomkraft. Ein Großteil der Kohlezechen sollte deshalb schnellstmöglich geschlossen werden. Mindestens 70.000 Arbeitsplätze waren dadurch bedroht. Thatcher machte daraus keinen Hehl. Sie zeichnete ein düsteres Bild von einem rückständigen Land, das den Anschluss an die Weltspitze längst verloren habe und nun sehr, sehr harten Zeiten entgegengehen müsse, da die nötige Modernisierung nur unter großen Opfern zu bewältigen sei. Sie versprach nicht das Paradies, sondern die Hölle. Und sie pflegte ihre Versprechen zu halten.

Der Streik, der Krieg

Der Streik begann am 5. März 1984 in Yorkshire, wo die erste Zeche geschlossen wurde. Die lokale Sektion der Bergarbeitergewerkschaft NUM (National Union of Mineworkers) billigte den Ausstand nachträglich, weitere NUM-Distrikte folgten. Binnen einer Woche hatte jeder zweite Bergarbeiter auf den britischen Inseln die Arbeit niedergelegt. NUM-Boss Arthur Scargill gab sich kämpferisch und siegesgewiss. Und das schien keineswegs vermessen. Auch wenn die Kohleindustrie mittelfristig abgewickelt werden sollte, war die britische Wirtschaft doch immer noch von der Kohle abhängig. Der völlige Stopp der Kohleförderung galt als gewichtiges Druckmittel in den Händen der Arbeiter. Darüber hinaus konnte die Gewerkschaft auf die Kampferprobung ihrer Mitglieder zählen. Die Bergarbeiterstreiks von 1972 und 1974 hatten die damalige Regierung zum Rücktritt gezwungen. Streiks waren in den 1970er Jahren fast etwas Alltägliches. So einen Streik aber hatte noch niemand mitgemacht.

 Die Tory-Regierung hatte sich heimlich und akribisch wie auf einen Eroberungskrieg vorbereitet, und sie führte die Konfrontation mit eben jener unerbittlichen Härte und Brutalität, für die Margaret Thatcher heute sinnbildlich steht. Zum einen hatte sie Kohlereserven anlegen lassen, zum anderen die Organisierung von Kohle aus dem Ausland in die Wege geleitet. Gegen die Streikenden wurde mit allen Mitteln vorgegangen: juristisch, politisch, propagandistisch, militärisch und sogar nachrichtendienstlich. Man kannte Streikbrecher und »Bobbies«, nicht aber jene neuen Sondereinheiten der Polizei, die mit Schlagstock, Hunden und Tränengas, beritten und zu Fuß auf die *picket lines* der Streikposten losgelassen wurden. Auseinandersetzungen verliefen häufig blutig, schließlich gab es auch Tote. Aktivisten wurden observiert, Namen und Autokennzeichen registriert. Kohlereviere wurden abgeriegelt; es war bald nicht mehr möglich, sie zu betreten oder zu verlassen, ohne von der Polizei kontrolliert zu werden. Willkürliche Festnahmen waren an der Tagesordnung. Gewerkschaftsmitgliedern wurde offen gedroht, ihre Familien eingeschüchtert. Der Inlandsgeheimdienst MI5 bespitzelte die Bewegung systematisch. Binnen weniger Wochen befand sich Großbritannien in einem Zustand, der mehr an einen Bürgerkrieg denn an einen Arbeitskampf erinnerte.

Die Schlacht von Orgreave

Traurige Berühmtheit erlangte ein Aktionstag an einer Zeche im südlichen Yorkshire, wo es zu ersten ernsthaften Zusammenstößen zwischen Polizei und Streikenden kam. Wie bei dem ganzen Streik selbst schieden und scheiden sich die Geister an diesem Ereignis, das selbst zum Politikum geworden ist. Etwa 6.000 *flying pickets*, die aus dem ganzen Land zusammengetrommelt worden waren, um den Abtransport von Kohle zu verhindern, lieferten sich stundenlang regelrechte Gefechte mit der Polizei, die in gleicher Zahl angerückt war. Dabei zeigten sich die Kumpel wenig zimperlich: ein Steinhagel prasselte auf die Sicherheitskräfte nieder, als diese das Gelände zu räumen versuchten. Die Polizei ging mit rigoroser Brutalität vor. Ohne Vorwarnung galoppierten Reiterstaffeln in die Menschenmenge und knüppelten mit ihren gefürchteten Langstöcken alles und jeden nieder; auch den einen oder anderen Journalisten erwischte es. Insgesamt 58 abgerichtete Hunde wurden auf die *miners* gehetzt. Nachrichtenbilder von blutüberströmten Gesichtern erschütterten tags darauf die Insel.

Das Medienecho war bemerkenswert einhellig. Zwar wurde hier und dort im Nebensatz verhaltene Kritik am Vorgehen der Polizei geäußert, die Taktik an sich jedoch nicht ernsthaft infrage gestellt. Erschrocken dagegen zeigten sich Rundfunk und Presse über die streikenden Bergarbeiter, die jede Verhältnismäßigkeit verloren hätten. Wie hatte es nur dazu kommen können? Die Ursache war schnell gefunden. Die Arbeiter waren verführt; verblendet durch einen machthungrigen, skrupellosen Marxisten, der die Nation ins Chaos zu stürzen drohe: NUM-Präsident Arthur Scargill.

Der Feind im Innern

Die mediale Fokussierung auf Scargill als Demagogen war in mehrfacher Hinsicht übertrieben. Mochte er auch eine wichtige Rolle spielen, war das Engagement der Bergleute doch echt und keineswegs fremdbestimmt. Des Weiteren zählt es zu den klassischen Missverständnissen der 1980er Jahre, in diesem Konflikt das Ringen um verschiedene Gesellschaftsmodelle (unter den Vorzeichen des Ost-West-Konflikts) zu sehen. Der britische Bergarbeiterstreik war in den Mitteln militant, nicht aber in seiner Intention. Die NUM kämpfte für den Erhalt von Arbeitsplätzen und um ihre Position als mächtige Gewerkschaft. Es ging ihr schlicht um die Verteidigung jener Reformen, die sie mühsam in Jahrzehnten errungen hatte. Eine politische Absicht verfolgte dagegen sehr wohl die Regierung. In einem internen Strategiepapier hatte die Premierministerin im Vorfeld des Streiks es als unumgänglich auf dem Weg zu mehr Marktwirtschaft erklärt, die Macht der großen Gewerkschaften zu zerschlagen, allen voran die der NUM.

Geschickt verstand Maggie Thatcher, die Dramatisierung des Streiks durch die Medien zu schüren und zu nutzen, bis hin zur schicksalhaften Entscheidung dafür oder dagegen, der sich niemand entziehen könne. So wie der Falklandkrieg zwei Jahre zuvor ein Kampf gegen den äußeren Feind gewesen war, sei die Abwehr des Bergarbeiterstreiks nun der Kampf gegen den Feind im Innern. Szenen von Gewerkschaftern, die fahrende Autos von Streikbrechern solange mit Steinen bewarfen, bis alle Scheiben zerschlagen waren, passten in dieses Bild. (Bei einer Aktion dieser Art kam sogar ein Mann zu Tode.)

Neben der gezielten Polarisierung der Bevölkerung setzte die Regierung auf die Spaltung der Arbeiterschaft. Ein Mythos von 1984, dem bis heute kaum widersprochen wird, ist der um »Rule 41«, einen Satzungsartikel der NUM, der die landesweite Urabstimmung für einen Streik regelt. Demzufolge hätte die Clique um Scargill den Streik an der Gewerkschaftsmehrheit vorbei inszeniert, dem Streik fehle daher jede Legitimation. Tatsächlich verloren Scargill und die NUM einen diesbezüglich angestrengten Gerichtsprozess, und die NUM büßte gar ihr gesamtes Vermögen ein. Doch es wäre unmöglich gewesen, einen so harten Arbeitskampf gegen den Willen der meisten Kumpel so lange durchzustehen. Dies zeigt das Beispiel Nottinghamshire, ein Kohlerevier von zentraler Bedeutung für die landesweite Energieversorgung, wo nur 6.000 von 31.000 Bergleuten streikten. Zwar versuchte es die NUM, scheiterte aber, gegen eine Mehrheit von Streikbrechern die Kohleförderung effektiv zu behindern. Es ist eine Frage, inwiefern der Streik legal war; ihm jedoch die Legitimation durch die Kollegen abzusprechen, war in Anbetracht der massiven Beteiligung absurd. Die NUM-Führung argumentierte darüber hinaus, dass niemand das Recht habe, seine Kollegen aus dem Job zu wählen, indem er sie am Streiken hindert.

Isolierung der NUM

Dessen ungeachtet wurde immer wieder vom Verstoß gegen den Artikel 41 gesprochen, auch innerhalb der NUM darüber gezankt. Zum einen gab es innerhalb der Gewerkschaft einen gemäßigten, wenig streikwilligen Flügel, der lokal dort stark war, wo sich die Kumpel von Zechenschließungen nicht bedroht fühlten. Zum anderen vermischte sich mit dem Mythos um Rule 41 die im Verlauf des Streiks wachsende Unzufriedenheit über den selbstgefälligen, autoritären Führungsstil Scargills. So haftete dem Bergarbeiterstreik bald der Makel der Unverantwortlichkeit an; wesentliche Teile der britischen Arbeiterschaft gingen auf Distanz zu den *miners*. Besonders schmerzlich und strategisch fatal war dies im Fall der Stahlarbeitergewerkschaft, die traditionell mit den Bergleuten eng verbunden war. Sie verweigerte schon früh und ausdrücklich ihre Solidarität. In der Folge kam es sogar zu Schlägereien zwischen Stahl- und Kohlearbeitern auf offener Straße.

Zu einem Generalstreik, den die NUM bitter nötig gebraucht hätte und den Scargill später auch einfordern sollte, kam es nicht. Zwar verweigerten Hafen- und Transportarbeiter die Arbeit, sobald sie Kohle befördern sollten, es kam sogar zu einigen mehrwöchigen Solidarstreiks. Doch insgesamt verhielt sich die britische Arbeiterklasse passiv. Die Gewerkschaftsbosse hofften, letztendlich über politischen Druck mittels der Labour Party, mit der sie damals noch eng verzahnt waren, etwas erreichen zu können, und fürchteten durch zu starke Militanz der Basis ihren Einfluss einzubüßen. Viele Arbeiter und Arbeiterinnen wiederum schüchterte die Drohung, wegen eines Solidarstreiks gefeuert zu werden, zu sehr ein. Was nicht heißt, dass es keine Unterstützung gegeben hätte. In Großbritannien und in Europa wurden insgesamt Spenden von über 65 Millionen Pfund für die Bergarbeiter gesammelt, einschließlich Kleider-, Sach- und Essensspenden. Auch im Ausland, wo der Streik mit großem Medieninteresse verfolgt wurde, organisierten Gewerkschaften Hilfe für ihre britischen Kollegen.

Im Land selbst war der Streik nach einigen Monaten Verlauf zum Politikum um die Regierung Thatcher geworden. Besonders die politische Linke solidarisierte sich mit den Bergleuten. Dabei reichte das Spektrum vom liberalen Bürgertum über Schwulen- und Alternativszene bis hin zum politischen Punk. Kaum eine Woche verging ohne Benefizkonzert.

Doch was war das alles wert? Großbritannien kannte keine Streikkassen. Wer streikte, stand ohne Einkommen da. Lediglich Familien mit Kindern wurde eine lächerliche Sozialhilfe gezahlt; umgekehrt wurde ihnen aber die sonst kostenlose Schulspeisung verweigert. Es dauerte nicht lange und Tausende Familien saßen ohne Licht und Heizung da und waren völlig von Almosen abhängig. Im Verlauf des Streiks nahm somit der Druck auf jeden einzelnen Bergarbeiter zu. Viele sahen den Ausweg nur darin, Streikbrecher zu werden. Freundschaften, Ehen, Familien gingen daran zugrunde. Zum Ende des Streiks hin erschien der Kampf immer mehr ausweglos. Obgleich der Streik die Regierung die äußersten Reserven kostete, zeigte sie sich unerschüttert. Die von ihr initiierte »Gewerkschaft der Streikbrecher« gewann von Tag zu Tag neue Mitglieder. Genau ein Jahr nach Ausbruch des Streiks erklärte ein landesweiter Delegiertenkongress der NUM den Streik mit knapper Mehrheit für beendet. Die letzte Zeche ging drei Tage später wieder zur Arbeit über.

Wer Geschichte macht

Trotz der Niederlage in der Sache fanden damals viele Positives am Streik. Entschlossenheit und Solidarität waren beeindruckend gewesen, die Situation hatte viele Gemeinschaften zusammengeschweißt. Doch nichts blieb davon übrig. Von damals 170 Zechen überlebten gerade einmal 15; statt ursprünglich 580.000 gibt es heute noch knapp 6.000 Bergarbeiter; die einst gefürchtete NUM ist zur Bedeutungslosigkeit geschrumpft. Ganze Regionen verfielen in Agonie, viele zogen fort, Drogenabhängigkeit und Selbstmorde nahmen sprunghaft zu. Die typischen Arbeiterstädte Großbritanniens gibt es nicht mehr, eine ganze Kultur wurde vernichtet.

Das Inselreich unter dem Union Jack wurde zum Musterland der New Economy. Für die Regierung und ihre kapitalistische Klientel stellt dies den ersehnten Fortschritt dar, für die gesamte britische Arbeiterklasse den Verlust fast aller in hundert Jahren Arbeitskampf mühsam erkämpfter Zugeständnisse. Weder Führung noch Basis der britischen Gewerkschaften begriffen rechtzeitig Bedeutung und Tragweite der

Auseinandersetzung. Es war kein Streik um Arbeitsbedingungen, sondern ein auf die Spitze getriebener Machtkampf zwischen Arbeit und Kapital. Die Regierung wollte nicht einfach Löhne senken, sondern die Kohleindustrie als solche und die organisierte Arbeiterschaft als ganzes zerschlagen.

Der Sieg Thatchers bedeutet einen Wendepunkt nicht nur in der britischen Geschichte. Er war von internationaler Signalwirkung, bedeutete er doch den Startschuss für den weltweiten Rückbau sozialer Reformen. Den traditionellen großen Gewerkschaften waren ihre Grenzen aufgezeigt worden. Auch die Linke wandelte sich. Sie verlor ihren Klassenbezug und verstieg sich auf moralische Schlachtfelder. An die Stelle der geballten Faust trat der erhobene Zeigefinger.

Die Schlüsselrolle für den Ausgang des Streiks markiert die Solidarität. Am Ende kam der Jubel von der falschen Seite, der es schlicht um die politische Bekämpfung der Tories ging, während die Unterstützung durch die richtigen ausblieb. Die Arbeiterklasse hätte sich gemeinsam und international wehren müssen. Thatcher hatte die Systemfrage gestellt. Das hätte die Arbeiterbewegung auch tun müssen.

Holger Marcks

»So etwas wie Gesellschaft gibt es nicht«

Der Thatcherismus und die Brechung der Gewerkschaftsmacht

Nein, Maggie Thatcher ist keine Revolutionärin, auch wenn viele sie als solche sehen. Ganz im Gegenteil, mit einer frisch konservierten Klassengesellschaft und einem frikassierten Sozialstaat servierte sie als britische Premierministerin ein reaktionäres Allerlei – und eröffnete in Europa die neoliberale Ära der kapitalistischen Selbstbedienung. Der Konflikt, der sich im Bergarbeiterstreik von 1984/85 dartat, war dabei die entscheidende Hürde, die die Thatcher-Regierung zu nehmen hatte, um ihre neoliberalen Wirtschaftspolitik umsetzen zu können. Ziel war dabei weniger die Umstrukturierung des britischen Bergbaus selbst, sondern die Entmachtung der Gewerkschaften, um die gesellschaftliche Kräftekonstellation umzuwerfen und damit die Wirtschaft für private Unternehmen abzusichern.

Die Primmadonna des Neokonservatismus

Heute ist es kaum mehr möglich, sich konservative Parteien ohne wirtschaftsliberale Politik vorzustellen. Das war vor geraumer Zeit noch anders und geht wesentlich auf die neoliberale Vorhut der Thatcheristen und Reaganomics zurück. Noch im Großbritannien der 1970er Jahre hatten sich die Tories der sozialen Marktwirtschaft verschrieben: staatliche Industrie und Keynesianismus waren heilige Kühe, die selbst sie nicht anzutasten wagten. Dies änderte sich ruckartig, als die Thatcher-Clique das Ruder bei den Tories übernahm. Ihre Vorstellungen wurden als Neokonservatismus bekannt, ihre Politik ging als »konservative Revolution« in die Geschichte ein.

Margaret Thatcher, die sich bereits 1970 als Kultus- und Wissenschaftsministerin landesweit als »Milchräuberin« einen Namen gemacht hatte, als sie die Gratismilch in den Primarschulen abschaffte, konnte infolge der konservativen Wahlniederlage 1975 innerparteilich gegen Edward Heath putschen und in die Rolle der Parteivorsitzenden und Oppositionsführerin schlüpfen. Sie versammelte um sich eine Clique von neoliberalen Kadern, allen voran ihr Mentor Keith Joseph, der als »neoliberaler Mönch« bekannt wurde.

Von nun an bestimmten scharfe Attacken gegen die Sowjetunion und die Forderungen nach »Ausmerzung des Sozialismus« – im Außen und Innern – die politische Rhetorik der Thatcher-Clique. Abgesehen von ihren früheren Auftritten als rechte Parteidissidentin (Thatcher stimmte mehrfach gegen ihre eigene, »zu schlappe« Regierung), hatte sie sich gerade als glühende Antikommunistin einen Namen gemacht. Den 1976 von Radio Moskau vorgebrachten Spitznamen »Eiserne Lady« nahm sie begeistert auf, den dazu entstehenden Mythos pflegte sie in selbstgefälliger Weise mit geschickten Inszenierungen. Die »radikale Reaktion«

Die Thatcher-Clique hatte zunächst einen harten Stand; ihre Lehren, die der uralten klassisch-liberalen Wirtschaftskonzeption entstammen, wurden auch von den meisten Konservativen abgelehnt, die eine gemischte Wirtschaft und keynesianische Finanz- und Wirtschaftspolitik befürworteten. Für die Thatcher-Clique roch das schon nach Kommunismus. Sie kritisierte den »keynesianischen-kollektivistischen Schematismus«, wetterte gegen diese »sozialistischen Moden« und den »staatlichen Dirigismus«. Zur Herbeiführung einer geistigen Trendwende schufen sie Thinktanks und starteten einen jahrelangen Propagandamarathon; Politik und Kultur des Landes sollten radikal verändert werden, indem man Einfluss auf die Meinungsmacher nahm. Der Leiter eines solchen Thinktanks, Ralph Harris, bezeichnete dies unverhohlen als den Weg der »radikalen Reaktion«.

In diesem »intellektuellen Guerillakrieg« (Keith Joseph) wurden vor allem der Wohlfahrtsstaat, die verstaatlichten Industrien, der Keynesianismus und die Gewerkschaftsmacht unter Beschuss genommen. Den Hintergrund dieser Propagandaoffensive bildete die anhaltende Wirtschaftskrise, die man eben in diesen Erscheinungen verschuldet sah. Ihres Erachtens seien es die Unternehmer, die den Wohlstand einer Nation schaffen würden, und diese müssten entsprechend belohnt oder sanktioniert werden. »Was Großbritannien braucht, sind mehr Millionäre und mehr Bankrotteure«, proklamierte Joseph. Und Thatcher forderte die Abschaffung des »Kindermädchenstaates« und seine Ersetzung durch eine »Unternehmerkultur«. Zugrunde lagen dieser Ideologie insbesondere die Theorien von Friedrich von Hayek (der eine unternehmerische Mikroökonomie befürwortete) und von Milton Friedmann (der einen Monetarismus vertrat).

Mit der Machtübernahme nach dem konservativen Wahlsieg 1979 machte sich Thatcher nun Stück für Stück an die Umsetzung dieser politischen Visionen, die als Thatcherismus bekannt wurden. Ihre Vorstellung von britischer Größe und Bedeutung verfolgend, führte sie eine kriegerische und konzessionslose Außenpolitik. Als die beiden großen Probleme der britischen Wirtschaft galten ihr das »Monopol der verstaatlichten Industrien und das Monopol der Gewerkschaften«. Und so führte sie denn auch einen rigorosen Feldzug gegen ihre gewerkschaftlichen Erzfeinde, die sie als »Feind im Inneren« brandmarkte.

Gewerkschaftsmacht vor Thatcher

Die Rolle der britischen Gewerkschaften bis zu den 1980er Jahren ist recht speziell und oft schwer durchschaubar. Vor den Umwälzungen in der Thatcher-Ära teilte sich die gesellschaftliche Kräftekonstellation in drei quasi gleichwertige Akteure auf: Regierung, Arbeitgeber und Gewerkschaften. So stellten seit den 1950er Jahren die Gewerkschaften einen nicht zu übergehenden Einflussfaktor dar, der nicht nur ökonomisch begründet, sondern politisch Teil des »nationalen Konsens« war.

Wenn auch keinesfalls revolutionär ausgerichtet, so verstanden sich viele Gewerkschaften nicht als Sozialpartner, sondern als Widerpart der Arbeitgeber. Aus diesem Selbstverständnis heraus sahen sie, jegliche Kooperationsformen zurückweisend, ihre Aufgabe in der bestmöglichen Interessenvertretung ihrer Mitglieder.

Aufgrund der durchgehaltenen Tradition, Staat und Gerichte aus den Arbeitsbeziehungen herauszuhalten, existierten keine rechtliche Tarifverbindlichkeit sowie eine teilweise Immunität gegenüber der Strafverfolgung gewerkschaftlicher Aktivitäten. Da zusätzlich die multigewerkschaftliche Gesamtheit z.B. branchenweite Übereinkünfte eher ausschloss, verlagerte sich die Verhandlungsebene zunehmend auf den Betrieb. Hier spielten die *shop stewards* eine entscheidende Rolle, die in ihrer relativen Autonomie gegenüber der Gewerkschaftszentrale oft und schnell als Initiatoren von Arbeitskämpfen auftraten, die nicht als letztes Mittel, sondern als konventionelle Handhabe des Interessenausgleichs angesehen wurden. Weiterhin stützten sich die Gewerkschaften auf das Prinzip des *closed shop*, das die Streikwaffe deutlich schärfte. Streiks standen in Großbritannien auf der Tagesordnung und die Beziehungen zwischen Arbeitnehmern und -gebern glichen gewissermaßen einem »dauernden Krieg«.

Alles in allem konnten die Gewerkschaften durch diese Machtfülle und den permanenten Konflikt große Vorteile für ihre Mitglieder herausholen, was höhere Löhne, Arbeitsplatzerhalt und restriktive Arbeitspraktiken umfasste. Private Unternehmen sahen in diesem für sie unkontrollierbaren Arbeitsmarkt und den inflexiblen Arbeitspraktiken, von den Thatcheristen auch als »featherbedding« (Verhätschelung) bezeichnet, eine gravierende Behinderung der Produktivität.

In der Tat hatte dieser Zustand eine verheerende Wirkung auf die britische Wirtschaft, die einen permanenten Niedergang zu verzeichnen hatte. Bei aller Macht der organisierten Arbeiterschaft, die Arbeitslosigkeit wurde zu einer allgemeinen Belastung. Hierin zeigte sich dann auch das Dilemma der britischen Gewerkschaften – allerdings nicht wegen ihrer Weigerung, eine kooperativere, produktivistische Haltung innerhalb der Produktionsverhältnisse im Kapitalismus einzunehmen, sondern wegen der Unfähigkeit, ihre quantitative Stärke zur Überwindung der Verhältnisse zu nutzen.

Zum letzten Gefecht

Da die Gewerkschaften keine weitergehende Perspektive boten, war es für Thatcher ein Leichtes, sie vor der Öffentlichkeit als Sündenböcke darzustellen, die eine egoistische Lohnpolitik ohne Rücksicht auf gesamtwirtschaftliche Folgen praktizieren würden. Unter dem Eindruck eines »Gewerkschaftsstaates« wurden die Wirkungen der Gewerkschaften als »britische Krankheit« diagnostiziert. 1979 veröffentlichte ein Hauptberater Thatchers eine Schrift, die Programm werden sollte: »Die Lösung des Gewerkschaftsproblems ist der Schlüssel zu Großbritanniens Genesung.«

Tatsächlich waren die Gewerkschaften ein Umstand, der im Programm des Thatcherismus mehr als störend war. Zu den Eckpunkten dieser stark liberal-konservativen Ideologie gehörte der freie Markt, eine monetaristische Wirtschaftspolitik und die drastische Einschränkung staatlicher Sozialleistungen, was eine Privatisierung staatlicher Betriebe und die Minimierung der Staatsrolle notwendig machte. Gewerkschaftsmacht stellt für diesen Marktfundamentalismus, der allein auf den privaten Sektor als alles regulierende Kraft vertraut und jeden Menschen zum Unternehmer erklärt, eine Unvereinbarkeit dar. »So etwas wie Gesellschaft gibt es nicht«, proklamierte Thatcher konsequenterweise, und setzte an die Stelle sozialer Vorstellungen den Egoismus der konkurrierenden Einzelnen. Und Gewerkschaften wirkten darauf nun mal »marktverzerrend«.

Bereits 1979 hatte die Regierung Analysen durchführen lassen, unter welchen Bedingungen die Konfrontation mit den Gewerkschaften geführt werden müsste. Und so wurden schrittweise Gesetze erlassen, die die Machtmittel der Gewerkschaften immer weiter aufweichten: allmähliche Eliminierung des *closed shop*, Verbot der *flying pickets*, Schadensersatzklagen bei Solidaritätsstreiks usw. Insbesondere der Konflikt mit den Bergarbeitern, unter denen die als übermächtig geltende National Union of Mineworkers (NUM) maßgeblich war, wurde von langer Hand geplant.

Bereits 1981 wies Thatcher die Nationale Kohlebehörde an, möglichst viel an Kohlereserven anzulegen, um einen mehrere Monate dauernden Streik aussitzen zu können. Im Weiteren wurde die Polizei zentralisiert und speziell für Arbeitskämpfe ausgebildet, Militär und Geheimdienste wurden herangezogen, und letztlich wurden die Grubenschließungs- und Privatisierungspläne zu einem Zeitpunkt öffentlich gemacht, der hinsichtlich des Kohlebedarfs am günstigsten war.

Als nach einem Jahr Streik der Widerstand gebrochen und die Bergarbeitergewerkschaft stark geschwächt war (der Streik kostete die Regierung mehr als den Falklandkrieg), ging die Regierung alsbald gegen die Gewerkschaften in anderen Sektoren vor – mit Erfolg: das gigantische Privatisierungsprogramm konnte ohne größere Zwischenfälle realisiert werden, während Streik fast zu einem Fremdwort auf der Insel verkam.

Ein neoliberaler Tsunami

Die Folgen der Implementierung des Thatcherismus und der Brechung der Gewerkschaftsmacht in Großbritannien lassen sich auch heute kaum überblicken. Was hier sichtbar wurde, wurde zur globalen Agenda der heutigen Zeit. Wie es der amerikanische Ökonom Lester Thurow ausdrückte, »[hat] der Kapitalismus der Arbeiterklasse den Krieg erklärt, und er hat ihn gewonnen.«

Eingepfercht in die neuen Arbeitsgesetze und ratlos auf die neue ökonomische Situation, zentralisierten sich die britischen Gewerkschaften und begannen mit einer Lohnpolitik auf nationaler Ebene, was zur Folge hatte, dass jegliche vormalige Kampfkraft von unten ausgehebelt wurde. Die Gewerkschaften wurden immer nutzloser für die Durchsetzung von Interessen und durch das Ausbleiben von Kämpfen löste sich immer mehr die gemeinsame Identifikation auf. Als so die Organisationsmacht der Gewerkschaften in Großbritannien gebrochen wurde, kam es allmählich zum Einbruch an der gesamten »Front« der organisierten Arbeiterschaft, verstärkt durch das Aufkommen neuer Märkte mit desorganisierten Arbeiterschaften in den ehemals kommunistischen Ländern (ein weiterer Trümmerhaufen, den die marxistische Arbeiterbewegung hinterlassen hat). Die Konkurrenzfähigkeit des Standortes, die die Thatcheristen zur obersten Maxime erhoben, beruhte in erster Linie auf der gesteigerten Konkurrenz der internationalen Arbeiterklasse.

Neoliberalisten á la Thatcher behaupten, die Rolle des Staates und seinen Dirigismus abzubauen und zu einer Demokratisierung beizutragen, in dem mit der Gewerkschaftsmacht ein »Staat im Staate« beseitigt werde. In Wirklichkeit handelt es sich dabei nur um pseudo-egalitäre Phrasen, die über den totalitären Charakter der kaum einer Kontrolle unterliegenden Unternehmen hinwegtäuschen sollen. Der Staat solle verschlankt werden, in dem er nicht weiter regulierend in die Ökonomie interveniert. In Wirklichkeit ist dieser »schlanke Staat« ein starker Staat, der permanent auf die Ökonomie zugunsten der Besitzenden einwirkt. Man preist die Dezentralisierung der Unternehmensstrukturen, die in Wirklichkeit zu einer Zentralisierung von privater Macht und Entscheidungskompetenzen führt. All das unter dem Credo der Freiheit.

Spätestens hier wird deutlich, dass der Neoliberalismus zwangsläufig auch eine Frage der Deutungsmacht ist, eine Tatsache die untermauert wird durch die Bedeutung, die die Thatcheristen ihrem propagandistischen Kreuzzug beigemessen haben. Die neoliberale Sprache deutet systematisch Partikularinteressen zu einem gemeinsamen um und verdreht Sachverhalte durch Abstraktionen in ihr Gegenteil. Wie viele Volkswirtschaften wurden durch neoliberale Politik wieder auf Vordermann gebracht, sind jetzt wieder »produktiv« und »konkurrenzfähig«? Glauben wir den Neoliberalisten, so geschehen hier Wunder am Fließband. In Großbritannien z.B. lobte und lobt man das ständige Mehr an Bruttosozialprodukt, Marktangebot, Fortschritt, Gesamtvolkseinkommen usw. Mehr wurde aber vor allem die Armut: noch 1980 lebte 1 Prozent der britischen Bevölkerung unter der Armutsgrenze – 1993 waren es 21 Prozent. Es ist eben alles eine Frage des Blickwinkels. Weniger des Einzelnen als der Klasse.

Matthias Seiffert

Der König aus dem Revier

Der britische Arbeiterführer Arthur Scargill

Arthur Scargill gehört zu den schillerndsten Figuren der jüngeren britischen Geschichte. Als Präsident der National Union of Mineworkers (NUM) spielte er während des Bergarbeiterstreiks von 1984/85 eine herausragende Rolle. Er war gefürchtet als geschickter Organisator, der es verstand, die Gewerkschaftsaktivisten zu mobilisieren und effektiv bei Arbeitskämpfen einzusetzen. Scargill war berühmt für seinen engagierten, heißblütigen Redestil. Innerhalb der Arbeiterbewegung und der Linken ist er bis heute umstritten, während er in den Augen der Rechten lange Zeit den Stellenwert des Staatsfeinds Nr. 1 inne hatte. Gerüchte, er sei ein Agent der Sowjetunion oder gar Libyens gewesen, konnten niemals vollständig ausgeräumt werden.

Scargill entstammt einer schottischen, kommunistischen Bergarbeiterfamilie und wuchs im Kohlerevier von Süd-Yorkshire auf. Geboren in einem Vorort von Barnesley in der Nähe von Sheffield, begann Scargill bereits mit 15 Jahren, als Bergmann unter Tage zu arbeiten. Als 16jähriger trat er der Young Communist League (YCL), der Jugendorganisation der Communist Party of Great Britain (CPGB), bei. Die CPGB übte seit den 1950er Jahren einen starken Einfluss auf die Bergarbeiter in Yorkshire aus, die als besonders militant galten. Scargill engagierte sich leidenschaftlich in der YCL und wurde von ihr 1957 zum Weltjugendfestival nach Moskau delegiert. Mit gerade einmal 22 Jahren kandidierte er 1960 zu Kommunalwahlen in Yorkshire für die CPGB, der er allerdings niemals beigetreten sein will. 1962 ging er in die Labour Party. Sein eigentliches Betätigungsfeld aber wurde die Gewerkschaft.

Scargill machte sich bald einen Namen als fähiger Organisator und Agitator bei Arbeitskämpfen, der die Konfrontation nicht scheute. Während des Bergarbeitstreiks von 1972, dem größten in England seit dem Generalstreik von 1926, stieg er zum unbestrittenen Führer der Kumpel von Yorkshire auf. Der Streik endete mit einem grandiosen Sieg der NUM, praktisch alle Forderungen wurden erfüllt, einschließlich einer Lohnerhöhung von 27 Prozent. Die Regierung von Edward Heath kam gehörig ins Straucheln und trat bald zurück. Scargill gelangte zu landesweitem Ruhm, nachdem er in der »Schlacht von Saltley Gate« als Koordinator von *flying pickets* mit regelrecht militärischem Geschick die Polizei gefoppt hatte. Im Jahr darauf stieg er zum lokalen NUM-Chef auf.

In den folgenden Jahren avancierte Scargill zum Wortführer des linken Gewerkschaftsflügels und lieferte sich mit dem gemäßigten Flügel einen harten Machtkampf innerhalb der NUM. Er endete mit einem Sieg der Linken, und 1981 wurde Scargill zum nationalen Präsidenten gewählt – auf Lebenszeit (im Jahr 2000 trat er schließlich zurück).

Sein Führungsstil war von Anfang an umstritten. Um sich herum versammelte er einen harten Kern ihm treu ergebener Kader, mit denen er innerhalb der Gewerkschaft Politik machte, oft an den offiziellen Strukturen vorbei und Gegner ausbootete.

 Ohne Scargill wäre es wohl nie zum Streik von 1984/85 gekommen. Als er in Stellungnahmen die Pläne der Regierung zu Zechenschließungen als Absicht bezeichnete, die Kohleindustrie komplett abzuwickeln und die NUM zu zerschlagen, hielten viele Kumpel das für übertrieben. Dennoch gelang es Scargill, den landesweiten Streik zu organisieren, freilich ohne eine Urabstimmung abzuwarten, deren Ausgang ungewiss gewesen wäre. Er wurde dafür scharf angegriffen und die Regierung Thatcher warf der NUM vor, eine undemokratische Organisation zu sein.

In den britischen Medien reifte Scargill rasch zum eigentlichen politischen Gegenspieler Thatchers heran. Zu blass, zu wenig telegen, zu langweilig wirkte der damalige Oppositionsführer, Labour-Chef Neil Kinnock. Scargill hatte Charisma, war laut, polemisch und provokant. Ohne Frage gefiel er sich in der Rolle als eigentlicher politischer Antagonist zur Premierministerin. Gerne sagte er das, was die Presse hören wollte, benutzte Reizwörter wie »Sozialismus« und »Revolution«. Gerüchte kamen auf, Scargill sei Mitglied der Kommunistischen Partei gewesen und plane einen Umsturz, finanziert von der UdSSR (oder von Libyen). Tatsächlich machte Scargill nie einen Hehl aus seinen Sympathien für den Ostblock, er verteidigte sogar Stalin und verurteilte den Streik der Solidarnosc in Polen als Untergrabung des Sozialismus. Dennoch nahm er damals eine eher unorthodox-marxistische Position ein. Er bezeichnete den gewerkschaftlichen, sozialen Kampf auf dem Weg zur Revolution für wichtiger als den parlamentarischen, redete der direkten Aktion das Wort und ermunterte die Arbeiterklasse, dezentrale, selbstorganisierte Strukturen zu schaffen.

In der Auseinandersetzung mit der Regierung beging Scargill eine Reihe von fatalen taktischen Fehlern und bewies mangelnde strategische Weitsicht. Viel zu spät begriff er die politische Dimension und die Notwendigkeit branchenübergreifender und internationaler Unterstützung. Auf einem geheimen Treffen mit den Bossen der wichtigsten Gewerkschaften des Trades Union Congress (TUC) in der ersten Streikphase hatte er noch erklärt, die NUM sei stark genug, den Streik aus eigener Kraft zu gewinnen. Als er Monate später den TUC um Hilfe geradezu anbettelte, hatten die anderen Gewerkschaften ihr Angebot längst unwiderruflich zurückgezogen. Ebenso hatte er den Wert von Militanz überschätzt. Gewalttätige Auseinandersetzungen zeigten meist nur vorübergehende Erfolge, zogen aber in den Medien ein immer schlechteres Image der NUM nach sich. Auch seitens der Streikenden wurde er zunehmend als selbstherrlich kritisiert. Die Sympathien in der britischen Bevölkerung für die NUM sanken rapide, desto länger der Streik währte. Scargill machte dabei eine immer schlechtere Figur. Nachdem er sich selbst mit Polizisten geprügelt hatte, geriet er endgültig ins Abseits. Am Ende wirkte er mehr wie ein tragischer Clown, der hysterisch vor sich her keifte, denn wie ein Volkstribun, als den er sich verstand.

Nach dem Parteitag von 1996, der den Kurs hin zu »New Labour« ebnete, trat Scargill aus der Labour Party aus und gründete eine eigene Partei. Bis 2006 blieb er Vorsitzender dieser Socialist Labour Party (SLP), der jedoch keine Erfolge beschieden waren. Als Unterhauskandidat scheiterte Scargill zweimal kläglich mit kaum 2 Prozent der Stimmen in seinem Wahlkreis.

Arbeitskämpfe in Großbritannien

Vom Zweiten Weltkrieg bis zum großen Bergarbeiterstreik

1945: Die Labour Party gewinnt die Wahlen mit einer überwältigenden Mehrheit.

1946: Aufhebung der Gewerkschaftsgesetze, die die Aktivitäten der Gewerkschaften während des Krieges beschränkten.

1947-48: Verstaatlichung der Kohleindustrie, des Bahnwesens sowie des Stromversorgungsnetzes.

1948: Die Regierung ruft den Ausnahmezustand infolge eines großen Hafenarbeiterstreiks aus. Der Trades Union Congress (TUC) macht dem Staat Zusagen, sich bei Lohnforderungen zurückzuhalten.

1949: Nach einer Abwertung des britischen Pfunds stimmt der TUC einer Aussetzung von Lohnkonflikten zu.

1950: Die Labour Party gewinnt erneut die Wahlen. Der TUC verkündet das Ende der Zurückhaltung.

1951: Verstaatlichung der Stahlindustrie. Rücknahme eines Gesetzes, das das Recht auf Streik einschränkte.

1955: Hafen-, Bahn- und Zeitungsarbeiterstreik während der allgemeinen Wahlen. Sieg der Konservativen in den Wahlen; die Regierung ruft den Ausnahmezustand aus.

1957: Streik der Ingenieure und Schiffsbauer.

1958: Streik der Londoner Busfahrer.

1961: Verordnung einer Lohnpause in der verstaatlichten Industrie; die ArbeiterInnen in den Elektrizitätswerken ignorieren die Verordnung und kämpfen für höhere Löhne.

1962: Größte Streikbewegung seit dem Krieg: ca. 4,4 Mio. Streikende.

1963: Die Arbeitslosigkeit steigt zwischenzeitlich auf ca. 900.000.

1966: Wahlsieg der Labour Party. Ausrufung des Ausnahmezustands infolge eines sechswöchigen Streiks der Seemänner. Vorübergehende Einfrierung der Lohnzahlungen.

1969: Auseinandersetzung über Reformierung der Gewerkschaftsgesetze. Die Regierung erlässt ein Gesetz zum Umgang mit inoffiziellen Streiks. Eine Vereinbarung zwischen dem TUC und der Regierung legt die Krise über die Gewerkschaftsgesetze bei.

1970: Die Konservativen unter Edward Heath gewinnen die Wahlen. Ausrufung des Ausnahmezustands infolge eines weiteren Streiks der Hafenarbeiter. Die ArbeiterInnen der Elektrizitätswerke setzen eine massive Lohnerhöhung durch.

1971: Die Postangestellten streiken für 20% mehr Lohn, erhalten letztlich 9%. Der TUC organisiert eine Massendemonstration gegen die neuen, drastischen Gesetze zur Regelung der Arbeitsbeziehungen, die letztlich im Parlament verabschiedet werden. Die Ford-Arbeiter streiken zwei Monate lang und setzen 33% mehr Lohn durch; die Bahnarbeiter streiken für 25% Lohnerhöhung, erhalten letztlich fast 10%.

1972: Ein Bergarbeiterstreik endet mit der totalen Niederlage der Regierung. Die Arbeitslosigkeit erreicht die Millionmarke. Bahnarbeiter drohen mit einem Streik für 16% mehr Lohn, die Regierung gibt nach. Die Regierung versucht die Gewerkschaftsführungen rechtlich für die ausufernden wilden Aktionen der *shop stewards* verantwortlich zu machen, scheitert aber an einem Urteil des Arbeitsgerichts.

1973: Die Bergarbeiter verweigern landesweit die Überstunden; die Regierung erklärt den Ausnahmezustand.

1974: Erneuter Bergarbeiterstreik zwingt die Regierung zu vorgezogenen Wahlen, die sie verliert. Minderheitsregierung der Labour Party; den Bergarbeitern werden 29% mehr Lohn angeboten. Rücknahme der Gesetze zur Regelung der Arbeitsbeziehungen

1975: Die Bergarbeiter erhalten letztlich eine 35-prozentige Lohnerhöhung.

1977: Nationaler Streik der Feuerwehrleute für 30% mehr Lohn; der TUC verweigert ihnen die Unterstützung. Arbeitslosigkeit steigt auf ca. 1,4 Mio. (5,5%).

1978: Ende des Feuerwehrstreiks nach Zusage eines neuen Lohnsystems durch die Regierung. Der TUC macht gegen gesetzliche Restriktionen der Lohnzahlungen durch die Regierung mobil. Nach neun Wochen Streik setzen die Ford-ArbeiterInnen 16,5% mehr Lohn durch.

1979: Die Lohnpolitik der Regierung provoziert einen Streik von Angestellten des Öffentlichen Dienstes; vor allem die Schulen und Krankenhäuser sind davon betroffen. Wahlsieg der Konservativen unter Margaret Thatcher. Die Gewerkschaftsbewegung verzeichnet über 13 Mio. Mitglieder (55% der Arbeiterschaft); ca. 4,6 Mio. beteiligen sich an Streiks.

1980: Die Stahlarbeiter setzten in einem nationalen Streik 16% mehr Lohn durch. Die Regierung erlässt ein Arbeitsgesetz, das Solidaritätsstreiks, *flying pickets* und das Prinzip des *closed shop* angreift.

1981: Das Arbeitsministerium entwickelt Pläne zur Aufhebung der Rechtsimmunität von Streikenden und Gewerkschaften.

1982: Die Regierung siegt in einer Auseinandersetzung mit Bahnarbeitern um flexiblere Arbeitszeiten – eine folgenschwere Niederlage für die Gewerkschaft der Lokomotivführer. Ein weiteres Arbeitsgesetz wird verabschiedet; es hebt endgültig die rechtliche Immunität bei Solidaritätsstreiks auf, kriminalisiert politische Streiks, verpflichtet Gewerkschaften zu horrenden Schadensersatzzahlungen bei wilden Aktionen ihrer Mitglieder und stärkt die Position der Arbeitgeber beim Vorgehen gegen Streikende.

1983: Die TUC-Führung plädiert für einen »neuen Realismus« angesichts des Machtverlustes der Gewerkschaften. Ein nationaler Streik der Graphiker bei einem großen Zeitungskonglomerat endet mit einer katastrophalen Niederlage für deren Gewerkschaft infolge von hohen Geldstrafen und gerichtlichem Einzug des Gewerkschaftsvermögens. Die Arbeitslosigkeit überschreitet die Dreimillionenmarke (ca. 12%).

1984: Beginn des nationalen Bergarbeiterstreiks der National Union of Mineworkers (NUM). Die Regierung verabschiedet ein Gewerkschaftsgesetz, das den Gewerkschaften geheime Wahlen am Arbeitsplatz vorschreibt (im Vorfeld eines Streiks und zur Wahl der Gewerkschaftsführung); der Streik der NUM wird damit unrechtmäßig.

1985: Vernichtende Niederlage für die streikenden Bergarbeiter nach einjährigem Arbeitskampf.

1985ff: Ständige Niederlagen für die Gewerkschaften in Arbeitskämpfen. Die Regierung erlässt weitere Gesetze, die den Einfluss der Gewerkschaften weiter untergraben. Zwischen 1979 und 1990 verlieren die Gewerkschaften fast 4 Mio. Mitglieder; Streiks werden von Jahr zu Jahr weniger: 1991 beteiligen sich nur noch ca. 170.000 ArbeiterInnen an Streiks.

Ein Streik wie kein anderer

Der britische Bergarbeiterstreik von 1984/85 gehört zu den wenigen Arbeitskämpfen, zu denen umfangreich publiziert worden ist. Wissenschaftlich wurde der Streik schon sehr früh, praktisch noch während seines Verlaufs erstmals untersucht, v.a. in den Bereichen Soziologie und Politologie. Es liegt in der Natur der Sache, dass solchen Arbeiten die mangelnde zeitliche Distanz zum Untersuchungsgegenstand anzumerken ist. Exemplarisch sei hierfür eine der wenigen deutschsprachigen Monographien genannt, ursprünglich eine Magisterarbeit aus dem Jahre 1987, die zwei Jahre später veröffentlicht wurde: HENNER JÖRG BOEHL, *Der britische Bergarbeiterstreik von 1984/85. Entscheidung eines Konflikts um Recht und Regierbarkeit*, Bochum 1989, eine faktenreiche und durchaus informative Untersuchung, die besonders die historischen Entwicklungen der britischen Arbeiterbewegung im 20. Jahrhundert nachzeichnet. Doch ganz davon abgesehen, dass das Buch sprachlich holprig verfasst und nur mit Willenskraft zu lesen ist, haben die vom Autoren gezogenen Schlussfolgerungen bestenfalls den Wert, selbst als Quelle zu dienen für die Beobachtung typischer Fehleinschätzungen, denen Zeitzeugen aufsaßen. Von den zehn im Buch formulierten Thesen hält m.E. nicht eine der Überprüfung stand. Es ist schon bemerkenswert, wie sehr der Autor hier den Bergarbeiterstreik gewissermaßen durch eine thatcheristische Brille betrachtet. Wenn er z.B. den Streik der NUM – der Titel legt es schon nahe – als Versuch wertet, die Regierung zu stürzen, und sich darauf versteigt, der rechtlichen Frage der fehlenden Urabstimmung nachzugehen, ist die Frucht der intensiven Propaganda der britischen Regierung unübersehbar. Welche historische Zäsur der Ausgang des Streiks bedeutet, entging dem Autor vollends. Schließlich schwächelt BOEHLS Darstellung auch an begrifflichen Unzulänglichkeiten, wenn er etwa Arthur Scargill wiederholt als »revolutionären Syndikalisten« bezeichnet. Deutlich weniger naiv und mit dem nötigen zeitlichen Abstand verfasst ist dagegen die Arbeit von GERO FISCHER, *United we stand – divided we fall. Der britische Bergarbeiterstreik 1984/85,* Frankfurt a.M. & New York 1999. FISCHER legt den Schwerpunkt seiner Untersuchung auf Fragen der gewerkschaftlichen Solidarität und soziale Gesichtspunkte und begreift die Dimension des Streiks als historischen Umbruch. Neuere wissenschaftliche Darstellungen sind besonders über bestimmte Aspekte und einzelne, lokale Ereignisse vorgelegt worden, wie z.B. MICHAEL ATKIN, *The 1984/85 Miner's Strike in East Durham*, Durham 2001. Meinem Artikel liegt weiterhin neben wissenschaftlichen Publikationen eine Vielzahl von Broschüren und Flugschriften zugrunde, die während oder unmittelbar nach dem Streik herausgegeben wurden, so etwa von NUM-Basisgruppen aus Wales oder aus dem Umfeld der Zeitschrift *Class War*, die schon frühzeitig den hierarchischen und autoritären Charakter der Gewerkschaft bemängelte. Darüber hinaus führte ich Gespräche mit Zeitzeugen. In diese Richtung erwähnenswert ist außerdem eine Kampagne der BBC, die anlässlich des 20jährigen Jubiläums im Jahre 2005 Zeitzeugen aufforderte, ihre Erinnerungen an den Streik als E-Mails einzusenden; die Flut von mehreren 10.000 Einsendungen verdeutlicht eindrucksvoll, welchen Stellenwert dieses Ereignis im kollektiven Gedächtnis v.a. der britischen Arbeiterschaft einnimmt. Eine Auswahl hiervon war noch bis vor kurzem auf der Homepage der BBC einsehbar. Erwähnen möchte ich noch eine Radiosendung von 1984/85, »Musik für junge Leute« vom

 NDR, die immer freitags vom britischen Journalisten Paul Baskervill moderiert wurde. Diese Sendung glich bald einer reinen Streikberichterstattung, hinterlegt mit Mitschnitten von Benefizkonzerten und Interviews mit beteiligten Musikern, die den Streik unterstützten. Seine Spuren hinterließ der Streik schließlich auch in Musik und Film. So nannte sich eine erfolgreiche britische Popband der 1980er Jahre »Flying Pickets«; besonders im Punk-Genre wurde der Streik häufig als Anstoß für Texte genommen. Der Kinofilm »Billy Elliot – I will dance« (GB 2000) spielt während des Streiks. In mehreren Episoden der Fernsehserie »Cracker« (1993-2006, in Deutschland unter dem Titel »Für alle Fälle Fitz« ausgestrahlt) werden ebenfalls die Nachwirkungen des Streiks angesprochen, besonders in der Sonderfolge »Nine Eleven« (2006), die den Wandel der Stadt Manchester vom Arbeitermilieu zur New Economy schildert. Im Jahr 2001 entstand ein Dokumentarfilm vom privaten Fernsehsender Channel 4 über die »Schlacht von Orgreave«, der mit vom Aktionskünstler Jeremy Deller nachgestellten Szenen, die teilweise mit Veteranen der Auseinandersetzung gedreht worden waren, unterschnitten wurde. (Matthias Seiffert)

»So etwas wie Gesellschaft gibt es nicht«

Das Literaturvorkommen über Margaret Thatcher und den Thatcherismus ist buchstäblich erdrückend. Schon Mitte der 1980er war dieser Themenkomplex einer der meist bearbeiteten von Sozial- und Politikwissenschaftlern, was darauf hinweist, wie sehr man sich schon damals der tiefgreifenden Bedeutung dieser Transformationen bewusst war. Bereits 1975, als sie Tory-Chefin wurde, erschienen drei Biographien über sie, mittlerweile liegen über zwei Dutzend davon vor. I.d.R. handelt es sich um Idealisierungen oder Schmähschriften, seltener um »neutralere« Werke, eine Polarisierung, die sich eigentlich auf fast allen Ebenen der Auseinandersetzung mit dem Thatcherismus zeigt und sich (ehrlich gesagt) auch nicht vermeiden lässt – zu sehr geht es bei Neoliberalismus um die Deutung der Welt. Einen allgemeinen Überblick über den Umfang der Literatur zum Thema Thatcher findet sich bei Faysal Mikdadi, *Margaret Thatcher. A Bibliography*, London 1993; bedingt durch das Erscheinungsdatum natürlich nicht auf dem neuesten Stand, umfasst es doch den Zeitraum der intensiveren Auseinandersetzung mit Thatcher. Unbedingt gelesen werden sollte Thatchers autobiographische Bearbeitung ihrer Regierungszeit, *The Downing Street Years*, London 1993, die erschreckende Inneneinblicke gewährt und mittels derer sich jede Person von ihrer äußerst reaktionären Haltung überzeugen kann (das Kapitel über den Bergarbeiterstreik trägt z.B. den vielsagenden Titel »Mr. Scargill´s Insurrection«). Eine sehr umfassende Darstellung der Durchsetzung des Thatcher-Kurses in der Tory-Partei vor der Machtübernahme 1979 bietet Dominik Geppert, *Thatchers konservative Revolution. Der Richtungswandel der britischen Tories 1975-1979*, München 2002. Eine interessante Kurzdarstellung zu der Thatcher-Clique und der Implementierung ihrer Politik findet sich bei Daniel Yergin & Joseph Stanislaw, *Staat oder Markt*, München 2001, S. 123-67; interessant, um die politische Vorgehensweise dieses Klüngels zu verstehen, was aber die gesellschaftliche Bedeutung des Thatcherismus betrifft, so bleiben die Autoren oberflächlich und tendenziös – ein schönes Beispiel für die unreflektierte Übernahme neoliberaler Kampfbegriffe. Insbesondere den politisch-kulturellen Auswirkungen des Thatcherismus in der britischen Gesellschaft widmet sich Thomas Noetzel, *Die Revolution der Konservativen. England in der Ära Thatcher*, Hamburg 1987; wenn auch etwas unkonventionell strukturiert, ist es sehr verständlich geschrieben und stellt gut heraus, wie das neokonservative Konkurrenzmodell gerade von denen Opfer fordert, die ohnehin zu den Deklassierten gehören. Eine umfassende Sammlung kurzer Aufsätze, die sich mit den Auswirkungen der Thatcher-Politik auf den verschiedensten gesellschaftlichen Gebieten auseinandersetzt, wurde herausgegeben von DENNIS KAVANAGH & ANTHONY SELDON (Hg.), The *Thatcher Effect*, Oxford 1989. Speziell zum Monetarismus der Thatcher-Regierung siehe GORDON PEPPER, *Inside Thatcher's Monetarist Revolution*, Hampshire u.a. 1998. Das Buch behandelt die monetaristische Politik Thatchers aus einer kritischen Perspektive, allerdings aus der eines führenden monetaristischen Ökonomen. Dennoch bietet es einen guten Einblick, da dieser sich darum bemüht, jene Politik transparent zu machen. Zur Privatisierungspolitik siehe BERND ITAL, *Die Politik der Privatisierung in Großbritannien unter der Regierung Margaret Thatcher*, Köln 1995; und zur Wirtschaftspolitik generell: HANS-PETER FRÖHLICH & CLAUS SCHNABEL, *Das Thatcher-Jahrzehnt. Eine wirtschaftspolitische Bilanz*, Köln 1990. Eine Auseinandersetzung mit der Forcierung des Neoliberalismus durch die Reaganomics parallel zur Politik der Thatcheristen findet sich bei ANDREW ADONIS & TIM HANNES (Hg.), *A Conservative Revolution? The Thatcher-Reagan Decade in Perspective*, Manchester 1994; es beinhaltet eine vergleichende Analyse und versucht zu erklären, warum diese rechten Ideen, als die jene politischen Programme ausgemacht werden, im Westen in den 1980ern so zum Durchbruch kamen. Eine unverzichtbare Aufsatzsammlung, zum Teil sehr theoretisch, stell dar: STUART HALL & MARTIN JAQUES, *The Politics of Thatcherism*, London 1983. Hall, marxistischer Soziologe und Kulturwissenschaftler, trug wesentlich zur Begriffsbildung des »Thatcherismus« bei und interpretierte ihn als den Versuch, eine neue kapitalistische Hegemonie zu errichten. Speziell mit der Rolle der Gewerkschaften in der britischen Politik seit dem Zweiten Weltkrieg beschäftigt sich ROBERT TAYLOR, *The Trade Union Question in British Politics. Government and Unions since 1945*, Cambridge 1993. Das Buch zeichnet sorgfältig die verschiedenen Phasen im Verhältnis von Staat und Gewerkschaften nach und besticht durch einen ausführlichen Anhang, inkl. einer kommentierten Bibliographie. Zu den Gewerkschaften speziell unter Thatcher siehe KLAUS BIELSTEIN, *Gewerkschaften, Neo-Konservatismus und ökonomischer Strukturwandel. Zur Strategie und Taktik der Gewerkschaften in Großbritannien*, Bochum 1988. Diese Arbeit enthält alle wichtigen Hintergründe zu dem Thema, besticht aber nicht gerade durch analytische Weitsicht, was den Transformationsprozess der Gewerkschaften betrifft; denn einer theoretischen Auseinandersetzung mit gewerkschaftlicher Strategie und Taktik wird weitestgehend aus dem Weg gegangen, was somit größere Erkenntnispotentiale zum Dilemma der britischen Gewerkschaften unberührt lässt. Was die internationale Dimension der Gewerkschaftsfrage betrifft, so sind die negativen Auswirkungen der Eindämmung von Gewerkschaftsmacht in Großbritannien (aber auch den USA) zu jener Zeit auf die internationale Arbeitermacht bzw. die daraus resultierenden positiven Auswirkungen für die internationale Handlungsfähigkeit des Kapitals noch weitestgehend unterbeleuchtet. Hier stellt sich die Frage, inwiefern der Druck auf die Arbeiterschaften anderer Länder, sich in den Folgejahren neoliberalen Umstrukturierungen zu fügen (die berüchtigte Spiralwirkung), im Zusammenhang mit der Niederlage z.B. der britischen Arbeiterklasse steht. (Holger Marcks)

Nicht immer sind jüngere Arbeiten älteren überlegen. Die neuere Biographie zu Arthur Scargill etwa von Paul Routledge, *Scargill: the Unauthorized Biography*, London 1993, bietet wenig Neues. Scargill verweigerte dem Autor und *Mirror*-Redakteur, der seit 20 Jahren Politikerbiographien am Fließband fabriziert, die für britische Gepflogenheiten übliche, offizielle Autorisierung, was gewisse Rückschlüsse auf die Darstellungsweise zulässt. Die alte, bereits unmittelbar nach Streikende herausgegebene Biographie von Michael Crick, *Scargill and the Miners*, Harmandsworth 1985, ist dagegen immer noch empfehlenswert. Kompakt, lebendig geschrieben und gewissenhaft recherchiert, stellt dieses Büchlein einen äußerst nützlichen Einstieg in das Thema dar. Davon abgesehen ist die politische Biographie Scargills praktisch unaufknüpfbar verbunden mit der Geschichte der NUM in jener Zeit und insbesondere während der Bergarbeiterstreiks von 1972 und 1984/85. Literatur zu diesen Themen enthält immer auch ausführliche, meist überbewertende Auseinandersetzungen mit der Person Scargill, worin sich auch das Bedürfnis nach geistig schlichten, monokausalen Erklärungsmustern widerspiegelt. Erwähnenswert ist noch der Spielfilm »Brassed Off« (GB 1996), der sich mit den Folgen der Niederlage beschäftigt; der von Christopher Tetlow dargestellte Gewerkschaftsführer ist unverkennbar Arthur Scargill nachempfunden. (Matthias Seiffert)

11.
Frankreich 1995

»Die soziale Bewegung in Frankreich formiert sich heute um permanente Strukturen herum ..., die allesamt die Menschen entlang ihrer sozialen Stellung organisieren, die sich aber gleichzeitig nicht auf das soziale Terrain reduzieren, sondern direkt in das politische intervenieren, ohne dies an eine Partei zu delegieren ... Diese ... charakteristische Tendenz ... ist nicht neu in der französischen Arbeiterbewegung, im Gegenteil: sie ist eine konstitutive, fundamentale Tendenz. Diese Tendenz hat selbst einen Namen, es ist der revolutionäre Syndikalismus oder Anarchosyndikalismus.«

Der besorgte Trotzkist Christophe Aguitton in seiner Beurteilung der neuen sozialen Bewegung in Frankreich seit 1995

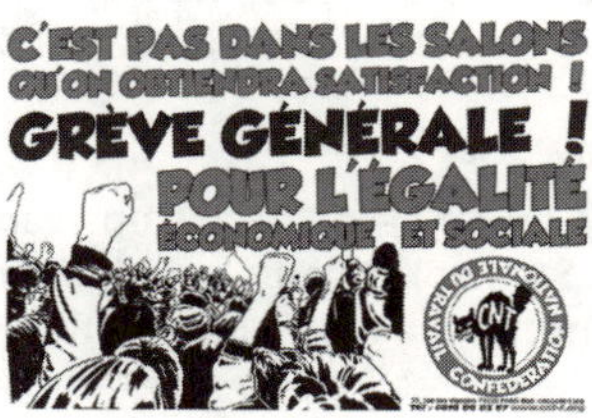

Proteste in Frankreich

Sylvie Chauvet

Guten Morgen, Frankreich!

Der Streik im Öffentlichen Dienst in Frankreich 1995

Im Jahre 1995 erlebte Frankreich eine Welle von Streiks, Demonstrationen und öffentlichen Protesten wie seit den Maiunruhen von 1968 nicht mehr. Ähnlich wie damals stritten Studierende und Arbeiterschaft gemeinsam für ihre Anliegen, fanden die Kämpfe sowohl in den Universitäten, an den Arbeitsplätzen als auch auf der Straße statt. Für Wochen kam das wirtschaftliche wie öffentliche Leben nahezu zum Erliegen, auch in den Nachbarländern waren unmittelbare Auswirkungen spürbar. Die Proteste, die als erste große Arbeitermobilisierung gegen eine neoliberale Politik überhaupt gelten, hatten nicht nur für die französische Innen- und Sozialpolitik weitreichende Konsequenzen. Zum einen veränderte sich die Gewerkschaftslandschaft dauerhaft, indem parteiunabhängige Basisgewerkschaften, die einen spürbaren Mitgliederzuwachs erfuhren, zu einem neuen gesellschaftlichen Faktor heranreiften. Zum anderen strahlten die Ereignisse von 1995 auch international aus, wenngleich Versuchen, vergleichbare Protestformen und organisatorische Strukturen in anderen Ländern zu etablieren, höchst unterschiedlicher Erfolg beschieden war.

Sozialabbau und Gegenwehr

Nach 14 Jahren Amtszeit folgte dem Sozialisten Francois Miterrand 1995 Jacques Chirac auf den Stuhl des Staatspräsidenten. Er bestimmte Alain Juppé, wie er Mitglied vom Rassemblement pour la République (RPR), zum Premierminister. Das unterstrich die Absicht der Regierung, einen rechtskonservativen Kurs einzuschlagen. Das staatliche Sozialsystem und der Öffentliche Dienst wurden als Hauptverursacher des »Landesdefizits« ausgemacht. Juppé nutzte den Sommer für die Entwicklung eines Sozialplans, der die angeblichen Kosten öffentlicher Dienste wie Verkehr und Bildung senken sollte.

Die Regierung kündigte weitreichende und tiefgreifende Privatisierungsmaßnahmen an, u.a. von Fernbahn und Hochschulen. Die Beamtenlöhne wurden für 1996 eingefroren und eine umfassende Rentenreform sollte in Angriff genommen werden. Das »Finanzloch«, das die Sozialversicherung gerissen habe, sollte durch die Erhöhung einer allgemeinen Sozialsteuer, der Contribution Sociale Généralisée (CSG), gestopft werden. Von der CSG-Steuererhöhung wäre allein die lohnabhängige Bevölkerung betroffen gewesen. Dabei waren die Sozialabgaben, die Erwerbstätige zu entrichten hatten, seit 1988 bereits um 25 Prozent gestiegen, während die Mehrbelastung für Unternehmen unter neun Prozent geblieben war. Die angebliche Unfinanzierbarkeit der Sozialsysteme war schon immer ein beliebtes Wahlkampfthema, das noch jede politische Richtung zu nutzen versucht hat. So erstaunt es nicht, dass die CSG-Reform bereits von der sozialistischen Regierung unter Premier Jean Michel Rocard auf den Weg gebracht worden war. Von daher war kein ernsthafter Widerspruch durch die parlamentarische Opposition zu erwarten. Ein 24-stündiger Streik im Öffentlichen Dienst am 10. Oktober bedeutete schließlich den Auftakt einer sozialen Bewegung jenseits des etablierten Parteienspektrums. Zwar blieb es in den darauf folgenden Tagen noch ruhig. Doch überall begann es zu brodeln. Als sich dann die Empörung an den Universitäten entlud, gab es kein Halten mehr.

Studierendenstreik

Zwei Wochen später begann das neue Hochschulsemester. Viele Studierende sahen sich durch die Pläne der Regierung, ein elitäres Bildungssystem einschließlich sogenannter »Forschungszentren« zu schaffen, bedroht. Die Schließung unattraktiver, weil nicht wettbewerbsfähiger Universitäten und die schrittweise Einführung der Privatfinanzierung der Hochschulen standen im Widerspruch zum Prinzip der Unabhängigkeit von Forschung und Lehre. Zu den privaten Interessen zählte ja nicht zuletzt, was gelehrt wird und zu welchem Zweck. Ausgangspunkt der Proteste war die Ankündigung, die Universität von Rouen, eine Hochschule in der Provinz, zu schließen. Die Abwicklung öffentlicher Hochschulen wurde konkret, Rouen wäre nur die erste in einer ganzen Reihe gewesen. Im selben Zug wurde die Universität »Pasqua« gegründet, was unter den Studierenden auf Empörung stieß. Sie war nach dem ehemaligen Verteidigungsminister Charles Pasqua benannt, der eine private Universität, die zum Inbegriff für Elitehochschulen geworden war, mit öffentlichen Mitteln finanziert hatte. Die Kampfansage hätte nicht deutlicher ausfallen können. Das erträgliche Maß war überschritten.

Aus Solidarität mit den Studierenden in Rouen traten zuerst die Universitäten von Paris, Jussieu und Nanterre (das wie auch 1968 zu den Vorreitern gehörte), dann in verstärktem Maße Hochschulen in der Provinz in den Streik. Anders als bei vorangegangenen Studierendenstreiks kam es jetzt zur Zusammenarbeit mit Hochschulbeschäftigten wie z.B. Reinigungskräften oder Bibliotheksangestellten, die von den Umstrukturierungsplänen der Regierung ebenfalls betroffen waren. Das ganze entwickelte sich zu einer Basisbewegung im eigentlichen Sinne, von den Betroffenen selbst organisiert und bestimmt. Als Entscheidungsebene wurden allgemeine Vollversammlungen eingerichtet, in denen nur das imperative Mandat galt.

Nach und nach traten immer mehr Universitäten in den Ausstand. Schließlich wurde eine landesweite Koordinierungsstelle eingerichtet, wodurch sich Blickwinkel und Forderungen über den eigenen Tellerrand erweiterten, so dass es z.B. zur Solidarisierung der Bildungsbranche mit prekär Beschäftigten kam.

Nichts geht mehr

Am 15. November wurde der Generalstreik im öffentlichen Sektor ausgerufen. Immer mehr häuften sich Demonstrationen, an denen Beschäftigte aller Zweige und Berufe im Öffentlichen Dienst teilnahmen. Von Mal zu Mal wurden die Demonstrationen massiver. Am 24. November trat die Eisenbahnergewerkschaft in den Streik, ferner einige Stromwerke und Postämter. Gemeinsam wehrten sie sich gegen den sogenannten »Juppé-Plan«, gegen Privatisierung, Umbau des Öffentlichen Dienstes und den Angriff auf die Sozialversicherungen. Denn Juppé plante mittlerweile auch, die Arbeitszeit zu verlängern, das Renteneintrittsalter um zweieinhalb Jahre anzuheben und schließlich die Bezuschussung von Medikamenten und ärztlicher Behandlung zu reduzieren – kurzum, das System sollte noch marktwirtschaftlicher werden als bisher.

Ganz Frankreich, besonders aber Paris, war vom Streik betroffen. Die Hauptstadt war praktisch lahmgelegt, nichts ging mehr. In den Nachrichten wurden fortwährend

 Tipps gegeben, wie man jetzt noch zur Arbeit gelangen könne: mit dem Fahrrad, per Anhalter, auf Rollschuhen usw. Dessen ungeachtet stand die Mehrheit der Bevölkerung (Umfragen zufolge 57 Prozent) der Streikbewegung positiv gegenüber. Fremde im Auto mitzunehmen, wurde zur Normalität, die Teilnahme von Erwerbslosen oder Arbeitern und Arbeiterinnen an Studentenplena und umgekehrt Studierende als Streikposten vor Werkshallen überraschten bald niemanden mehr. Das stellte eine gesellschaftliche Erfahrung dar, wie es sie schon lange nicht mehr gegeben hatte. Verstärkt wurden in der Bewegung hierarchische Strukturen in Gesellschaft und Organisationen kritisiert, das kapitalistische Gesellschaftssystem in Frage gestellt und nach alternativen Modellen gesucht.

Die Bewegung wird massiv

Auf allen Demonstrationen kehrten dieselben Losungen und Forderungen wieder: Nein zum Juppé-Plan, Arbeitszeitverkürzung statt -verlängerung, Verteidigung des Öffentlichen Dienstes gegen Privatisierung, Umwandlung aller befristeten Arbeitsverträge in Festanstellungen. Im Grunde genommen diente der Juppé-Plan als Katalysator für die seit langem angestaute Unzufriedenheit der Arbeiterschaft und die eindeutige Ablehnung einer kapitalistischen Gesellschaft.

Als Initiative der Basis stieß die Bewegung jedoch auf geringes Echo bei den traditionellen Organisationen, ganz zu schweigen von den Gewerkschaften. Mit dem plötzlichen Entstehen der Bewegung und ihrer selbstbestimmten Struktur überfordert, dienten sie sich der Regierung als Vermittler an. Ohne ein Mandat der Streikenden zu besitzen, traten sie als deren Vertretungen auf und trafen sich mit dem Bildungsminister und dem Premierminister zu Gesprächen. Damit verloren sie in den Augen der Streikenden jede Glaubwürdigkeit und schadeten sich schlussendlich selbst. Die traditionelle Form der Gewerkschaft hatte versagt.

Am 2. Dezember gingen zwei Millionen Menschen auf die Straße und erzwangen direkte Gespräche des Premiers mit den Streikenden. Die Ergebnisse waren enttäuschend, die Kraft des Streiks aber allmählich erschöpft. Nach einem Monat Streik und unter dem Druck des zu Weihnachten drohenden Reiseverkehrs wurde der Streik für beendet erklärt. Juppé zog seinen Plan zurück, die Streiktage wurden bezahlt und von der Privatisierung der Bahn abgesehen. Alle darüber hinaus gehenden Forderungen blieben jedoch unerfüllt. Zu einem vollständigen Generalstreik kam es nicht. Die Kollegen und Kolleginnen in den Branchen der privaten Wirtschaft konnten letztendlich nicht für den Streik gewonnen und der Korporatismus der Gewerkschaften nicht vollständig überwunden werden. Wenn sich einige Forderungen auch ähnelten, kam es doch nie zu einer gemeinsamen Plattform. Konsequenzen auf beiden Seiten

Die soziale Bewegung machte der Regierung aber dennoch deutlich, wo die Grenzen des Machbaren lagen. Ein neoliberales System konnte nicht errichtet werden, ohne auf Widerstand zu stoßen. Der Abbau sozialer Rechte, die allesamt Errungenschaften früherer sozialer Kämpfe waren, ließ sich nicht in einem einzigen Akt durchsetzen. Die Regierung lernte aus der Konfrontation mit der Bewegung und wählte eine neue Taktik der kleinen Schritte. Indem der geplante ökonomische und soziale Umbau nicht mehr als ein ganzes Paket in einem Ruck, sondern Stück für Stück und allmählich angegangen wurde, sollten die verschiedenen Träger sozialer Proteste gegen einander ausgespielt und einer neuen Bewegung der Wind aus den Segeln genommen werden, bevor sie überhaupt entsteht. Doch das gelang nicht reibungslos.

So richteten sich die großen Streiks Anfang des nächsten Jahrzehnts in Frankreich gegen Teilmaßnahmen des Juppé-Plans. Im Stillen ist er immer noch aktiv, nur wird jetzt nicht mehr versucht, ihn als Ganzes durchzufechten, sondern ihn in Segmente aufgeteilt nach und nach umzusetzen. Zu diesen Teilplänen zählt neben der Anhebung des Rentenalters und der Umwandlung des Beamtenstatus die Umstrukturierung des Sozialversicherungssystems zumindest teilweise in Privatversicherungen, die sich nicht an der Einkommenshöhe orientieren, womit das Solidarprinzip aufgegeben würde. Insofern stellte 1995 nur den Beginn einer neuen Phase verschärfter sozialer Bedingungen dar.

Dass die traditionellen Gewerkschaften darauf keine Antwort wissen, war deutlich geworden. Während der Proteste von 1995 waren neue Aktionsformen und organisatorische Ansätze erfolgreich gewesen, die sich an der Basis ausgerichtet von unten nach oben strukturierten und sich an libertären bzw. anarchosyndikalistischen Prinzipien orientierten. Die schwerfälligen, autoritären Apparate der traditionellen Gewerkschaften waren damit unvereinbar. Auch wenn etwa die CGT, anders als 1968, die Proteste formell unterstützte, waren es kleine, alternative Initiativen und Gewerkschaften, die davon profitierten. So erhielt etwa die erst zwei Jahre zuvor entstandene Erwerbsloseninitiative AC! (Agir ensemble contre le chômage) großen Zulauf, und machte mit spektakulären Aktionen in Nobelkaufhäusern und erlesenen Restaurants auf sich aufmerksam. Die links ausgerichtete Bauerngewerkschaft Confédération Paysanne wuchs in der Folge ebenso zu einer ernsthaften Größe an wie der Bund unabhängiger Basisgewerkschaften Solidaire-Unitaire-Démocratique (SUD). Eine besondere Rolle in der Bewegung spielte die anarchosyndikalistische Confédération National du Travail (CNT). Sie hatte maßgeblichen Anteil daran, dass sich die Bewegung weder in Interessengruppen aufsplitterte, noch von politischen Organisationen vereinnahmen ließ, indem sie die Idee selbstbestimmten Engagements in die Kämpfe hineintrug und von der Basis gebildete Strukturen unterstützte. Das brachte ihr viel Respekt ein, und es gelang ihr, sich von einer Randerscheinung zu einer relevanten Organisation zu entwickeln.

Seit 1995 kam es in Frankreich wiederholt zu Streikwellen und sozialen Protesten, so bei der Post, den Elektrizitätswerken, unter Lehrern, Erwerbslosen und Kulturarbeitern. Zuletzt erschütterte im Jahr 2007 eine Streikwelle das Land, die sich auf Eisenbahn und Öffentlichen Dienst konzentrierte. Es hat sich eine – eigentlich alte – Streik- und Protestkultur neu etabliert, die sich, anders als z.B. in Deutschland, nicht auf bloße Unmutsbekundungen beschränkt. Die französische Arbeiterbewegung ist bereit, im politischen Kampf ihr ökonomisches Gewicht in die Waagschale zu werfen. Eine Trennlinie zwischen ökonomischem und politischem Streik gibt es ohnehin nicht.

Matthias Seiffert

Das Menschenrecht am Streik

Zur Rolle und Situation der Gewerkschaften in Frankreich

Die gewerkschaftliche Situation in Frankreich unterscheidet sich in vielerlei Hinsicht grundlegend von der in Deutschland. Bekannt wie gleichwohl für Außenstehende rasch verwirrend ist die Fülle unterschiedlicher Arbeiterorganisationen. Doch auch rechtlich und in Hinblick auf das politische und wirtschaftliche System sind französische Gewerkschaften mit ganz spezifischen Anforderungen konfrontiert.

Rechtliche Position

Allgemein sind Gewerkschaften in Frankreich weniger stark in das rechtliche und politische System integriert als in Deutschland, wo durch das Grundgesetz (Art. 9, Abs. 3) Gewerkschaften als ein tragendes Element des Staates verankert sind. In gewisser Hinsicht ist die Position französischer Gewerkschaften somit sicherlich schwächer als die deutscher. Es erklärt auch zum Teil den vergleichsweise geringen Organisierungsgrad französischer Lohnabhängiger. Das französische Recht setzt allerdings die Prioritäten anders als das deutsche. Geschützt wird nicht in erster Linie die Arbeiterorganisation, sondern das Recht zu streiken, das im französischen Rechtssystem als individuelles Menschenrecht verstanden wird. Im Gegensatz zu Deutschland sind dadurch wilde, politische und solidarische Streiks nicht nur legal, sondern verbrieftes Grundrecht. Auch können in Frankreich Gewerkschaften für etwaige rechtswidrige Aktionen bei Arbeitskämpfen nicht haftbar gemacht werden, da sie gar nicht die juristische Kompetenz besitzen, als Auftraggeberin zu fungieren. Daraus ergibt sich die paradoxe Konsequenz, dass sich in Frankreich Gewerkschaften ein viel größerer Handlungsspielraum eröffnet als in Deutschland, obwohl sie formal-juristisch schlechter gestellt sind.

Entsprechend der rechtlichen Stellung nehmen französische Gewerkschaften eine deutliche Distanz zu Staat und Regierung ein, ungeachtet der Nähe zu bestimmten politischen Parteien. Es widerspräche dem Selbstverständnis einer französischen Gewerkschaft, sich als integrativen Bestandteil eines wirtschaftlich-gesellschaftlichen Organismus zu begreifen, der grundsätzlich gemeinsame Interessen teile, wie es etwa der Deutsche Gewerkschaftsbund (DGB) tut. Der Gegensatz von Kapital und Arbeit wird in Frankreich wie selbstverständlich als elementarer Interessenkonflikt gesehen, über politische Lager hinweg. Klassenbewusstsein ist in Frankreich noch ausgeprägt. Auch gemäßigte Gewerkschaften mögen ein System der Sozialpartnerschaft, wie es beispielsweise in Deutschland oder Österreich etabliert ist, zwar anstreben, sehen aber gegenwärtig immer noch einen gewissen Widerspruch zwischen Kapital und Arbeit gegeben.

Geringe Institutionalisierung

Als Institution spielen Gewerkschaften für französische Arbeiter und Arbeiterinnen eine eher untergeordnete Rolle. Sie haben nicht den gleichen Stellenwert als versicherungsähnliche Apparate wie hierzulande. Mit der Mitgliedschaft sind kaum Serviceleistungen verbunden. Viele Tätigkeiten, die in DGB-Organisationen von

Berufsfunktionären ausgeübt werden, erledigen in Frankreich Mitglieder ehrenamtlich. Die Funktion einer Gewerkschaft konzentriert sich auf das Organisieren von Streiks und Protesten. Dazu passt, dass in Frankreich weit weniger Arbeiter und Arbeiterinnen gewerkschaftlich organisiert sind als in Deutschland, die Mobilisierungskraft bei Protesten und Aktionen aber weit höher liegt.

Schließlich spielen zwei wesentliche Elemente der deutschen Gewerkschaftsarbeit in Frankreich eine andere Rolle. Übergreifende Tarifverträge regeln oft nur sehr Allgemeines, konkrete Lohnhöhen und Arbeitsbedingungen werden lokal und zwischen der jeweiligen Gewerkschaft und dem Unternehmen ausgehandelt. Umgekehrt greift der Staat gesetzlich viel stärker in diese Sphäre ein als bei uns, etwa durch Mindestlöhne. Betriebsräte, das zweite wichtige Element gewerkschaftlicher Betätigung in Deutschland, kennt man so in Frankreich nicht. Vielmehr stellen betriebliche Gewerkschaften sogenannte Personaldelegierte, die in größeren Betrieben am Comité d'Entreprise (CE) (Betriebsausschuss, häufig falsch als Betriebsrat übersetzt) teilnehmen, wo sie regelmäßig Vertreter der Betriebsleitung konsultieren. Ähnlich der allgemeinen rechtlichen Stellung einer Gewerkschaft in Frankreich ist das CE juristisch eigentlich schlechter gestellt als ein deutscher Betriebsrat, lässt der Gewerkschaft aber mehr Autonomie.

Im Mittelpunkt der betriebsbezogenen Situation steht der Begriff der »représentativité«, die Frage also, wie repräsentativ für die Belegschaft die jeweilige Gewerkschaft vor Ort ist. Dieser Status ist mit wesentlichen Rechten verbunden, ohne die es nur schwer möglich ist, gewerkschaftliche Arbeit zu leisten. Eine Gewerkschaft ohne den offiziellen Status der Repräsentativität – im Zweifel entscheiden darüber die Gerichte – ist für Kollegen und Kolleginnen in der Regel kaum attraktiv. Zu den gesetzlich festgelegten Kriterien gehören u.a. eine nennenswerte Mitgliederzahl und Erfahrungswerte, was es neuen Gewerkschaften enorm erschwert, offiziell anerkannt zu werden.

Gilt eine Gewerkschaft im Betrieb als repräsentativ, so ist sie z.B. dazu berechtigt, Kollektivabkommen (»convention collective«) mit den Arbeitgebern zu schließen, die in Frankreich die Funktion unserer Tarifverträge erfüllen. Ferner steht ihnen das Recht zu, einen freigestellten Delegierten (»délégué syndical«) zu bestimmen, ein Büro und ein schwarzes Brett zu bekommen, usw. Laut einem Dekret von 1966 müssen die fünf »traditionellen« Gewerkschaften keinen Nachweis erbringen, sie gelten per se als »repräsentativ«.

Richtungsgewerkschaften

Frankreich ist von politisch bzw. religiös-ideologisch ausgerichteten, oftmals als »Richtungsgewerkschaften« bezeichneten Gewerkschaftsbünden geprägt, die miteinander konkurrieren. Das beinhaltet ein Nebeneinander von Gewerkschaften in derselben Branche und sogar im selben Betrieb. Dabei begreift sich jeder dieser Bünde selbst als Einheitsgewerkschaft, die nach Möglichkeit alle Branchen abdeckt. Wenngleich dieser Zustand häufig als »System des gewerkschaftlichen Pluralismus« bezeichnet wird, stellt er doch kein homogenes Konzept dar, das so von allen Beteiligten gewollt wäre. Die Aufsplitterung der Gewerkschaftslandschaft wird durchaus als Schwäche betrachtet, die sich historisch entwickelt hat. Die Verfeindungen zwischen französischen Gewerkschaften sind denn auch zum Teil tief verankert und emotional geladen. Dessen ungeachtet operieren französische

 Gewerkschaften sehr oft gemeinsam und abgestimmt, um mehr Durchschlagskraft zu erzielen. Dieser der Einsicht in die eigene Schwäche geschuldete Pragmatismus darf jedoch nicht mit einem systematisch entwickelten gewerkschaftlichen Konzept gleichgesetzt werden.

Grob lassen sich die französischen Gewerkschaften in die fünf traditionellen und die unabhängigen einteilen, die größtenteils erst seit den Streiks von 1995 eine nennenswerte Rolle spielen.

Big Five

Als erste Gewerkschaft überhaupt zu nennen ist die 1895 gegründete Confédération General du Travail (CGT), buchstäblich die Mutter (nicht nur) der französischen Gewerkschaften; bis zum Ersten Weltkrieg stellte sie den einzigen Gewerkschaftsbund in Frankreich überhaupt dar. Die Geschichte der französischen Arbeiterbewegung ist unauflösbar mit ihrem Namen verbunden. Ursprünglich anarchosyndikalistisch ausgerichtet, setzten sich im Laufe der ersten Hälfte des 20. Jahrhunderts allmählich autoritär-marxistische Tendenzen durch, bis sie schließlich de facto zum gewerkschaftlichen Arm der Parti Communiste Français (PCF) wurde. Lange Zeit die unangefochten stärkste gewerkschaftliche Kraft in Frankreich, hat sie in den letzten Jahren spürbar an Einfluss und Mitgliedern verloren. Sie zählt noch etwa 650.000.

Die Force Ouvrière (FO) trennte sich 1947 als gemäßigt und ausdrücklich antikommunistisch von der CGT. Formell versteht sie sich als politisch unabhängig, wird aber häufig mit den Sozialisten, der Parti Socialiste (PS), in Verbindung gebracht; auch trotzkistische Organisationen sind bemüht, auf die FO Einfluss auszuüben. Sie ist gemäßigt links und setzte sich z.B. 1995 gegen die Privatisierung der Sozialversicherung und des Öffentlichen Dienstes ein.

Ebenfalls offiziell als »traditionell« anerkannt und damit in bevorzugter Position ist die Confédération Francaise des Travailleurs Chrétiens (CFTC), obgleich diese 1919 gegründete katholisch-christliche Gewerkschaft heute nur noch lokal eine Rolle spielt.

Aus der CFTC ging 1964 die Confédération Démocratique du Travaille (CFDT) hervor, die sich strenger von der Kirche abgrenzte. Die CFDT ist heute die politisch heterogenste unter den französischen Gewerkschaften. In ihrer jungen und dennoch wechselvollen Geschichte nahm sie mal diese, mal jene Position ein, je nachdem, was der Gewerkschaftsspitze opportun erschien. Entsprechend ihrer christlichen Herkunft wird in der CFDT viel Wert auf Ethik und Moral gelegt, Klassenanalysen sind eher verpönt. Sie grenzt sich scharf von der CGT ab und zeigt sich dabei betont antimarxistisch. Heute ist die CFDT die rechteste unter den Großen. Sie bejaht ausdrücklich die Sozialpartnerschaft, fordert die »Entpolitisierung« sozialer Beziehungen, unterstützt aktiv unsoziale Reformvorhaben der Regierung und tut sich auch nicht schwer mit Privatisierungen. Soziale Bewegungen außerhalb der Gewerkschaften, wie die von 1995, werden von CFDT-Funktionären gerne als »gefährlicher Populismus« beschimpft.

Zu den großen fünf Verbänden zählt schließlich noch die Confédération Générale des Cadres (CGC), obgleich sie als Verband der höheren Angestellten nur wenige Mitglieder zählt.

Neben der Erwerbsloseninitiative AC! (Agir ensemble contre le Chômage – »Gemeinsam gegen die Arbeitslosigkeit«), die im Winter 1997/98 durch spektakuläre Aktionen auf sich aufmerksam machte, und der verhältnismäßig kleinen, aber angriffslustigen Bauerngewerkschaft Confédération Paysanne haben sich nach 1995 vor allem die SUD und CNT als gewerkschaftliche Alternativen etabliert. Beide kämpfen – mal mehr, mal weniger erfolgreich – in jedem Betrieb, in dem sie organisiert sind, um den Status der Repräsentativität.

Die SUD (Solidaire Unitaire Démocratique) ging Ende der 1980er Jahre als lockerer Verbund von verschiedenen Einzelgewerkschaften als Linksabspaltung aus der CFDT hervor. Der Streik von 1995 brachte ihr deutlichen Aufwind. Heute zählt sie ca. 40.000 Mitglieder. Ihre Strukturen sind etwas fester geworden, sie ist aber immer noch basisorientiert. Sie beteiligt sich an Betriebs- und Sozialwahlen, manche größere SUD-Einzelgewerkschaft ist gleichzeitig Mitglied bei ATTAC.

Die anarchosyndikalistische CNT (Confédération Nationale du Travail e) schließlich fand durch die Ereignisse 1995 den Weg aus dem Sektenstatus heraus. Von 300 Mitgliedern Anfang der 1990er wuchs sie auf etwa 4.000 an und zählt mehrere Betriebsgruppen, die echte gewerkschaftliche Arbeit leisten. Bei Demonstrationen ist sie in der Lage weitaus höhere Zahlen zu mobilisieren, wovon sich sogar die großen Zeitungen öfters schon beeindruckt zeigten.

Matthias Seiffert

Thinktank im Plattenbau

Studierendenproteste in der Universitätsstadt Nanterre 1968 und 1995

Wann immer von Studentenprotesten in Frankreich die Rede ist, dauert es nicht lange, bis der Name Nanterre fällt. Ein Uni-Streik ohne Beteiligung Nanterres ist praktisch nicht denkbar; eine Tradition, die bis zu den Maiunruhen von 1968 zurückreicht. Viele Protagonisten und Vordenker der Linken wurden in Studentengruppen in Nanterre mit dem roten (schwarzen) Virus infiziert, mancher Philosophieprofessor von den Studierenden mit umstürzlerischen Ideen angesteckt. Fast hat man das Gefühl, Nanterre sei eine Art europäisches Berkeley (so ziemlich jede alternative Strömung oder Organisation nahm ihren Ausgang bei Studentenzirkeln an der US-amerikanischen Universität nahe San Francisco).

Doch woran liegt das? Das Städtchen Nanterre ist ein wenig ansprechender Ort. Vielmehr handelt es sich beim westlich von Paris gelegenen Vorort um eine klassische französische Trabantenstadt mit den typischen Merkmalen wie hoher Arbeitslosigkeit, Armut und einem hohen Anteil von Migranten. Das Hochhausghetto »La Défense« lädt nicht gerade zum Verweilen ein, und die schmutzigen Malocherjobs in den umliegenden Fabriken reichen bei weitem nicht für alle. Mehr als arbeiten und schlafen kann man hier kaum.

Die Universität selbst ist ein hässliches Etwas aus grauen Betonklötzen. Dass die Einwohnerzahl rückläufig ist, spricht nicht eben für die besondere Beliebtheit der Stadt; wer es schafft, zieht weg (von 1982 bis heute sank die Einwohnerzahl von 90.000 auf 84.000).

Womöglich aber ist es genau das: In der Tristesse aus Armut, Beton und Langeweile gibt es kaum Ablenkungsmöglichkeiten für Studierende; da konzentriert man sich schon mangels Alternativen auf das Studium – oder eben auf politisches Engagement.

Dennoch: wer hätte am Vorabend von ´68 geglaubt, dass die Mischung aus Arbeitenden, Zuwandererfamilien und Studierenden ein explosives Gemisch darstellen könnte? Der Schulterschluss von Universität und Betrieb mag vielleicht geographisch nahe gelegen haben, doch die soziokulturellen Gegensätze waren enorm. Dass das damals dennoch gelang, gehört zu den besonderen Charakteristika der 68er-Ereignisse in Frankreich.

1968 bedeutete in Frankreich eben nicht nur Rollkragen, buschige Koteletten und Studentenzirkel, die nächtelang diskutierten, bis der Katheder qualmte. Die Parolen auf Wänden und Flugblättern lauteten nicht nur LSD-vernebelt: »Blau wird grau bleiben, bis es neu erfunden ist«, sondern eben auch: »Solidarität von Arbeitern und Studenten«. Zuerst brannten die Barrikaden in Paris, dann streikten die Arbeiter und Arbeiterinnen, bis schließlich der erste wilde Generalstreik in der französischen Nachkriegsgeschichte Wirklichkeit geworden war.

Die Universität Nanterre übernahm auch 1995 eine Vorreiterrolle für die landesweiten Studierendenproteste. Doch diesmal ging es pragmatischer zu. Nicht Diskussionszirkel und zerstrittene Politsekten bestimmten die Szenerie, sondern Gesamtvollversammlungen, die konkrete Forderungen beschlossen, flankiert von vielfältigen geplanten Aktionen. Von Anfang an beschränkten sich dabei die Proteste nicht auf studentische Belange, sondern schlossen die Solidarität mit der Arbeiterschaft im Land genauso ein, wie den Schulterschluss mit allen an der Hochschule beschäftigten. Dieses Beispiel sollte Schule machen und wurde charakteristisch für den Hochschulstreik von 1995; die 1968 erworbene Prominenz Nanterres trug sicherlich mit dazu bei, dass auch diesmal von hier eine Signalwirkung ausging.

Die 95er Generation von Nanterre knüpfte damit da an, wo die 68er aufgehört und einen anderen Weg eingeschlagen hatten, wie folgendes Beispiel veranschaulichen mag: In Nanterre existierte in den 1960er Jahren ein anarchistischer Studentenzirkel (im Umfeld der 1955 gegründeten Zeitschrift *Noir et Rouge*, die dem Anarchosyndikalismus nahe stand). Als ihr prominentestes Mitglied, Daniel Cohn-Bendit, 30 Jahre später nach Nanterre zurückkehrte, um an einer Diskussionsveranstaltung zum Mai 1968 teilzunehmen, holten ihn Vergangenheit und Gegenwart ein. Mitglieder der Hochschulgruppe der CNT Nanterre waren nicht eben gut auf ihn zu sprechen, und jemand warf ihm eine Sahnetorte ins Gesicht. Mochte es für ihn eine Phase jugendlichen Revoluzzertums gewesen sein, in Nanterre wehte die schwarz-rote Fahne noch immer.

Arbeiterbewegung in Frankreich

Vom Generalstreik 1936 bis heute

(Zur Vorgeschichte siehe Kapitel 4)

1936: Wiedervereinigung von CGT und CGTU. Volksfrontregierung; Léon Blum wird Premierminister. Nach Generalstreik umfangreiche Sozialreformen. Die Regierung verfolgt außenpolitisch strikten Nichteinmischungskurs und versagt spanischer Republik die Unterstützung im Bürgerkrieg. Beschwichtigungspolitik gegenüber Deutschland.

1937: Abwertung des Franc bewirkt nicht die erhoffte Belebung der Wirtschaft; Arbeitslosigkeit bleibt hoch. Verbot der faschistischen »Ligen«, die sich jedoch rasch reorganisieren.

1938: Ende der Volksfront; neuer Premierminister Daladier schlägt autoritären Kurs ein, regiert mit Notverordnungen. Teilweise Rücknahme der Sozialreformen; ein dagegen gerichteter Generalstreik scheitert.

1939: Generalmobilmachung und Kriegserklärung gegen Deutschland nach dessen Überfall auf Polen. Ausschluss der Kommunisten aus der CGT; Neugründung der CGTU.

1940: Vollständige Niederlage Frankreichs; Verbot aller Gewerkschaften. Marschall Pétain wird neuer Regierungschef und ruft Franzosen zur Zusammenarbeit mit deutschen Besatzern auf (»collaboration«). Im Süden entsteht formal unabhängiger französischer Staat (»Vichy-Frankreich«) unter reaktionär-faschistischer Regierung. Bildung von Widerstandsgruppen in beiden Teilen des Landes (»Résistance«); Exilregierung unter De Gaulle in London.

1941-43: Ausbau und Vernetzung des Widerstands, Untergrundpresse, Spionage, Sabotage. Zehntausende Franzosen werden zur Zwangsarbeit herangezogen. Deportation von über 80.000 Menschen in KZ. Erneute Wiedervereinigung der CGT und CGTU im Untergrund.

1944: Widerstandsgruppen, darunter zahlreiche spanische Flüchtlinge, erobern Paris. Provisorische Regierung unter de Gaulle.

1946: Vierte Republik mit neuer Verfassung; Präsident wird Vincent Auriol. Die CGT baut die interne Demokratie ab und macht sich formell von der PCF abhängig. Gründung der anarchosyndikalistischen Confédération Nationale du Travail (CNT). Aufbau eines Sozialversicherungssystems, das von den ArbeiterInnen selbst verwaltet wird, und

 Einführung von Betriebsausschüssen.

1947: PCF verlässt Regierung. Proteste gegen Lohnstopp und Indochinakrieg. Wirtschaftskrise und zahlreiche Streiks. Abspaltung der Force Ouvrière (FO) sowie der Lehrergewerkschaft Fédération de l'Éducation Nationale (FEN) von der CGT. Nach der Inhaftierung streikender Metallarbeiter in Marseille ruft die CGT zum Generalstreik auf, dem drei Mio. folgen; in einigen Städten kommt es zu Ausschreitungen, Premierminister Ramadier tritt zurück.

1948: Abwertung des Franc, Überwindung der Wirtschaftskrise.

1950: Verabschiedung des Kollektivvertragsgesetzes (Freigabe der Lohnverhandlungen).

1953: Amnestie für ehem. Vichy-Beamte.

1954: René Coty wird Präsident.

1954-58: Ständige Regierungskrisen.

1958: Ende der vierten und Beginn der fünften Republik durch Volksentscheid für Präsidialverfassung. Sondervollmachten für de Gaulle, der schließlich Präsident wird. Abschaffung der Selbstverwaltung der Sozialversicherung.

1961: In Paris werden 200 algerische Demonstranten von der Polizei erschossen (»Massaker von Paris«).

1963: Arbeitskämpfe im Bergbau führen zu großer Solidaritätswelle.

1964: Gründung der Confédération Française Démocratique du Travail (CFDT). Einführung der Streikvorankündigungspflicht im öffentlichen Dienst.

1967: Wirtschaftskrise und Anstieg der Arbeitslosenzahlen.

1968: Studentenunruhen und Generalstreik; bürgerkriegsähnliche Zustände, Straßenschlachten. De Gaulle verlässt das Land. Entspannung der Lage, nachdem die PCF- und CGT-Führung zur Niederlegung des Streiks aufrufen. Deutliche Lohnerhöhungen. Absolute Mehrheit für Gaullisten bei anschließenden Wahlen.

1969: Georges Pompidou wird neuer Präsident.

1972: Verschärfte Inflation. Arbeitskämpfe in der Automobilindustrie.

1973/74: Besetzung der LIP-Uhrenfabrik in Besançon; die ArbeiterInnen produzieren vorübergehend in Selbstverwaltung.

1974: Valéry Giscard d'Estaing wird neuer Präsident.

1975/76: Großer Druckerstreik.

1976: Streikwelle mit über zwei Mio. Beteiligten.

1979: »Marsch der Stahlarbeiter auf Paris«.

1980: Reform des Sozialversicherungswesens; massive Proteste.

1981: François Mitterand wird neuer Präsident. Linke Regierung unter Beteiligung der PCF.

1982/83: Regierung schlägt strengen Sparkurs ein. Mehrfache Abwertung des Franc. Starker Anstieg der Arbeitslosigkeit. Die Regierung verordnet einen Lohn- und Preisstopp.

1983/84: Streik und Betriebsbesetzung im Automobilwerk von Talbot (Peugeot).

1984: Rückzug der PCF aus Regierung.

1986/87: Wilder Streik bei der französischen Bahn.

1987: Gründung der Confédération Paysanne.

1988: Abspaltung der Basisgewerkschaften Solidaire-Unitaire-Démocatrique (SUD) von der CFDT.

1993: Spaltung der CNT.

1995: Der Gaullist Jaques Chirac wird zum Präsidenten gewählt. Neue Regierung nimmt Vorhaben zu Lohnkürzungen und Verschlechterungen der Arbeitsbedingungen im öffentlichen Dienst nach massiven Streiks und Protesten vorerst zurück. Zulauf für

Basisgewerkschaften.

1997: Nach Parlamentswahlen neue Regierung aus PS und PCF.

1997/98: Massive Proteste der Erwerbslosenbewegung.

2002: Wiederwahl Chiracs, nachdem der Rechtsradikale Le Pen in die Stichwahl kam; massive Proteste gegen den Erfolg Le Pens.

2003: Streiks und Demonstrationen gegen die Absenkung des Rentenniveaus und Anhebung des Rentenalters, inkl. wochenlanger Lehrerstreiks; die Regierung bleibt stur.

2005: Jugendrevolte in den Vorstädten der französischen Großstädte.

2006: Nach Streikwellen nimmt Regierung Gesetzesinitiative zur Aufweichung des Kündigungsschutzes zurück.

2007: Der Bürgerliche Sarcózy gewinnt Präsidentschaftswahlen. Massive Streiks und Proteste gegen dessen Pläne zu Kürzungen im Öffentlichen Dienst.

Kommentierte Bibliographie: Frankreich 1995

Guten Morgen, Frankreich!

Die Ereignisse von 1995 liegen noch nicht allzu lange zurück und der damalige Streik hatte auch nicht solch dramatische Dimension wie z.B. der britische Bergarbeiterstreik von 1984/85. Die dazu vorliegende Literatur ist deshalb noch relativ überschaubar, aber auch nicht gerade wenig, markiert 1995 im Bewusstsein vieler Franzosen und Französinnen doch eine wichtige Etappe in der neuesten Entwicklung Frankreichs. Aufgrund der kurzen zeitlichen Distanz stellen selbstverständlich die zeitgenössischen Berichte noch immer einen wichtigen Bezugspunkt für Untersuchungen dar. Quellen finden sich eigentlich in allen größeren französischen Zeitungen von Ende 1995 bis Anfang 1996, wie z.B. *Le Monde* (linksliberal), *Le Figaro* (konservativ) oder *Libération* (links), sowie in den Zeitschriften der in der Bewegung involvierten Organisationen, wie z.B. *Le Combat Syndicaliste*, der Zeitung der CNT. Analysen und Darstellungen, die schon wenige Jahre nach den Ereignissen verfasst wurden, finden sich dagegen z.B. bei: SOPHIE BÉROUD u.a., *Le mouvement social en France. Essai de sociologie politique*, Paris 1998; sowie SOPHIE BÉROUD & RENÉ MOURIAUX (Hg.), *Le souffle de décembre. Le mouvement de décembre 1995, continuités, singularités, portée*, Paris 1997. MOURIAUX ist ein anerkannter Fachmann für die französische Gewerkschaftsbewegung und legt deutliches Gewicht auf die Frage nach der Krise der traditionellen Gewerkschaften in Frankreich. Für ein besseres historisches Verständnisses dieser Krise, die bei den Entwicklungen von 1995 besonders evident wurde und schon länger diskutiert wurde, siehe auch seine beiden Bücher: *Le syndicalisme en France depuis 1945*, Paris 2004 (eine Art Standardeinführung in die moderne französische Gewerkschaftsbewegung unter Berücksichtigung der Krisenentwicklung); sowie: *Crises du syndicalisme français*, Monchrestien 1998 (das sich speziell mit der Gewerkschaftskrise befasst). Weitere Arbeiten, die sich mit der Gewerkschaftskrise beschäftigen und häufig rezipiert werden, sind: DOMINIQUE LABBÉ & STÉPHANE COURTOIS (Hg.), *Regards sur la crise du syndicalisme*, Paris 2001; sowie DOMINIQUE LABBÉ & MAURICE CROISAT, *La fin des syndicats?*, Paris 1992. Als Quelle für die Proteste von 1995 ist weiterhin interessant: PIERRE BORDIEU, *Wortfeuer. Gegenmeldungen im Dienste des Widerstandes gegen die neoliberale Invasion*, Konstanz 1998. Der berühmte Soziologe BORDIEU engagierte sich u.a. in der Bewegung von 1995 und unterstützte streikende ArbeiterInnen. Reden und Schriften von ihm aus dieser Phase finden sich in dem genannten Band. Auch die sozialen Kämpfe und Bewegungen in der Folgezeit von 1995, wie z.B. die Erwerbslosenproteste, haben Beachtung gefunden; siehe dazu: JEAN-CHRISTOPHE BROCHIER & HERVÉ DELOUCHE, *Les nouveaux sans-culottes. Enquête sur l'extrême gauche*, Paris 2000; XAVIER CRETTIEZ & ISABELLE SOMMIER, (Hg.), *La France rebelle. Tous les foyer, mouvements et acteurs de la contestation*, Paris 2002; sowie DENIS PINGAUD, *La Gauche de la gauche*, Paris 2000. Zum Aufschwung der Basisgewerkschaften in Frankreich nach 1995 wurde hierzulande auch viel diskutiert. Für eine Auseinandersetzung mit dem Gewerkschaftsnetzwerk von SUD siehe z.B. BERNARD SCHMID, »SUD und Solidaires. Linksalternative Basisgewerkschaften in Frankreich«, in: *PROKLA, Zeitschrift für kritische Sozialwissenschaft*, Heft 130, 33. Jg., Nr. 1 (2003), S. 31-50. Über die neuere Entwicklung der CNT dagegen lassen sich Informationen entnehmen aus einer Art Selbstdarstellungsbroschüre der CNT selbst: CNT, *CNT aujourd`hui* (Brochure syndicaliste n° 7), Paris 2000. Ansonsten liegen dazu nur zwei noch unveröffentlichte Studienarbeiten vor: SIMON CADY, *L'anarcho-syndicalisme aujourd'hui. Le cas de la CNT en Région Parisienne,* Magisterarbeit Politikwissenschaft, Université Paris VII 2001/02; sowie HANS-PETER OOSTINGA, *Renaissance des französischen Anarchossyndikalismus' seit 1995?*, Diplomarbeit Politikwissenschaft, Freie Universität Berlin 2006.

Das Menschenrecht am Streik

Über die Gewerkschaften in Frankreich ist häufig und viel gearbeitet worden, freilich sind die meisten Publikationen jedoch nur in Französisch erschienen. In deutscher Sprache findet sich weniger, aber durchaus noch reichlich Literatur zur französischen Gewerkschaftslandschaft. Dabei handelt es sich überwiegend um Einzeldarstellungen großer Gewerkschaften, vor allem der CGT. Hingegen erschien im deutschsprachigen Raum über die letzten Jahrzehnte eine große Anzahl von Artikeln und Aufsätzen zum Thema. Einen durchaus lesenswerten Einstieg bietet die knappe, von der Gewerkschaft ver.di herausgegebene Broschüre *Über den Tellerrand geschaut. Arbeitnehmervertretungen in Frankreich* (o.A.). Ähnlich verhält es sich mit einem Interview mit PASCAL LEJEUNE, das einen systematischen Überblick über die wirtschaftliche, gesellschaftliche und rechtliche Situation gewerkschaftlichen Engagements in Frankreich bietet. Obendrein zeugt es von hoher Sachkenntnis und zeigt kritische Positionen der Linken an: GEWERKSCHAFTSFORUM HANNOVER (Hg.), *Die europäische Gewerkschaftslinke. Erfahrungen – Positionen – Diskussionen. Interviews aus neun Ländern,* Hannover 2003, S. 39-48. Umfangreichere allgemeine Darstellungen, wenn auch schon etwas veraltet, bieten: FRIEDHELM BOLL, *Arbeitskämpfe in Deutschland, England und Frankreich. Ihre Entwicklung vom 19. zum 20. Jahrhundert*, Bonn 1992; sowie PETER KARL RUHM, *Die Gewerkschaftsbewegung in Frankreich. Entwicklungstendenzen nach 1968. Eine Untersuchung der Gewerkschaftorganisationen CGT und CFDT hinsichtlich ihrer politischen Aktivitäten im Spannungsfeld der Beziehungen zu Unternehmertum, Parteien und Staat von 1968-1978,* Heidelberg 1980. Als deutschsprachiges Standardwerk darf betrachtet werden: PETER JANSEN u.a., *Gewerkschaften in Frankreich. Geschichte, Organisation, Programmatik*, Frankfurt a.M. 1986, das eine aktualisierte Neuauflage verdient hätte. Ähnlich verhält es sich mit dem ebenfalls von PETER JANSEN verfassten Buch: *Die gescheiterte Sozialpartnerschaft. Die französische Gewerkschaftsbewegung zwischen Tarifautonomie und Staatsinterventionismus*, Frankfurt a.M. 1987. Ergänzend zur aktuellen Lage ist nützlich: STEFANIE HÜRTGEN, »»Gestaltung des Anpassungsdrucks«, »Rückkehr zu bewährter Gewerkschaftspolitik« oder »Kampf um soziale Transformation«? Gewerkschaftliche Positionen zur Globalisierung in Deutschland und Frankreich, in: *PROKLA, Zeitschrift für kritische Sozialwissenschaft*, Heft 130, 33. Jg., Nr. 1 (2003), S. 7-29. Wer über ausreichende Sprachkenntnisse verfügt, dem sei eine Einzeldarstellung zur Geschichte des Streiks in Frankreich empfohlen – nicht nur in Bezug auf die französische Sozialgeschichte interessant, sondern auch in Hinblick darauf, dass in Deutschland so etwas wie Streikgeschichte als eigenes Untersuchungsfeld kaum bekannt ist: STÉPHANE SIROT, *La grève en France. Une histoire sociale (XIXe – XXe siècle)*, Paris 2002. Abschließend sei noch eine Auswahl von Titeln zu den französischen Richtungsgewerkschaften genannt: DOMINIQUE ANDOLFATTO (Hg.), *Les Syndicats en France*, Paris 2004, stellt die französischen Richtungsgewerkschaften im Vergleich vor. Eine neuere Überblicksdarstellung der Geschichte der französischen Gewerkschaften seit dem Zweiten Weltkrieg stellt dar: RENÉ MOURIAUX, *Le syndicalisme en France depuis 1945*, Paris 2004. Ebenfalls von MOURIAUX liegt eine Untersuchung zur CGT vor: *La CGT. Crises et alternatives*, Paris 1992. Eine vollständige Schilderung der Geschichte der CGT bietet MICHEL DREYFUS, *Histoire de la CGT. Cent ans de syndicalisme en France*, Brüssel 1995; als syndikalistische Urgewerkschaft schlechthin ist eine Auseinandersetzung mit der Geschichte der CGT auch über die französische Thematik hinaus unerlässlich. Speziell mit dem Generalstreik von 1968 und der Rolle der CGT beschäftigen sich WOLFGANG STETTER, *Gewerkschaftsapparat und Arbeiterinteressen. Die Politik der C.G.T. im Mai 1968*, Frankfurt a.M. 1992; sowie die schon etwas angegraute Arbeit von WERNER GOLDSCHMIDT, *Gesellschaftliche Krise und die Perspektive der Arbeiterbewegung in Frankreich. Eine Untersuchung zur Herausbildung einer gemeinsamen Strategie der französischen Arbeiterbewegung im Verlauf einer Periode verschärfter Streikbewegungen vom Mai 1968 bis zum März 1973*, Marburg 1973. Zur CFDT, der heute größten Gewerkschaft in Frankreich, liegt in deutscher Sprache vor: ROLAND SCHINKO, *Die französische Gewerkschaft CFDT. Ihre interne Krisenperzeption, das neue Programm und seine zukünftigen Realisierungschancen*, Düsseldorf 1991. Mit dem Verband unabhängiger Basisgewerkschaften SUD befasst sich ANNICK COUPÉ, *Qu'est-ce que SUD Solidaires?*, Paris 2002. Die Entwicklung der anarchosyndikalistischen CNT in Frankreich bis 1995 zeichnet nach: JULIEN LONCLE, *Histoire d'un courant anarcho-syndicaliste français. La CNT de 1945 à 1995. Mémoire de maîtrise en histoire*, Magisterarbeit Geschichte, Université de Bourgogne 2002. JEAN-PHILLIPE MARTIN, *Histoire de la nouvelle gauche paysanne. Des contestations des années 1960 à la Confédération paysanne*, Paris 2005, beschäftigt sich schließlich mit der linken Agrargewerkschaft. (Mathias Seiffert)

Thinktank im Plattenbau

Über den Mai 1968 sowie die 68er-Bewegung insgesamt existiert eine schier unüberschaubare Fülle an Literatur. Eine kurze Gesamtdarstellung, von der man aber eben auch nicht mehr als einen flüchtigen Einstieg ins Thema erwarten darf, bietet Ingrid INGRID GLCHER-HOLTEY, *Die 68er Bewegung. Deutschland – Westeuropa – USA*, (3. Aufl.) München 2001. Genauer auf die Ereignisse in Paris bezogen ist sicherlich empfehlenswert: CEES NOOTEBOOM, *Paris, Mai 1968*, Frankfurt a.M. 2003; der niederländische Schriftsteller berichtete damals als Reporter von den Unruhen, so dass sich hier eigene Erfahrungen als Zeitzeuge mit historischer Nachbetrachtung verbinden. Weitere neuere Beschäftigungen mit dem Pariser Mai finden sich bei KRISTIN

206 Ross, *May '68 and its afterlives*, Chicago 2002 und Andrew Feenberg & Jim Freedman, *When poetry ruled the streets: the French May events of 1968*, Albany 2001. Sowohl ein Beispiel libertärer Kritik als auch die Schilderung eines Zeitzeugen stellt ein Aufsatz von Murray Bookchin dar: »Die Mai/Juni-Ereignisse in Frankreich«, in: ders., *Die Formen der Freiheit. Aufsätze über Ökologie und Anarchismus,* Wetzlar 1977, S. 82ff. Ein in der Linken immer wieder gern rezipiertes Werk ist: Matte J. Rauch & Samuel H. Schirmbeck, *Die Barrikaden von Paris. Der Aufstand der französischen Arbeiter und Studenten Mai 1968*, o.O. 1998; S. 18-49 schildern die Situation in Nanterre. Zu den immer noch lesenswerten zeitgenössischen Klassikern zählt nach wie vor Daniel & Gabriel Cohn-Bendit, *Linksradikalismus – Gewaltkur gegen die Alterskrankheit des Kommunismus,* Reinbek b.H. 1968, aus dem ganz besonders die Atmosphäre unter den Studierenden von Nanterre nachvollziehbar wird, wurde es doch unmittelbar nach den Ereignissen verfasst; speziell zu Nanterre siehe S. 30-58. Wer Interesse daran hegt, wie aus dem Vorzeige-Revoluzzer des Pariser Mai der dröge Grünenpolitiker von heute wurde, mag einen Blick in sein Buch zu dieser Frage werfen: Daniel Cohn-Bendit, *Wir haben sie so geliebt, die Revolution*, Frankfurt a.M. 1987. Die Ereignisse 1995 in Nanterre sind dagegen kaum bekannt. Fragmente finden sich in den Untersuchungen zur Bewegung von 1995 (siehe oben) und selbstverständlich in den zeitgenössischen Lokal- und Regionalzeitungen. Die Tortenattacke auf Cohn-Bendit 1998 in Nanterre wiederum hat es zu einer gewissen Berühmtheit gebracht und wird auf einschlägigen Internetseiten immer wieder erwähnt. (Matthias Seiffert)

Ohne Wenn und Aber

Eine Schlussbetrachtung

In den vorangegangenen elf Kapiteln haben wir versucht, Vielfalt und Bandbreite des Streiks darzustellen. Dabei zeigte sich, dass der Streik nicht nur für Belange der Arbeiterklasse von Wert war und ist, sondern zu den wichtigsten Mitteln zivilen Ungehorsams überhaupt zählt. In seinen Formen geht er weit über die bloße Arbeitsniederlegung hinaus. Und mit ihm kann mehr durchgesetzt werden, als nur schlichte Lohnerhöhungen und neue Vertragsabschlüsse. Wenn aber der Streik ein solch kräftiges Instrument darstellt, warum scheiterten so viele der hier behandelten Arbeitskämpfe? Neben den konkreten, in den jeweiligen Kapiteln dargelegten Gründen scheinen allgemeine auf. Konzeptionelle Ausrichtung und organisatorischer Aufbau, das Wechselspiel zwischen Arbeiterschaft und ihren Organisationen, Entschlossenheit und Kampfbereitschaft, der Zugriff auf ernsthafte Drohpotentiale und schließlich der Grad an Schranken überschreitender Solidarität erweisen sich als wesentliche Fragen, denen wir abschließend nachgehen wollen.

Am Anfang war der Streik

Ohne den Streik hätte es wohl nicht eine einzige soziale Verbesserung der Lage der Arbeiter und Arbeiterinnen gegeben. Was nicht gleichbedeutend damit ist, dass jedes Zugeständnis direkt aus einem Streik hervorgegangen wäre: Gewerkschaften konnten Lohnerhöhungen und Arbeitszeitverkürzung aushandeln, weil ihnen der Streik als Druckmittel zur Verfügung stand. Das verdeutlicht die zentrale Bedeutung des Streiks für die Arbeiterbewegung im Klassenkampf. Die Stärke einer Gewerkschaft misst sich weniger an ihrer Mitgliedszahl oder ihrem Kontostand, sondern an ihrer Fähigkeit, einen Streik zu organisieren, der die Gegenseite möglichst empfindlich trifft. Im gleichen Maße, wie das Kapital diese Fähigkeit anzweifelt, schrumpft seine Bereitschaft, auf Forderungen der Gewerkschaft einzugehen oder überhaupt mit ihr zu verhandeln. Paradoxerweise führt das nicht selten dazu, dass es gerade Gewerkschaften sind, die einem Streik lieber aus dem Weg gehen möchten. Ein verlorener Streik kann einer Gewerkschaft jegliche Legitimation berauben.

Eine Gewerkschaft aber, die die Konfrontation scheut, ist in eine gefährliche Sackgasse geraten. Früher oder später wird die Gegenseite sie auf die Probe stellen: entweder, die Gewerkschaft bekennt dann Farbe und stellt ihre Kampfbereitschaft unter Beweis, oder sie entblößt sich als Papiertiger. Die fortschreitende Krise der DGB-Gewerkschaften einerseits und die wachsende Bedeutung unabhängiger berufsständischer Gewerkschaften andererseits haben das in jüngster Zeit verdeutlicht. Der Klassenkampf findet immer statt, ob man will oder nicht. Soziale Errungenschaften müssen immer wieder aufs Neue verteidigt werden, bzw. die Arbeiterschaft muss fähig sein, ihr Kampfpotential glaubhaft unter Beweis zu stellen. Nicht zuletzt hierin besteht der grundlegende Sinn einer Gewerkschaft. Der Streikkraft einer Belegschaft, einer Industrie und schließlich der ganzen Klasse soll durch die Organisierung eine dauerhafte Form verliehen werden.

Es ist das eine, wie gut ein Streik organisiert ist, und das andere, welches Druckpotential ihm überhaupt inne wohnt. Mögen auch Tausende in den Ausstand treten, ist ihr Unterfangen dennoch zum Scheitern verurteilt, wenn sie keinen nennenswerten ökonomischen Druck aufbauen können. Und das ist zunächst einmal abhängig vom ökonomischen Stellenwert des Produktionsbereiches, der Fabrik oder der Branche, der oder die bestreikt werden soll – also der strukturellen Macht der Arbeiter und Arbeiterinnen. Einen Betrieb zu bestreiken, der ohnehin geschlossen werden soll, ist wenig aussichtsreich; ebenso dort, wo Belegschaften beliebig ersetzbar sind. Das heißt keinesfalls, dass man gar nichts erreichen könnte, doch die Ausgangslage gestaltet sich eben schwieriger, als wenn man damit drohen kann, ein florierendes Unternehmen effektiv zu bestreiken, in dem die Belegschaft nicht abkömmlich oder austauschbar ist.

Doch es gibt noch grundlegendere Faktoren. Dass jeder Bereich den Arbeiterinnen und Arbeitern ein anderes Drohpotential bietet, hängt einerseits mit ihrem Stellenwert für Produktion und Infrastruktur zusammen, andererseits mit dem Zugriff der streikbereiten Arbeiter und Arbeiterinnen auf dieses Drohmittel, also ihrer Fähigkeit, den Hahn möglichst fest zuzudrehen. Beides lässt sich am Beispiel des britischen Bergarbeiterstreiks ablesen. Die Energieversorgung stellt fraglos eine Schlüsselindustrie dar und bietet von daher ein vorzügliches Druckmittel für die hier Beschäftigten. Doch die britische Regierung hatte Kohlereserven anlegen lassen und beabsichtigte darüber hinaus ohnehin, die britische Kohleindustrie weitestgehend abzuwickeln. Da half es den Kumpeln wenig, eine straff organisierte Gewerkschaft unter einer kämpferischen Führung zu haben. Ihr Unterfangen scheiterte, weil ihr Druckpotential entscheidend stark unterhöhlt worden war. Umgekehrt haben wir in Deutschland gerade erst erlebt, wie eine verhältnismäßig kleine Gewerkschaft viel erreichen kann, wenn sie an einer elementaren Schnittstelle der Wirtschaft sitzt. Die Lokführergewerkschaft braucht keine Massen an Mitgliedern, sondern nur einen möglichst hohen Organisierungsgrad in ihrem Berufszweig, um mit einem Streik das ganze Land erzittern zu lassen. Denn zum einen stellt die Eisenbahn einen wichtigen Bereich der Infrastruktur dar, zum anderen fahren Züge eben nicht ohne Lokomotiven.

Exkurs: Die Stadt, der Müll und die Gewerkschaft

Neben Infrastruktur und Energieversorgen stellt die Müllentsorgung den Sektor mit dem vielleicht größten Druckpotential für einen Streik überhaupt dar. Kaum etwas fürchtet eine Stadt so sehr wie einen ausgewachsenen Streik der Müllabfuhr. Es erstaunt daher, dass in vielen Ländern Müllleute verhältnismäßig gering entlohnt werden und ihr soziales Prestige gering ist. In New York sieht das ganz anders aus. Eine Stelle bei der Müllabfuhr ist heiß begehrt, weil sie ein gutes Auskommen einschließlich Krankenkasse und sozialer Vergünstigungen bedeutet. Das Ansehen der Männer und Frauen, die des Nachts die Straßen kehren und die Müllsäcke einsammeln, ist hoch. Und kaum jemand in der Stadt würde es wagen, sie »Müllmänner« oder »Straßenfeger« zu nennen. Sie sind *sanitation workers*, Angestellte der Behörde für Hygiene also. Verantwortlich dafür ist eine kleine, rotzfreche Gewerkschaft, die Uniformed Sanitationworkers Association (USA). Mit gerade einmal 6.000 Mitgliedern stellt sie einen echten Machtfaktor in der Stadt dar. Denn sie versteht sich blendend darauf, ihr Drohpotential auszuschöpfen. Sie ist straff organisiert, ihre Mitglieder halten zusammen wie Pech und Schwefel und ihr Organisierungsgrad liegt bei fast 100 Prozent.

Seit ihrem Entstehen in den 1930er Jahren führte sie immer wieder hartnäckige Streiks durch, bei denen sie sich nicht eben zimperlich zeigte: es kam zu Straßenblockaden und Prügeleien, und am Ende setzte sich die Gewerkschaft stets durch. So mancher Streik der USA bedeutete eine traumatische Erfahrung für das New Yorker Bürgermeisteramt. Ein Müllstreik stellt eines der schlimmsten Horrorszenarien für die Stadt dar. Und so kam es, dass Beruf und Behörde umbenannt wurden (eine Streikparole lautete: »wir beseitigen Müll, wir sind kein Müll!«) und ein Müllwagenfahrer mehr verdient als ein Universitätsprofessor.

Solidarität und Spaltung

Doch Kolleginnen und Kollegen außerhalb der öffentlichen Müllabfuhr New Yorks haben wenig von den Errungenschaften der Gewerkschaft USA. Bis auf seltene Ausnahmen, wie zuletzt 1968, wo sie einen legendären Solidarstreik für die Müllleute in Minniapolis durchführte, beschränkt sie sich ganz auf sich selbst und ihre Klientel. Sie ist kämpferisch in den Methoden, nicht aber in einem größeren Zusammenhang. Schon die eigene Schwestergewerkschaft in derselben Stadt, die die Mitarbeiter verschiedener privater Sperrmüllentsorger organisiert, profitiert kaum vom Gewicht der USA. Sie ist eben ein Paradebeispiel für eine berufsständische Gewerkschaft, die das immense Drohpotential, über das sie verfügt, ausschließlich zum Wohl ihrer Mitglieder einsetzt.

Es gehört zu den wichtigsten Lehren, die die internationale Arbeiterbewegung schon früh zog, dass allgemeine und dauerhafte Verbesserungen der Lebens- und Arbeitsbedingungen nur zu erreichen sind, wenn möglichst alle Angehörigen der Klasse an einem Strang ziehen. Und ebenso begriffen Obrigkeit und Kapital sehr rasch, dass sich dem Gespenst einer organisierten Arbeiterklasse am leichtesten der Zahn ziehen lässt, wenn man die verschiedenen Interessengruppen gegeneinander ausspielt. Von daher verstehen sich Konzepte wie der *industrial unionism* (und mit Abstrichen das Modell der Industriegewerkschaften) als Entwurf zur Überwindung der Spaltung der Arbeiterklasse. Man male sich nur einmal aus, was eine geeinte amerikanische Arbeiterbewegung bewirken könnte, wenn sie eine Gewerkschaft wie die New Yorker USA als solidarischen Teil in ihrer Mitte hätte; und wieweit eine weltweite Arbeiterbewegung käme, die sich nicht entsprechend einer vorgeblichen Standortlogik nach nationalen Interessen auseinanderdividieren ließe. Die Geschichte der ITF während des Zweiten Weltkriegs (ihr Kampf allein auf breiter Front) macht auf erschütternde Weise deutlich, wie schwerwiegend die Folgen einer auf nationalen Konsens ausgerichteten Gewerkschaftsstrategie für die eigenen Interessen der Arbeiterbewegung sind.

Religiöse, nationale und ethnische Identitäten können einer gemeinsamen Haltung der Arbeiterschaft im Wege stehen; sie boten und bieten Ansatzpunkte zur Spaltung, wie wir etwa im Kapitel über Südafrika gesehen haben. Dass es aber gelingen kann, solche Barrieren auch über Sprachgrenzen hinweg zu überwinden und aus heterogenen Gruppen die Basis für eine schlagkräftige Streikbewegung zu formen, veranschaulicht das Beispiel von McKees Rocks. Euer Kampf ist unser Kampf

 Arbeiter und Arbeiterinnen mögen zu den radikalsten Methoden greifen und eine rabiate Entschlossenheit an den Tag lehnen; wenn sie jedoch über so gut wie keine strukturelle Macht verfügen und alleine dastehen, mag das dennoch nicht ausreichen, um gewisse Standards zu erkämpfen. Daraus jedoch den Schluss zu ziehen, dass der strukturell entmachtete Teil der Arbeiterschaft andere Formen des Kampfes als einen Streik suchen muss und die Waffe der Leistungsverweigerung ein Privileg bestimmter Berufsgruppen sei, ist ein fataler Trugschluss. Entscheidender ist, eine nicht vorhandene strukturelle Macht durch Organisationsmacht auszugleichen. Das heißt nicht einfach nur, dass die Macht bestimmter Arbeiter und Arbeiterinnen anderen, weniger Privilegierten zugute kommen soll. Im Gegenteil, es ist mittel- und langfristig in beiderseitigem, in kollektivem Interesse.

Das Kapital weiß stets auf vorhandene Arbeitermacht zu reagieren, z.B. mit Produktionsverlagerungen und Veränderungen der Arbeitsorganisation, um sie aufzubrechen. Auch die Gewerkschaft der Lokführer z.B. kann schnell entmachtet sein, wenn Automatisierungen ihre Unersetzbarkeit untergraben. Und dann wird sie dem Bahnvorstand relativ wenig entgegenzusetzen haben, wenn sich eventuelle Kämpfe nur auf ihre eigene Berufsgruppe stützten. Und selbst die vermeintlich überflüssigste soziale Gruppe, das immense Heer der Erwerbslosen, spielt in der Gesamtkonstellation durchaus eine gewichtige Rolle. Wo Prekarität standardisiert wird, übt dies einen Druck auf die gesamte Klasse aus. Jeder strukturell entmachtete Teil der Arbeiterklasse wird so zu einer Waffe des Kapitals. Es muss deshalb zum Kalkül einer Gewerkschaftsbewegung gehören, ausnahmslos alle Teile der Arbeiterklasse in ihre Kämpfe zu integrieren – zumindest eine dahingehende Tendenz zunehmend zu verstärken. Entscheidend dafür ist, ein breites Bewusstsein für die gemeinsamen Interessen und Fernziele jenseits tagespolitischer Anliegen zu schaffen und darüber hinaus die entsprechenden Konsequenzen für die Organisationsformen, Methoden und Strategien zu ziehen. Friedenspflichten auf den verschiedenen Ebenen und rigide gewerkschaftliche Zuständigkeitsgrenzen für Branchen, zum Beispiel, zerstören die Möglichkeiten übergreifender, notwendiger Unterstützung.

Von Reformen und Revolutionen

Der maßgebliche Unterschied zwischen revolutionär und reformistisch ausgerichteten Gewerkschaften besteht weniger in ihrer Positionierung zu bestimmten sozialen Reformen, sondern in ihrer gesellschaftlichen Perspektive. Auch die revolutionärsten Gewerkschaften haben für Lohnerhöhungen, medizinische Versorgung und Arbeitszeitverkürzung gekämpft; von daher haben auch sie sich für Reformen eingesetzt. Aber sie verfügen über eine grundlegende Kritik an den sozialen und ökonomischen Machtverhältnissen und eine Vision einer insgesamt anders aufgebauten Gesellschaft. Entgegen dem alten wie weit verbreiteten Klischee des revolutionären Traumtanzens bewahrte dies vor der Naivität der Sozialdemokratie, die auf ganzer Linie kolossal gescheitert ist und sich historisch überlebt hat. Denn weder brachten uns kleine Schritte allmählich dem Sozialismus näher, noch führten entpolitisierte, auf ökonomische Teilverbesserungen abzielende Einheitsgewerkschaften zu einer stärkeren Arbeiterbewegung. Im Gegenteil lieferte das sozialdemokratische Gewerkschaftsmodell die eigene Klasse angeblich übergeordneten (nationalen) Interessen aus, ohne dass diese in irgendeiner Weise davon profitiert hätte. Gerade anhand des österreichischen Oktoberstreiks lässt sich die absurde Entwicklung einer sozialdemokratisch dominierten Arbeiter- und Gewerkschaftsbewegung ermessen, wenn diese sich schließlich gegen eine Streikbewegung im eigenen Land stellt und aktiv an der Schaffung eines modernen Korporatismus mitwirkt, der uns heute als Sozialpartnerschaft begegnet.

Gerade heute, wo das Kapital den sozialpartnerschaftlichen Waffenstillstand einseitig beendet hat und das System des Korporatismus zu Ende geht, zeigt sich die Tragödie der reformistischen Gewerkschaften am deutlichsten: sie haben den neoliberalen Angriffen nicht das geringste entgegenzusetzen. Noch immer an der Illusion des nationalen Interesses hängend, lassen sie sich mit dem Verweis auf Standortinteressen mundtot machen. Das Schreckgespenst der abwandernden Unternehmen zeigt seine Wirkung. Und so sehen die Gewerkschaften zu bei der Errichtung einer neuen kapitalistischen Dynastie und der Zerlegung ihrer eigenen Macht. Eine Gewerkschaft aber, die die Interessen der Arbeiterklasse vertritt, kann und darf solche Zugeständnisse nicht machen. Und wenn die Konsequenz dessen tatsächlich die Abwanderung von Unternehmen wäre, dann ist es ihre Aufgabe, die Betriebe zu übernehmen und wirtschaftliche Bereiche neu zu organisieren. Gerade gewerkschaftliche Organisationen haben das Potential dafür, was eine alleinstehende Belegschaft kaum zu schultern vermag.

Die Waffen im Arbeitskampf

Jenseits der ideologischen Ausrichtung einer Gewerkschaft zwischen den Polen revolutionär und reformistisch ergeben sich für sie strategische Zwangsläufigkeiten. Die sicherlich erste besteht überhaupt in der Organisation an sich. Ohne die kontinuierliche Organisierung der Arbeiterschaft über einen Streik hinaus werden alle Errungenschaften infrage gestellt. Ein Streik ohne Gewerkschaft ist selten viel wert. Und ein Streik mit der »falschen« Gewerkschaft hat oft die gleichen Folgen. Dem schließt sich die Frage nach dem Charakter der Organisation an. Hierarchisch aufgebaute, von Berufsfunktionären geführte Zentralverbände sind im Klassenkampf bevorzugte Verhandlungspartner, doch haben sie ihr Kreuz mit der Basis. Einerseits müssen sie ihre Mitglieder soweit unter Kontrolle halten, dass es nicht etwa zu wilden Streiks kommt, die über das ausgehandelte Maß hinaus Forderungen erheben. Andererseits muss die Basis entschlossen und kämpferisch genug bleiben, damit man ernsthaft mit einem Streik drohen kann. Die schwindende Mobilisierungsfähigkeit sozialdemokratisch ausgerichteter Gewerkschaften offenbart, wie annähernd unmöglich es ist, diesen Spagat auf Dauer aufrechtzuerhalten.

Doch der strukturelle Charakter einer Gewerkschaft erschöpft sich nicht im Verhältnis von Basis und Funktionärsapparat. Es ergibt sich für sie eine gewisse Notwendigkeit, gut organisiert zu sein und diszipliniert zu handeln. Werfen wir noch einmal einen Blick nach New York. Der Clou der kleinen Müllabfuhrgewerkschaft erklärt sich nicht aus ihrem Druckpotential allein; oder anders gesagt: die USA hat ihr Drohpotential zu einem guten Stück selber geformt. Denn die Berufe in der Müllbeseitigung gehören keineswegs zum klassischen Terrain berufsständischer Verbände, profitieren diese doch vom Umstand, gefragte Fachkräfte zu organisieren, die bei einer Arbeitsniederlegung nicht so ohne weiteres durch beliebige Streikbrecher ersetzt werden können. In der Branche der Müllbeseitigung sieht das schon anders aus. Bei allem berechtigten Respekt vor ihrem Job kann man doch kaum behaupten, dass die Straßen nur mit langwierig ausgebildeten Fachkräften zu säubern wären.

 Und auch in New York war dies einmal ein klassisches Feld für ungelernte Kräfte; Jobs, die man schnell bekam und ebenso rasch wieder verlieren konnte. Solche Berufe haben zunächst einmal ein äußerst schwaches Drohpotential: wer streikt, kann umgehend ausgetauscht werden, warten doch genügend andere Ungelernte auf dem Arbeitsmarkt. Was die USA – wie viele andere US-amerikanische Gewerkschaften auch – diesem Dilemma entgegensetzten, war das Prinzip des *closed shop*, d.h., niemand kann gegen den Willen der Gewerkschaft eingestellt werden (und zwangsläufig auch nicht gefeuert werden). Dadurch aber machte die USA aus einer buchstäblichen Drecksarbeit eine Waffe, mit der sie notfalls die ganze Metropole im Würgegriff halten kann. Dass ihr das in dieser Branche gelang, ist nicht hoch genug zu bewerten und lässt auf eine Truppe schließen, die verschworener nicht sein könnte.

Die Machtfrage stellt sich immer

Hartnäckigkeit und Zähigkeit der Streikenden gehören zu den maßgeblichen Voraussetzungen, um einen Arbeitskampf erfolgreich durchstehen zu können; doch sind sie allein noch keine Garanten für einen erfolgreichen Streik. Es hat kaum einen verbisseneren Streik gegeben als den der britischen Bergarbeiter Mitte der 1980er Jahre. Die Militanz der patagonischen Landarbeiter Anfang der 1920er machte nicht einmal vor dem Waffengang halt. Beide legendären Arbeitskämpfe endeten dennoch im Fiasko. Ein Streik ist eben keine symbolische Protestnote, sondern echte Tat, er schmerzt und wirkt spürbar. Spitzt sich die Konfrontation zu, kann man sich rasch in einer Lage wiederfinden, die weit mehr in die Waagschale wirft als die ursprüngliche Streitfrage. Bei einem Streik geht es immer um Macht. Ab einer gewissen Qualität stellt ein Streik aus sich selbst heraus das bisherige Herrschaftsgefüge infrage. Eine Streikbewegung, die sich dessen nicht bewusst ist und sich dennoch in eine solche Lage manövriert, wird leicht überrollt. Eine Arbeiterschaft, die zusieht, wie ein Teil von ihr erstickt wird, ist zum Scheitern verurteilt. Jeder verlorene Kampf eines Teils der Arbeiterschaft fällt zwangsläufig auf die gesamte Arbeiterklasse zurück. Das sind vielleicht die wichtigsten Lehren, die sich aus dem britischen Bergarbeiterstreik ziehen lassen.

Letztendlich kommt es darauf, einen Streik effektiv zu führen. Und das gelingt nur, wenn man ihn als das begreift, was er ist: eine direkte Aktion im Klassenkampf.

Anhang

Glossar

AAU: *Allgemeine Arbeiter-Union*; 1919 gegründete rätekommunistische Gewerkschaftsorganisation. Sie war zunächst eng mit der Kommunistischen Arbeiterpartei Deutschlands (KAPD) verbunden, die – zumindest theoretisch – die Führungsrolle der Partei ablehnte und anstelle von Parteiherrschaft und Verstaatlichung die Selbstverwaltung durch Arbeiterräte anstrebte. 1921 trennte sich ein großer Teil der AAU von der KAPD, um mit der faktischen Unterordnung der betrieblichen Organisation unter die politische zu brechen, und konstituierte sich als Allgemeine Arbeiter-Union – Einheitsorganisation (AAU-E), deren Ansatz die Einheit von betrieblicher und politischer Arbeit war.

AC!: *Agir ensemble contre le chômage* (»Gemeinsam gegen Erwerbslosigkeit handeln«; ausgesprochen klingt das Kürzel AC wie *assez* = »genug«, »es reicht«); 1993 in Frankreich entstandene Erwerbsloseninitiative, teilweise aus linken Teilen der CFDT hervorgegangen. Dabei geht es v.a. darum, selbstbewusst und öffentlichkeitswirksam die eigenen Anliegen anzugehen, anstatt verschämt sein Schicksal hinzunehmen. In den 1990ern machte AC wiederholt durch spektakuläre Aktionen in Luxusrestaurants und Delikatess-Kaufhäusern auf sich aufmerksam, wo sich teilweise die Angestellten mit den Protestierenden solidarisierten und sie kostenlos bewirteten.

ADGB: *Allgemeiner Deutscher Gewerkschaftsbund*; 1919 gegründeter Dachverband der sog. freien Gewerkschaften. Verstand sich als ökonomischer Arm der Sozialdemokratie und reduzierte somit die Gewerkschaftsarbeit auf unmittelbare Belange. Auf seinem Höhepunkt hatte der ADGB ca. 8 Mio. Mitglieder. Anfang 1933 biederte sich dessen Führung bei den Nazis an und distanzierte sich von der SPD. Dennoch wurden die freien Gewerkschaften zerschlagen. Als Nachfolgeorganisation existiert seit 1949 der DGB.

AFL: *American Federation of Labor* (»Amerikanische Föderation der Arbeit«); 1886 unter der Führung Samuel Gompers' gegründeter amerikanischer Dachverband von Berufsgewerkschaften, exklusiv ausgerichtet und nach dem Konzept einer *business union* allein auf wirtschaftliche und soziale Teilverbesserungen für ihre Mitglieder, i.d.R. zunächst weiße Facharbeiter, abzielend. Nach 1938, in Konkurrenz zur Abspaltung des industriegewerkschaftlichen CIO, langsame Aufnahme industriegewerkschaftlicher Prinzipien; 1955 Wiedervereinigung zur AFL-CIO.

Afrikaans: Sprache, die aus dem Holländischen hervorging und als eigener Dialekt in der niederländischen Kapkolonie (1652-1795) entstand. Afrikaans wurde zunehmend standardisiert bis zum Ende des 19. Jh. und 1925 von der südafrikanischen Regierung als offizielle Sprache anerkannt. Es wird i.d.R. von den sog. Buren, aber mittlerweile auch von einem bedeutenden Teil der schwarzen Bevölkerung gesprochen, insbes. von dem, der von Sklaven abstammt. Geschätzte sechs Mio. Menschen sprechen Afrikaans als Muttersprache. Die neue demokratische Regierung Südafrikas hat sie als eine von 11 offiziellen Sprachen anerkannt.

Akkordarbeit: Arbeitstätigkeit, die im Gegensatz zum Zeitlohn nach Leistungseinheiten bezahlt wird. Diese Form der Entlohnung erhöht massiv den Druck auf die Belegschaften, die, um auf ein bestimmtes Lohnniveau zu kommen, dauerhaft ein erhöhtes Leistungspensum erbringen müssen, und lässt eine größere Willkür der Unternehmer zu, die z.B. durch schikanöse Nichtanerkennung von Leistungseinheiten (z.B. schon bei kleineren Mängeln) oder bei (unverschuldeten) Produktionseinbußen Lohneinheiten verweigern können.

Alliierte Militärbehörden: Am 23. Mai 1945, dem Tag der Absetzung der Dönitz-Regierung, übernahmen die militärischen Oberbefehlshaber der vier Alliierten die Funktionen der ehem. Reichsregierung. In den einzelnen Besatzungszonen wurden alliierte Militärbehörden eingerichtet, die direkt dem jeweiligen Oberbefehlshaber und damit der jeweiligen Regierung unterstellt waren. Die Macht lag somit viel stärker bei den Militärregierungen der einzelnen Zonen als beim Kontrollrat; sie gestalteten die Politik in ihrer Zone nach den Vorgaben ihrer Regierung und setzten ihre politischen und wirtschaftlichen Interessen durch. Erst allmählich wurden Kompetenzen an deutsche Behörden und Gremien übertragen. Im Herbst 1946 wurden z.B. in der britischen Zone Länder gebildet, im April 1947 fanden die ersten Wahlen statt.

Anarchismus: politische Philosophie und Bewegung, die jegliche Herrschaft ablehnt, so auch den Staat. Seit ihrem Entstehen im 19. Jh. teilte sie sich in verschiedene, teilweise gegensätzliche Strömungen. Gemein ist allen die Überzeugung, dass Selbstbestimmung und Selbstverwaltung die Grundlage jeder sozialen Ordnung bilden können und sollen.

Anarchokommunismus: revolutionäre anarchistische Konzeption, die eine Synthese aus individueller Freiheit und kollektiver Verantwortung versucht. Sie bezieht einen klassenkämpferischen, strikt anti-kapitalistischen Standpunkt. Entstanden in Russland während der Revolution von 1905, geht der Anarchokommunismus u.a. auf Peter Kropotkin zurück. Die Machno-Bewegung, die zwischen 1918 und 1921 den Osten der Ukraine kontrollierte, gilt als prominentestes Beispiel des Anarchokommunismus.

Anarchosyndikalismus: im wesentlichen identisch mit dem revolutionären Syndikalismus, jedoch meist mit stärkerer Hervorhebung anarchistischer Tradition und klarerer Formulierung des revolutionären Ziels, das in einer herrschaftslosen Gesellschaft auf der Grundlage gewerkschaftlicher Basisorganisationen gesehen wird. Die anarchistische Komponente findet u.a. ihren Ausdruck in differenzierten Partizipations- und Entscheidungsstrukturen, die Korrumpierungsprozessen entgegenwirken und Initiative von unten gewährleisten sollen.

ANC: *African National Congress* (»Afrikanischer Nationalkongress«); 1912 zunächst als South African Native National Congress (»Nationalkongress der südafrikanischen Eingeborenen«) gegründete afrikanisch-nationalistische Gruppierung. In den 1950ern wurde er von einer allgemein moderaten und elitären Organisation in eine massenorientierte Partei umgewandelt. 1960 wurde der ANC verboten. Im Exil schuf er sich einen bewaffneten Arm und begann den bewaffneten Kampf gegen die Apartheid. In den 1980ern wurde er zu einer einflussreichen politischen Kraft in Südafrika, spielte eine Rolle bei den politischen Unruhen jener Zeit und ging eine Allianz mit dem COSATU und der SACP ein. Das Verbot des ANC wurde 1990 aufgehoben und er wurde die regierende Partei nach den ersten demokratischen Wahlen 1994.

Angelernte Arbeit: Arbeitstätigkeit, für die nur eine kurze Ausbildung/Einweisung (weniger als ein paar Wochen) der Arbeitskraft nötig ist und die zwischen ungelernter und Facharbeit eingestuft wird, was Qualifikationsgrad und Lohnhöhe betrifft. Typische angelernte Arbeit stellt z.B. die Bedienung von Maschinen dar.

Antifaschistische Komitees: Nach dem Zusammenbruch der nationalsozialistischen Verwaltungsbehörden bildeten sich in vielen Städten Deutschlands, z.T. sogar in kleinen Dörfern, »Antifaschistische Komitees«, auch »Wiederaufbauausschüsse« oder »Volkskomitees« genannt. Meist von Gewerkschaftern und Angehörigen der Arbeiterparteien getragen, übernahmen sie spontan solche Aufgaben wie die Versorgung der Bevölkerung mit Lebensmitteln, Medikamenten und Wohnraum, Aufräumungs- und Wiederherstellungsarbeiten. Hauptaufgabe aber war die Entnazifizierung der öffentlichen Verwaltung. Die Komitees wurden von den westlichen Militärbehörden nie anerkannt und ihre Arbeit als störend empfunden; sie wurden frühzeitig und ersatzlos aufgelöst.

Apartheid: Bezeichnung für die Politik der *Rassen*trennung in Südafrika, die gesetzlich institutionalisiert war. Der Begriff leitet sich aus dem Afrikaans-Begriff *apart* (»getrennt, einzeln«) ab. Ziel der Apartheid war die gesonderte Entwicklung der verschiedenen Ethnien, durch die das Herrschaftssystem der privilegierten weißen Minderheit gesichert bleiben sollte.

Arbeiterautonomie: im engeren Sinn die militante Arbeiterbewegung in Italien während der 1960er, die sich gegen die Bevormundung durch Partei und Gewerkschaft stellte und selbstbestimmte Formen des Fabrikkampfes anwendete, was sich z.B. in wilden Streiks äußerte, die nicht durch gewerkschaftliche Instanzen vermittelt wurden. Die Bewegung steht eng im Zusammenhang mit der Theorie des Operaismus. In den 1970ern entstand daraus eine allgemeine soziale Bewegung, die Autonomia. Im weiteren Sinne bezeichnet Arbeiterautonomie generell eine autonome Arbeiterkultur mit selbstbestimmten Formen der Organisation und des Kampfes ohne Vermittlung durch Stellvertreter. Der Syndikalismus z.B. begreift seine gewerkschaftlichen Strukturen als autonome Organisation der Arbeiterklasse, selbstorganisiert und unabhängig von vermittelnden Instanzen.

Arbeiterkammer: in Österreich Institution der Sozialpartnerschaft als gesetzliche Interessenvertretung der Arbeiterschaft. Erwerbstätige wie Arbeitslose sind Pflichtmitglieder, so dass sie mehr Mitglieder hat als alle Gewerkschaften zusammen. Mit einem riesigen bürokratischen Apparat dient sie zur Befriedung der Arbeitnehmer. Alle fünf Jahre finden in den Landesarbeiterkammern Wahlen zur sog. »Vollversammlung« statt, eine Art Arbeiterparlament, zu denen parteienähnliche Listen antreten, wie z.B. der »Gewerkschaftliche Linksblock«. Bereits 1920 gegründet, erfüllte die Arbeiterkammer während des Austrofaschismus wichtige Funktionen des Korporatismus.

Arbeiterkomitee (Porto Marghera): *Comitato Operaio di Porto Marghera*; während der 1960er von der PO-Gruppe Venedigs gegründetes Komitee in Porto Marghera, um die politische Linie von PO in die Fabriken hineinzutragen. Das Komitee beschäftigte sich mit konkreten Kämpfen und Forderungen. Nach 1972 nahm es Verbindungen mit anderen autonomen Arbeitergruppen auf, die schließlich die Gründung der Autonomia Operaia Organizatta vorantrieben, woran sich das Arbeiterkomitee jedoch nicht beteiligte.

Arbeiterkontrolle: im weiteren Sinne Partizipation der Belegschaft an der Betriebsführung; reicht von gewissen Entscheidungskompetenzen im Produktionsprozess über demokratische Mitbestimmung im Betrieb bis hin zu Elementen der Selbstverwaltung. In Abgrenzung zur eigentlichen Arbeiterselbstverwaltung liegt die letztendliche Entscheidungsgewalt nie bei der Belegschaft allein. Der Begriff steht im Kontrast zur indirekten sozialen Kontrolle der Wirtschaft durch den Staat, z.B. in Form von Verstaatlichung und zentraler Planwirtschaft.

Arbeiter- und Soldatenräte: im Verlauf der Novemberrevolution 1918 in Deutschland entstandene Organe der direkten Demokratie, mit denen sämtliche politische wie ökonomische Angelegenheiten entschieden und verwaltet werden sollten. Basiseinheiten waren Fabriken, Kasernen usw., wo Arbeiter bzw. Soldaten Delegierte mit imperativem Mandat in einen lokalen Rat wählten. Dieser bestimmte aus seiner Mitte Delegierte für die nächst höhere Ebene, dieser ebenso in eine höhere usf., bis hin zum deutschlandweiten Rat. Auch in Österreich, Ungarn und weiteren europäischen Ländern kam es nach Ende des 1. Weltkriegs zur Bildung von Räten. Das Rätemodell war als Alternative zur repräsentativen parlamentarischen Demokratie gedacht, konnte sich aber (mit Ausnahme Russlands) nirgendwo durchsetzen, bzw. wurde gewaltsam niedergerungen. Die Entwicklung des Rätesystems in Russland, wo während der Revolution von 1905 die ersten Räte entstanden waren, offenbarte die Anfälligkeit für Manipulation von Außen. Delegierte der höheren Ebenen waren der Basis rasch entfremdet (Delegierte wählen Delegierte die Delegierte wählen...) und unterlagen dem Einfluss von Parteien, besonders der Bolschewiki.

Arbeitsgemeinschaft: im November 1918 in Deutschland vereinbarter Pakt (»Zentralarbeitsgemeinschaftsvereinbarung« – ZAG) der Zentralgewerkschaften mit den Unternehmern, der im Wesentlichen schon während des 1. Weltkrieges ausgehandelt worden war. Er beinhaltete einerseits die Anerkennung der Zentralgewerkschaften und eine Grundsatzvereinbarung zu Tarifverträgen. Andererseits erkannten die Zentralgewerkschaften die kapitalistische Produktionsweise an und verzichteten indirekt auf jegliche Sozialisierungspläne. Der Hauptzweck bestand in der Praxis darin, die Wirtschaft und die Betriebe durch gemeinsame Organisation und Planung der kapitalistischen Produktion »in Ordnung« zu halten und eine soziale Revolution zu unterbinden.

Arbeitskampf: kollektive Kampfmaßnahme von ArbeiterInnen zur Durchsetzung von sozialen Interessen, meist in der Form von Streiks. Gesetzlich sanktioniert und im Zusammenhang einer vorherrschenden reformistischen Gewerkschaftsstrategie handelt es sich dabei i.d.R. um betriebliche Lohnkämpfe oder Auseinandersetzungen um Arbeitsbedingungen. Im weiteren Sinne kann jeder punktuelle Konflikt zwischen Arbeit und Kapital, z.B. auch indirekt über den Staat, als Arbeitskampf betrachtet werden.

ASM: *African Student Movement* (»Afrikanische Schülerbewegung«); 1968 von Schülern aus Sowetos Oberschulen gegründete Schülerorganisation, nannte sich 1972 in SASM um.

Assemblea Autonoma di Porto Marghera (»Autonome Versammlung von Porto Marghera«): 1972 gegründete Struktur in Porto Marghera mit maßgeblicher Beteiligung des Arbeiterkomitees und von Lotta Continua. Die Versammlung sollte autonom von politischen Gruppen, Parteien und Gewerkschaften funktionieren sowie Massenorganisation als auch politische Organisation sein. Die Versammlung bestand bis 1975, als die Autonomia Operaia Organizzata, eine Art Parteiprojekt der autonomen Arbeiterbewegung, ins Leben gerufen wurde.

ATTAC: *Association pour une taxation des transactions financières pour l'aide aux citoyens* (»Vereinigung für eine Besteuerung von Finanztransaktionen zum Nutzen der Bürger«); 1998 gegründete sog. globalisierungskritische Organisation. Sie agiert in knapp 50 Ländern und setzt sich sowohl aus Einzelmitgliedern als auch Mitgliedsorganisationen zusammen. Programmatisch stand sie zunächst für die Einführung der sog. Tobin-Steuer auf Transaktionen, befasst sich mittlerweile aber mit einer Reihe von Themen, die mit dem Neoliberalismus zusammenhängen. Allgemein ist die Basis sehr heterogen, jedoch tendenziell links; die Profillosigkeit von ATTAC ist Gegenstand vieler Kritiken, was verkürzte Kapitalismuskritik ebenso umfasst wie den symbolischen Aktionismus in der Praxis.

Aussperrung: Maßnahme des Kapitals im Arbeitskampf, meist als Reaktion auf einen Streik. Die (streikende) Belegschaft wird, solange der Arbeitskampf währt, ohne Lohnfortzahlung vom Arbeitsplatz bzw. Fabrikgelände ferngehalten, praktisch eine vorübergehende Kündigung. Damit soll ein Streikabbruch erzwungen werden. Bei der Angriffsaussperrung sperrt der Unternehmer offensiv aus, ohne dass dem ein Streik vorangegangen wäre, z.B. um einen für ihn günstigeren Tarifvertrag zu erzwingen.

Austrofaschismus: autoritäres Regimes in Österreich von 1933-38 nach dem Vorbild des faschistischen Italien. Regierende Einheitspartei war die VF aus christlichen, konservativen und faschistischen Gruppierungen. Nach und nach wurden alle anderen politischen Kräfte verboten, deren AktivistInnen verfolgt. Der schon vorher weit verbreitete Antisemitismus wurde nun auch vom Staat unterstützt. Ökonomisch wurde Österreich als korporatistischer Ständestaat organisiert, was schließlich zur Wiederbelebung mittelalterlicher Strukturen wie z.B. von Gilden führte. Der Austrofaschismus bekämpfte anfangs den Nationalsozialismus als konkurrierendes Modell, aus Österreich sollte eine »zweite deutsche Nation« entstehen. Ab 1936 beugte sich der Austrofaschismus zunehmend dem Druck Hitlers und nahm Nationalsozialisten in die Regierung auf. 1938 wurde Österreich schließlich dem Deutschen Reich einverleibt.

Austromarxismus: vor und nach dem 1. Weltkrieg entwickelte politische Doktrin, die auf die österreichischen Sozialdemokraten Otto Bauer, Rudolf Hilferding u.a. zurückgeht. In ihr wird der sozialen Revolution eine Absage erteilt und stattdessen auf die Eroberung der parlamentarischen Mehrheit gesetzt.

Autonomia: Bezeichnung für die soziale Bewegung in Italien in den 1970ern, die sich aus ArbeiterInnen, Studierenden und Jugendlichen zusammensetze. Sie entwickelte sich aus der Bewegung der Arbeiterautonomie, als die Kämpfe sich zunehmend aus den Fabriken in die Gesellschaft verlagerten. Sie war gekennzeichnet von einer Ablehnung etablierter Politikformen und Institutionen, der Nichtankerkennung der Legalität und des staatlichen Gewaltmonopols sowie der direkten Aneignung von gesellschaftlichen Bedürfnissen im Rahmen einer gesellschaftlichen Gegenkultur.

Avantgarde: Vorhut, Elite; in vielen sozialistischen Strömungen und Ideen die Vorstellung, dass eine bestimmte, kleine Gruppe mit besonderen Fähigkeiten die revolutionär gesinnte Masse anführen müsse. In den meisten marxistischen Konzepten nehmen Partei und Berufsrevolutionäre diese Rolle ein. Mitunter wurden auch Intellektuelle als Avantgarde der Arbeiterklasse verstanden, so etwa bei den russischen Sozialrevolutionären oder teilweise unter Angehörigen der 68er-Bewegung und der auf sie folgenden Neuen Linken.

Bantu: im Allgemeinen eine Kategorie afrikanischer Sprachen oder einer Bandbreite von Gesellschaften, die Bantu- oder Nguni-Sprachen sprechen. Die Apartheid-Regierung verwendete diese Bezeichnung offiziell, um damit Afrikaner (Schwarze) zu bezeichnen. Es beruht größtenteils auf diesem Apartheidzusammenhang, dass der Begriff eine abfällige Wertung angenommen hat und dass bantusprachige Menschen es bevorzugen, als »Afrikaner« oder »Schwarze« bezeichnet zu werden.

Bantu-Erziehung: Vor den 1950ern wurden die meisten Schulen für Afrikaner von Kirchen geleitet. Die änderte sich 1953 mit der Verabschiedung des Gesetzes über Bantu-Erziehung, das den Staat dazu ermächtigte, alle Schulen (und später die Universitäten) auf der Grundlage von rassistischen und ethnisierenden Grenzziehungen zu übernehmen. Zum Teil als Reaktion auf den wachsenden Bedarf an besser ausgebildeten Arbeitskräften wurde die Bildung für Afrikaner stark ausgeweitet. Die Bantu-Erziehung hatte aber dennoch einen untergeordneten Wert. Die Schulen waren schlecht ausgestattet, die Lehrer schlecht ausgebildet und der Lehrplan hatte einen niedrigen Standard.

Bantu-Stadtrat: Durch das Gesetz über die Verwaltung der städtischen Gebiete von 1923 wurde es Afrikanern, die in nach »Rassen« getrennten Townships leben, gestattet, eigene Beiräte zu wählen, die beratenden Einfluss auf die lokalen Behörden ausüben sollten. 1961 wurden diese Beiräte durch Bantu-Stadträte ersetzt, die auf ethnischer Basis gewählt wurden. Diesen Stadträten standen Afrikaner vor, denen auf lokaler Ebene begrenzte administrative und finanzielle Befugnisse gegeben wurden und die unter der direkten Kontrolle der Regierung standen. Viele sahen in diesen Stadträten nicht mehr als einen Versuch der Apartheid-Regierung, die Unterstützung der eher konservativen Leute innerhalb der afrikanischen Gemeinden zu gewinnen. Die Bantu-Stadträte waren vollkommen ineffektiv und wurden als »Club der nutzlosen Männer« bezeichnet.

Basisgewerkschaft: Gewerkschaftskonzept, bei dem die Macht nicht von der Basis abgetrennt wird. Dient dazu, Bevormundung zu unterbinden und zu verhindern, dass die eigentlichen Interessen der Mitglieder nicht artikuliert werden. Historisch existieren Basisgewerkschaften seit Beginn der Arbeiterbewegung, zunächst im Rahmen der Ersten Internationale, dann in Form der revolutionär-syndikalistischen Organisationen. Seit den 1980ern haben sich auch in Italien und Frankreich Basisgewerkschaften jenseits des revolutionären Syndikalismus herausgebildet, die jedoch weniger die

Prinzipien des Klassenkampfes vertreten.

Bau-Holz-Gewerkschaft: eine der ältesten österreichischen Gewerkschaften, deren Anfänge bis ins 19. Jh. zurückreichen; 1906 setze eine Streikbewegung ihre offizielle Anerkennung durch (damals Bauarbeitergewerkschaft). Traditionell eng mit der Sozialdemokratie verwoben, viele Mitglieder waren beim Februaraufstand 1934 aktiv. In der Nachkriegszeit war sie federführend bei der Gründung des ÖGB. Ihr neuer Vorsitzender Franz Olah rekrutierte seine Schlägertruppe, die gewaltsam gegen Streikende während des Oktoberstreiks 1950 vorging, vor allem aus ihren Reihen.

Bayrische Räterepublik: auch *Münchner Räterepublik*, die im Zuge der deutschen Novemberrevolution entstand. Vom November 1918 bis Mai 1919 folgten mehrere Räteregierungen aufeinander, wobei die letzte in ihrer Ausformung die radikalste war und die eigentliche Räterepublik proklamierte. Sie stellte den Versuch dar, eine sozialistische Rätedemokratie zu errichten und wurde von rechts gerichteten Freikorps blutig zerschlagen.

BC: *Black Consciousness* (»Schwarzes Bewusstsein«); von der Black-Power-Bewegung in den USA beeinflusste Bewegung in Südafrika, die die geistige Befreiung von »Schwarzen« anstrebte und »schwarzes« Selbstbewusstsein und Selbstermächtigung propagierte. Nach dem Schüleraufstand von 1976 wurden zahlreiche BC-Organisationen verboten und der führende Intellektuelle der Bewegung, Steve Biko, in Haft ermordet. Ende der 1970er nahmen viele BC-Aktivisten eine sozialistische Haltung ein. Bis zu den frühen 1980ern hatte die Bewegung stark an Einfluss verloren und wurde von der Gewerkschaftsbewegung und ANC-nahen Organisationen verdrängt.

Befreiungsbewegungen: nationale, typischerweise antikoloniale Unabhängigkeitsbewegungen; von der Neuen Linken ab Ende der 1960er als globales revolutionäres Subjekt ausgemacht. Zog in der westlichen Linken Solidaritätsbewegungen nach sich, die unreflektiert nationalistische, meistens rassistische bzw. ethnisierende und autoritäre Konzepte unterstützten. Typische Beispiele dafür sind: FLN (Algerien), FNL (Vietnam), PLO (Palästina), aber ebenso IRA (Irland) und ETA (Baskenland).

Behörde für Bantu-Erziehung: Während der Apartheid in Südafrika waren ebenso Regierungsbehörden nach »Rassen« getrennt. Die Behörde für Bantu-Erziehung war dabei für Angelegenheiten zuständig, die mit der Bildung und Erziehung von afrikanischen Menschen zu tun hatten.

Belagerungszustand: bei Krieg oder Kriegsgefahr oder bei dringender, z.B. durch Aufruhr verursachter Gefahr für die »öffentliche Sicherheit« (so der Regierungsjargon) verhängte Notmaßnahme des Staates für ein bestimmtes Gebiet (Ausnahmezustand). Stets verbunden mit einer Konzentration der Exekutivgewalt (v.a. des Militärs), der Einschränkung von bürgerlichen Rechten und einer Verschärfung des Rechts, bis hin zu offener Repression und Willkür.

Berkeley: Universitätsstadt und Vorort von San Fransisco, seit Mitte der 1960er als *thinktank* links-alternativer Strömungen berüchtigt; insbes. die 1968er Bewegung war maßgeblich durch die Berkeleyer Studierenden beeinflusst. Auch entstanden hier z.B. die ersten modernen Umweltgruppen.

Besatzungszonen: Nach der Kapitulation der deutschen Wehrmacht wurde die Einteilung Deutschlands in Besatzungszonen und die Schaffung eines alliierten Kontrollmechanismus festgelegt. Deutschland wurde zunächst in drei, später, unter Einbeziehung Frankreichs, in vier Besatzungszonen eingeteilt. Die Zonen wurden von den jeweiligen Militärbehörden verwaltet, deren Zonenbefehlshaber den sog. »Alliierten Kontrollrat« bildeten. Dieser entschied als oberste Gewalt in allen Fragen, die »Deutschland als Ganzes« betrafen. Berlin wurde in vier Sektoren unterteilt. Im Januar 1947 schlossen sich die amerikanische und die britische Zone zur Bizone zusammen, um die wirtschaftliche Einheit zu erhalten. 1949 entstand durch Anschluss der französischen Zone die sog. Trizone, aus der dann die BRD hervor ging. Aus der sowjetischen Zone entstand die Deutsche Demokratische Republik. Formell blieb ganz Berlin bis 1990 unter alliierter Verwaltung. Ähnlich war Österreich einschließlich Wien bis 1955 unter den Besatzungsmächten aufgeteilt.

Betriebsbesetzung: Besetzung des Betriebes durch die Belegschaft, die sich damit über die rechtlichen Vorgaben »legaler« Arbeitskampfmaßnahmen hinwegsetzt. In diesem Falle sind gewissermaßen die Unternehmer von einer Aussperrung betroffen und nicht die Arbeiter. Betriebsbesetzungen stellen ein erhöhtes Druckpotential dar, weil sich der Produktionsapparat in den Händen der Arbeiter befindet und damit z.B. garantiert wird, dass die Produktion nicht wieder durch Streikbrecher aufgenommen werden kann. Nicht selten übernimmt die Belegschaft dann die Produktion selbst und organisiert den Verkauf bzw. die Verteilung der Produkte, die somit dem Unternehmer und dem üblichen Markt entzogen sind. In Konsequenz können Betriebsbesetzungen dazu führen, den Betrieb in die Arbeiterselbstveraltung zu überführen. Betriebsbesetzungen, v.a. in Verbindung mit dem Generalstreik, können deshalb als revolutionäre Strategie angesehen werden.

Betriebsgruppe: Zusammenschluss eines Teils von Beschäftigten eines Betriebes, i.d.R. der Mitglieder einer Gewerkschaft innerhalb eines Betriebes. Als Form der betrieblichen Gewerkschaftsarbeit die Basiseinheit von Gewerkschaften, je nach gewerkschaftlichem Konzept (direkte Aktionen vs. Stellvertreterprinzip) mit mehr oder weniger Raum für Basisaktivitäten und die Wahrnehmung eigener Interessen ausgestattet. Seltener sind Betriebsgruppen Zusammenschlüsse gleichgesinnter KollegInnen zur Betriebsarbeit jenseits der Gewerkschaft oder aber auch von Mitgliedern einer politischen Organisation zur Propagandaarbeit im Betrieb – manchmal auch beides.

Betriebsrat: gesetzliches Organ, offiziell zur Vertretung der Arbeitnehmerinteressen und zur Wahrung der betrieblichen Mitbestimmung gegenüber dem Arbeitgeber in Privatbetrieben (in öffentlichen Betrieben: Personalrat). Im Rahmen der Burgfriedenspolitik und im Zuge des Hilfsdienstgesetzes von 1916 und schließlich durch das Betriebsrätegesetz von 1920 wurden Betriebsräte zur festen Einrichtung in Deutschland; im Wesentlichen ein Kuhhandel zwischen Staat/Unternehmern und Zentralgewerkschaften, um sich durch Einbindung Letzterer deren Loyalität zu sichern. Der Betriebsrat vertritt offiziell die Interessen aller Beschäftigten eines Betriebes und nicht nur bestimmter Gewerkschaftsmitglieder. In der Praxis handelt er den Interessen der Beschäftigten oft zuwider, indem er Richtlinien der Gewerkschaftsfunktionäre von oben umsetzt und über die Köpfe der Beschäftigten hinweg entscheidet. Als kompromissorientiertes Organ, das häufig bei der Umsetzung einer gegen die ArbeiterInnen gerichteten Unternehmenspolitik mitwirkt, von Radikalen auch als Form der Klassenkollaboration verstanden.

Bizone: Zusammenschluss der amerikanischen und der britischen Besatzungszonen in Deutschland zum »Vereinigten Wirtschaftsgebiet«, der am 1. Januar 1947 in Kraft trat.

Black Power (»Schwarze Macht«): Schlagwort des radikaleren Teils der Bürgerrechtsbewegung in den USA, in dem sich der Anspruch auf Selbstkontrolle der politischen, sozialen und kulturellen Sphären der Schwarzen ausdrückt. Bis zuletzt war die Black-Power-Bewegung durch ein breites ideologisches Spektrum geprägt, das von Vorstellungen eines sozialen Pluralismus bis hin zur »Schwarzen Vorherrschaft« reichte und verschiedene Strategien der Selbstentfaltung, wie »Schwarzen Kapitalismus«, Wahlpolitik oder den bewaffneten Kampf, umfasste.

Bobby: umgangssprachliche Bezeichnung für den niedersten Rang der Polizei in Großbritannien (offziell: *Constable*). Bobbies tragen traditionell keine Schusswaffe, sondern führen nur einen Schlagstock mit sich.

Böckler-Clique: Gruppe um Hans Böckler, die durch die Gründung der Gewerkschaften von oben eine zentrale Rolle in den Gewerkschaften der britischen Zone einnahm. Sie schob u.a. die Sozialisierungsforderungen auf die lange Bank und vertrat einen Kurs der Anpassung an die Vorstellungen der US-Besatzungsmacht, was auf die Restauration der kapitalistischen Herrschaftsverhältnisse hinauslief. Innergewerkschaftliche Kritiker wurden ausgebootet, bei Kongressen z.B. die Delegierten von ihnen ausgewählt, um die Zustimmung für ihren Kurs zu erhalten, und die Kommunisten letztlich mit Unvereinbarkeitsbeschlüssen ausgeschaltet. Der Streikbewegung fiel Böckler gar 1948 mit einer Anti-Streik-Resolution in den Rücken. Alles in allem handhabte Böckler, der schon vielsagenderweise 1918 Sekretär in der Zentralarbeitsgemeinschaft war, den neuen Gewerkschaftsapparat genauso, wie es die Gewerkschaftspolitik der Besatzungsmächte vorsah: als Instrument der Beschwichtigung.

Bolschewismus: Synonym für den extremeren Teil der Sozialdemokratie Russlands seit 1903 unter der Führung von W. I. Lenin, später auch Marxismus-Leninismus; so benannt nach einem Abstimmungsergebnis während einer Parteikonferenz (Bolschewiki = Mehrheitler; Menschewiki = Minderheitler). Der Bolschewismus fußt auf strengem Kadergehorsam (sog. »Demokratischer Zentralismus«) und einer straff organisierten Avantgarde-Partei aus Berufsrevolutionären, was sich letztlich auch in der revolutionären Wirtschafts- und Gesellschaftsordnung widerspiegelte. Er wurde zum Grundlagenkonzept fast aller kommunistischen Aberrationen der Sozialdemokratie.

Boykott: als organisierte Verweigerung Methode des zivilen Ungehorsams oder auch der direkten Aktion. Typisch ist der Warenboykott, bei dem zum Verzicht auf bestimmte Produkte eines Herstellers aufgerufen wird oder der Mietboykott, bei dem MieterInnen organisiert die Mietzahlungen verweigern. Das Druckmittel zur Durchsetzung von Forderungen besteht darin, dass der Boykottierte erhebliche finanzielle Verluste erleiden kann, so z.B. wenn produzierte Waren brach liegen; in der Geschichte häufig eine flankierende Maßnahme zu Streiks.

BPC: *Black People´s Convention* (»Konvent des schwarzen Volkes«); 1971 gegründete Dachorganisation, die die Aktivitäten von Organisationen koordinieren sollte, die der BC-Bewegung angehörten. Sie versuchte die mehr als 70 verschiedenen Organisationen zu vereinigen. In Folge von staatlicher Repression nach 1976 verfiel die BPC und kollabierte Ende der 1970er.

Brot-und-Butter-Politik: Politik, die auf kleine Teilverbesserungen im alltäglichen Leben, meist in der Form von Lohnerhöhungen, abzielt und sich i.d.R. in diesen Minimalstforderungen erschöpft.

Bread and Roses Strike: Textilstreik der IWW 1912 in Lawrence (Massachusetts), vorwiegend von Frauen getragen, der mit einem Sieg der ArbeiterInnen endete. Die Frauen sollen die Forderung nach »Brot und Rosen« artikuliert haben, ein Slogan der ein Jahr zuvor in einem Gedicht von James Oppenheim geprägt wurde. Der Slogan steht generell für höhere Lohne und eine weitreichende Verbesserung der Arbeits- und Lebensbedingungen; er wendet sich zugleich gegen eine reformistische Brot-und-Butter-Politik.

Buren: auch Afrikaners genannt; die Mehrheitsnationalität unter den *weißen* Südafrikanern. Buren sind Nachfahren von niederländischen, deutschen und französischen Siedlern, die seit den 1650ern nach Südafrika kamen und heute Afrikaans sprechen. Der moderne Buren-Nationalismus geht auf das frühe 19. Jh. zurück und speist sich aus solchen Ereignissen wie dem Burenkrieg (1899-1902), in dem die unabhängigen Buren-Republiken des südafrikanischen Binnenlands von den Briten zerschlagen und 1910 als Provinzen Südafrikas integriert wurden. Nach 1910 zielte er auf die Übernahme des südafrikanischen Staates sowie den Rückzug der britischen Krone ab und verfolgte ein

 Programm staatlicher Intervention zur Förderung der lokalen Industrie und der strikten Segregation. Seine Vertretung fand er in der 1914 gegründeten NP, die 1924 (in einer gemeinsamen Kampagne mit der SALP) und nochmals 1948 die Wahlen gewann.

Burgfrieden: ursprünglich mittelalterliche Bezeichnung für den Hoheitsbereich um eine Burg, in dem Feindeshandlungen privater Personen verboten waren. Während des 1. Weltkriegs Bezeichnung in Deutschland für eine Politik des Verzichts auf politische und ökonomische Konflikte in der Heimat. Konkret hieß das, dass die SPD-Führung den Krieg kritiklos unterstützte und die Führung der Zentralgewerkschaften auf Arbeitskämpfe und Forderungen verzichteten. Als Gegenleistung für diese Stillhaltung des Proletariats wurden die Partei und die Zentralgewerkschaften zunehmend in das System integriert. De facto bedeutete dies den endgültigen Abschied der Sozialdemokratie vom Klassenkampf (vorübergehende Ausnahme: die Linksabspaltung USPD).

Business agent: wörtlich: »Geschäftsagent«; im Kontext der amerikanischen Gewerkschaften Bezeichnung für einen bezahlten Funktionär, der Gewerkschaftsangelegenheiten zwischen den Gewerkschaftsmitgliedern und dem Arbeitgeber regelt. Symptomatisch für den geschäftsmäßigen Charakter, der diesem Job eigen ist, ist die Tatsache, dass der Begriff im Wirtschaftsleben generell für Vertreter verwendet wird, die die Geschäftsangelegenheiten von anderen besorgen. Von Basisgewerkschaftern und Radikalen wird der Begriff dagegen abwertend benutzt.

Business union: vor allem mit Samuel Gompers und der AFL assoziiertes Gewerkschaftskonzept (sowohl in Theorie und Praxis), das darauf abzielt, begrenzte materielle Verbesserungen im Rahmen der kapitalistischen Ordnung zu erreichen anstatt weitreichende soziale Veränderungen. Hinzu kommt der geschäftsmäßige Umgang, der sich in den Arbeitsbeziehungen zeigt, personifiziert durch *business agents*, die die Angelegenheiten zwischen Arbeitnehmern und Arbeitergebern wie zwischen zwei Geschäftspartnern handhaben. Auch wenn im Grunde genommen das Konzept viel mit dem der sozialpartnerschaftlichen oder korporatistischen Gewerkschaft gemeinsam hat, steht *business union* für eine eigene Form der Gewerkschaft, die im Wesentlichen in den Eigenheiten der amerikanischen Gewerkschaftspolitik begründet ist.

BZÖ: *Bündnis Zukunft Österreich*; spaltete sich 2005 nach parteiinternen Zerwürfnissen von der FPÖ ab und regierte an ihrer statt mit der ÖVP bis 2007. Inhaltlich lässt sich die Rechtsaußenpartei praktisch nicht von der FPÖ unterscheiden. Hintergrund der Spaltung waren personelle Querelen. In Kärnten stellt das BZÖ mit Jörg Haider den Regierungschef.

CE: *Comité d'Entreprise* (»Betriebsausschuss«); in Frankreich die Vertretung der Belegschaft im Betrieb. Im Unterschied zum deutschen Betriebsrat hat das CE weniger Befugnisse, sondern stellt lediglich eine Instanz zur Kommunikation zwischen Gewerkschaften und Betriebsleitung dar. Die entsandten Delegierten werden dabei von ihrer jeweiligen Gewerkschaft bestimmt und sind an deren Auftrag gebunden.

CFDT: *Confédération Francaise Démocratique du Travaille* (»Demokratische Französische Konföderation der Arbeit«); 1966 in Frankreich gegründeter Gewerkschaftsbund, der aus der christlichen CFTC hervorging und sich betont säkular ausrichtete. Ursprünglich partei-unabhängig, näherte sich die CFDT zunehmend den Sozialisten an, als deren gewerkschaftlicher Arm sie mittlerweile gilt. Mit über 800.000 Mitgliedern heute die größte französische Gewerkschaft.

CFTC: *Confédération Francaise des Travailleurs Chrétiens* (»Französische Konföderation der Christlichen Arbeiter«); 1919 gegründete Gewerkschaft mit gemäßigter Ausrichtung. Nach Bildung der aus ihr hervorgegangenen CFDT gründete sie sich Ende der 1960er neu. Sie orientiert sich ausdrücklich an christlichen Werten und fordert mehr moralisches Handeln in der Gesellschaft. Zuletzt zählte sie 132.000 Mitglieder.

CGC: *Confédération Générale des Cadres* (»Allgemeine Konföderation der leitenden Angestellten«); Gewerkschaft für Manager und höhere Beamte in Frankreich. Trotz ihrer – naturgemäß – geringen Mitgliederzahl ist sie eine der fünf offiziell privilegierten Hauptgewerkschaften in Frankreich. Als Interessenvertretung der Spitzenverdiener nicht eben klassenkämpferisch ausgerichtet, unterstützte sie gelegentlich landesweite Proteste, wenn die Regierung Beschneidungen am Beamtenstatus plante.

CGIL: *Confederazione Generale Italiana del Lavoro* (»Allgemeine Konföderation der Arbeit Italiens«); 1944 gegründeter Gewerkschaftsbund und Nachfolgeorganisation der Confederazione Generale del Lavoro (CGL), entstanden als Einheitsgewerkschaft durch die Einigung von Sozialisten, Kommunisten und Christdemokraten (niedergelegt im sog. »Vertrag von Rom«). Die Kommunisten waren in der CGIL schon nach kurzer Zeit die dominierende Kraft, so dass es bereits Ende 1940er zum Zerfall in Richtungsgewerkschaften kam.

CGPF: *Confédération Générale de la Production Française* (»Allgemeiner Verband der französischen Produktion«): französischer Arbeitgeberverband, der die Industrie- und Handelsverbände repräsentierte. Dem Gesamtverband waren vor dem Juni 1936 bei weitem nicht alle Verbände angeschlossen, v.a. fehlten die des Handels. Erst mit den Erfahrungen des Generalstreiks setzte eine Umorientierung ein. Anfang August 1936 wurde die CGPF in Confédération Générale du Patronat Français (»Allgemeiner Verband der französischen Unternehmer«) umbenannt.

CGT: *Confédération Générale du Travail* (»Allgemeine Konföderation der Arbeit«); 1895 gegründeter französischer Gewerkschaftsbund, der sich vom revolutionären Syndikalismus zur reformistischen Gewerkschaft entwickelte. 1921/22 spaltete sich die CGTU ab; Wiedervereinigung 1936. Lange Zeit eng verzahnt mit der PCF, beteiligte sie sich nicht am Generalstreik im Pariser Mai 1968 und musste nach 1990 schwere Mitgliederverluste hinnehmen.

CGT-SR: *Confédération Générale du Travail – Syndicaliste Révolutionnaire* (»Allgemeine Konföderation der Arbeit – Revolutionäre Syndikalisten«;)1926 aus einer Abspaltung der CGTU (1924) hervorgegangene revolutionär-syndikalistische Gewerkschaft, die die Prinzipien einer autonomen Arbeiterbewegung vertrat. Sie war Mitglied der IAA und löste sich 1940 auf. Als Nachfolgeorganisation besteht seit 1946 die CNT.

CGTU: *Confédération Générale du Travail Unitaire* (»Vereinigte allgemeine Konföderation der Arbeit«); 1922 aus einer Abspaltung von der CGT hervorgegangener Gewerkschaftsbund, der den revolutionär-syndikalistischen bzw. anarchistischen und kommunistischen Flügel der CGT vereinte. Sie trat 1923 der Roten Gewerkschaftsinternationale bei. Die Unterordnung unter die Politik der Komintern und der PCF führte zu Konflikten zwischen dem anarchistischen und kommunistischen Flügeln, was 1924 die Abspaltung der baldigen CGT-SR zur Folge hatte. 1936 vereinigte sich die CGTU wieder mit der CGT, um sich 1939 nach Ausschluss wieder zu gründen. Erneute Wiedervereinigung im Widerstand gegen die Nazis.

Christdemokraten: Überbegriff für politische Parteien und deren Mitglieder, deren weltanschauliche Basis in der christlichen Kirche, insbes. der katholischen, liegt. Christdemokratische Parteien entstanden in Europa während des 19. Jh. in Reaktion auf Liberalisierung und Demokratisierung und vertraten lange Zeit das Ideal einer ständestaatlichen Ordnung. In Italien fanden die Christdemokraten zunächst ihre Vertretung in der 1918 gegründeten Partito Popolare Italiano (»Italienische Volkspartei«) – daher der Begriff Popolarismo; seit 1941/43 existiert als Nachfolgeorganisation die Democrazia Cristiana (»Christliche Demokratie«).

Christliche Gewerkschaften: gegen Ende des 19. Jh. als Reaktion auf die sog. »freien«, i.d.R. sozialdemokratischen Gewerkschaften gegründete Gewerkschaften, 1901 zum Gesamtverband der christlichen Gewerkschaften Deutschlands (GCG) und während der Weimarer Republik im Deutschen Gewerkschaftsbund (DGB – nicht zu verwechseln mit dem heutigen DGB) zusammengeschlossen. Sie lehnten das Konzept vom Klassenkampf ab und pflegten einen relativ unternehmerfreundlichen Kurs.

CIO: *Congress of Industrial Organizations* (»Kongress Industrieller Organisationen«); siehe AFL.

Closed shop: wörtlich »geschlossener Betrieb«; bezeichnet einen Betrieb, in dem alle ArbeiterInnen pflichtmäßig einer Gewerkschaft angehören bzw. in dem nur Gewerkschaftsmitglieder eingestellt werden. Dieses Prinzip soll u.a. vor innerbetrieblicher Lohnkonkurrenz und Streikbruch schützen. Die Gewerkschaften in Großbritannien hatten es in zahlreichen Betrieben gegen die Arbeitergeber durchsetzen können, bis es nach langer Tolerierung 1974 auch rechtlich anerkannt wurde. Die Klausel wurde unter der Thatcher-Regierung abgeschafft und die Gewerkschaftsmacht damit entscheidend geschwächt. Das Gegenteil zum *closed shop* ist der *open shop*.

CNETU: *Council of Non-European Trade Unions* (»Nicht-europäischer Gewerkschaftsrat«); 1941 gegründeter südafrikanischer Gewerkschaftsverband. Er folgte einem starken Aufschwung der Gewerkschaftsbewegung in den 1930ern. Bis 1945 zählte die Organisation 119 Mitgliedsorganisationen mit einer Mitgliederzahl von weit über 100.000. Eine wichtige Mitgliedsgewerkschaft war die der afrikanischen Grubenarbeiter. Der CNETU zerfiel nach der Niederlage im Grubenarbeiterstreik von 1946, doch die verbleibenden Mitglieder bauten 1955 den SACTU mit auf.

CNT (Frankreich): *Confédération National du Travail* (»Nationale Konföderation der Arbeit«); anarchosyndikalistische Gewerkschaft, 1946 gegründet und Nachfolgeorganisation der CGT-SR. Seit den Streiks und Protesten gegen den Juppé-Plan 1995 hat sie ein stärkeres Gewicht erlangt und hat, trotz immer noch vergleichsweise geringer Mitgliedszahlen, konzeptuell einen wichtigen Einfluss auf die neuesten Kämpfe in Frankreich. Sie ist in 66 französischen Regionen und 14 Branchen vertreten und war in jüngster Zeit in zahlreiche Streiks involviert. Seit ihrer Spaltung 1995/96 existiert noch eine kleinere CNT, die weiterhin der IAA angehört.

CNT (Spanien): *Confederación Nacional del Trabajo* (»Nationale Konföderation der Arbeit«); anarchosyndikalistische Gewerkschaft, 1910 gegründet und Gründungsmitglied der IAA. Fast zwei Jahrzehnte war sie die treibende Kraft der spanischen Arbeiterbewegung sowie Hochburg des internationalen Anarchosyndikalismus – und somit auch ein wichtiger Bezugspunkt der Bewegung. Mit zwei Millionen Mitgliedern wichtigste Akteurin des Widerstandes gegen die Faschisten unter General Franco im Spanischen Bürgerkrieg, führte sie in Reaktion auf dessen Putsch in weiten Teilen Kataloniens (und darüber hinaus) eine soziale Revolution durch. Nach dem Sieg Francos 1939 wurde sie verboten; 1976 zunächst in der Illegalität und offiziell 1979 wieder gegründet.

Conesejo Rojo (»Roter Rat«): eine bewaffnete Kolonne streikender Arbeiter während der Kämpfe in Patagonien 1921 unter der Führung Alfrede Grontes (»El Toscano« genannt). Diese Kolonne handelte auf eigene Faust und nahm keine Rücksicht auf die Entscheidungen der Arbeiterversammlungen. Sie führte einige Überfälle auf Polizeireviere und Estancias durch. Nach vielen Scharmützeln wurde »El Toscano« schließlich verhaftet.

Confédération Paysanne (»Bauernkonföderation«): 1987 gegründete links ausgerichtete Bauerngewerkschaft in Frankreich, die sich v.a. für die Belange von Kleinbauern, Umweltschutz und ökologischen Landbau, gegen Gentechnik und Neoliberalismus engagiert, aber auch für die Bewahrung traditioneller französischer Lebensart eintritt. Aktionen gegen Fastfood-Restaurants (so rissen Bauern mit Traktoren den Rohbau einer McDonald's-Filiale ein) und Forschungsanpflanzungen für Genprodukte in den 1990ern machten sie über Frankreich hinaus bekannt.

CORA: *Confederación Obrera Regional Argentina* (»Regionale Arbeiterkonföderation Argentiniens"); 1909 vollzogener Zusammenschluss der UGT, autonomer Gewerkschaften und Teilen der FORA auf revolutionär-syndikalistischer Basis. Der wesentliche Streitpunkt zwischen der CORA und der FORA, der bis 1915 einem vollständigen Zusammenschluss im Wege stand, war die Festlegung der Organisation auf die Ziele des Anarchokommunismus, die von der CORA abgelehnt wurde, um eine ideologisch unabhängige Arbeiterorganisation zu etablieren. 1914 wurde die CORA offiziell aufgelöst und schloss sich 1915 auf einem Einigungskongress der FORA an.

COSATU: *Congress of South African Trade Unions* (»Kongress südafrikanischer Gewerkschaften«); 1985 gegründete Gewerkschaftsföderation, die aus einer Reihe von Gewerkschaftsorganisationen hervorging, insbes. der FOSATU. Er richtete sich schon sehr früh nach dem ANC aus. Mit seinen knapp zwei Mio. Mitgliedern ist er die größte Gewerkschaftsorganisation in der afrikanischen Geschichte.

CPGB: *Communist Party of Great Britain* (»Kommunistische Partei Großbritanniens«); 1920 gegründet, spielte sie eine wichtige Rolle bei der Unterstützung des Generalstreiks von 1926. Von Anfang an war sie orthodox ausgerichtet und moskautreu. Bei Wahlen hatte sie selten Erfolge, war jedoch regional bis in die 1980er hinein stark und genoss besonders in traditionellen Arbeitermilieus Sympathien. Heute marginalisiert.

CS: *Christsoziale*; 1893 als »die Antisemiten« gegründete rechts-konservative katholische Partei im süddeutsch-österreichischen Raum. Unter Einbeziehung weiterer reaktionärer christlicher Bewegungen wie den Heimwehren errichteten die CS 1933 die austrofaschistische Diktatur. Aus den CS ging nach dem Krieg die ÖVP hervor.

CSG: *Contribution Sociale Généralisée* (»Allgemeine Sozialabgabe«); 1990 von der sozialdemokratischen Minderheitsregierung eingeführte Sondersteuer in Frankreich. Über sie sollten die Steuerpflichtigen und nicht mehr nur die Beitragszahler (um die Betriebe zu entlasten) zur Finanzierung der Sozialversicherung herangezogen werden. Seit ihrer Einführung wurde sie schrittweise erhöht, insbes. die Juppé-Regierung machte sich 1995/96 an eine drastische Anhebung; weitere Erhöhungen folgten.

DAS: *Deutsche Anarcho-Syndikalisten*; 1933/34 in Amsterdam entstandene Exilorganisation der deutschen AnarchosyndikalistInnen. Neben Amsterdam existierten Gruppen u.a. in Barcelona, Paris und Stockholm. Sie organisierten den Widerstand gegen die Nationalsozialisten im Ausland und unterstützten den anarchosyndikalistischen Untergrund in Deutschland; die Koordination der Gruppen erfolgte dabei über die IAA. Ein Teil dieser Auslandsorganisationen gelangte 1936 nach Spanien, um an der Seite der CNT im Spanischen Bürgerkrieg zu kämpfen.

Detroit IWW: 1908 aus einer Abspaltung von den IWW hervorgegangene Organisation unter Daniel DeLeon mit Sitz in Detroit. DeLeon maß der direkten, ökonomischen Aktion weniger Bedeutung bei als dem politischen Kampf und dem sozialistischen Parteiprojekt. Die Detroit IWW waren wesentlich autoritärer als die eigentlichen IWW strukturiert und nannten sich 1915 in WIIU um.

Deutsch-Französischer Krieg: Krieg von Preußen und weiteren deutschen Staaten gegen Frankreich von 1870/71, der mit der französischen Niederlage und der anschließenden Gründung des Deutschen Reiches endete. Die Gebiete Lothringen und Elsass fielen an Deutschland. In einer vorübergehend instabilen innenpolitischen Situation kam es im Großraum Paris zu einem revolutionären sozialistischen Gesellschaftsexperiment, der Pariser Kommune, die schließlich von französischen Truppen blutig niedergeschlagen wurde.

DFP: *Demokratische Fortschrittliche Partei;* 1965 von Franz Olah in Österreich gegründete rechts-sozialdemokratisch ausgerichtete Partei, die trotz der Popularität ihres Chefs keine nennenswerten Erfolge verbuchen konnte (3% bei Nationalratswahlen).

DGB: *Deutscher Gewerkschaftsbund;* größter Gewerkschaftsverband in der BRD. Zusammenschluss von acht Einzelgewerkschaften mit insgesamt 6,5 Mio. Mitgliedern. Gegründet 1949 in München, Sitz Berlin. Organisiert nach dem Prinzip der Einheitsgewerkschaft und der Industriegewerkschaft. Mitglied im Europäischen Gewerkschaftsbund (EGB) und im IGB. Direkt nach dem Zweiten Weltkrieg entstanden in den Westzonen überall Initiativen zur Gründung von Gewerkschaften, die zuerst noch der strengen Kontrolle der alliierten Militärbehörden unterlagen. Nach der Gründung der Einzelgewerkschaften entstanden in den Westzonen Zusammenschlüsse der Einzelgewerkschaften zu Gewerkschaftsbünden der jeweiligen Länder, aus diesen landesweiten Zusammenschlüssen entstand 1949 der DGB.

Direkte Aktion: Konzept, das ein direktes Eingreifen v.a. in die ökonomische Zusammenhänge verfolgt, verstanden als Gegenkonzept zur Stellvertreterpolitik. Die Betroffenen werden unmittelbar zur Durchsetzung ihrer Interessen tätig. Dazu gehört ebenso die Selbstorganisation wie auch Boykotts, Streiks, Sabotage, Besetzungen usw. Gemeint sind also vorwiegend kollektive, ökonomische Aktionen, die sich – im Ggs. zu Verhandlungen und politischer oder parlamentarischer Tätigkeit – direkt auswirken. In der (anarcho-)syndikalistischen Theorie stellt die Aneignung der Produktionsmittel durch die Arbeiter selbst (z.B. im Zuge eines Generalstreiks und der Besetzung der Betriebe) die ultimative direkte Aktion dar. Neben der Frage nach Zweck und Mitteln und einer effizienten Kampfform ist vor allem die psychologische Komponente essentiell: das Prinzip der direkten Aktion und damit verbundene Organisationsstrukturen sollen selbstbewusste, mitentscheidende und aktive Genossen herausbilden (im Ggs. zum passiven, entmündigten Arbeiter) und eine Verselbstständigung von Arbeiterführern verhindern.

Einheitsgewerkschaft: Form der gewerkschaftlichen Organisation, die das Prinzip einer einheitlichen Gewerkschaftsbewegung anstelle von Richtungsgewerkschaften zu verwirklichen versucht. Dahinter steckt weniger der Gedanke, die Arbeiterklasse im Klassenkampf zu einen, als sie vielmehr organisatorisch in Sozialpartnerschaft und Korporatismus zu integrieren. In Konsequenz sind Einheitsgewerkschaften wie der DGB entpolitisierte Körperschaften, die im Rahmen begrenzter Interessenausgleiche im Namen der ArbeitnehmerInnen den sozialen und produktiven Frieden garantieren und sich einem nationalen Interesse unterordnen. Gleichzeitig wirkt der Zentralismus von Einheitsgewerkschaften hegemonial: Initiative von unten wird blockiert und alternative gewerkschaftliche Ansätze werden- marginalisiert, sowohl innerlich als auch äußerlich.

Erste Internationale: eigentlich *Internationale Arbeiterassoziation* (IAA); erster internationaler Zusammenschluss von Arbeitergruppen und Personen aus 13 europäischen Ländern, den USA und Argentinien. Gegründet wurde die Internationale 1864 in London, führendes Gremium war der Generalrat, zunächst mit Sitz in London, ab 1872 dann in New York. Kurz nach ihrer Entstehung wurde sie von heftigen Konflikten heimgesucht, insbes. zwischen der autoritären Richtung u.a. um Karl Marx und der anarchistischen Richtung u.a. um Michail Bakunin. Dieser grundsätzliche Konflikt führte schließlich zur Spaltung auf dem Den Haager Kongress 1872. Nach dem Ausscheiden der Anarchisten und der Verlegung des Generalrats nach New York war die Internationale kaum mehr handlungsfähig und existierte bis 1876 eigentlich nur noch formell. Der grundlegende Widerspruch zwischen dem sich herausbildenden Revolutions- und Emanzipationsverständnis des Marxismus und dem des Anarchismus/Syndikalismus konnte nie aufgelöst werden. Die letztendliche Durchsetzung des Marxismus in diesem langwierigen Konflikt bestimmte das Schicksal der Arbeiterbewegung – manche würden sagen, auf tragische Weise.

Estancia: landwirtschaftlicher Großbetrieb in Südamerika, auf dem stationäre extensive Weidewirtschaft vor allem mit Mastrindern, Schafen und Milchkühen betrieben wird.

Facharbeit: Berufliche Tätigkeit, die ein besonders hohes Maß an spezieller Ausbildung voraussetzt. Im Gegensatz zu un- und angelernten Arbeitskräften besteht häufig ein Mangel an entsprechend qualifizierten Personen. Facharbeit wird i.d.R. deutlich besser entlohnt. Insbes. nach dem Aufkommen des sog. Massenarbeiters hielten Facharbeitergruppen an Privilegien fest, indem sie sich in exklusiven Berufsgewerkschaften organisierten und den Interessen der Massenarbeiterschaft entgegenwirkten.

Falklandkrieg: bewaffnete Auseinandersetzung zwischen Argentinien und Großbritannien im April 1982 um eine kleine, spärlich besiedelte Inselgruppe vor Südamerika, bei der knapp 1.000 Menschen ums Leben kamen. Der Krieg diente auf beiden Seiten in erster Linie propagandistischen, innenpolitischen Zwecken. Das zunehmend unter Druck geratene Militärregime in Argentinien hatte die patriotische Karte gespielt, als sie die zu Großbritannien gehörenden Inseln besetzen ließ, um die Bevölkerung wieder hinter sich zu bringen. Genau das gelang umgekehrt der britischen Premierministerin Thatcher, die unter großem Medienecho einen schwer bewaffneten Flottenverband zu den Inseln entsandte. Für die hoffnungslos rückständig ausgerüstete argentinische Marine endete der Konflikt im Fiasko, die Militärjunta dankte ab. Thatcher hingegen hatte enorm an Prestige gewonnen. Argentinien erhebt bis heute Anspruch auf die hier »Malvinas« genannten Inseln, die ausschließlich von einigen britischstämmigen Siedlern bewohnt werden und nur von geringem geostrategischen Wert sind.

FAUD: *Freie Arbeiter-Union Deutschlands;* 1919 aus der FVdG und einiger freien Gewerkschaften hervorgegangene anarchosyndikalistische Organisation und Gründungsmitglied der IAA. In ihrer Hochphase von 1919-1923 gehörten ihr ca. 150.000 Mitglieder an und sie spielte eine wichtige Rolle in der Roten Ruhr-Armee während der Märzrevolution im Ruhrgebiet 1920 im Zuge des Kapp-Putsches. 1933 löste sie sich auf, um sich illegal im Widerstand gegen die Nazis neuzuorganisieren. Widerstandsgruppen der FAUD sind bis mindestens 1937 auszumachen. FAUD-Aktivisten kämpften zudem im Spanischen Bürgerkrieg auf der Seite der CNT gegen die Franco-Faschisten. Von 1947-1960 existierte als Nachfolgeorganisation die FFS, seit 1977 schließt die FAU an diese Tradition an.

Februar-Aufstand: viertägige bewaffnete Erhebung von ArbeiterInnen in Großstädten und Industriezentren Österreichs 1934, die blutig niedergeschlagen wurde und an deren Ende sämtliche sozialdemokratischen Organisationen verboten wurden. Anlass war der Versuch der Heimwehr, ein Arsenal des sozialdemokratischen Schutzbundes in Linz zu entwaffnen. Der Aufstand wurde in erster Linie von der Arbeiterbasis getragen, da die führenden Köpfe des Republikanischen Schutzbundes entweder in haftiert oder zaghaft waren. Auch die Basis der Kommunisten unterstützte den Aufstand. Berühmt sind die Gefechte um Arbeitersiedlungen wie den Karl-Marx-Hof in Wien, deren festungsartige Architektur die Aufständischen nutzten, um sich darin zu verschanzen. Regierungstruppen gelang die Erstürmung erst durch den Einsatz schwerer Kanonen. Insges. forderten die Kämpfe über 1.600 Tote und Verletzte. Hunderte Schutzbündler wurden interniert, Tausende flohen, neun wurden standrechtlich erhängt.

FFS: *Föderation Freiheitlicher Sozialisten*; 1947 von überlebenden FAUD-Mitgliedern gegründete Ideenorganisation, konzipiert als anarchosyndikalistisches Sammelbecken. Die FFS verzichtete darauf, als eigene Gewerkschaft aufzutreten, und verlegte sich auf die kulturelle und propagandistische Arbeit, war aber dennoch bis 1952 Mitglied der IAA. Die Föderation löste sich in den 1960ern auf, die letzte Gruppe zerfiel 1970.

Flying pickets (»Fliegende Streikposten«): Streikposten, die nicht dem bestreikten Betrieb angehören; meist Solidarität übende ArbeiterInnen, die gegen übermäßig viele Streikbrecher zur Hilfe herangezogen werden.

FNETU: *Federation of Non-European Trade Unions* (»Föderation nichteuropäischer Gewerkschaften«); südafrikanische Gewerkschaftsföderation, die 1928 auf einem Treffen von 150 Delegierten, die 100.000 afrikanische Arbeiter repräsentierten, gegründet wurde. Eine wichtige Rolle spielten kommunistische Parteimitglieder, und die Föderation war eifrig darin, die Direktiven der Roten Gewerkschaftsinternationale (RGI) umzusetzen. FNETU existierte nicht lang. In Folge der Wirtschaftsdepression und internen Führungsstreitigkeiten verfiel die Föderation schnell und war bereits 1930 eine erschöpfte Kraft.

FO: *Force Ouvrière* (»Arbeitermacht«); Gewerkschaftsbund in Frankreich, 1947 aus der CGT abgespalten, um sich vom Einfluss der PCF zu lösen bzw. von den KommunistInnen zu distanzieren. Sie gibt sich betont anti-kommunistisch und patriotisch, steht aber direkt keiner Partei nahe. In den letzten Jahren griff die FO verstärkt neoliberale Parolen auf.

FOA: *Federación Obrera Argentina* (»Argentinische Arbeiterföderation«); 1901 gegründeter Gewerkschaftsverband von Sozialisten und Anarchisten. 1902/03 Abspaltung der sozialistischen Minderheit als UGT. 1904 von der anarchistischen Mehrheit als FORA neugegründet.

FORA: *Federación Obrera Regional Argentina* (»Regionale Arbeiterföderation Argentiniens«); Anfang des 20. Jh. stärkste Gewerkschaftsbewegung in Argentinien mit zweitweise bis zu 200.000 Mitgliedern, zunächst anarchistisch, dann syndikalistisch dominiert. 1904 aus der anarchistischen Mehrheit der FOA hervorgegangen, 1905 (5. Kongress) Festlegung auf die Ziele des Anarchokommunismus. 1915 (9. Kongress) Vereinigung mit der CORA, danach Hochphase der Organisation mit revolutionär-syndikalistischer Ausrichtung. Gleichzeitig spaltete sich eine anarchistische Minderheit nach dem 9. Kongress als FORA V ab, die sich auf die Prinzipien des 5. Kongresse berief. Die FORA IX nahm einen zunehmend reformistischen Kurs an und löste sich zugunsten der USA auf. Die FORA V, als Mitgliedsgewerkschaft der IAA, existierte dagegen weiterhin bis zum Militärputsch von 1930. Bis dahin hatte sie sich weitestgehend isoliert und in einem internen Konflikt zwischen gewaltfreien und gewaltbefürwortenden Anarchisten selbst zerrieben.

FOSATU: *Federation of South African Trade Unions* (»Föderation südafrikanischer Gewerkschaften«); 1979 gegründete Gewerkschaftsföderation mit anfänglich 45.000 Mitgliedern. Die Föderation vereinigte neun Gewerkschaften, die zu Beginn des Jahrzehnts gegründet worden waren, sowie drei etablierte Gewerkschaften. Sie setzte die Tradition nicht-rassistischer Organisierung fort und machte sich stark für den Aufbau einer sozialistischen Arbeiterbewegung, unabhängig von der SACP und dem ANC. Die Organisation wuchs schnell an und zählte bis 1984 120.000 Mitglieder. 1985 spielte die FOSATU eine führende Rolle bei der Gründung des COSATU.

Freie Gewerkschaften: Gewerkschaftsrichtung, die auf einer Arbeitsteilung mit sozialdemokratischen Parteien (ökonomisch – politisch) basiert. Hauptvertreter war im 19. und Anfang des 20. Jh. die deutsche Gewerkschaftsbewegung, die mehrheitlich der Sozialdemokratie anhing. Durch die Arbeitsteilung wurde der Grundstein für die Entpolitisierung der Gewerkschaften gelegt, was seine Fortsetzung im Konzept der Einheitsgewerkschaft findet. Insofern ist das Attribut »frei« ein blanker Euphemismus, konnten diese Gewerkschaften, quasi als sozialdemokratisches Anhängsel, die Interessen ihrer Mitglieder nicht unabhängig von parteipolitischen Organisationen vertreten.

Freikorps: vorübergehend gebildete militärische Freiwilligenverbände unter der Führung einzelner Militärs, nach denen sie benannt waren. Ab Ende 1918 wurden unter der SPD-Regierung über 100 Freikorps (ca. 400.000 Mann) aus der Masse heimkehrender Soldaten gebildet, die die revolutionären Zustände in Deutschland eindämmen sollten. Sie waren Gustav Noske unterstellt und wurden durch den Antibolschewistenfonds der deutschen Unternehmer gefördert. Die Mehrheit der Freikorps war rechtsradikal eingestellt und wurde bei der Niederschlagung von Streiks und Arbeiteraufständen eingesetzt. Nachdem sie 1919 mehrere regionale Aufstände niedergekämpft hatten, waren sie maßgeblich an der Durchführung des gescheiterten Kapp-Putsches beteiligt, um danach gleich wieder gegen die aufständischen Arbeiter, die den Putsch abwehrten, eingesetzt zu werden. Nach der Auflösung der Freikorps gingen viele ihrer Mitglieder, zum Teil ganze Verbände, in rechte paramilitärische Gruppen wie etwa die SA und die SS.

Freikorps Schulz: nach Major Schulz benanntes Freikorps, das im Februar 1919 aus über 1.000 ehemaligen Reichswehrinfanteristen gebildet wurde. Zunächst bei den Ruhrkämpfen im Jahre 1919, dann auch bei den Märzkämpfen von 1920 kam diesem eine tragende und brachiale Rolle bei der Bekämpfung der Arbeiter zu. Schon im Zuge der Niederschlagung der Bayerischen Räterepublik gab Schulz sein Motto preis: »Lieber ein paar Unschuldige mehr an die Wand, als nur einen einzigen Schuldigen entgehen lassen«.

FVdG: *Freie Vereinigung deutscher Gewerkschaften;* radikaler Gewerkschaftsverband der sog. Lokalisten, 1897 als loser Zusammenschluss gegründet und ab 1901 als FVdG konstituiert. Zunächst an der Sozialdemokratie orientiert, kam es im Zuge der Massenstreikdebatte zum endgültigen Bruch mit der Sozialdemokratie. Sie entwickelte sich zunehmend zu einer revolutionär-syndikalistischen Organisation und vertrat einen strikten Anti-Parlamentarismus. Zu Beginn des 1. Weltkriegs wurde sie als staatsfeindliche Organisation verboten. Nach dem Krieg wurde sie reorganisiert und wuchs während der Kämpfe von 1919 im Ruhrgebiet, wo sie eine maßgebliche Rolle spielte, zu einer Massenorganisation an. Ende 1919 ging aus ihr die anarchosyndikalistische FAUD hervor.

Gaucho: alte Bezeichnung in Südamerika vorwiegend für Nachkommen von Spaniern und »Indios«, die in den Pampas Viehzucht treiben. Verbunden wird damit ein bestimmter (heute romantisch verklärter) Sozialtypus, ähnlich wie beim nordamerikanischen Cowboy.

Generalstreik: Streik aller Arbeitnehmer einer sog. Volkswirtschaft bzw. eines Körpers dieser, um das gesamte (regionale) Wirtschaftsleben lahmzulegen. I.d.R. waren in der Geschichte Generalstreiks politischer Art und dienten dazu, in die politischen Entwicklungen zu intervenieren bzw. bestimmte Entscheidungen staatlicher Organe zu erzwingen, seltener verfolgten sie die Absicht sozialer Umwälzungen. Insbesondere von Syndikalisten wird der revolutionäre Generalstreik als Mittel begriffen, um eine Situation herbeizuführen, die in eine soziale Revolution münden kann.

Hauer: qualifizierte Fachkraft im Bergbau; bezeichnet einen Bergmann, der Gestein aus dem Berg löst. Nach Art der genauen Tätigkeit unterscheidet man zwischen Strebhauer, Kohlenhauer, Streckenhauer, Ortshauer und Schachthauer.

Heilsarmee: protestantische Freikirche in der Tradition des Methodismus, die aktive Sozialarbeit mit Heilsverkündung und Missionierung verknüpft. Gegründet wurde sie 1865 vom englischen Pfarrer William Booth, um gegen die elenden Verhältnisse in den Arbeiterslums des Londoner East-End vorzugehen. Unter dem Motto »Suppe, Seife, Seelenheil« kämpft die Kirche in Uniformen und militärischen Diensträngen gegen soziale Not und Gottlosigkeit. Wegen ihres Missionierungseifers von Anfang an von der Arbeiterbewegung kritisch betrachtet, wurde der Heilsarmee ob ihres praktischen sozialen Engagements viel Respekt gezollt. Vor allem klagte die Heilsarmee im Ggs. zu vielen anderen christlichen Kirchen soziale wie gesellschaftliche Missstände offen an und trat für Veränderungen der Verhältnisse an, anstatt nur auf den Lohn im Paradies zu verweisen.

Heimwehren: nach dem 1. Weltkrieg in Österreich entstandene paramilitärische Verbände, die sich aus heimgekehrten Soldaten rekrutierten und politisch konservativ-reaktionär bis faschistisch ausgerichtet waren. Finanziell und ideologisch unterstützt wurden sie von österreichischen und bayrischen Großindustriellen, der katholischen Kirche sowie den faschistischen Regimes in Italien und Ungarn. In den 20ern und frühen 30ern lieferten sie sich immer wieder blutige Auseinandersetzungen mit dem Republikanischen Schutzbund. Die Heimwehren bekannten sich im Korneuburger Eid von 1930 zum faschistischen Ständestaat. Gespalten in einen monarchistischen und einen deutsch-nationalen Flügel, nahmen führende Heimwehrfunktionäre in verschiedenen

 Parteien Regierungsfunktionen während der Ersten Republik war. Den Heimwehren nahestehende, mitunter konkurrierende Parteien und Listen errangen bei Wahlen respektable Ergebnisse. 1934 gingen die Heimwehren in der VF auf.

Hilfsdienstgesetz: eigentlich »Gesetz über den vaterländischen Hilfsdienst«; von der Obersten Heeresleitung veranlasstes Gesetz in Deutschland, das Kräfte für den Krieg mobilisieren und der revolutionären Bewegung entgegenwirken sollte. Es trat im Dezember 1916 in Kraft. Alle Männer zwischen dem 17. und dem 60. Lebensjahr, welche nicht zur Armee einbezogen worden waren oder nicht vor 1916 in einem agrarischen oder forstwirtschaftlichen Betrieb gearbeitet hatten, wurden nach diesem Gesetz verpflichtet, in einem kriegswichtigen Betrieb zu arbeiten. Da durch dieses Gesetz die freie Wahl des Arbeitsplatzes aufgehoben wurde, konnten Menschen zum Hilfsdienst verpflichtet werden und somit politisch ausgeschaltet werden. Die Zentralgewerkschaften legten fleißig mit Hand an bei der Umsetzung des Gesetzes.

Hindenburg-Amnestie: von allen Parteien der Weimarer Republik mitgetragenes Amnestiegesetz von 1925. Es hatte die Freilassung von knapp 29.000 Gefangenen, die wegen Delikten mit politischem Hintergrund im Gefängnis saßen, zur Folge.

Historischer Kompromiss: Bezeichnung für eine strategische politische Linie der PCI, die 1973 realisiert wurde. In deren Rahmen entschlossen sich die Kommunisten zur Zusammenarbeit mit den Christdemokraten und Sozialisten auf der Basis eines breiten Minimalkonsens, was letztlich 1978 zur Duldung der christdemokratischen Minderheitsregierung führte.

Homelands: »Heimatländer«, auch »Bantustans« genannt. 1959 wurde das Gesetz zur Förderung der Bantu-Selbstverwaltung in Südafrika verabschiedet. Damit wurde die Regierung damit bemächtigt, das durch das Bodengesetz von 1913 für Afrikaner reservierte Land in ethnisierende »Homelands« umzugruppieren. Die Homelands, die in letzter Konsequenz eine »Unabhängigkeit« von Südafrika erlangen konnten, garantierten Afrikanern politische Rechte. Dies war jedoch kein progressiver Schritt, denn die Homelands wurden dafür genutzt, um Afrikanern ihre Bürgerrechte in Südafrika zu verweigern. Durch die neue Verfassung von 1997 wurden die Homelands abgeschafft.

Homestead: Ort in Pennsylvania, bekannt als Schauplatz eines der gewalttätigsten Streiks in der Geschichte der USA. Er wurde 1892 in den Carnegie-Werken von der dortigen Stahlarbeitergewerkschaft ausgerufen, nachdem Firmenleiter Frick (ein erbitterter Gewerkschaftsfeind) plötzlich die Löhne drastisch senkte, um mit dieser Provokation einen Zerschlagungsprozess der starken Gewerkschaft einzuleiten. Frick setzte daraufhin 300 bewaffnete Pinkerton-Detektive (die damals im Dienste von Staat und Unternehmen standen) gegen die Streikenden ein. Die Arbeiter wehrten sich und es kam zu einem Aufstand; mehrere Männer kamen um oder wurden verwundet. Nach vier Monaten Streik wurde die Staatsmiliz gegen die Streikenden eingesetzt und der Streik niedergeschlagen. Der Streik hatte zur Folge, dass die Gewerkschaften überregional aus den Stahlwerken verbannt wurden; die gewerkschaftliche Organisierung der Stahlarbeiter wurde so lange Zeit verzögert.

IAA: *Internationale Arbeiterassoziation*; offizieller Name der Ersten Internationalen (1864-1876), ab 1922 internationaler Zusammenschluss anarchosyndikalistischer Organisationen. Die IAA versteht sich in der Tradition der Ersten Internationalen, in der der ökonomische bzw. gewerkschaftliche Kampf die Praxis bestimmte. Sie entstand aus dem Bedürfnis heraus, sich vom autoritären Marxismus abzugrenzen, insbes. von der Roten Gewerkschaftsinternationale (RGI), in der die Autonomie der Arbeiterorganisationen den Interessen der Sowjetunion und der gewerkschaftliche Kampf dem staatspolitischen untergeordnet wurde. Heute hat die IAA nur noch geringen Einfluss, besteht aber weiterhin mit Sektionen in 16 Ländern.

ICU: *Industrial and Commercial Workers' Union of Africa* (»Afrikanische Gewerkschaft der Industrie- und Gewerbearbeiter«); eine 1919 in Kapstadt gegründete, große Gewerkschaft. Sie stand allen Berufen offen und hatte eine sehr lockere Struktur, in der sich afrikanische und farbige Arbeiter organisierten. Ihre Ideologie war sehr durchmischt und änderte sich immer wieder, doch zu den zentralen Elementen gehörten der Syndikalismus und der Pan-Afrikanismus von Marcus Garvey. 1920 dehnte sich die ICU nach Namibia (ehemals Südwest-Afrika), 1927 nach Zimbabwe (ehemals Süd-Rhodesien) und 1931 nach Sambia (ehemals Nord-Rhodesien) aus. In den 1930ern musste sie einen allgemeinen Zerfall hinnehmen, manche Sektionen blieben aber bis in die 1950er aktiv.

IGB: *Internationaler Gewerkschaftsbund*; 1913 gegründeter internationaler Dachverband der reformistischen Gewerkschaften Europas (und zeitweilig der USA), hervorgegangen aus dem Internationalen Sekretariat der freien Gewerkschaften. 1919 wurde er neukonstituiert und führte kurze Zeit, unter der Führung des ITF-Generalsekretärs Fimmen und vorangetrieben durch die ITF (1919-23), internationale Solidaritätsaktionen durch. Danach erwies sich der IGB als immer nutzloser im internationalen Klassenkampf. Ab 1945 existierte als Nachfolgeorganisation der Weltgewerkschaftsbund (WGB), nach seiner Spaltung 1949 der Internationale Bund Freier Gewerkschaften (IBFG). Eine Neugründung des IGB erfolgte 2006.

IG Metall: 1949 in der BRD gegründete Industriegewerkschaft. Mit 2,3 Mio. Mitgliedern größte Einzelgewerkschaft der Welt. Unter ihrem Vorsitzenden Otto Brenner, der als Gewerkschaftstheoretiker die Grundlage für die moderne Gewerkschaftsstrategie in Deutschland legte, entwickelte sich die IGM zur maßgeblichen Kraft im DGB. Anfangs noch mit Klassenbezug und politischem Gewissen (so beteiligte sich die IGM an Protesten gegen die Wiederbewaffnung), verkam sie mehr und mehr zu einem bloßen bürokratischen Verwaltungsapparat, der kaum noch Mobilisierungskraft aufbringt.

Industrial Unionism: Industriegewerkschaftsbewegung; vertritt die Auffassung, dass die Organisierung auf der Basis von Fach und Beruf zu Trennungen und Rivalitäten zwischen ArbeiterInnen führt, weshalb eine gemeinsame Organisation in Industrien bzw. Branchen angestrebt wird. Besonders konsequent wurde das Konzept bei den IWW verfolgt, die dieses Prinzip populär gemacht haben und in deren Konzept die Industriegewerkschaften nochmals in einer großen Organisation auf Klassenbasis vereint sind. Zahlreiche Gewerkschaften haben schon länger das Industriegewerkschaftskonzept übernommen, i.d.R. ist es jedoch eine stumpfe Klinge, da sie in ihrer reformistischen Ausrichtung auf verschiedenen Ebenen Friedenspflichten eingehen, die einer wirksamen Solidarisierung innerhalb einer Industrie (z.B. durch Unterstützungsstreiks) entgegenstehen. Die IWW dagegen vertrat eine revolutionäre Form der Industriegewerkschaft und lehnte solche Praktiken, die zu neuen Spaltungen führen, ab.

Industrie: Bezeichnung für bestimmten Wirtschaftszweig mit ähnlichen Produkten bzw. Dienstleistungen. Synonym dafür wird heute häufiger von Branchen gesprochen (z.B. Chemiebranche statt chemischer Industrie), während umgangssprachlich Industrie häufig mit Schwerindustrie verwechselt wird.

Industriegewerkschaft: gewerkschaftliches Organisationsprinzip, alle Beschäftigten derselben Industrie (im Sinne von Branche) solidarisch zusammenzuschließen, um Berufsegoismen entgegenzuwirken bzw. vorzubeugen. In Deutschland sind alle dem DGB angeschlossenen Gewerkschaften Industriegewerkschaften in diesem Sinne.

Industriellentagung: Im Industrie-Club, einer Vereinigung von Großindustriellen, war Hitler am 26. Januar 1932 als Gast eingeladen, um dort sein Programm vorzustellen. Er referierte dort vor 650 Industriellen und Bankiers über seine Konzeption, das Bürgertum zu schützen, die Arbeiterbewegung zu zerschlagen und abhängig gehaltene Länder ressourcenmäßig auszuplündern. Hitler erhielt damals Dauerbeifall; noch am nächsten

 Tag wurden Finanzierungsvereinbarungen für die NSDAP abgeschlossen, in der Folgezeit flossen Megaspenden in die Kassen der Partei. Letztlich setzten sich zahlreiche Industrielle Ende 1932 bei Hindenburg (der aufgrund gewisser Verwicklungen zudem erpressbar war) für Hitler als Kanzler ein. Auf der Industriellentagung wurden Weichen für Finanzierung und Etablierung des Nazi-Systems gestellt. Zahlreiche Industrielle profitierten während des Dritten Reiches enorm und blieben danach ungescholten oder fanden sich sogar in neuen lukrativen Posten wieder.

Internationale Berufsekretariate: Ende des 19. Jahrhunderts entstandene internationale Sekretariate einzelner Berufsgewerkschaften aus verschiedenen Ländern. Sie fungierten quasi als Ersatz für eine noch nicht vorhandene Gewerkschaftsinternationale. Die Landeszentralen, insbes. der deutschen Gewerkschaften, betrachteten sie mit großer Skepsis, weil sie eine zentralistische Form der internationalen Zusammenarbeit über die Landeszentralen (ab 1902 umgesetzt) befürworteten. Es kam so auch nie zu einem Ausbau der Zusammenarbeit zwischen den verschiedenen Int. Berufsekretariaten, so dass ihre Bedeutung in der Praxis gering blieb.

ITF: *Internationale Transportarbeiter-Föderation*; 1896/97 als Internationale Föderation der Schiffs-, Hafen und Flussarbeiter gegründete internationale Transportgewerkschaft (ab 1899 ITF). Zwischen den beiden Weltkriegen bildete sie die Vorhut des internationalen Arbeiterkampfes und entwickelte unter der Führung Edo Fimmens (1919-42) radikalisierte, revolutionäre Praktiken. Wenn sie auch insgesamt kein syndikalistisches Selbstverständnis hatte, so prägten doch revolutionär-syndikalistische Methoden und Organisationsformen ihre Praxis. Ab 1933 war sie die maßgebliche Arbeiterorganisation im Widerstand gegen den Nationalsozialismus. Die ITF existiert als reformistischer Verband noch heute (mit über 600 Mitgliedsorganisation in über 140 Ländern), jedoch äußerst traditionsarm; nichts erinnert mehr an ihre revolutionär-kämpferische Vergangenheit.

IWA: *Industrial Workers of Africa* (»Industriearbeiter Afrikas«; eine 1917 nach dem Vorbild der IWW gegründete syndikalistische Gewerkschaft, deren Basis afrikanische Arbeiter in Kapstadt und Johannesburg waren. Zudem waren sie die erste Gewerkschaft für afrikanische Arbeiter in der Geschichte Südafrikas. In den frühen 1920ern ging sie in der ICU auf.

IWW: *Industrial Workers of the World* (»Industriearbeiter der Welt«) – auch »Wobblies« genannt; eine 1905 gegründete syndikalistische bzw. unionistische Arbeiterorganisation in den USA und anderen Ländern, die des »Aufruhrs« beschuldigt und durch ein bedeutendes Repressionsprogramm während des 1. Weltkriegs und seiner Folgezeit mehr oder weniger zerstört wurde. Sie vertrat radikale Konzepte der direkten Aktion und organisierte insbesondere Minderheiten. Die von ihnen entzündeten und relativ erfolgreichen Streikwellen nahmen solche Dimensionen an, dass sie von vielen als Aufstand der migrantischen Arbeiterklasse interpretiert wurden.

Job colour bar: in Südafrika Bezeichnung für eine Politik oder verschiedene Praktiken, die – durch Bräuche oder per Gesetz – bestimmte berufliche Tätigkeiten, insbes. Facharbeiterposten, *weißen* Menschen vorbehält. Diese berufliche *Rassen*schranke stellte während der Apartheid das hauptsächliche Mittel zur *Rassen*trennung auf dem Arbeitsmarkt dar.

Juli-Abkommen: 1936 zwischen dem faschistischen Österreich und dem Deutschen Reich geschlossener Vertrag, der die Legalisierung der bis dahin in Österreich diskriminierten Nationalsozialisten vorsah, die nun auch an der Regierung beteiligt wurden, und zu einer allmählichen Abhängigkeit der österreichischen Regierung von der deutschen führte.

Juppé-Plan: Ende 1995 vorgestellter Reformplan des französischen Premierministers Alain Juppé (RPR), der massiv das Sozialsystem umstrukturieren sollte. Er beinhaltete: Erhöhung der Rentenbeitragsjahre im Öffentlichen Dienst von 37,5 auf 40 Jahre, Reduzierung der Krankenkassenausgaben, Erhöhung der Krankenhaustagessätze, Beschränkung der Erstattung von Medikamentenzuzahlungen, Erhöhung der Krankenkassenbeiträge für RenterInnen und Erwerbslose, Einfrierung des Budgets von Familienbeihilfen sowie eine drastische Anhebung der CSG-Steuer. Flankiert wurde der Plan von Privatisierungsplänen der Regierung. Der Plan war nicht mit den Gewerkschaften abgesprochen und wurde von ihnen (größtenteils) abgelehnt; die CFDT und Teile der PS unterstützen dagegen den Plan. Laut Umfragen lehnten 80% der Bevölkerung den Plan strikt ab. Die Regierung musste letztlich den Plan in dieser Form zurückziehen; seitdem setzt sie in stückchenweise in Teilreformen durch.

Kapp-Putsch: auch *Kapp-Lüttwitz-Putsch* genannt; vom 13. bis 17. März 1920 dauernder Umsturzversuch des rechtsradikalen Politikers Wolfgang Kapp (Gründer der Deutschen Vaterlands-Partei) und Freiherr Walther von Lüttwitz (General des Reichswehrgruppenkommandos I). Er richtete sich gegen die SPD-geführte Regierungskoalition und die Umsetzung der Bestimmungen des Versailler Vetrags, insbes. die drastische Reduzierung des Heeres und die Auflösung der Freikorps. Getragen wurde der Putsch maßgeblich durch Angehörige des Militärs und der Freikorps. Den Putschisten gelang es, dass die Regierung von Berlin nach Dresden fliehen musste, letztlich scheiterte der Putsch aber am (zum Teil bewaffneten) Generalstreik der Arbeiterschaft, weniger für die Regierung als gegen die Putschisten eintretend. In mehreren Regionen kam es infolgedessen zu revolutionären Bewegungen, die wiederum von der zurückgekehrten Regierung, Militär und Freikorps niedergeschlagen wurden.

Keynesianismus: in den 1930ern von John Maynard Keynes (oder besser: seinen Anhängern) entwickelte Wirtschaftstheorie, in der die Wirtschaftslenkung durch den Staat eine Schlüsselrolle einnimmt. Verbunden wird damit eine »antizyklische Nachfragepolitik«, bei der der Staat, über Rücklagen finanziert, fiskalpolitische und monetäre Maßnahmen ergreifen soll, um den Auswirkungen von Rezensionen und Booms entgegenzusteuern. Durch eine Nachfrage- und Steuerpolitik (inkl. öffentlicher Investitionen), die das Konsumniveau hält, soll so eine annähernde Vollbeschäftigung der Wirtschaft gewährleistet werden.

Kollektivabkommen: auch *Kollektivvertrag*; Bezeichnung für den deutschen Tarifverträgen ähnliche Abkommen zwischen Unternehmen und Belegschaft in Frankreich bzw. Österreich. In Österreich werden Kollektivverträge durch das System der Sozialpartnerschaft geschlossen; in Frankreich obliegen Kollektivabkommen grundsätzlich nur der Verhandlungsbereitschaft von Arbeit und Kapital, bewegen sich aber durch bestimmte sozialgesetzliche Regelungen teilweise in einem engeren Rahmen.

Kolonne Durruti: eine der ersten im Spanischen Bürgerkrieg gebildeten Milizen, die nach dem Prinzip der Freiwilligkeit und Selbstverantwortung gegen die franquistischen Putschisten kämpfte. Gehörte zu den Einheiten der anarchosyndikalistischen CNT, so benannt nach dem legendären spanischen Anarchisten Buenaventura Durruti, der bis zu seinem Tod Ende 1936 deren Hauptdelegierter war. Zur Legende wurde sie wegen ihrer Teilnahme an der Verteidigung Madrids. In ihren Reihen kämpften viele Freiwillige aus dem Ausland, so dass sie auch internationalistischen Charakter trug. Im Zuge der zunehmenden Stalinisierung der Republik Spanien wurde sie in die neu gegründete Volksarmee zwangsintegriert.

Kosaken: vom Interessenverband der Kohle- und Eisenunternehmer 1866 gegründete »Kohle- und Eisenpolizei« in Pennsylvania, die gegen aufmüpfige, insbes. streikende Arbeiter vorgehen sollte; in Anspielung auf deren Brutalität im Volksmund »Kosaken« genannt. Sie terrorisierte in äußerst krimineller Weise die regionale Arbeiterschaft und war verantwortlich für viele Tote. Nach wachsendem Unmut gegen diese Privatarmee überführte sie der Bundesstaat in die Staatspolizei; die Methoden blieben jedoch die gleichen. Als berittene paramilitärische Einheit ging sie jahrzehntelang gegen ArbeiterInnen vor, bis sie in den 1930ern abgeschafft wurde.

Komintern: Akronym für *Kommunistische Internationale* (auch KI), den internationalen Zusammenschluss kommunistischer Parteien; auf Betreiben Lenins 1919 gegründet. War die Komintern ursprünglich auf die Erringung der Weltrevolution hin ausgerichtet, entwickelte sie sich unter Stalin zunehmend zu einem Instrument der sowjetischen Außenpolitik, deren verlängerter Arm die Sektionen in den jeweiligen Ländern wurden.

Kommunistisches Manifest: eigentlich *Manifest der Kommunistischen Partei*; programmatische Kampfschrift von Marx und Engels, die rechtzeitig zum Revolutionsjahr 1848 erschien. Als kleine Broschüre versuchte sie, in einfacher Sprache ArbeiterInnen für die Sache der sozialen Revolution zu gewinnen. Eckpfeiler sind Klassenkampf und Internationalismus, die Notwendigkeit, sich zu organisieren (Partei) und der sog. Historische Materialismus, der ein Stufenmodell der Geschichte entwickelt, demnach sich die Gesellschaft zwangsläufig in notwendigen Etappen über Kapitalismus und Sozialismus zum Kommunismus hin entwickle. Daher müsse das Proletariat seine historische Rolle erkennen und ergreifen, mittels der Revolution vom Kapitalismus zum Sozialismus zu gelangen. Das Manifest verbreitete sich über die ganze Welt, erschien in unzähligen Auflagen und zählt zu den bekanntesten und einflussreichsten Schriften der sozialistischen und Arbeiterbewegung überhaupt.

Kommunismus: im allgemeine Sinne das politisch-ökonomische Konzept einer klassenlosen Gesellschaft, in der das Privateigentum an Produktionsmitteln aufgehoben sein und das erwirtschaftete Sozialprodukt gesellschaftlich angeeignet werden bzw. allen Menschen gleich zugänglich sein soll. I.d.R. wird es mit der aus der Sozialdemokratie hervorgegangen kommunistischen Bewegung oder mit den politischen Systemen des sog. real existierenden Sozialismus in Verbindung gebracht. Ferner wird es oftmals sogar mit dem Marxismus per se gleichgesetzt. Anarchokommunisten und Anarchosyndikalisten berufen sich ebenfalls auf den Kommunismus, allerdings auf den »freiheitlichen«, der mit seiner Konzeption der Selbstverwaltung im Widerspruch zum marxistischen Kommunismus und insbes. zum Staatskommunismus des real existierenden Sozialismus steht. In dieser Vorstellung handelt es sich bei letzteren eher um eine Art Staatskapitalismus, der neue Klassen und die damit verbundenen Ausbeutungs- und Unterdrückungsverhältnisse hervorbringt.

Korporatismus: bezeichnet ein System der Interessenvermittlung zwischen Arbeitnehmern und Arbeitgebern mit dem Staat, das nicht durch Konkurrenz/Konflikt, sondern durch Aushandlungsmechanismen geprägt ist. Im Interesse der Nationalökonomie (»Standort«) soll so möglichst reibungslos eine Einigung bei Interessensdivergenzen erzielt werden. Voraussetzung dafür ist ein Repräsentationsmonopol der vertretenen Verbände, die die Ergebnisse gegenüber ihren Mitgliedern von oben durchsetzen. Im klassischen Korporatismus der totalitären Regime (faschistisches Italien und Österreich z.B.) wurden dafür autoritäre Zwangsverbände mit Zwangsmitgliedschaft geschaffen, die das Repräsentationsmonopol in ihrem Bereich inne hatten und für die Erfüllung bestimmter staatlicher Auflagen zuständig waren. Im neueren Korporatismus sozialpartnerschaftlicher Prägung wird zwar von einer »freiwilligen« Einbindung »frei« gebildeter Interessenverbände gesprochen, dennoch bleiben wesentliche Mechanismen erhalten: das Repräsentationsmonopol wird z.B. weitestgehend durch die Einheitsgewerkschaft hergestellt, während Begrenzungs- und Zentralisierungstendenzen den Dirigismus von oben gewährleisten, so dass eine Interessensvertretung von unten unterbunden wird und Interessenausgleiche unter nationalen und nicht etwa klassenorientierten Gesichtspunkten verhandelt werden.

KPÖ: *Kommunistische Partei Österreichs*; dank ihrer Gründung 1918 heute die älteste Partei Österreichs. Ursprünglich aus der revolutionären Rätebewegung hervorgegangen, die in Österreich jedoch deutlich schwächer war als in Deutschland, geriet sie schnell unter sowjetischen Einfluss. Bis zum Februaraufstand 1934 blieb sie im Schatten der SDAP eine Splitterpartei. Während der Illegalität im Austrofaschismus erhielt sie jedoch starken Zulauf. Nach dem 2. Weltkrieg gehörte die KPÖ der sog. Konzentrationsregierung an und galt zunächst als ernstzunehmender Faktor. Doch die Wahlergebnisse fielen ernüchternd aus (knapp 5%). Hochburgen waren Industriezentren sowie die slowenische Minderheit. Nach dem Zerwürfnis der UdSSR und Jugoslawien in den 1950ern wandte sich letztere jedoch von der KPÖ ab, die fortan in die Bedeutungslosigkeit versank. Bis in die Gegenwart bestimmten Flügelkämpfe und Austrittswellen, besonders im Streit über die Haltung zum Ungarischen Aufstand von 1956 und dem Prager Frühling von 1968, das Bild der Partei, die trotzdem immer wieder Aufmerksamkeit genoss und einen gewissen moralischen Einfluss geltend machen konnte. Die KPÖ, die sich nach dem Ende des Ostblocks nicht sozialdemokratisiert hat und sich weiterhin als revolutionär versteht, befindet sich seit einigen Jahren wieder im Aufwind (Einzug in den Landtag der Steiermark).

Kriegskredite: auch »Kriegsanleihen« genannt; verzinsliche oder unverzinsliche Wertpapiere, die der Finanzierung eines Krieges dienen, i.d.R. von der Regierung ausgestellt. Der Verkauf der Anleihe kommt einer Gewährung von Krediten an die Regierung gleich. Als »die« historischen Kriegskredite gelten die Anleihen von 1914, denen die SPD zustimmte und die dem Deutschen Reich die Finanzierung des Ersten Weltkriegs ermöglichten. Insgesamt nickte die SPD während des Ersten Weltkriegs neun Kriegsanleihen mit ab, die 98 Milliarden Reichsmark einbrachten und damit etwa 60% der deutschen Kriegskosten deckten.

Kumpel: Eigenbezeichnung der Bergarbeiter. Aufgrund des sprichwörtlichen Zusammenhalts der Bergarbeiter sowohl bei ihrer gefährlichen Tätigkeit als auch bei Arbeitskämpfen entwickelte sich »Kumpel« als umgangssprachliches Synonym für Bekannte bzw. Freunde, auf die man sich verlassen kann.

Labour Party (»Arbeiterpartei«): 1900 als Labour Representation Committee (»Arbeiterrepresenationskommittee«) gegründete britische Partei (ab 1906 Labour Party). Sie verstand sich zunächst als parlamentarische Vertretung der Gewerkschaften und gab sich ein sozialistisches Programm. Ab 1945 führte sie ein weitgreifendes Programm sozialer Reformen durch, die das Fundament der stark sozial geprägten Marktwirtschaft in Großbritannien bis Ende der 70er bildete und sich auf die außerparlamentarische Macht der Gewerkschaften stütze. In den 70ern kam es allmählich zum Bruch mit den Gewerkschaften, der mit der Neoliberalisierung der Partei (»New Labour«) in den 90ern weitestgehend vollendet wurde.

Landeszentralen: Zentralinstanzen der gewerkschaftlichen Dachverbände eines Landes, über die ab 1902, mit der Gründung einer Art Gewerkschaftsinternationale (Internationales Sekretariat) und später im IGB, die internationale Zusammenarbeit der Gewerkschaften lief. Durch diesen Zentralismus in der internationalen Struktur, war die Basis weit entfernt von internationalen Aktivitäten und die Gewerkschaftsinternationale oftmals nicht mehr als ein »Briefkasten«. Die ITF plädierte deshalb – vergeblich – dafür, die Gewerkschaftsinternationale zu dezentralisieren, in dem man sie auf die Internationalen Berufssekretariate stütze, die eher geeignet seien, die internationalen Interessen und Ziele der Arbeiterbewegung zur Geltung zu bringen.

Leninismus: auf W. I. Lenin zurückgehende Theorien und Konzepte, die den Marxismus auf Russland übertrugen. Im Gegensatz zu den Menschewiki vertrat Lenin den Standpunkt, dass man 1917 in Russland nicht die volle Entwicklung des erst in den Anfängen steckenden Kapitalismus abwarten müsste, sondern gleich zur sozialen Revolution übergehen könne, was bis dahin ein typisch anarchistischer Standpunkt war; die in diesem Sinne von ihm vorgebrachten Aprilthesen erinnern denn auch mehr an Bakunin als an Marx. Im Gegensatz zum Anarchismus jedoch ist der Leninismus strikt autoritär und zentralistisch ausgerichtet, so dass eine Avantgarde aus Berufskadern dem Proletariat vorstehen soll. Individuelle Interesse sind dabei stets »der Sache« unterzuordnen, was praktisch identisch war mit den Interessen des Staates und der Partei. Teil des Leninismus sind das Konzept eines Pluralismus nationaler Identität (Selbstbestimmungsrecht der Völker) und die Zielsetzung einer Weltrevolution. Der Leninismus wurde zur bestimmenden Grundlage der meisten kommunistischen Bewegungen auf der Welt.

Libertär: »freiheitlich«; ursprünglich als unverfängliches Synonym für Anarchismus in Spanien während Phasen der politischen Verfolgung Anfang des 20. Jh. verwandt (v.a. in Kombination als libertärer Kommunismus). Wird heute immer noch in diesem Sinn, aber auch zwei weiteren Bedeutungen gebraucht: als libertär werden solche Ideen und Bewegungen bezeichnet, die gewisse inhaltliche oder strukturelle Gemeinsamkeiten bzw. Ähnlichkeiten mit dem Anarchismus aufweisen; schließlich bezeichnen sich auch manche radikal wirtschaftsliberale Strömungen (vor allem in den USA), die einen von staatlichen Eingriffen ungehemmten Kapitalismus propagieren, als libertär.

Liga Patriótica (»Patriotische Liga«): 1918/19 in Buenos Aires gegründete rechtsextreme paramilitärische Organisation protofaschistischen Typs. Sie wurde direkt durch das Militär unterstützt und als Instrument zur Verteidigung der Unternehmer- und Großgrundbesitzerinteressen eingesetzt. Antianarchistisch und antisemitisch ausgerichtet, griff sie während des Generalstreiks in Buenos Aires 1918/19 die Arbeiterviertel an und war verantwortlich für viele Tote (»Tragische Woche«). 1921/22, während und nach den Streikereignissen in Patagonien, führte sie bewaffnete Überfälle auf Arbeitereinrichtungen durch. Ebenso beteiligte sie sich am Militärputsch 1930.

Lohnpause: (verordneter) Verzicht auf Lohnerhöhungen für eine festgelegte Zeit. In Frankreich z.B. verlängerte die Volksfrontregierung mehrfach per Gesetzesbeschluss die Laufzeit der geltenden Tarifverträge und verordnete den Tarifparteien eine staatliche Zwangsschlichtung bei Arbeitskonflikten, um Streiks zu vermeiden. Damit machte die Regierung die Arbeiter mit Zustimmung der CGT – und unter dem Beifall der CGPF – zahnlos, auch wenn diese mehrfach aufbegehrten. Die Löhne der Arbeiter blieben konstant, obwohl sie unter den allgemeinen Preiserhöhungen litten. Dadurch wurde ein bedeutender Teil ihrer Errungenschaften aus dem Generalstreik 1936 wieder zunichte gemacht.

Lohn-Preis-Abkommen: in den ersten Jahren nach dem 2. Weltkrieg in Österreich zwischen Regierung, Gewerkschaften, Kapital und Besatzungsmächten ausgehandelte Bestimmungen zum Verhältnis von Preissteigerung und Lohnniveau. Dabei beinhalteten alle der fünf jährlich beschlossenen Abkommen deutlich stärkere Preisanhebungen als Lohnsteigerungen, so dass die Beschäftigten schließlich in soziale Not gerieten. Die Abkommen standen in der Tradition des austrofaschistischen Korporatismus und waren ein Vorläufer der in den 1960ern verankerten Sozialpartnerschaft.

Lokalisten: ab 1880 Bezeichnung für eine Bewegung örtlicher gewerkschaftlicher Fachvereine, die die Zentralisierungsprozesse in den sozialdemokratischen Gewerkschaften ablehnten, auf die Autonomie der lokalen Gruppen bestanden und über ihre Aktionen eigenverantwortlich entscheiden wollten. Organisatorische Eigenständigkeit erlangte diese Vorläuferbewegung des deutschen Anarchosyndikalismus mit dem Zusammenschluss in der FVdG.

Lotta Continua (»Fortwährender Kampf«): größte außerparlamentarische Gruppe der radikalen Linken in Italien, 1969 aus einer Abspaltung der Arbeiter- und Studentenbewegung in Turin gegründet, die die Kämpfe bei Fiat unterstützte. Die Gruppe machte u.a. Stadtteilarbeit und führte Kämpfe um Mieten, Strompreise usw. 1976 löste sie sich auf. Ihre gleichnamige Tageszeitung erschien weiterhin bis 1982.

Marxismus: auf die Schriften von Marx und Engels zurückgehende politische Philosophie und sozialistische Theorie. Grundpfeiler sind das Modell des Historischen Materialismus und die Methode des Dialektischen Materialismus, die den Weg zur Revolution wissenschaftlich-analytisch herzuleiten versuchen. Charakteristisch für den Marxismus als politischer Bewegung sind die Idee von der Partei als notweniger Avantgarde des Proletariats, die Eroberung der politischen Macht und eine insgesamt autoritäre und zentralistische Ausrichtung, Prinzipien, die Marx selbst bereits während seiner Wirkungszeit in der Ersten Internationale zu etablieren versuchte. Auf dem Marxismus fußen alle sozialdemokratischen Strömungen, nicht nur ideell, sondern auch organisationsstrukturell.

März-Massaker: eines der größten Massaker in der Weimarer Republik. Als die *Berliner Zeitung* (BZ) am 9. März 1919 einen Leitartikel veröffentlichte, der von einer erlogenen Tötung von 60-70 Polizeibeamten in Berlin-Lichtenberg durch »Spartakisten« berichtete, nutze dies »Oberbefehlshaber« Noske, um das Standrecht zu verhängen, und befehligte, alle Kommunisten in Lichtenberg zu verhaften. Freikorps umzingelten daraufhin den Stadtteil und führten in den Häuserblocks willkürliche Liquidierungen an beliebigen linksstehenden ArbeiterInnen durch. Das Treiben währte mehrere Tage; eine Untersuchung ergab letztlich, dass dabei über 2.000 ArbeiterInnen ums Leben kamen. Das Massaker beendete auch den seit dem 3. März anlaufenden Generalstreiksversuch im Raum Berlin.

Metallarbeiter-Verband: 1891 gegründeter freigewerkschaftlicher Verband in Deutschland. Die Metallarbeiter hatten in Deutschland eine Vorreiterrolle inne, da sie als erste industriegewerkschaftliche Strukturen aufbauten und relativ kämpferisch agierten.

MI5: britischer Inlandsgeheimdienst. Während des Bergarbeiterstreiks 1984/85 bespitzelte er systematisch Streikende und Gewerkschaftsmitglieder. Der damals von Kumpeln erhobene Vorwurf, als Arbeiter eingeschleuste MI5-Provokateure hätten gezielt Gewalttätigkeiten provoziert, um den Streik zu diskreditieren, konnte nie bewiesen werden.

Mikroökonomie: volkswirtschaftliche Lehre, die sich mit dem Verhalten einzelner Wirtschaftssubjekte (z.B. Unternehmen) und der Verteilung von Gütern durch Marktmechanismen befasst. Sie ist eines der Kernelemente des Neoliberalismus, der wesentlich auf der Annahme beruht, dass die Unternehmen den Wohlstand der Gesellschaft schaffen, indem sie Güter produzieren, die sie mit dem Ziel der Gewinnmaximierung auf dem Markt anbieten. Folgerichtig müsse den Unternehmern daher entsprechende Anreize geschaffen werden. Daher leitet sich das normative Paradigma des Neoliberalismus ab, dass die Profite der Unternehmer im Interesse der Gesellschaft seien.

Mindestlohn: ein durch gesetzliche Regelung oder durch einen allgemeinverbindlichen Tarifvertrag (auf Betriebs- oder Branchenebene) festgeschriebenes kleinstes zulässiges Arbeitsentgelt. Eine Mindestlohnregelung kann sich sowohl auf einen Stundensatz als auch auf einen Monatslohn bei Vollzeitbeschäftigung beziehen. Die Forderung nach Mindestlohn folgt meist der Absicht, Hungerlöhne zu beseitigen und Lohnwucher zu unterbinden. Ein gesetzlicher Mindestlohn wird auch von links kritisiert, weil sich damit z.B. die Gewerkschaften vom Staat abhängig machen und schwächen würden, anstatt die Forderungen selbst durchzusetzen und ihre Macht auszubauen.

Mitteldeutsche Kämpfe: auch »Märzaktion« genannt; bewaffnete Arbeiterrevolte in der Industrieregion um Halle, Leuna, Merseburg sowie im Mansfelder Land im März 1921. Der Aufstand war eine Reaktion auf den Einmarsch preußischer Polizeieinheiten, die aus Furcht vor einer kommunistischen Machtübernahme in die Region einmarschiert waren, um die Kontrolle über die Betriebe zu erlangen. Ein Aufruf der KDP-Leitung zum deutschlandweiten Generalstreik traf außerhalb der Region auf wenig Resonanz. In der Region selbst dagegen griffen die Arbeiter zu den Waffen und führten unter der Führung von Max Hölz Bankraube, Lebensmittelkonfiszierungen, Attentate, Gefangenenbefreiungen und Sabotageakte durch. Nach Verhängung des Ausnahmezustands und dem Einsatz des Militärs konnte der Aufstand endgültig Anfang April niedergeschlagen werden.

Monetarismus: wirtschaftstheoretische bzw. -politische Position, nach der die Regulierung der Geldmenge die wichtigste Stellgröße zur Steuerung des Wirtschaftsablaufes darstellt. Eine zu starke Ausdehnung der Geldmenge führt demnach zu Inflation, eine zu starke Bremsung ihres Wachstums zu Deflation. Der Monetarismus bildete sich in Opposition zum Keynesianismus heraus und sieht Störungen des wirtschaftlichen Ablaufes u.a. im intervenierenden Staat begründet. In Konsequenz bevorzugt er Geldwertstabilität als politisches Ziel gegenüber der Vollbeschäftigung. Als eines der Kernelemente des Neoliberalismus begründet er u.a. den Rückzug des Staates auf monetäre Fragen und eine privatkapitalistisch orientierte Wirtschaftspolitik.

Morgenthau-Plan: vom amerikanischen Finanzminister Henry Morgenthau im September 1944 vorgelegte Denkschrift zur Zukunft Deutschlands nach einem Sieg der Alliierten. Nach Morgenthaus Vorstellung, die auch vom Präsidenten Roosevelt geteilt wurde, sollte Deutschland auf den Status eines Agrarlandes reduziert werden. Vorgesehen war eine Entmilitarisierung sowie eine Verkleinerung und Aufteilung. Die Industrieanlagen sollten demontiert, die Kohlengruben geschlossen werden. Für das Ruhrgebiet und die deutschen Wasserstraßen war ein internationaler Status vorgesehen. Obwohl der amerikanische Präsident bereits am 22. September seine Unterschrift auf dem Dokument offiziell wieder zurückzog, beeinflusste die Konzeption die amerikanische Besatzungspolitik in Deutschland nachhaltig.

Moskauer Deklaration: Ergebnis der alliierten Außenministerkonferenz in Moskau 1943 (veröffentlicht am 1. Nov.). Darin ging es darum, unter welchen Bedingungen das alliierte Bündnis trotz politischer Gegensätze auch nach dem Krieg aufrechterhalten werden könne. In Bezug auf den Umgang mit Österreich taucht die Formulierung auf, »dass Österreich, das erste freie Land, das der typischen Angriffspolitik Hitlers zum Opfer fallen sollte, von deutscher Herrschaft befreit werden soll.« Die Deklaration trug in Österreich wesentlich zur Entstehung des Opfermythos bei, nach der Österreich, als »Opfer« der Nazis, keine Verantwortung für die nationalsozialistischen Verbrechen trage. Die historischen Tatsachen (Anschlussbegeisterung, deutscher Patriotismus, breite Partizipation am Dritten Reich, insbes. in der SS) ausblendend, stand der Opfermythos lange Zeit einer Aufarbeitung der österreichischen Vergangenheit im Wege – und wirkt auch heute noch nach.

MSPD: Mehrheitssozialdemokraten, in Abgrenzung zur USPD; jener Flügel der SPD, der während der Novemberrevolution 1918/19 der revolutionären Sache skeptisch bzw. ablehnend gegenüber stand. Statt auf die Installierung einer Räterepublik setzte die MSPD auf die Wahlen zur Nationalversammlung und suchte den Schulterschluss mit bürgerlichen Kräften. Gegen sozialrevolutionäre Tendenzen ging sie mit aller Härte vor.

Münchner Abkommen: im September 1938 abgeschlossener Vertrag zwischen Nazi-Deutschland, Großbritannien, Italien und Frankreich, das die Abtretung der Sudentengebiete von der Tschechoslowakei an Nazi-Deutschland verfügte. In Frankreich führte dies zu einem Zerwürfnis zwischen Sozialisten und Kommunisten: Die SFIO war, ebenso wie die CGT (mit vielen Vorbehalten) dafür, um kurzfristig die Kriegsgefahr hinauszuzögern. Die PCF sprach sich dagegen aus, weil sie darin eine Verständigung sah, die auf dem Rücken der Sowjetunion ausgetragen werde.

Nationale Kohlebehörde: englisch *National Coal Board* (NCB); bis 1987 die staatliche Behörde zur Verwaltung der staatseigenen Kohleindustrie in Großbritannien und somit der direkte Arbeitgeber der Bergarbeiter. Lohnverträge und Arbeitsbedingungen verhandelte die Gewerkschaft mit ihr.

Nationaler Konsens: im allgemeinen Bezeichnung für eine Art von Gesellschaftsvertrag zwischen den verschiedenen gesellschaftlichen Interessengruppen, z.B. eine anerkannte Ordnung von Einfluss- und Aufgabenbereiche der jeweiligen »Parteien«. In Großbritannien gehörte bis zum Ende der 1970er zum nationalen Konsens die Rollenverteilung von Staat, Unternehmen und Gewerkschaften. Nach diesem hielt sich der Staat aus dem Konflikt zwischen Arbeit und Kapital weitestgehend heraus, was es den Gewerkschaften ermöglichte, ihre Interessen konsequent durchzusetzen. Mit der neoliberalen Politik Thatchers wurde dieser Konsens gebrochen und der Staat erließ Arbeits- und Gewerkschaftsgesetze, die die Gewerkschaften knebelten und das Recht den Interessen der Unternehmer beugten.

Nationales Komitee der Volksfront: Gremium der französischen Volksfrontparteien, in dem die maßgeblichen Entscheidungen über ihre gemeinsame Politik gefällt wurden. Obwohl das Zustandekommen der Volksfront in Frankreich letztendlich von den ArbeiterInnen erzwungen wurde, bestand das Bündnis hauptsächlich auf der Ebene ihrer Parteiführungen. V.a. die Radikale Partei hatte kein Interesse daran, dass ihre lokalen Gliederungen aktiv in den örtlichen Volksfrontkomitees mitarbeiteten, zumal diese die Streikenden unterstützten, etwa mit der Organisierung von Lebensmitteln u.ä.

Neokonservatismus: konservative Strömung, die vornehmlich in den USA vertreten ist und in Großbritannien über Thatcher Fuß fasste. Sie unterscheidet sich zum klassischen Konservatismus darin, dass sie das Gewicht weniger auf die Bewahrung tradierter Werte (im Kontext von Familie und Religion) legt, sondern auf postindustrielles Wachstum und Fortschritt. Zentral ist die Annahme, dass es sich bei der kapitalistisch organisierten Demokratie um das historisch gewachsene Ideal der Gesellschaft handelt, das es durchzusetzen und zu verteidigen gilt. Vertraten die frühen »Neocons« noch Positionen des sozialdemokratischen Wohlfahrtstaates, wichen diese zunehmend einem Marktliberalismus, so dass deren Wirtschafts- und Sozialpolitik weitestgehend identisch mit dem Neoliberalismus ist.

Neoliberalismus: eigentlich Bezeichnung einer Wirtschaftstheorie, die sozialmarktwirtschaftlich ausgerichtet war; seit den 1990ern Bezeichnung jener marktfundamentalistischen Tendenz, die die gegenwärtigen sozioökonomischen Entwicklungen bestimmt und gemeinhin mit dem Schlagwort »Globalisierung« in Verbindung gebracht wird und das System eines sozial regulierten Kapitalismus abgelöst hat. Dieser Neoliberalismus zeichnet sich v.a. durch Deregulierung (Abbau von Kapitalrestriktionen, Sozialabbau) und Privatisierung (Überführung staatlicher/öffentlicher Einrichtung in Privatbesitz) – »Liberalisierung« genannt – aus sowie Globaloperationen des Kapitals. Diese »angebotsorientierte« Politik ordnet alles und jeden günstigen Investitionsbedingungen und der Wettbewerbsfähigkeit der Unternehmen unter, da eine erfolgreiche Wirtschaft (gemeint sind die Unternehmer) zu allgemeinem gesellschaftlichen Wohlstand führe (Trickle-Down-Effekt). In Wirklichkeit hat dies die Schere zwischen Arm und Reich ins unermessliche erweitert und Massen in Prekarität, Armut und Arbeitszwang getrieben.

Neosozialisten: Angehörige der Parti Socialiste de France (PSDF – »Sozialistische Partei Frankreichs), einer 1933 gegründeten, rechten Abspaltung der sozialistischen SFIO in Frankreich. Sie propagierte strikt antikommunistische Positionen, wandte sich gegen revolutionäre Zielsetzungen, setzte auf »Ordnung, Autorität und Nation« – so ihre programmatische Losung. Die Neosozialisten verfochten einen reformistischen Sozialismus, der sich auf die Mittelschichten stützen sollte. Ihr Generalsekretär, der frühere politische Ziehsohn Léon Blums, Marcel Déat, wandte sich später dem Faschismus zu.

Neue Linke: Sammelbezeichnung für politische Strömungen in Europa, die sich seit Mitte der 1960er in westlichen Ländern links von Sozialdemokratie und Leninismus ansiedelten. Ihren Höhepunkt erlebte sie während der 68er Bewegung. Typische Richtungen waren Trotzkismus und Maoismus, aber auch antiautoritäre, zum Teil anarchistische Versatzstücke. Getragen v.a. von bürgerlichen Intellektuellen, entwickelte sich in der Neuen Linken eine zunehmende Abwendung von der Arbeiterklasse, die man für historisch verbraucht hielt. Auf der Suche nach neuen Trägern der Revolution wandte sie sich Subkulturen und nationalen Befreiungsbewegungen zu. In der Tradition der Neuen Linken stehen u.a. die Grünen.

Neunerkommission: ehemals umgangssprachliche Bezeichnung für ein aus neun Vertretern zusammengesetztes Ratsgremium. Während des Streiks 1919 als »Zentral-Zechen-Rat« oberste koordinierende Einheit der revolutionären Bergarbeiter des rheinisch-westfälischen Industriegebietes; vertrat 207 Schachtanlagen.

New Economy: wirtschaftstheoretischer Begriff, der den Strukturwandel der ökonomischen Bedingungen und Verhältnisse besonders während der 1990er bezeichnet. Damit verbunden war die Vorstellung, dass die neuen elektronischen Technologien und weltweite digitale Vernetzung grundsätzlich andere Gesetzmäßigkeiten schaffe. So setzten in vielen Ländern wirtschaftspolitische Strategien auf den Wechsel weg von Produktion hin zu Dienstleistung und Informationstechnik (IT), um die Wirtschaft anzukurbeln und neue Arbeitsplätze zu schaffen. Weite Verbreitung fand die Idee, dass sich so der Charakter des Kapitalismus fundamental verändere und z.B. ein neuer Typus vom Arbeiter-Unternehmer entstünde, der seine Arbeitskraft individuell weltweit vermarkte und keine Gewerkschaft mehr benötige. Besonders in Großbritannien veränderte dieser Prozess ganze Regionen. Nach dem Zusammenbruch der kurzzeitig boomenden IT-Branche entpuppten sich die mit der New Economy verbundenen euphorischen Vorstellungen als Seifenblase.

New Labour: mit der Übernahme des Parteivorsitzes durch Tony Blair 1994 programmatische Neuausrichtung der Labour Party in Großbritannien. Damit verbunden war die endgültige Absage an ein sozialistisches Fernziel und die Unterstützung eines neoliberalen Wirtschaftskurses sowie die konzeptionelle wie strukturelle Loslösung von der Arbeiterklasse und ihren Gewerkschaften.

Notstandsarbeiten: gehörten zum Programm »zur Bekämpfung der Arbeitslosigkeit in Zeiten wirtschaftlicher Depression« während der Weimarer Republik. Notstandsarbeiter verrichteten solche Arbeiten, welche »zum Zwecke der Beschäftigung Erwerbsloser eingerichtet, und wegen ihrer Förderungsbedürftigkeit und -würdigkeit mit Mitteln der Erwerbslosenfürsorge gefördert« wurden. Sie hatten weder Recht auf Urlaub, noch Streikrecht, da »der Arbeitsvertrag rechtlich »als Notmaßnahme vorübergehender Natur« eingestuft wurde. Bei Arbeitsverweigerung drohte der Leistungsentzug seitens der Gemeinde. Die Notstandsarbeiten können als historischer Vorläufer der sog. Ein-Euro-Jobs betrachtet werden.

Novemberrevolution: gegen Ende des 1. Weltkriegs in Deutschland unternommener Versuch einer sozialen Revolution. Ausgangspunkt waren Meutereien von Matrosen in Wilhelmshaven und Kiel, die die ersten Soldatenräte gründeten. Weitere wichtige Zentren der Bewegung waren das Ruhrgebiet, Berlin, München und Bremen. Unter der Parole »alle Macht den Arbeiter- und Soldatenräten!« propagierten die Revolutionäre die Errichtung einer sozialistischen Räterepublik und die Vergesellschaftung der Produktionsmittel. Während der linke Flügel der Sozialdemokratie um Rosa Luxemburg und Karl Liebknecht die Revolution unterstützte, arbeitete die MSPD sowie die Führungen der großen Gewerkschaften systematisch gegen sie. Schließlich war die MSPD maßgeblich an der Niederwerfung der Revolution beteiligt, indem sie gezielt Freikorps gegen Aufständische und Streikende einsetzte; daher stammt die Parole: »Wer hat uns verraten? Sozialdemokraten!«.

NP: *National Party* (»Nationalpartei«); 1914 gegründete südafrikanische Partei, die die Ideologie des Buren-Nationalismus vertrat. 1924 bildete sie eine Koalitionsregierung mit der SALP, die eine Politik zur Förderung einer importunabhängigen Industrie und der strikteren Segregation durchsetzte. 1948 gewann die NP erneut die Wahlen und regierte bis 1994. Sie ist vor allem bekannt für ihre segregationistische Apartheid-Politik. Ab den 1980ern begann die NP mit Anti-Apartheid-Kräften zu verhandeln, was letztlich zum Ende der Apartheid im Jahre 1994 und der Bildung einer Koalitionsregierung mit dem ANC führte. 2005 ging sie im ANC auf.

NUM: *National Union of Mineworkers* (»Nationale Bergarbeitergewerkschaft«); 1945 in Großbritannien gegründete Gewerkschaft, deren Tradition aber bis weit ins 19. Jh. zurückreicht. In der britischen Arbeiterbewegung nahm die NUM (bzw. ihre Vorläuferorganisationen) bei vielen bedeutsamen nationalen Ereignissen eine führende Rolle ein, so beim Generalstreik von 1926. Auch die Gründung der Labour Party ging maßgeblich auf Initiativen der Bergarbeitergewerkschaft zurück. Intern bestimmten immer wieder Flügelkämpfe die Arbeit der NUM; im Verlauf der 1970er setzte sich der linke Flügel um Arthur Scargill durch, der sich dabei auch die strikt hierarchischen Strukturen der Organisation zunutze machte, was der Gewerkschaft während des Bergarbeiterstreiks 1984/85 den Vorwurf einbrachte, undemokratisch zu sein (so war der Präsident auf Lebenszeit gewählt). Nach dem Scheitern des Streiks spaltete sich der gemäßigte Flügel von der NUM ab, die heute mit nur noch wenigen tausend Mitgliedern nahezu bedeutungslos ist.

ÖGB: *Österreichischer Gewerkschaftsbund*; Dachverband der österreichischen Gewerkschaften (1945 gegründet), der nach einem modifizierten Prinzip der Einheitsgewerkschaft aufgebaut ist: innerhalb der Mitgliedsorganisationen existieren politische Fraktionen in der Tradition der Richtungsgewerkschaften (in jedoch sehr abgeschwächter Form). Anders als der DGB steht der ÖGB nicht für das Prinzip der Industriegewerkschaften, da ihm auch Berufsgewerkschaften angehören. Der ÖGB ist fest in das System der Sozialpartnerschaft integriert.

Open shop: wörtlich »offener Betrieb«; heute Bezeichnung für einen Betrieb, in dem keine Gewerkschaftspflicht (*closed shop*) gilt, Anfang des 20. Jh. verwendeten ihn Unternehmer jedoch auch in dem Sinne, dass ein Betrieb vollständig frei von Gewerkschaften sei. V.a. die amerikanischen Unternehmer in der Metallindustrie bemühten dieses Schlagwort während ihres Versuchs, die Gewerkschaften in diesem Bereich zu zerschlagen.

Operaismus: von italienisch *operaio* (Arbeiter); radikale marxistische Strömung in Italien, die sich Anfang der 1960er in Opposition zur etablierten Arbeiterbewegung herausbildete, für die »Autonomie« der Arbeiterklasse eintrat und Kritik an kapitalistischer Technologie und staatlicher Wirtschaftsplanung übte. Bis heute viel diskutiert ist insbes. ihr Konzept der »Arbeiteruntersuchung« in den Betrieben sowie der Begriff der »Klassenzusammensetzung«, der die historischen Veränderungen der Arbeiterklasse – nicht zuletzt durch den Klassenkampf selbst – betont.

Organizer: in Gewerkschaftskreisen Person, die Mitglieder und Gewerkschaftsgruppen, aber auch Arbeitskämpfe organisiert. In der IWW-Konzeption hatten und haben Organizer eine zentrale Bedeutung. Dabei handelt es sich um Arbeitermilitante, die über den notwendigen rechtlichen und kulturellen Background sowie über ein Knowhow der gewerkschaftlichen Organisierung verfügen. In dieser Eigenschaft helfen sie beim Aufbau von Gewerkschaftsstrukturen und bei der Organisierung effizienter (militanter) Streiks. Als potentieller Organizer gilt jeder klassenbewusste Lohnabhängige. Organizer gibt es mittlerweile in jeder größeren Gewerkschaft. Jedoch – entsprechend ihres Stellvertretungs- und Dienstleistungscharakters – handelt es sich dabei meist nur um Agenten, die (passive) Mitglieder werben; die Organisierung aktiver Basiskämpfe ist dabei ausgeschlossen.

 Ostmärkische Sturmscharen: 1930 gegründete politisch-kulturelle und paramilitärische Organisation in Österreich, die den Christsozialen nahestand und für eine Art katholischen Faschismus eintrat, sich aber von den Heimwehren abgrenzte. Beim Februaraufstand von 1934 kämpften sie mit ca. 5.000 Mann gegen die Arbeiterschaft.

ÖVP: Österreichische Volkspartei, häufig auch nur VP genannt; 1945 aus den Christsozialen in Österreich hervorgegangene konservative Partei und neben der SPÖ lange Zeit wichtigste politische Kraft des Landes.

PAC: *Pan-Africanist Congress* (»Panafrikanischer Kongress«); 1959 gegründete Organisation, die aus einer Abspaltung vom ANC hervorging. Der PAC propagierte den Afrikanismus, einen engstirnigen afrikanischen Nationalismus mit eigenen rassistischen Tendenzen, was sich z.B. in der Gewaltanwendung gegen Asiaten und *Weiße* äußerte, unabhängig davon, ob diese in der Antiapartheidbewegung aktiv waren. Er wurde 1960 zusammen mit dem ANC verboten und schuf sich 1962 ebenfalls einen bewaffneten Arm, mit dem er versuchte, eine Art *Rassen*krieg zu provozieren. Der PAC war von mehreren internen Spaltungen betroffen, existiert aber immer noch als minoritäre politische Partei.

Pariser Kommune: revolutionärer Stadtrat in Paris vom 18. März bis 28. Mai 1871. Er versuchte, im Konflikt mit der konservativen Zentralregierung, die nach Versailles geflüchtet war, Paris nach sozialistischen Vorstellungen zu verwalten. Die Kommune wurde schließlich in verbissenen Barrikadenkämpfen von der Armee niedergeschlagen. In den Kämpfen und bei den folgenden Exekutionen starben ca. 30.000 Menschen, 40.000 wurden inhaftiert, zahlreiche AktivistInnen flohen ins Exil, so dass die französische Arbeiterbewegung stark geschwächt wurde. Als erste »Arbeiterregierung« wurde sie zum Vorbild der Rätedemokratie, während die anarchistische Revolutionstheorie durch die Ereignisse Aufwind bekam. Die inspirierende Wirkung der Kommune als spontanes, dezentrales und föderalistisches Projekt auf die europäische Arbeiterschaft war derart immens, dass selbst Karl Marx sich mit seiner autoritär-zentralistischen Revolutionstheorie zurückhalten musste.

Pariser Mai: landesweite Proteste, Unruhen und wilder Generalstreik in Frankreich im Mai 1968 unter maßgeblicher Beteiligung sowohl von Studierenden als auch ArbeiterInnen. In Paris kam es zu Straßenkämpfen mit der Polizei, Präsident de Gaulle flüchtete vorübergehend zu in Deutschland stationierten französischen Armeeverbänden. Erst das Eingreifen der PCF und der ihr nahestehenden CGT, die die Arbeiterschaft zur Beendigung des Streiks aufriefen, beruhigte die Situation. Bei den folgenden Präsidentschaftswahlen wurde de Gaulle mit einem historischen Spitzenergebnis im Amt bestätigt.

PCF: *Parti Communist Française* (»Kommunistische Partei Frankreichs«); 1920 aus der sozialistischen SFIO hervorgegangene leninistische Partei, die lange Zeit orthodox (»moskau-treu«) ausgerichtet war. Über Jahrzehnte eine Massenpartei und eine der stärksten politischen Kräfte Frankreichs, die häufig an Regierungen beteiligt war. Besonders nach dem 2. Weltkrieg befürchteten bürgerliche Politiker die Machtergreifung der PCF. Eine Welle von teilweise gewalttätig ausgetragenen Streiks Anfang der 1950er wurde daher von vielen als Putschversuch der PCF gewertet. Im Zuge des Pariser Mai bekannte sich jedoch die PCF zur Republik und pfiff die streikenden ArbeiterInnen zurück. Danach erlebte die Partei einen kontinuierlichen Mitgliederschwund und Bedeutungsverlust; heute ist sie nur noch in wenigen Regionen stark und kommt bei landesweiten Wahlen kaum noch über 5%.

PCI: *Partito Communista Italiano* (»Italienische Kommunistische Partei«); 1921 aus einer Abspaltung von der Sozialistischen Partei (Partito Socialista Italiano) hervorgegangene Partei. Infolge ihres Verbots 1926 durch die Faschisten existierte sie im Moskauer Exil weiter. Nach dem 2. Weltkrieg war sie lange Zeit die mitglieder- und wählerstärkste kommunistische Partei Westeuropas; seit den 1960ern bedeutendste Vertreterin des sog.

Eurokommunismus. In den 70ern tolerierte sie die christdemokratische Minderheitsregierung (Historischer Kompromiss) und sprach sich z.T. für eine äußerst harten Kurs gegenüber der radikalen Linken aus; 1991 wandte sie sich endgültig vom Kommunismus ab und nannte sich zunächst um in Partito Democratico delle Sinistra (»Demokratische Partei der Linken«) und 1998 in Democratici di Sinistra (»Demokraten der Linken«).

Peronismus: von Juan Domingo Perón begründete politisch-nationale Bewegung bzw. Ideologie in Argentinien. Von 1945-55 hatten die Peronisten die Staatsmacht inne und führten ein am Korporatismus der faschistischen Staaten orientiertes Wirtschafts- und Sozialsystem ein. Die peronistische Ideologie war zudem geprägt von Nationalismus, Antiliberalismus, Antikommunismus und Elementen des Antisemitismus. Nach 1955, insbes. in den 1970ern, bildeten sich – links wie rechts – verschiedene peronistische Strömungen heraus, die gewisse Teilpunkte der Ideologie betonen, so dass der Peronismus immer präsent ist in der argentinischen Politik.

Piazza Fontana: Am 12. 12. 1969 explodierte in der Schalterhalle der Mailländer Nationalen Landwirtschaftsbank an der Piazza Fontana ein Sprengsatz, der 17 Tote und 85 Verletzte forderte. Das Attentat bildete den ersten blutigen Höhepunkt der »Strategie der Spannung«, im Rahmen derer der italienische Militärgeheimdienst und Neofaschisten Terroranschläge verübten, die dann durch Falschinformationen und Beweisfälschung der Linke zugeschoben wurden, was eine massive Repressionswelle gegen diese zur Folge hatte.

Picket line: Streikposten, die die bestreikten Betriebe und dazugehörendes Gelände abriegeln und bewachen und v.a. Streikbrecher am Betreten hindern sollen. Besonders während des britischen Bergarbeiterstreiks von 1984/85 kam den *picket lines* große Bedeutung zu. Die Auseinandersetzungen mit KollegInnen, die die Arbeit wieder aufnehmen wollten, verliefen nicht selten handgreiflich. In einem Fall gab es sogar Tote, als Streikposten eine Betonplatte von einer Brücke auf das Auto eines Streikbrechers warfen.

PO: *Potere Operaio* (»Arbeitermacht«); zunächst Mitte der 1960er Name mehrer lokaler Gruppen in Italien, die sich auf die Arbeiterklasse unabhängig von der Gewerkschaft bezogen. Ab 1967 sammelten sie sich um die gleichnamige Zeitung; 1969 entstand eine nationale Organisation aus der Verbindung lokaler Gruppierungen Im Gegensatz zum spontaneistischen Lotta Continua betonte PO den Aspekt der Organisation. 1971 kam es zu Spaltungen an der Frage, ob man die Organisierung in der Fabrik oder im sozialen Raum vorantreiben sollte. Die Auflösung erfolgte 1973; ein Teil von PO ging zum bewaffneten Kampf über.

Polnisch-Sowjetischer Krieg: im Jahr 1920/21 Versuch des jungen polnischen Staates, Gebiete des durch Revolution und Bürgerkrieg instabilen Russlands zu erobern. Vorübergehend konnte Polen dabei weite Teile Weißrusslands und der Ukraine besetzen. Die erst seit wenigen Monaten von Leo Trotzki organisierte Rote Armee konnte die polnischen Truppen jedoch zurückschlagen und besetzte ihrerseits weite Gebiete Polens. Kurz vor Warschau gelang es Polen, die sowjetrussischen Verbände aufzuhalten, was als »Wunder an der Weichsel« in die polnische Geschichte einging. Nach diplomatischen Verhandlungen lautete das Ergebnis praktisch unentschieden. Der Krieg wurde von beiden Seiten mit äußerster Grausamkeit geführt, forderte zahlreiche Opfer an der Zivilbevölkerung und ließ ganze Landstriche verwüstet zurück. Die ITF organisierte während des Krieges ein Embargo von Munitionstransporten, um ein Ende der Kriegshandlungen zu erreichen.

PR: *Parti Radicale* (»Radikale Partei«): bedeutende antiklerikal-antimonarchistische Partei im Frankreich des 20. Jh. Als liberale Partei erreichte sie bei den Wahlen traditionell die Mittelschichten. Aufgrund ihrer Verwicklungen in Finanzskandale geriet sie jedoch zunehmend in Misskredit. Erst mit ihrer Linkswendung und dem Eintritt in die Volksfront konnte sie ihre Position stabilisieren. Rasch wurde eine zunehmende

Distanzierung der PR vom gemeinsamen Volksfrontprogramm deutlich, und so näherte sie sich wieder rechtskonservativen Kreisen an.

Privatisierung: Umwandlung staatlicher Betriebe in Privatunternehmen; in vielen westlichen Ländern seit Ende der 1970er, in ehem. Ostblockstaaten seit Beginn der 1990er massiv betrieben. Damit verbunden sind neoliberale Vorstellungen, dass nur ein möglichst freier, von staatlichem Eingriff unbeeinflusster Markt Wirtschaftswachstum gewährleistet und so letztendlich zum Wohl aller beitrage. Während in den osteuropäischen Staaten die gesamte Wirtschaft verstaatlicht war, kontrollierte der Staat in der sozialen Marktwirtschaft westeuropäischer Länder bestimmte Bereiche wie Energieversorgung und Infrastruktur, in denen es keine konkurrierenden Unternehmen gab (staatliches Monopol; in der BRD etwa das Postmonopol). Die Privatisierung staatlicher Betriebe ist mit massivem Stellenabbau, Lohnrückgang und der Verschlechterung von Arbeitsbedingungen verbunden. In vielen Fällen zog die Privatisierung auch eine dramatische Verminderung von Sicherheitsstandards nach sich, was z.B. bei der privatisierten Eisenbahn in Großbritannien zu Zugunglücken führte.

Proporz: offizielles System der proportionalen Vergabe von Ämtern und Anstellungen in Österreich entsprechend der Parteimitgliedschaft. Analog zur Stärke der Parteien wurden dabei in den meisten Branchen, v.a. aber bei der Stellenvergabe in Behörden und öffentlichen Einrichtungen, bestimmte Schlüssel festgelegt, nach denen Mitglieder von SPÖ und ÖVP bevorzugt eingestellt wurden. Dieses System stieß seit den 1970ern zunehmend auf Kritik, da das Parteibuch und nicht die tatsächliche Qualifikation den Ausschlag für die Einstellung von BewerberInnen gab; auch fühlten sich AnhängerInnen kleinerer Parteien benachteiligt. Der wachsende Unmut am Proporzsystem, dem auch die Schuld für Filz und Korruption gegeben wurde, trug mit zum Aufschwung der rechtsradikalen FPÖ zur dritten Volkspartei in den 1990ern bei. Auf vielen Gebieten wurde mittlerweile das Proporzsystem entschärft bzw. modifiziert, so dass etwa auch FPÖ-Mitglieder bevorzugt eingestellt werden.

PS: *Parti Socialiste* (»Sozialistische Partei«); sozialdemokratische Partei in Frankreich; 1969, nach ständigem Niedergang der SFIO erfolgte Neugründung. Bis dahin standen die Sozialisten stets im Schatten der PCF, in der sich die Mehrheit der französischen Linken organisierte. Unter François Mitterand (1981-95 Präsident) sicherte sich die PS ihre Position als stärkste linke Kraft. Anfang der 1990er schuf sie in der Regierung mit die Grundlagen für die folgende neoliberale Politik.

Raab-Olah-Abkommen: 1961 zwischen dem Gewerkschaftsführer Franz Olah und Julius Raab, damals sowohl Bundeskanzler als auch Chef der Unternehmerverbände, geheim ausgehandelter Pakt zur Einführung der Sozialpartnerschaft in Österreich.

Rasse: Begriff zur willkürlichen Klassifizierung von Menschen, der eine strikt hierarchische Gesellschaftsordnung anhand vorgeblich vererbter Eigenschaften rechtfertigt. Rassentheorien, wie sie besonders im 19. Jh. verstärkt entwickelt wurden, waren ausnahmslos ideologisch motiviert und benutzten pseudowissenschaftliche Methoden, um die Vorherrschaft der europäischen Kolonialmächte als naturgegebene Zwangsläufigkeit zu legitimieren. Obgleich die Rede von »Rasse« in Bezug auf Menschen jedweder wissenschaftlichen Grundlage entbehrt, hat sich dieser Begriff bis heute in vielen Teilen der Welt im allgemeinen Sprachgebrauch gehalten und wirkt teilweise sogar identitätsstiftend, was mit zur Reproduktion von Vorurteilen und Feindbildern beiträgt.

Rat der Volksbeauftragten: provisorische Reichsregierung der Novemberrevolution (Nov. 1918 – Feb. 1919); gebildet aus einer Koalition von MSPD und USPD (zunächst jeweils drei Sitze) und gebilligt durch den Reichsrätekongress. Da sich die MSPD über die Beschlüsse des Rätekongress hinwegsetzte, kam es bereits Ende Dez. zum Austritt der USPD-Beauftragten aus dem Rat, die durch Mehrheitssozialdemokraten ersetzt wurden. Daraufhin verschärfte sich der autoritäre, auf das alte Militär gestützte Kurs der sozialdemokratischen Regierung.

Rätedemokratie: auch Räterepublik; politisches System, bei dem Herrschaft über die direkt gewählte Räte ausgeübt wird (im Ggs. zur indirekten, parlamentarischen Demokratie). Die Wähler sind hierbei in Basiseinheiten (Betrieb, Stadtteil usw.) organisiert; die von ihnen gewählten Funktionsträger sind der Basis direkt verantwortlich, an deren Weisungen gebunden und jederzeit abrufbar (imperatives Mandat). In dieser Hinsicht besteht eine enge Verwandtschaft mit der syndikalistischen Gesellschaftskonzeption. Rätedemokratie setzt voraus, dass das Rätesystem auf allen Ebenen verwirklicht ist. In der Sowjetunion existierte dieses nur formell, wurden doch die Räte nach der Oktoberrevolution in ihren Kompetenzen stark beschnitten, während die Macht allein beim Staat bzw. der Partei lag.

Rätekongress: eigentlich *Reichskongress der Soldaten- und Arbeiterräte*; Zentralversammlung der Arbeiter- und Soldatenräte nach der Novemberrevolution, tagte vom 16.-21. Dez. 1918 in Berlin. Die Delegierten gehörten mehrheitlich der MSPD an und bestätigten den Rat der Volksbeauftragten als provisorische Regierung. Aufgrund des Wahlboykotts der USPD setzte sich der Zentralrat nur aus Mehrheitssozialdemokraten zusammen, so dass dieser als Gegengewicht zum Rat der Volksbeauftragten keine Rolle spielte. Wichtige Beschlüsse waren insbes. die sofortige Sozialisierung der Schlüsselindustrien und die Demokratisierung des Militärs; beides setzte der Rat der Volksbeauftragten niemals um. Der 2. Rätekongress im April 1919 war dann aufgrund der vorangeschrittenen Parlamentarisierung und der Regierungskoalition der MSPD mit bürgerlich-konservativen Kräften ohne Bedeutung.

Reallohn: volkswirtschaftlicher Begriff, der die Lohnhöhe anhand der tatsächlichen Kaufkraft misst. So kann der Lohn effektiv sinken, auch wenn er nominell angehoben wurde, wenn die Lohnerhöhung geringer als der Geldwertverlust und die Teuerungsrate ausfällt.

Reaganomics: Kunstwort, zusammengesetzt aus »Reagan« und »Economics« (engl. »Wirtschaft«); Bezeichnung für die Wirtschaftspolitik der USA unter Ronald Reagan in den 1980ern. Sie gilt, ähnlich wie der Thatcherismus, als Prototyp des Neoliberalismus, und zeichnete sich – neben Mikroökonomie und Monetarismus – insbes. durch eine gravierende Senkung der Spitzensteuersätze und der Kapitalsertragssteuern aus, dazu gedacht, Investitionsanreize für die Unternehmer zu schaffen.

Reichswehr: offizielle Bezeichnung der Streitkräfte der Weimarer Republik von 1921-35. Die durch den Versailler Vertrag auf verhältnismäßig geringe Größe und schwache Bewaffnung festgelegte Armee rekrutierte sich anfangs v.a. aus Freikorpsmitgliedern und spielte eine entscheidende Rolle bei der Niederschlagung der revolutionären Bewegungen Anfang der 1920er.

Reparation: Entschädigung, zu der ein Staat verpflichtet wird, der einen Krieg verloren hat. So wurden etwa Deutschland und Österreich nach beiden Weltkriegen zu Reparationen, sowohl in Form von Geldzahlungen, als auch Rohstofflieferungen, und der Aushändigung von Maschinen verpflichtet. Besonders für die österreichische Wirtschaft stellten die Reparationszahlungen nach dem 1. Weltkrieg eine schwere Belastung dar.

Repräsentativität: arbeitsrechtlicher Begriff in Frankreich, der die Rechte von Gewerkschaften in einem Betrieb regelt. Grundsätzlich muss eine Gewerkschaft ihre Repräsentativität im Betrieb vorweisen, um offiziell als Verhandlungspartner auftreten zu dürfen, am CE teilzunehmen und bestimmte Rechte, wie Kündigungsschutz von Gewerkschaftsrepräsentanten oder das Abhalten von Betriebsversammlungen, in Anspruch nehmen zu können. Ausgenommen davon sind die fünf staatlich anerkannten Hauptgewerkschaften, die gesetzlich für generell repräsentativ erklärt worden sind. Somit stellt die Repräsentativität eine zusätzliche Hürde für Basisgewerkschaften dar.

 Republikanischer Schutzbund: auch einfach *Schutzbund* genannt; 1923/24 gegründeter bewaffneter Arm der SDAP in Österreich. Mit zeitweise 80.000 Kämpfern bis Anfang der 1930er stärkste militärische Kraft im Land. Ursprünglich zur Abwehr reaktionärer Kräfte gedacht (tatsächlich kam es regional immer wieder zu blutigen Scharmützeln mit Heimwehren), wünschte sich ein Großteil der Basis, den Schutzbund zur revolutionären Machtergreifung zu benutzen. Letztendlich scheute die SDAP-Führung davor zurück. Auch nach Errichtung der faschistischen Diktatur 1933 setzte die Sozialdemokratie auf Verhandlung und Kooperation statt auf Konfrontation. Als im Februar 1934 schließlich die Heimwehr den Schutzbund in Linz entwaffnen wollte, kam es zum spontanen Arbeiteraufstand (Februaraufstand), der jedoch scheiterte. Der Schutzbund wurde daraufhin verboten.

Revier: auch Bergbaurevier; Bezirk, der durch unterirdische Vorkommen von Rohstoffen gekennzeichnet ist, die durch Bergbau oder Tagebau gefördert werden oder wurden. Damit verbunden sind die wirtschaftlichen (Zeche, Hüttenwesen) und kulturellen Strukturen des Bergbaus (Bergparade). Als »das« Revier in Deutschland gilt das Ruhrgebiet.

Revierkonferenz: Im Rahmen der Streikbewegungen von 1946-47 kam es immer wieder zu Konferenzen der Bergleute des gesamten Ruhrgebietes, sog. Revierkonferenzen. Die Delegierten, meist Betriebsräte, aber auch andere Aktive aus den Zechen, stellten sich fast immer gegen die Vorschläge der Gewerkschaftsführungen; Sonderschichten wurden abgelehnt, die Sozialisierung der Zechen und Betriebe gefordert.

Revolutionärer Syndikalismus: Gewerkschaftskonzept, das einen dezentralen, möglichst hierarchiefreien Organisationsaufbau mit einer revolutionären Zielsetzung verbindet. Wenngleich der revolutionäre Syndikalismus seit seinem Entstehen im späten 19. Jh. wichtige Impulse aus anarchistischen Strömungen erfuhr, ist er seinem Selbstverständnis nach nicht ideologisch ausgerichtet, sondern strebt die soziale Organisation auf Klassenebene an. Das Mittel zur Revolution ist die direkte Aktion. Im Gegensatz zu sozialdemokratischen Gewerkschaften steht der revolutionäre Syndikalismus für eine parteiunabhängige und autonome Arbeiterbewegung und für die Einheit von politischem und ökonomischem Kampf.

Richtungsgewerkschaft: Gewerkschaft, die sich einer weltanschaulichen bzw. politischen Richtung verpflichtet fühlt; meist eng verzahnt mit dem parteipolitischen Pendant. Man unterscheidet i.d.R. zwischen kommunistischen, sozialdemokratischen, christlichen und liberalen Gewerkschaften. In dem meisten europäischen Ländern existiert ein Pluralismus von Richtungsgewerkschaften, deren »Konkurrenz« förderlich auf die Konsequenz in der Interessenvertretung wirkt; im Ggs. dazu steht das Konzept der Einheitsgewerkschaft (z.B. DGB in Deutschland), das Alternativen marginalisiert und zur Erstarrung tendiert. Syndikalistische Gewerkschaften sind keine Richtungsgewerkschaften im eigentlichen Sinne, da sie sich keiner politischen Richtung zuordnen, sondern sich als autonome (Selbst-)Organisation der Arbeiterklasse verstehen.

Rote Ruhrarmee: infolge des Kapp-Putsches im März 1920 gebildete Arbeiterarmee, welche die mit der Niederschlagung des Putsches einhergehenden revolutionären Umwälzungen (auch »Märzrevolution« genannt) gegen die von der sozialdemokratischen Regierung gesendeten Reichswehrverbände und Freikorps zu verteidigen suchte. Sie zählte mehr als 50.000 bewaffnete Arbeiter, insbes. Mitglieder und Sympathisanten der FAUD sowie der KPD und USPD. Diese größte bewaffnete Arbeiteraktion in der deutschen Geschichte wurde brutal niedergekämpft; Todesurteile und Massenerschießungen folgten.

RPR: *Rassemblement pour la République* (»Zusammenschluss für die Republik«); 1976 gegründete bürgerliche Partei in Frankreich, die sich in der Tradition der Politik von Charles de Gaulle stehend verstand, aus einem Konflikt in der Partei Républicains Indépendants (»Unabhängige Republikaner«) hervorgegangen. Mit Jaques Chirac stellte sie ab 1995 den Präsidenten und führte einschneidende Sozialreformen durch. Seit 2002 existierte als Nachfolgeorganisation die Union pour un Mouvement Populaire (»Union für eine

Volksbewegung«), eine Art Einheitspartei der bürgerlich-parlamentarischen Rechten.

RS: *Revolutionäre Sozialisten*; Untergrundorganisation der Sozialdemokratie in Österreich während deren Verbot von 1934-45. Während des Austrofaschismus bemühten sich die RS hauptsächlich darum, durch geheime Verhandlungen mit der Regierung eine Wiederzulassung ihrer Organisationen zu erreichen. Daneben ging es darum, den erstarkenden Einfluss der Kommunisten auf die Arbeiterschaft einzudämmen. Erst ab dem Anschluss 1938 entwickelten die RS systematischen Widerstand, v.a. in Form von Sabotageakten in Fabriken und an Infrastruktur.

Rule 41: Paragraph in der Satzung der britischen Gewerkschaft NUM, der den Aufruf zum nationalen Streik regelt. 1984/85 war umstritten, ob die NUM entsprechend Rule 41 den Streik legal ausgerufen habe. Ein Gericht entschied schließlich, dass die NUM gegen Rule 41 verstoßen habe, weil sie keine Urabstimmung durchgeführt hatte.

Sabotage: absichtliche Störung eines wirtschaftlichen (betrieblichen) oder militärischen Ablaufs. Als bewusst praktiziertes Kampfmittel kam die Sabotage während der industriellen Revolution in Frankreich auf, wo ArbeiterInnen ihre Holzschuhe (Sabots; daher das Wort Sabotage) in die Maschinen warfen, um die Arbeitshetze zu durchbrechen. Vom revolutionären Syndikalismus (insbes. durch Émile Pouget) wurde das Konzept der Sabotage als direkte Aktion theoretisch ausformuliert und als Mittel des Klassen- bzw. Arbeitskampfes propagiert.

SACP: *Communist Party of South Africa* (»Kommunistische Partei Südafrikas«); wurde 1921 gegründet und spielte eine wichtige Rolle in lokalen Gemeindekampagnen und den Gewerkschaften während der 1930er und 1940er. 1950 wurde sie, zehn Jahre vor dem ANC, verboten. 1953 formierte sie sich im Untergrund neu. Von da an arbeitete sie eng mit dem ANC zusammen und ist heute Teil einer Dreierallianz (zusammen mit dem ANC und dem COSATU).

SACTU: *South African Congress of Trade Unions* (»Südafrikanischer Gewerkschaftskongress"); 1955 von den Überresten des CNETU und Linken des SATLC gegründeter Gewerkschaftsverband. Zu Beginn hatte er insgesamt 31 Mitgliedsgewerkschaften und 32.000 Mitglieder. Der SACTU stand für eine »politische Gewerkschaftsbewegung«. Er stand in enger Verbindung mit dem ANC und der SACP und war beteiligt an den Kampagnen des zivilen Ungehorsams in den 1950ern. Der SACTU wurde niemals verboten, kollabierte aber in Folge von Repression und der ständigen Schikanierung von Gewerkschaftern Mitte der 1960er. Obwohl der SACTU dann keine Arbeiter mehr in Südafrika organisiert hatte, hielt eine Gruppe von Gewerkschaftern die Organisation im Exil aufrecht.

SAJ: *Sozialistische Arbeiter-Jugend*; in Österreich politische Jugendorganisation im Rahmen der Sozialdemokratie. Sie ging 1919 aus dem Verband Jugendlicher Arbeiter (VJA) hervor und wurde während des Austrofaschismus 1934 verboten. In der Illegalität wirkte sie als Revolutionäre Sozialistische Jugend (RSJ) weiter. Seit 1945 existiert als Nachfolgeorganisation die Sozialistische Jugend Österreich (SJÖ).

SAJD: *Syndikalistisch-Anarchistische Jugend Deutschlands*; anarchosyndikalistische Jugendföderation in der Weimarer Republik, die der FAUD nahestand und bis 1933 existierte. Sie wurde 1920 gegründet und 1922 von der FAUD als unabhängige Organisation anerkannt. Zeitweise hatte sie über 3.000 Mitglieder und 120 Ortsgruppen. Viele Eltern der SAJD-Jugendlichen waren in der FAUD, während viele der Jugendlichen ebenfalls dort Mitglied waren oder wurden.

SALP: *South African Labour Party* (»Südafrikanische Arbeiterpartei«); 1910 mit dem Rückhalt der *weißen* Gewerkschaften gegründete Partei. Sie verband sozialdemokratische Überzeugungen mit einem ausdrücklichen Programm der Segregation und der Rückführung der asiatischen Minderheit. Von 1924-1929 bildete sie eine Koalitionsregierung mit der NP, verlor in den folgenden Jahren jedoch an Einfluss. Sie löste sich in den 1950ern auf, nachdem sie sich kurz zuvor von der Segregation verabschiedet hat.

SASM: *South African Students Movement* (»Südafrikanische Schülerbewegung«); Nachfolgeorganisation des ASM (Umbenennung 1972). Das ASM bzw. SASM verfolgte das Ziel, eine nationale Bewegung von Schülern aufzubauen. Außerdem versuchte es, mit anderen BC-Organisationen, z.B. von Universitätsstudenten, zusammenzuarbeiten. Das SASM wurde zusammen mit einer Anzahl anderer BC-Organisationen 1977 verboten.

SATLC: *South African Trades and Labour Council* (»Südafrikanischer Wirtschafts- und Arbeitsrat«); 1930 gegründeter Gewerkschaftsverband, bestehend aus einer Anzahl von Industrie- und exklusiver Facharbeitergewerkschaften. Ein kleiner Teil seiner linken Mitglieder organisierte *rassen*übergreifende Gewerkschaften und wird mit der »neuen Gewerkschaftsbewegung« der 1930er und 1940er in Verbindung gebracht. Bis 1947 organisierte der SATLC mehr als 180.000 Mitglieder. Von da an begann die Gewerkschaft sich zu spalten und löste sich 1954 auf.

SAYRCO: *South African Youth Revolutionary Council* (»Revolutionärer Rat der südafrikanischen Jugend"); wurde 1979 von Schülern gegründet, die in Verbindung mit dem SSRC standen und nach dem Aufstand von 1976 aus Südafrika fliehen mussten. Wie andere Exilorganisationen, forderte der SAYRCO junge Männer und Frauen dazu auf, Südafrika zu verlassen und sich dem bewaffneten Kampf anzuschließen. Die Organisation existierte nicht lange und kollabierte in den 1980ern.

Schachtorganisation: Versammlung der Bergarbeiter auf den einzelnen Schächten mit der Wahl von Vertrauensleuten. Zunächst eine Organisationsweise zur Umgehung der restriktiven Vereinsgesetze, später ein Element zur Organisierung jenseits der vorherrschenden Gewerkschaftsstrukturen, um die Initiative bei den Arbeitern im Betrieb zu behalten.

Schauermann: alte Bezeichnung für Hafenarbeiter, deren Aufgabe im Stauen bzw. Be- und Entladen von Frachtschiffen besteht. I.d.R. handelte es sich dabei um Tagelöhner, die kurzfristig angestellt wurden, wenn Arbeit anfiel. Zudem war diese Arbeit körperlich sehr anstrengend und gefährlich.

Schuldgefängnisse: Sondergefängnisse für Personen, die ihren Zahlungsverpflichtungen nicht nachgekommen sind bzw. nicht konnten. Die Haft dort galt als besonders entwürdigend. Im Prinzip galten dabei die Regeln eines offenen Strafvollzugs, so dass die SchuldnerInnen tagsüber einer Arbeit nachgehen konnten, um die Schulden zu tilgen.

Schülerstreik (auch Studierendenstreik): Protestmittel von SchülerInnen bzw. Studierenden, bei dem der Lehrbetrieb boykottiert bzw. unterbunden wird. Dabei handelt es sich um keinen Streik im ökonomischen Sinne, der direkte Druckpotentiale der Akteure beinhaltet. Vielmehr sollen damit Kapazitäten für andere Aktionsformen freigemacht werden, die aber im Falle von politischen Protesten selten über einen symbolischen Charakter hinausgehen, wenn sich nicht andere Teile der Bevölkerung (insbes. die Arbeiterschaft) erfassen. Direkten Charakter haben dagegen Bildungsstreiks, die an der Lehrstätte selbst ihre Wirkung entfalten und Veränderungen vor Ort durchsetzen bzw. verhindern – eine seltene Erscheinung.

Schwarze Scharen: zum Ende der Weimarer Republik aus dem anarchosyndikalistischen Umfeld entstandene lokale Gruppen, die den antifaschistischen Kampf organisierten. Sie waren schwarz uniformiert (die Farbe der Anarchie) und zum Teil bewaffnet. Viele von ihnen kamen aus einer pazifistischen Tradition, sahen sich aber angesichts des offenen Terrors der Nationalsozialisten zur Gegenwehr gezwungen. Außerdem engagierten sich in der Propagandaarbeit und leisteten Saalschutz bei bedrohten Veranstaltungen.

SDAP: *Sozialdemokratische Arbeiterpartei*; 1888/89 gegründete und aus Arbeiterbildungsvereinen hervorgegangene Partei in Österreich-Ungarn. Sie zerfiel im 1. Weltkrieg in ihre nationalen Bestandteile; der österreichische Kern konnte aber seine Einheit bewahren. Die

Folgejahre waren geprägt vom Austromarxismus und von großdeutschen Anschlussbestrebungen. Sie wurde 1934 während des Austrofaschismus verboten; Teile der SDAP wirkten als RS im Untergrund weiter. Seit 1945 existiert als Nachfolgeorganisation die SPÖ.

Segregation: eine Politik der *Rassen*trennung. Ob in den Gemeinden, am Arbeitsplatz oder im politischen Bereich, die Segregation hat eine lange Geschichte in Südafrika. Die Apartheid (in Afrikaans das Wort für »Trennung«) ist als eine äußerst strikte Form der Segregation zu betrachten.

Selbstverwaltung: im juristischen Sinne Übertragung von Verwaltungsaufgaben an verselbstständigte Organisationen (im Ggs. zur staatlichen Verwaltung). Dagegen bezeichnet der Begriff im politisch-ökonomischen Sinne die Kontrolle von Projekten und Betrieben durch die Arbeiterbasis, z.B. in Form von Kollektiven. Elemente der Selbstverwaltung können partiell sowohl in der Marktwirtschaft als auch der zentralen Planwirtschaft koexistieren. Das Konzept von »Betrieben in Arbeiterhand« in Konsequenz und auf breiter gesellschaftlicher Fläche (d.h. im Rahmen einer assoziierten Produktionsweise) steht dagegen sowohl im Widerspruch zu der kapitalistischen als auch der staatskommunistischen Wirtschaftsordnung.

SFIO: *Section Française de l'Internationale Ouvrière* (»Französische Sektion der Arbeiter-Internationale«); 1905 aus dem Zusammenschluss der beiden großen sozialistischen Parteien hervorgegangene Partei. Sie spaltete sich 1920, als die Mehrheit die PCF gründete. 1936 bildete sie, zusammen mit der PR und toleriert von der PCF, die Volksfront-Regierung. Nach einem ständigen Niedergang nach dem Zweiten Weltkrieg entstand 1969 aus der SFIO unter Einbezug anderer Sozialisten die PS.

Shop steward: auch »union steward« genannt; ehrenamtliche Vertrauensperson aus der Gewerkschaftsbasis, die von der Belegschaft gewählt wird. Bis Anfang der 80er kam den *shop stewards*, als direkte Interessenvertreter der Belegschaft, in Großbritannien eine tragende Rolle bei der Initiierung von Arbeitskämpfen zu, da die Konflikte i.d.R. auf Betriebsebene ausgetragen wurden und sie weitreichende Verhandlungskompetenzen besaßen. Mit dem Umbau der Gewerkschaftsgesetze, der Zentralisierung der britischen Gewerkschaften und der Verlagerung der Verhandlungen auf die nationale Ebene erfüllten sie zunehmend lediglich die Rolle des Bindeglieds zwischen Gewerkschaft und Basis und delegieren nun die Interessenvertretung i.d.R. weiter.

Situationismus: Mitte der 1950er entstandene, linksradikale politische Philosophie, die während der 1960er großen Einfluss auf die französische Studentenbewegung hatte. Sie verband die Schnittstellen von Politik und Kunst und zielte auf die Abschaffung der Ware, der Arbeit, der Technokratie und der Hierarchien ab. Organisatorisch nahm der Situationismus in Form der Situationistischen Internationale (SI) um Guy Debord Gestalt an, die sich aber bereits 1972 wieder aufgelöste.

SLP: *Socialist Labour Party* (»Sozialistische Arbeiterpartei«); 1996 von Arthur Scargill gegründete linke Partei in Großbritannien. Sie wurde gegründet in Reaktion auf die Übernahme neoliberaler Inhalte in der Labour Party unter Tony Blair und setzt sich für die Wiederverstaatlichung der Schlüsselindustrie und eine hohe Besteuerung von Unternehmern ein. Sie zählt nur wenige tausend Mitglieder und rangiert bei Wahlen im untersten Spektrum.

Sociedad Obrera de Oficios Varios (»Arbeiterverein für verschiedene Berufe«): Anfang des 20. Jh. berufsübergreifendes Syndikat der FORA in der Provinz Santa Cruz, vorwiegend Arbeiter von den Landgütern und aus der Wollproduktion. Infolge der arbeiterfeindlichen Entwicklung nach dem Generalstreik von 1919 (»Tragische Woche«) wurden die Führungspersonen verhaftet und sollten abgeschoben werden, was durch einen Streik verhindert werden konnte. Der Verein organisierte den Landarbeiterstreik in Patagonien 1921/22, der blutig niedergeschlagen wurde. Während und nach den Streikereignissen wurden die Mitglieder u.a. durch die Liga Patriótica angegriffen und die Lokale durch die Polizei geschlossen.

Solidarität: Zusammengehörigkeitsgefühl von Individuen oder Gruppen, das sich in gegenseitiger Hilfe und Unterstützung äußert. Solidarität wurde in der Arbeiterbewegung stets als Grundvoraussetzung für den gemeinsamen Klassenkampf begriffen, da die Angriffe des Kapitals auf einzelne Bereiche (wie Betriebe oder gar einzelne ArbeiterInnen) Auswirkungen auf die Gesamtrealität aller Arbeitenden haben und Klassenherrschaft darauf basiert, die ArbeiterInnen auf ihren individuellen bürgerlichen Status zu reduzieren. In der Geschichte verkam der Begriff zu einem Lippenbekenntnis, der sich meist in Erklärungen und Spendenaktionen erschöpfte anstatt den Kampfbereich über die unmittelbaren Betroffenheiten hinaus auszuweiten.

Solidaritätsstreik: auch Unterstützungsstreik; Streik, der von Arbeitenden durchgeführt wird, die von der inhaltlichen Auseinandersetzung des Hauptarbeitskampfes nicht direkt betroffen sind. Im Bewusstsein, dass der Kampf einer streikenden Belegschaft von Bedeutung ist für die allgemeinen Arbeitsbedingungen und Machtverhältnisse, sind Solidaritätsstreiks Teil eines gemeinsamen Kampfes. Solidaritätsstreiks erhöhen insbes. dann die Schlagkraft, wenn sie z.B. die Produktion des eigentlich bestreikten Unternehmens treffen oder zur Unterbindung von Streikbruch beitragen.

Solidarność: eigentlich *Niezależny Samorządny Związek Zawodowy Solidarność* (*»Unabhängige Selbstverwaltete Gewerkschaft Solidarität«)*; 1980 aus einer Streikbewegung heraus entstandene Gewerkschaft in Polen, die zu einer Massenbewegung anwuchs. Sie kämpfte u.a. für das Recht auf unabhängige gewerkschaftliche Organisierung und stellte weitreichende soziale und politische Forderungen auf. Bereits 1981/82 wurde sie verboten, führte ihre Arbeit aber im Untergrund und aus dem Exil weiter. Bei der sog. »Wende« 1989 spielte sie eine entscheidende Rolle und stellte über ihren politischen Arm in den 1990ern mehrfach einen Teil der Regierung. Heute spielt sie keine parteipolitische Rolle mehr, besteht aber als große Gewerkschaft weiter.

Soweto: Kurzform für »South Western Townships«. Soweto, das ca. 15 Kilometer südlich von Johannesburg liegt, hat über eine Mio. Einwohner und besteht aus 29 verschiedenen Townships. Es ist nicht die größte Zusammenballung von Townships, dafür aber wohl die bekannteste in Südafrika. Der älteste Teil Sowetos ist Klipspruit, das 1905 unter der britischen Kolonialmacht gegründet wurde mit dem Ziel, die Slums von Johannesburg zu säubern und eine *Rassen*trennung in den Wohngebieten durchzusetzen. Als die NP 1948 an die Macht kam, wurde diese Trennung intensiviert, wodurch Soweto schnell anwuchs. Obwohl die meisten Bewohner Sowetos aus der Arbeiterklasse stammen und arm sind, werden die Stadtteile Orlando West und Dube von einer relativ wohlhabenden afrikanischen Elite bewohnt. Mit dem Aufstand von 1976 wurde Soweto in der ganzen Welt bekannt. Viele Einwohner waren auch an den Boykotten und Kampagnen der 1980er beteiligt. Seit den 1970ern versuchte die Regierung zu erreichen, dass sich Soweto selbst finanziert. Steigende Mieten und Preise für Wasser und Elektrizität, in Verbindung mit einem Mangel an billigen Wohnungen, sind heute noch Ursachen des Frusts vieler ärmerer Anwohner.

Sozialdemokratie: politische Bewegung der Arbeiterschaft, die auf die *politischen* Theorien von Karl Marx und seiner Anhänger zurückgeht und maßgeblich durch die SPD geformt wurde. Charakteristisch für die frühe Sozialdemokratie waren zentralistischer Aufbau und autoritäre Führung der Organisationen, die Idee der Partei als Avantgarde und die Vorstellung, dass sich der Sozialismus erst in der dafür reifen Phase der gesellschaftlichen Entwicklung einführen lasse (Historischer Materialismus). Im Zuge der Russischen Revolution 1905/17 kam es zur Spaltung der Sozialdemokratie. Während der gemäßigte Flügel sich an einer bürgerlichen Demokratie beteiligen wollte, weil der Kapitalismus in Russland noch nicht ausgereift sei, forderte der radikale Flügel um Lenin die soziale Revolution. Analog dieser Spaltung entwickelte sich die Sozialdemokratie weltweit in zwei Lagern weiter, so dass schließlich nur noch das gemäßigte, nicht revolutionär ausgerichtete allgemein hin als Sozialdemokratie bezeichnet wird (in Abgrenzung zum Kommunismus, der typologisch dennoch der Sozialdemokratie zuzuordnen ist). Kennzeichnend für die moderne Sozialdemokratie sind seitdem das Bekenntnis zum bürgerlichen Staat, Marktwirtschaft und der Verteidigung nationaler Interessen. Seit Anfang der 1990er haben sich sozialdemokratische Parteien in vielen Ländern von den letzten Resten sozialistischer Ideen gelöst und neoliberale Konzepte aufgenommen.

Soziale Marktwirtschaft: wirtschaftspolitische Konzeption des sog. Ordoliberalismus. Sie basiert auf einem freien Markt, der aber begrenzten, v.a. ordnungspolitischen Interventionen des Staates unterliegt. Aus dem Markt resultierender sozialen Ungleichheiten soll hierbei durch den Sozialstaat entgegengewirkt werden; Schlüsselindustrien unterliegen dabei besonderer staatlicher Kontrolle, sind häufig sogar gänzlich verstaatlicht (öffentlicher Sektor).

Sozialisierung: generell die Überführung der Betriebe, aber auch des Grund und Bodens in »Gemeineigentum«, wobei nicht genau definiert ist, wie die neuen Eigentumsverhältnisse sich gestalten sollen. So beinhaltet der Begriff im weitesten Sinne auch Verstaatlichung und Nationalisierung. Der Sozialisierungsbegriff im Syndikalismus z.B. steht dazu im krassen Widerspruch. Hier meint er keinen staatlichen Dirigismus, sondern eine Verallgemeinerung der Kollektivierung, d.h. der Übernahme der Produktionsmittel durch die Arbeiter selbst, die sich autonom und föderalistisch in basisorientierten Wirtschaftseinheiten zusammenschließen.

Sozialfaschismus: Ab Mitte der 1920er bis 1934 von der Komintern und ihrer Organisationen vertretene These, dass die Sozialdemokratie der »linke Flügel des Faschismus« sei, insbes. weil sie als Hauptstütze einer »Kapitalsdiktatur« interpretiert wurde. Die These geht wesentlich auf eine Äußerung Stalins zurück, der behauptete, Sozialdemokratie und Faschismus seien Zwillingsbrüder, da sich der Faschismus indirekt auf die Unterstützung durch die Sozialdemokratie stützen könne. Bis zuletzt hat deshalb die KPD in der Weimarer Republik in der SPD den Hautfeind ausgemacht, was u.a. einer gemeinsamen Front gegen den Nationalsozialismus im Wege stand.

Sozialpartnerschaft: im engeren Sinne Bezeichnung für das korporatistische System in Österreich seit den 1960ern; im weiteren Sinne Bezeichnung generell für den modernen Korporatismus. In Österreich ist die Sozialpartnerschaft durch das Kammersystem (Arbeiterkammer, Wirtschaftskammer usw.) institutionalisiert. Die deutsche Sozialpartnerschaft dagegen hat zwar informellen Charakter, durch den gewerkschaftlichen Alleinvertretungsanspruch des DGB sowie dessen konzeptionelle und ideologische Ausrichtung (Einheitsgewerkschaft) ist sie strukturell jedoch nicht weniger verankert.

Spanischer Bürgerkrieg: nach dem Putschversuch faschistischer, monarchistischer und konservativ-katholischer Kräfte und weiter Teile des Militärs gegen die Spanische Republik am 18. Juli 1936, der nur in einigen Regionen erfolgreich verlief, kam es zur Spaltung des Landes. Da kaum noch loyale Truppen verfügbar waren, bildeten sich freiwillige Milizen, die die Putschisten bekämpften. Trotz der schlechten Bewaffnung und notdürftigen Ausbildung hielten die Milizen lange Zeit die Front und konnten die Eroberung Madrids zunächst abwehren. In Katalonien und angrenzenden Gebieten kam es sogar zum Versuch einer sozialen Revolution, Fabriken und landwirtschaftliche Betriebe wurden kollektiviert. Treibende Kraft dabei war die anarchosyndikalistische Gewerkschaft CNT, die mit fast zwei Mio. Mitgliedern die größte Organisation Spaniens war; allerdings arbeitete die CNT mit allen antifaschistischen Kräften zusammen und beteiligte sich schließlich sogar an der Regierung. Während auf Seiten der Putschisten Deutschland und Italien mit modernen Waffen wie Flugzeugen und Panzern, aber auch mit Truppen in den Krieg eingriffen, blieb die Republik weitgehend isoliert. Lediglich Mexiko spendete veraltete Gewehre und Munition. Daneben engagierten sich zahlreiche Freiwillige aus dem Ausland in den Milizen, für die der Spanische Bürgerkrieg auch ein internationaler Kampf gegen den Faschismus bedeutete. Die Sowjetunion intervenierte zwar schließlich auf republikanischer Seite, jedoch zaghaft und nicht uneigennützig: Waffenlieferungen ließ sie sich mit den spanischen Goldreserven teuer bezahlen; auf der anderen Seite bekämpfte sie aktiv alle linke Konkurrenz zu den bis dahin unbedeutenden orthodoxen MarxistInnen im republikanischen Spanien; es kam zur Verfolgung und Ermordung von Mitgliedern linker Organisationen. Im Mai 1937 kam es in Barcelona zum Aufstand anarchistischer und links-kommunistischer Kräfte gegen diese Politik, der von regierungstreuen Einheiten, die längst unter sowjetischem Einfluss standen, niedergeschlagen wurde. In der Folge wurden die freiwilligen Milizen aufgelöst bzw. verboten und durch die Volksarmee ersetzt und die allgemeine Wehrpflicht eingeführt. Nach und nach eroberten die Putschisten unter Franco republikanisches Terrain; am 1. April 1939 verkündeten die Franquisten das Ende des Bürgerkrieges, der hunderttausende Tote gefordert und das Land zerrüttet hatte. Besonders unter Berücksichtigung der Intervention der deutschen Wehrmacht, die die Situation nutzte, um ihre Schlagkraft zu testen, stellt der Spanische Bürgerkrieg einen Prolog zum 2. Weltkrieg dar, wenn nicht sogar dessen eigentlichen Ausbruch.

Spartakismus: Bezeichnung für die politisch-ideologische Linie des Spartakusbundes, einer unter diesem Namen ab 1916 um Karl Liebknecht und Rosa Luxemburg auftretenden inneren Opposition der Sozialdemokratie. Sie wendete sich gegen den Krieg und Militarismus und hielt am Ziel einer internationalen proletarischen Revolution fest. 1917 bildete sie den linken Flügel der USPD; während der Novemberrevolution agierte sie unabhängig mit dem Ziel einer Räterepublik, um dann 1919 in der KPD aufzugehen. In der frühen Weimarer Republik wurde der Spartakismus als Schreckgespenst beschworen und – fälschlicherweise – so ziemlich jede linksradikale Regung als spartakistische Aufwiegelung diffamiert.

Spartakus-Aufstand: auch Januaraufstand; Generalstreik und bewaffnete Kämpfe in Berlin vom 5. bis 12. Jan. 1919. Auslöser war die Absetzung des USPD-Linken Emil Eichhorn als Polizeipräsident Berlins durch den Rat der Volksbeauftragten. Revolutionäre Obleute der USPD aus den Berliner Rüstungsbetrieben propagierten deshalb den bewaffneten Aufstand, dem sich die gerade aus dem Spartakusbund hervorgegangene KPD anschloss. Der Aufstand wurde durch Militär und Freikorps niedergeschlagen, Rosa Luxemburg und Karl Liebknecht am 15. Jan. ermordet. Da sich die KPD dem Aufstand lediglich anschloss, ist die Bezeichnung Spartakus-Aufstand nicht korrekt; diese folgte (ebenso wie die Ermordung Luxemburg und Liebknechts) aus einer Anti-Spartakisten-Hysterie.

SPD: *Sozialdemokratische Partei Deutschlands*; 1890 gegründete Partei, die maßgeblichen Einfluss auf die Entwicklung der weltweiten Arbeiterbewegung ausübte und zum Prototyp der sozialdemokratischen Partei schlechthin wurde. Zentralistisch und autoritär aufgebaut, erhob sie von Anfang nicht nur den Alleinvertretungsanspruch für die (deutsche) Arbeiterschaft, sondern übte auch Dominanz über alle Organisationen der Arbeiterbewegung, ganz besonders den Gewerkschaften. Der hierarchische Aufbau und damit verbundene Kommandostrukturen waren kennzeichnend für die sozialdemokratischen Apparate. Begründet wurde dieses Konzept, das in verschärfter Form von der leninistischen Sozialdemokratie modifiziert wurde, mit einer besseren Schlagkraft einer unter professioneller Leitung geeinten Bewegung. Tatsächlich aber führten Zentralismus, Hierarchie und Elitebildung zu einer wachsenden Entfremdung der Parteiführung von den realen Anliegen der Arbeiterschaft und umgekehrt zu einer unmündigen Basis. Innerhalb weniger Jahrzehnte hatte die SPD sämtliche sozialistischen Vorstellungen über Bord geworfen, während die durch sie geprägte deutsche Arbeiterschaft fast jede Spontaneität verlor. Lange vor Stalins These vom »Sozialismus in einem Land« bekannte sich die SPD zum Patriotismus, befürwortete den Eintritt Deutschlands in den 1. Weltkrieg und bekämpfte aktiv und militärisch alle revolutionären Bestrebungen.

SPÖ: *Sozialistische Partei Österreichs*; 1945 als Nachfolgerin der SDAP gegründet und neben der ÖVP lange Zeit wichtigste Partei des Landes. Traditionell eine besonders ausgeprägt anti-kommunistische sozialdemokratische Partei, die maßgeblich an der Schaffung des modernen Österreichs mit seinen Charakteristika wie Proporz und Sozialpartnerschaft beteiligt war. 1991 wurde der Name in Sozialdemokratische Partei Österreichs modifiziert.

Springbok Legion: eine Art Gewerkschaft von südafrikanischen Soldaten, die am 2. Weltkrieg teilnahmen. Sie wurde 1941 gegründet, wuchs auf bis zu 55.000 Mitgliedern an und hatte Verbindungen zur SACP und der Arbeiterbewegung. Sie verfiel nach 1945 und ging 1953 in eine weiße Antiapartheidgruppe, dem Congress of Democrats (»Demokratenkongress«) über.

SSRC: *Soweto Students Representative Council* (»Schülervertretungsrat von Soweto«); Organisation, die im August 1976 aus dem am 13. Juni gegründeten Aktionskomitee der Schüler von Soweto hervorging. Der SSRC hatte die Aufgabe, die Boykotts und Streiks während des Aufstands zu organisieren. Er bestand aus Vertretern von jeder Oberschule in Soweto. Später wurde er aufgelöst, als die exilierten Schülerführer den SAYRCO gründeten.

Stalinismus: im weitesten Sinne das System des Kommunismus, wie man es mit der Regierungszeit Josef Stalins verbindet (Säuberungen, Liquidierung linker Konkurrenz, Terror, Diktatur usw.). Besonders seit Chruschtschows Abkehr von Stalin versuchten fast alle auf dem Marxismus-Leninismus basierenden Bewegungen, sich nicht nur von der Person Stalin abzugrenzen, sondern seine Regierungszeit als ein ganz anderes politisches System hinzustellen, das im Widerspruch zur leninistischen Sowjetunion gestanden hätte. Tatsächlich stellte Stalins Machtantritt jedoch keinen Systemwechsel dar. Auch hat Stalin keine originär neuen Theorien entwickelt, so dass auch von daher nicht von einem Stalinismus gesprochen werden kann. Die Phase der sog. Säuberungen von 1937-41, der hunderttausende praktisch ausschließlich Unschuldige zum Opfer fielen, unterschied sich weder politisch noch methodisch von Praktiken, die bereits zuvor durch die Bolschewiki angewandt worden waren (Kriegskommunismus, Bejahung des Staatsterrors durch Lenin, Verfolgung von Revolutionären durch die Tscheka, Sturm auf Kronstadt durch Trotzki usw.). Insofern stellt Stalin keinen Bruch, sondern Kontinuität mit dem Leninismus dar. Neu war lediglich die Abkehr von der Zielsetzung der Weltrevolution durch Stalins These vom »Sozialismus in einem Lande«, die allerdings nur der außenpolitischen Realität geschuldet war und zum Ziel hatte, die internationale Isolierung der UdSSR aufzubrechen.

Stalin-Laval-Pakt: im Mai 1935 unterzeichnete der Politiker und spätere Nazi-Kollaborateur Pierre Laval, damals französischer Außenminister, einen französisch-sowjetischen Beistandspakt, der den auslaufenden Nichtangriffspakt von 1932 ersetzte. Darin verpflichteten sich beide Staaten zur gegenseitigen Waffenhilfe im Kriegsfalle. Nazi-Deutschland sah sich dadurch in seinen aggressiven Bestrebungen kurzzeitig gebremst. Stalin sorgte indes unter Frankreichs Kommunisten für eine Zäsur: nach den Gesprächen mit Laval hatte er die Notwendigkeit der Fortführung der bisherigen Verteidigungspolitik beider Länder befürwortet. Die PCF-Führung, die bis dahin einen strikt antimilitaristischen Kurs fuhr, sich gegen die Wiedereinführung der Wehrpflicht und gegen die Erhöhung der Kriegskredite eingesetzt hatte, schwenkte auf den neuen Kurs ein. Während sich dadurch viele Mitglieder verunsichert zeigten, konnten bürgerliche Kräfte versöhnt werden, die die Kommunisten bis dahin als ernsthafte Bedrohung der bürgerlichen Ordnung betrachteten.

Stauffenberg: Claus Schenk Graf von Stauffenberg war der maßgebliche Protagonist des gescheiterten Attentats vom 20. Juli 1944 auf Adolf Hitler und des ebenfalls gescheiterten Putschversuches am selben Tag (Operation Walküre). Er war Stabschef in der Wehmacht und konservativer Patriot, die sich um ihn sammelnden Putschisten z.T. monarchistisch und ständestaatlich orientiert. In der deutschen Vergangenheitspolitik wird er zum Vorzeigewiderständler stilisiert (in fast schon unverschämter Weise), zum größten Teil deshalb, weil der maßgebliche antifaschistische Widerstand aus der Arbeiterklasse als kommunistisch und »unpatriotisch« gilt.

Stayaway: auch »Fernbleibeaktion« genannt; in Südafrika während der Apartheid genutzte Protestform, bei der die ArbeiterInnen dazu aufgerufen wurden, einfach von der Arbeit für ein oder mehrere Tage fern zu bleiben, so dass es sich um keinen erklärten Streik mit den verbundenen rechtlichen Konsequenzen (z.B. bei nicht vorhandenem Streikrecht) handelte. Dies konnte jedoch solche Ausmaße annehmen, dass es sich faktisch um Generalstreiks handelte. Mitte der 80er trug eine Anzahl von *stayaways* dazu bei, dass das Land unregierbar und die Regierung zu Konzessionen gezwungen wurde.

Streikbrecher: jede Person bzw. Personengruppe, die Streikmaßnahmen unterläuft. Häufig handelt es sich bei Streikbrechern um KollegInnen, die trotz Streikbeschluss weiter arbeiten. Es kommt aber auch vor, dass das bestreikte Unternehmen Personal von außen als Streikbrecher engagiert, bis hin zu professionellen Streikbrechern, die oft als Schlägerbanden auftreten. In einem Streik gelten Streikbrecher i.d.R. als schäbige Verräter, und werden über den Streik hinaus geächtet, oft auch ihre Angehörigen, Freunde, ja sogar Nachbarn. Ein Graffiti aus dem britischen Bergarbeiterstreik von 1984/85, das ein Strichmännchen am Galgen zeigt, kommentiert mit »we won't forget you scabs!« (»wir werden euch Streikbrecher nicht vergessen!«), mag das veranschaulichen.

Streikkasse: auch Streikfonds; i.d.R. aus den Mitgliedsbeiträgen gespeiste feste Rücklagen einer Gewerkschaft zur Durchführung von Streiks. Da Streikenden für die Dauer des Streiks kein (voller) Lohn vom Arbeitergeber gezahlt wird, erhalten sie oftmals ein bestimmtes Streikgeld (einmalig, tages- oder wochenbezogen) aus der Streikkasse. Dies hat den Vorteil, dass Streiks leichter initiiert und möglichst lange durchgehalten werden können, birgt aber auch die Gefahr in sich, dass sich unter den Gewerkschaftsmitgliedern eine Leistungsempfängermentalität breit macht und Streiks (ohne den finanziellen Druck im Nacken) nicht mit der nötigen Konsequenz geführt werden. Außerdem wird damit indirekt anerkannt, dass der Arbeitergeber im Streik nicht seiner Lohnpflicht nachkommen muss. Manche, insbes. syndikalistische Gewerkschaften haben keine festen Streikkassen und richten im Falle eines Streiks einen Fonds ein, der sich aus Sammlungen und Solispenden füllen soll.

SUD: *Solidaire-Unitaire-Démocratique* (»Solidarisch – Geeint – Demokratisch«); französisches Gewerkschaftsnetzwerk, 1988 in der Branche für Post und Telekommunikation gegründet (SUD-PTT), nachdem die CFDT Gewerkschaftsaktivisten ausgeschlossenen hatte, die einen wilden Streik unterstützt und sich für selbstorganisierte Arbeiteraktionen ausgesprochen hatten. In der Folge bildeten sich in weiteren Branchen und Regionen unabhängige Gewerkschaftsgruppen, die sich schließlich mit dem Verband unabhängiger Gewerkschaften Group de dix – l'union syndicale (G10) locker föderierten. Bei landesweiten Bewegungen, wie dem Streik im Öffentlichen Dienst 1995, spielte SUD eine bedeutende Rolle. Generell steht SUD für basisnahe Strukturen und will eine Alternative zu den verknöcherten Apparaten der fünf Hauptgewerkschaften darstellen. In den politischen Bestrebungen ist SUD heterogen, wenn auch tendenziell links. Mit mäßigem Erfolg versuchen trotzkistische Organisationen, auf SUD Einfluss auszuüben. Bei Arbeitskämpfen haben SUD-Gruppen häufig mit der CNT und/oder der Confédération Paysanne zusammengearbeitet.

Syndikalismus: sozialrevolutionäre Gewerkschaftskonzeption, die Ende des 19. Jh. in Frankreich durch die CGT ihren Anfang nahm; bedeutet zunächst nichts anderes als

»Gewerkschaftsbewegung«. Als das Konzept Verbreitung in anderen Ländern fand, griff man auf den französischen Begriff zurück, um sich von den dort vorherrschenden Gewerkschaftskonzeptionen abzugrenzen. Ursprünglich beinhaltete der Begriff stets das Attribut »revolutionär« (revolutionärer Syndikalismus), jedoch haben sich in der Geschichte diverse syndikalistische Organisationen dem Reformismus zugewandt bei gleichzeitiger Beibehaltung originär syndikalistischer Merkmale, weshalb in diesem Zusammenhang oft von einem »reinen« Syndikalismus gesprochen wird.

Syndikat: von franz. *syndicat* (»Gewerkschaft«); Bezeichnung für die gewerkschaftlichen Basisorganisationen des Syndikalismus, in denen, gemäß dem horizontalen Organisationsaufbau, die Entscheidungsfindung stattfindet und aus denen heraus delegiert wird. Im allgemeinen Sprachgebrauch, v.a. dank einschlägiger Filme und Romane, weitet sich die Begriffsbedeutung auch auf sog. Trusts und Kartelle, aber auch kriminelle Vereinigungen aus.

Unionismus: Bezeichnung einer Anfang des 20. Jh. in den USA entstandenen Strömung des Syndikalismus; bedeutet zunächst nichts anderes als »Gewerkschaftsbewegung«. Ähnlich wie beim Begriff des Syndikalismus wurde der Begriff in anderen Ländern übernommen, um sich explizit auf den revolutionären Industrial Unionism zu beziehen, wie er von den IWW entwickelt wurde. Besonderes Kennzeichen des Unionismus ist, dass er auf die Vereinigung aller Lohnabhängigen in einer großen Klassenkampforganisation (»One Big Union«) abzielt (nicht zu verwechseln mit dem Konzept der Einheitsgewerkschaft).

Tarifverhandlung: Kernelement der rechtlich geregelten Beziehungen zwischen Gewerkschaften und Unternehmerverbänden speziell in Deutschland. Verhandlungen beginnen, wenn der bisherige Tarifvertrag ausläuft und durchlaufen typische Etappen: zunächst teilen sich beide Seiten ihre Vorstellungen mit, es folgen meist langwierige Gespräche. Kommt es dabei zu keiner Einigung, dürfen die Gewerkschaften erst einen Monat nach Ablauf des gültigen Tarifvertrages Warnstreiks ansetzen. Dem folgt ein Schlichtungsverfahren, für das sich beide Seiten auf einen neutralen Schlichter einigen müssen. Während des Schlichtungsverfahrens herrscht ebenfalls Friedenspflicht. Erst wenn der Schlichtungsversuch gescheitert ist, dürfen die Gewerkschaften voll streiken. Für die im DGB zusammengeschlossenen Gewerkschaften stellt dieses Verfahren das wesentliche Betätigungsfeld dar, das einen ausgeprägt ritualisierten Charakter angenommen hat. Jenseits von Tarifverhandlungen erwiesen sich DGB-Gewerkschaften als nahezu handlungsunfähig.

Tarifvertrag: im engeren Sinn Begriff des Arbeitsrechts in Deutschland; zeitlich befristeter Vertrag zwischen Arbeit und Kapital, vertreten durch Gewerkschaften und Unternehmerverbände, der Lohnhöhe, Arbeitsbedingungen, Kündigungsfristen usw. für eine oder mehrere Branchen regelt; Tarifverträge unterhalb der Branchenebene waren lange Zeit unüblich. Während eines laufenden Tarifvertrages herrscht Friedenspflicht, d.h. Arbeitskämpfe sind rechtlich unzulässig. In Deutschland haben immer mehr Unternehmen die jeweiligen Unternehmerverbände verlassen, um nicht mehr an Tarifverträge gebunden zu sein, die üblicherweise regional Anwendung finden (Flächentarifverträge). Im weiteren Sinne werden ähnliche Regelungen in anderen Ländern von deutschen Autoren häufig auch als Tarifverträge bezeichnet, jedoch müssen die jeweils spezifischen arbeitsrechtlichen Regelungen beachtet werden; in vielen Ländern werden tarifvertragsartige Beschlüsse teilweise landesweit umgesetzt, in anderen nur lokal, oder man kennt nur Abkommen für ein Unternehmen oder gar nur für einen bestimmten Betrieb; auch bedingen gesetzliche Mindestlöhne und weitere staatlich verordnete Vorschriften in vielen Staaten, wie etwa Frankreich, ganz andere Voraussetzungen für Verhandlungen; auch die Friedenspflicht ist nicht in jedem Staat bekannt. In Österreich existieren anstelle von Tarifverträgen die sog. Kollektivabkommen, bei deren Zustandekommen das System der österreichischen Sozialpartnerschaft eine maßgebliche Rolle spielt.

Taylorismus: von Frederick W. Taylor Ende des 19. Jh. entwickeltes Rationalisierungskonzept der »Wissenschaftlichen Betriebsführung«. Taylor ging von einem Machtkampf zwischen Arbeitern und Unternehmensleitung in den Firmenabläufen aus, in denen die Arbeiter auf die Waffe der Leistungszurückhaltung zurückgreifen konnten. Er zog daraus die Konsequenz, dass die Betriebsabläufe unter Berücksichtigung des Faktors Arbeiterverhalten neustrukturiert und verwissenschaftlicht werden müssten, um den Arbeitern ihre Waffe zu nehmen und deren Leistung zu erhöhen. Kernelemente des Konzeptes sind die Trennung der Produktionsplanung und -kontrolle von der Arbeitsausführung sowie eine stark segmentierte Aufteilung der Arbeitsvorgänge, so dass den Arbeitern kaum mehr Handlungsspielraum bleibt und deren Einflussnahme auf den Produktionsprozess unterbunden wird, indem sie zu mechanischen Anhängseln der Produktionstechnik degradiert werden.

Teamsters: *International Brotherhood of Teamsters*; 1903 gegründeter Verband der TransportarbeiterInnen und größte Einzelgewerkschaft in den USA mit einer langen, ereignisreichen und wechselvollen Geschichte. Die Verbindungen der Gewerkschaft, die zunächst kämpferisch und solidarisch auftrat, zu Mafiaorganisationen, die sich in der Zeit der Prohibition in den 1920ern entwickelten, verhalfen den Teamsters zu zweifelhafter Berühmtheit. 1957 wurde sie wegen Korruption aus der AFL-CIO ausgeschlossen. Besonders unter ihrem legendären Präsidenten Jimmy Hoffa bildete sich in den 50ern/60ern eine enge Verflechtung von Gewerkschaft und Mafia heraus.

Thatcherismus: Bezeichnung für die Sozial- und Wirtschaftspolitik der britischen Thatcher-Regierung in den 1980ern. Kennzeichen des Thatcherismus sind eine stark angebotsorientierte Wirtschaftspolitik (Mikroökonomie), umfassende Privatisierungsmaßnahmen, Monetarismus, drastische Reduzierung der Einkommenssteuern, Erhöhung der indirekten Steuern, massive Einschränkung der Sozialleistungen sowie Bekämpfung des gewerkschaftlichen Einflusses. Er stellte eine gravierende Zäsur in der britischen Gesellschaft dar und fand als neoliberale Vorreiterbewegung zahlreiche Nachahmerregierungen während der 1990er.

Thinktank: auch »Denkfabrik« genannt; Institut oder informelle Gruppe von ExpertInnen, die richtungsweisende politische Konzepte und Strategien entwickeln soll. Üblicherweise von Unternehmen oder politischen Stiftungen finanziert.

Tories: Bezeichnung für Mitglieder und AnhängerInnen der Konservativen Partei Großbritanniens. Um 1830 entstanden, gehen ihre Ursprünge bis auf den Bürgerkrieg im 17. Jh. zurück, wo sich die Anhänger des Königs *tories* nannten. In ihrer Tradition verfochten die Tories das britische Kolonialreich und setzten sich u.a. gegen die Unabhängigkeit Irlands ein. Unter ihrer Vorsitzenden Thatcher wandten sich Tories zunehmend dem Neokonservatismus zu und bauten während der 1970er und 80er die Gesellschaft entsprechend den Vorstellungen der New Economy radikal um.

Township: Während der Apartheid Bezeichnung für die abgetrennten Wohngebiete von Afrikanern, Farbigen und Indern in Südafrika. Townships waren quasi eigene Ghettowelten, in denen die dort ansässige Bevölkerung ihrem Schicksal überlassen wurde. Lediglich die *Rassen*trennung wurde streng durch die Regierung überwacht und durchzusetzen versucht, was aber maßgeblich für die Lebensrealitäten war, da sich durch die Separierung und Isolierung bei gleichzeitigem Abhängigkeitsverhältnis vom Arbeitsmarkt in der Außenwelt kaum etwas an ihnen verbessern ließ. Auch nach Ende der Apartheid konnten und können die sozialen Probleme in den ehem. Townships nur schleppend gelöst werden.

Transmissionsriemen: ursprünglich Begriff aus dem Maschinenbau; bezeichnet dort eine Vorrichtung zur Kraftübertragung. Der Leninismus bediente sich dieses Begriffes zur Definition der Rolle der Gewerkschaften, die das Proletariat möglichst umfassend organisieren und die Verbindung der Avantgarde mit den Massen herstellen sollten. Die Gewerkschaften als Transmissionsriemen bzw. Hebel der »lenkenden Kraft« der Partei unterordnend, stellte dies im Prinzip eine modifizierte und der Strategie des Bolschewismus angepasste Form der sozialdemokratischen Rollenverteilung von Partei und Gewerkschaften dar.

Triple A: *Alianza Anticomunista Argentina* (»Antikommunistische Allianz Argentiniens«), auch AAA abgekürzt; 1973 vom argentinischen Sozialminister José López Rega gegründete rechtsperonistische Terrororganisation. Sie wurde von der Regierung informell damit beauftragt, gegen Regierungsgegner vorzugehen und ist verantwortlich für zahlreiche Entführungen, Anschläge, Folterungen und politische Morde während der zweiten Präsidentschaft Perons und der folgenden Militärdiktatur. Auch viele Künstler und Intellektuelle wurden wegen ihrer »aufstachelnden« Werke zur Zielscheibe der Organisation, was zur Flucht vieler Kulturschaffender ins Exil führte.

TUC: *Trade Union Congress* (»Gewerkschaftskongress«); britischer Gewerkschaftsdachverband, dem heute 65 Einzelgewerkschaften angehören. 1868 gegründet, verstand sich der TUC als generelle Vertretung der Arbeiterklasse in Großbritannien und war maßgeblich an der Bildung der Labour Party beteiligt. Besonders während der 1970er und 80er wurde dem TUC immer wieder von den *tories* unterstellt, kommunistisch unterwandert zu sein und mit dem sowjetischen Geheimdienst KGB zusammenzuarbeiten. Im Verlauf des Bergarbeiterstreiks von 1984/85 konnte sich der TUC nicht dazu durchringen, für die Unterstützung der Bergleute den Generalstreik auszurufen; dies scheiterte jedoch nicht zuletzt auch an der anfänglich ablehnenden Haltung der NUM bzw. Scargills gegenüber dieser Idee. Durch die kampflose Hinnahme der neuen Arbeits- und Gewerkschaftsgesetze durch Thatcher verlor der TUC fast vollständig seinen gesellschaftspolitischen Einfluss.

UBW: United Brewery Workmen (»Vereinigte Brauerei-Arbeiter«); 1886 gegründete Industriegewerkschaft in den USA, in ihrer Anfangszeit fast ausschließlich aus deutschen Einwanderern bestehend. Sie trat 1887 der AFL bei, die ausschließlich Berufsgewerkschaften organisierte, weshalb für die UBW Ausnahmeregelungen vereinbart wurden. Kämpferisch und internationalistisch ausgerichtet, stand sie bis in die 1940er im Konflikt mit ihrem Dachverband, was die Zuständigkeit für bestimmte Berufsgruppen betrifft. Nach diversen Namensänderungen und der Ausdehnung auf andere Getränkebereiche trat sie 1946 dem CIO bei; 1973 ging sie in den Teamsters auf.

UCR: *Unión Cívica Radical* (»Radikale Bürgerunion«); 1891 gegründete liberale Partei in Argentinien. Ende des 19. Jh., Anfang des 20. Jh. führte sie mehrere gescheiterte Putsch- und Revolutionsversuche durch und gelangte schließlich nach Einführung des allgemeinen Männerwahlrechts 1916 auf parlamentarischem Wege an die Macht. Sie fügte sich schnell in die Herrschaftsverhältnisse ein; nur ein Bruchteil ihres Reformprogramms wurde realisiert und sie duldete das brutale Vorgehen von Militär und rechten Organisationen im Dienste der herrschenden Klasse gegen die Arbeiterschaft. Im Laufe ihrer Geschichte schwankten ihre Positionen zwischen liberal und sozialdemokratisch; die UCR existiert noch heute.

UGT (Argentinien): *Unión General de Trabajadores* (»Allgemeine Arbeiterunion«); 1903 gegründeter gewerkschaftlicher Dachverband in Argentinien. Er ging aus einer Abspaltung der sozialistischen Minderheit in der FOA hervor. Sie entwickelte schnell syndikalistische Positionen und löste sich von der Sozialistischen Partei. 1909 ging sie in der neugegründeten CORA auf.

UGT (Spanien): *Unión General de Trabajadores* (»Allgemeine Arbeiterunion«); 1888 gegründeter Gewerkschaftsverband mit marxistischer Prägung in Spanien, eng verbunden mit der Sozialistischen Partei. Ab den 1920ern organisierten sich zunehmend KommunistInnen in der UGT, da die größte spanische Gewerkschaft, die CNT, für sie wenig Raum in ihren Reihen bot. Während des Spanischen Bürgerkrieges stellte sie eigene Milizen auf Seiten der Republik auf; einige von ihnen waren kommunistisch dominiert und provozierten Konflikte mit den Anarchosyndikalisten der CNT. Die UGT wurde ebenfalls mit dem Sieg Francos 1939 verboten; die Neugründung erfolgte 1977.

Ungelernte Arbeit: jede Form von Erwerbstätigkeit, für die keine besondere Ausbildung vonnöten ist und wo neu Eingestellte nach kurzer Einweisung sofort eingesetzt werden. Meist handelt es sich dabei um körperlich schwere Arbeit, wie etwa Ernteeinsätze oder Be- und Entladen. Ungelernte Arbeit ist üblicherweise sehr gering entlohnt, nicht zuletzt, weil die hier Beschäftigten meist schwach oder gar nicht organisiert sind. Dies hängt zum einen mit der hohen Fluktuation bei saisonal aufkommender Arbeit und Tagesjobs zusammen, andererseits mit dem äußerst geringen Druckpotential in einem Gewerbe, in dem alle Beschäftigten beliebig austauschbar sind. Viele Gewerkschaften lehnten daher von vornherein die Organisierung von Ungelernten kategorisch ab.

USA: *Unión Sindical Argentina* (»Argentinische Gewerkschaftsunion«); 1922 gegründeter gewerkschaftlicher Dachverband in Argentinien, Zusammenschluss der FORA IX mit anderen unabhängigen Gewerkschaften. Die USA entwickelte sich zunehmend zu einer reformistischen Gewerkschaft mit Zentralisierungstendenzen und konnte an die Erfolge der FORA nicht anknüpfen. 1930 schloss sie sich mit der Confederación Obrera Argentina (»Argentinische Arbeiterkonföderation«) zur Zentralgewerkschaft Confederación General de Trabajo (»Allgemeine Konföderation der Arbeit«) zusammen, die nach 1945 tragender Bestandteil des peronistischen Korporatismus wurde.

USIA: *Uprawlenije Sowjetskim Imuschtschestwom w Awstriji* (»Verwaltung des sowjetischen Eigentums in Österreich«); Unternehmensorganisation der Sowjetunion in Österreich während der Besatzungszeit 1945-55 zur Verwaltung von mehr als 300 beschlagnahmten Firmen. Dazu zählten viele Betriebe in den Schlüsselindustrien. Die USIA-Betriebe agierten strikt marktwirtschaftlich, wenngleich sie für verhältnismäßig hohe Löhne und bessere Arbeitsbedingungen standen. Nach dem Oktoberstreik kamen viele entlassene ArbeiterInnen in USIA-Betrieben unter.

USPD: *Unabhängige Sozialdemokratische Partei Deutschlands*; 1917 als linke Gruppierung von der SPD abgespalten, die für ein sofortiges Kriegsende eintrat. Die USPD war insgesamt sehr heterogen und bezog während der Novemberrevolution keine klare Position, während der größte Teil der Basis für eine Räterepublik eintrat. Die Führung bildete zunächst mit der SPD den Rat der Volksbeauftragten. 1919 spaltete sich der linke Flügel um Liebknecht und Luxemburg ab und gründete die KPD. Bei der Reichstagswahl 1920 gewann die USPD knapp 18% der Stimmen. Ende 1920 schloss sich der Mehrheit der KPD an, die verbliebene Minderheit ging 1922 zurück in die SPD. Ein kleiner Rest führte die USPD bis 1931 als Splitterpartei weiter.

Versammlung der Arbeiter und Studenten: während des Heißen Herbstes 1969 in Turin entstandene Dauerversammlung von ArbeiterInnen und Studierenden. Sie unterstützten die Kämpfe bei Fiat, diskutierten über die Vorgänge und gaben gemeinsam Flugblätter heraus. Über die Versammlung kam es zu einer Verbindung von Fabrik- und Stadtteilkampf. Aus Teilen der Versammlung gingen letztlich die Gruppen Lotta Continua und PO hervor.

Verstaatlichung: auch Nationalisierung; die Überführung von Industrien, Banken etc. in das Eigentum des Staates, der das alleinige Verfügungsrecht über diese Betriebe besitzt und dies in der Regel durch von ihm eingesetzte Verwaltungsbeamte ausübt. Eine partielle Verstaatlichung, z.B. von Schlüsselindustrien oder Bereichen von besonderem Interesse für das Gemeinwohl, erfolgt in Systemen der sozialen Marktwirtschaft. Die Verstaatlichung auf breiter Fläche wurde z.B. im sowjetischen Modell umgesetzt, was dort zu einer Synthese aus politischer und wirtschaftlicher Diktatur führte, von Linkradikalen häufig als Staatskapitalismus bezeichnet. Dem Konzept der Verstaatlichung stehen andere Formen der Sozialisierung, wie z.B. die Kollektivierung, gegenüber.

VF: *Vaterländische Front*; während des Austrofaschismus in Österreich 1933-38 nach italienischem Vorbild gebildete staatstragende Einheitspartei, die aus Christsozialen und Heimwehren gebildet wurde. Sie stand im Widerspruch zu den Nationalsozialisten und propagierte ein unabhängiges Österreich als zweite deutsche Nation. Nach der Annäherung Deutschlands und Italiens verlor sie die Rückendeckung durch Mussolini und unterlag im Machtkampf den Nationalsozialisten. Allerdings war der Rückhalt in der Bevölkerung ohnehin gering, da ein großer Teil die Unabhängigkeitslinie nicht billigte und dem Anschluss ans Reich zugeneigt war.

VOEST: *Vereinigte Österreichische Eisen- und Stahlwerke*; Stahlkonzern in Österreich, der 1946 aus den Hermann-Göring-Werken hervorgegangen war. Er bildete in der Nachkriegszeit die Grundlage der staatseigenen Wirtschaft und war lange Zeit einer der größten Arbeitgeber. Nach schweren Verlusten wurde er im Verlauf der 1980er und 90er unter massivem Stellenabbau teilprivatisiert und in mehrere Nachfolgefirmen aufgelöst.

Volksbeauftragte: Angehörige des Rats der Volksbeauftragten; für die MSPD waren das Friedrich Ebert, Phillipp Scheidemann und Otto Landsberg, für die USPD Hugo Haase, Emil Barth und Wilhelm Dittmann. Obwohl formell den Vorsitz Haase und Ebert gemeinsam führten, nahm Ebert eine Vorrangstellung vergleichbar einem Regierungschef ein, was seinen guten Kontakten zur Ministerialbürokratie zu verdanken war. Ebert war es denn auch, der sich über die Beschlüsse des Rätekongresses hinwegsetzte und mit der Obersten Heeresleitung eine Übereinkunft zur gewaltsamen Bekämpfung der Revolution traf. Die drei USPD-Mitglieder traten daraufhin von ihren Posten zurück. Für sie rückten die MSPD-Mitglieder Rudolf Wissel und Gustav »Bluthund« Noske nach.

Volksfront: antifaschistisches Wahl- und Aktionsbündnis der Linksparteien mit bürgerlich-demokratischen Organisationen. Es dient zur Herstellung der Einheit sich verfeindet gegenüberstehender kommunistischer und sozialistischer Parteien mit anderen Organisationen der Arbeiterbewegung sowie bürgerlichen Kräften eines Landes zur Abwendung einer drohenden faschistischen Gefahr. Die jeweiligen Ziele und Differenzen werden dabei zurückgestellt, um die konkrete Bedrohung demokratischer Errungenschaften durch eine Diktatur zu verhindern. Die erste Volksfront bildete sich in Frankreich, gefolgt von Spanien und Chile, beide im Jahr 1936.

Vollzugsausschuss: mit bestimmten Ermächtigungen ausgestatteter Rat. Revolutionäre Vollzugsausschüsse wurden während der Ruhrkämpfe von 1920 in zahlreichen Städten gebildet; ihre Mitglieder wurden von Arbeiterversammlungen oder -räten bestimmt. Sie waren dafür zuständig, die Verwaltung der Betriebe und Gemeinden neu zu organisieren und die öffentliche Ordnung sicherzustellen. Z.T. organisierten sie auch militärische Operationen der Arbeiterwehr bzw. der Roten Ruhrarmee.

Vorarbeiter: auch Kapo genannt; Team- bzw. Brigadeleiter in vielen industriellen und handwerklichen Berufen, z.B. auf Baustellen, die i.d.R. besser entlohnt werden als ihre Kollegen. Häufig vom Arbeitergeber ernannt, bilden sie das Bindeglied in der Belegschaftshierarchie und geben in dieser Eigenschaft oft den Druck nach unten weiter.

Wahrheits- und Versöhnungskommission: zwischen 1996 und 1998 Einrichtung in Südafrika zur Untersuchung der politischen Verbrechen während des Apartheidregimes. Ziel war zum einen, diese Verbrechen öffentlich zu machen und die Opfer finanziell zu entschädigen, zum anderen, Opfer und Täter zusammenzubringen und einen Versöhnungsprozess einzuleiten.

Weiße Rose: Widerstandsgruppe in München von 1942 bis 1943, bekannt insbes. durch die Geschwister Scholl. Sie verfasste, druckte und verteilte ein halbes dutzend Flugblätter, in denen zum Widerstand gegen den Nationalsozialismus aufgerufen wurde. Unter Ausklammerung des proletarischen Widerstandes wird in der deutschen Erinnerungskultur die Weiße Rose neben Stauffenberg oft als Vorzeigebeispiel des deutschen Widerstands bemüht, vornehmlich aufgrund ihres nicht anstößigen christlich-bürgerlichen Charakters.

 WIIU: *Workers' International Industrial Union* (»Internationale Industriegewerkschaft der Arbeiter«); seit 1915 der Name der Detroit IWW. Formell existierte sie international hatte aber größeren Einfluss nur in den USA. Sie war eng verknüpft mit DeLeons Socialist Labor Party (SLP), so dass sich die Mitgliedschaft in beiden Organisationen stark überschnitt. 1924 löste sich die IWWU auf.

Wilder Streik: auch *wildcat* genannt; spontaner Streik, der nicht von einer Gewerkschaft ausgerufen wurde bzw. gegen die Friedenspflicht verstößt. In Deutschland sind wilde Streiks nach herrschender Rechtsauffassung der Gerichte illegal. Von vielen Gewerkschaften wird der wilde Streik als Bedrohung empfunden, entzieht sich doch die Basis dabei ihrer Kontrolle. In Italien kam es Ende der 1960er, Anfang der 70er verstärkt zu wilden Streiks; der hier entstandene Operaismus griff diese Erfahrung auf und verstand wilde Streiks als ein Mittel, das Gewerkschaften überflüssig mache. In den 1980ern und 1990ern brüskierten – ebenfalls in Italien – mehrfach Belegschaften die Funktionäre der Großgewerkschaften, als sie weiter streikten, obwohl die Gewerkschaft das Angebot der Unternehmen angenommen und den Streik für beendet erklärt hatte. Auch der Generalstreik von 1968 in Frankreich war ein wilder Streik, zu dem keine Gewerkschaft aufgerufen hatte; allerdings gelang es der CGT schließlich doch, die Kontrolle über die Arbeiterschaft wiederzuerlangen und den Streik zu beenden.

YCL: *Young Communist League* (»Liga junger Kommunisten«); 1921 gegründeter Jugendverband der CPGB und war wie diese stets orthodox-moskautreu ausgerichtet. So nahmen Delegierte der YCL regelmäßig an den Weltjugendfestspielen in osteuropäischen Ländern teil. Wie die CPGB erlebte die YCL gegen Ende der 1980er einen drastischen Mitgliederschwund; 1991 löste sie sich formell auf.

Zentralismus: Prinzip im Aufbau von Organisationen und der Verwaltung, das die Entscheidungsgewalt und leitende Befugnisse in die Hand einiger weniger an einem Ort legt, im Ggs. zum Föderalismus. Diesem Modell folgt u.a. der Aufbau sozialdemokratischer Gewerkschaften und Parteien. Lenin entwickelte den Begriff des »Demokratischen Zentralismus«, der zentralistischen Aufbau mit unantastbarer Autorität der Führungsgremien verknüpfte. Später wurde in der Sowjetunion und den nach ihrem Vorbild aufgebauten sozialistischen Staaten auch die gesamte Ökonomie zentralisiert, was z.T. absurde Züge zog, wenn beispielsweise alle PKW für die gesamte UdSSR nur in einer Stadt produziert werden sollten, oder etwa Rumänien den Gesamtbedarf aller osteuropäischen Staaten an Omnibussen decken sollte.

Zentrum: 1870 als Deutsche Zentrumspartei gegründete Partei der Katholiken in Deutschland, die bis 1933 zu den wichtigsten Parteien gehörte und an vielen Regierungen beteiligt war. Sie trat v.a. für einen starken politischen Einfluss der Kirche ein, engagierte sich aber auch für die Rechte nicht-deutscher Katholiken wie etwa der polnischen Minderheit. Entsprechend katholischer Doktrin war sie kulturell konservativ ausgerichtet, aber auch kapitalismuskritisch (aus tendenziell ständestaatlicher Sicht).

Zweite Internationale: auch *Sozialistische Internationale* (SI); 1889 gegründeter lockerer Zusammenschluss sozialistischer Parteien und Arbeiterorganisationen, in klarer Abgrenzung zur anarchistischen Arbeiterbewegung. Von Anfang an war die deutsche Sozialdemokratie die tonangebende Fraktion in der SI und nutze ihren Einfluss, um ihr politisches Konzept international durchzusetzen, insbes. was den Umgang mit den Gewerkschaften betrifft. Mit dem Beginn des 1. Weltkriegs zerbrach die SI, ohne nur den geringsten Versuch einer gemeinsamen Anti-Kriegs-Aktion eingeleitet zu haben.

Zu den Autoren

Felix Baum (Berlin): lebt und arbeitet in Berlin.

Osvaldo Bayer (Buenos Aires, geb. 1927): Schriftsteller, Historiker, Journalist und Publizist. Studierte Philosophie und Geschichte in Buenos Aires und Hamburg. Bis vor kurzem ordentlicher Professor für das Fach Menschenrechte an der Philosophischen Fakultät der Universität von Buenos Aires. Autor u.a. von: *La Patagonia rebelde*, 4. Bde, Buenos Aires /Wuppertal 1972-78; *Severino Di Giovanni. El idealista de la violencia*, Buenos Aires 1970; *Exilio*, Buenos Aires 1984 (zusammen mit dem Dichter Juan Gelman); *Rebeldía y esperanza,* Buenos Aires 1993. Drehbuchautor u.a. von: »La Patagonia rebelde« (1974), ausgezeichnet mit dem Silbernen Bären bei den Berliner Filmfestspielen; »El vindicador« (1986); »Todo es ausencia« (1984); »Fútbol argentino« (1990). Von 1958-73 Redaktionssekretär der argentinischen Zeitung *Clarín*, Herausgeber der Zeitschrift *Imagen*. Von 1976 bis 1983, während der Militärdiktatur Videlas, im Exil in der BRD. Schreibt heute Leitartikel für die argentinische Zeitung *Página 12*.

Jon Bekken (Reading, Pennsylvania; geb. 1960): ehem. Kassensekretär der Industrial Workers of the World und ehem. Redakteur der IWW-Zeitung *Industrial Worker.* Zur Zeit Mitglied des Herausgeberkollektivs der *Anarcho-Syndicalist Review* und außerordentlicher Professor für Journalismus und Kommunikationsgeschichte am Albright College in Reading, Pennsylvania. Co-Autor von: *The Industrial Workers of the World. Its First 100 Years, 1905-2005,* Cincinatti 2006 (zusammen mit Fred Thompson).

Jan Benger (Münster, geb. 1976): studiert Geschichte, Philosophie und Sozialwissenschaften an der Westfälischen Wilhelms-Universität in Münster.

Jérémie Berthuin (Paris, geb. 1972): Lehrer für das Fach Geschichte an einer Gesamtschule im Pariser Vorort Romainville. Langjähriges Mitglied der Confédération National de Travail, dort in der Gewerkschaftssektion Education 93 (Bildungssyndikat der CNT im Raum Nord-Paris). Seit 2006 Internationaler Sekretär der CNT. Autor von: *De l'espoir à la désillusion. La CGT-SR et la révolution espagnole*, Paris 2000.

Sylvie Chauvet (Berlin, geb. 1976): Studium der Geschichte und Soziologie zunächst in Paris, ab 1997 in Berlin mit Schwerpunkt Arbeiterbewegung und Arbeitsrecht im 19. Jahrhundert. Aktive Mitarbeit in der Confédération National de Travail und der Freien ArbeiterInnen-Union; von 2003-2005 Redaktionsmitglied der FAU-Zeitung *Direkte Aktion*.

Helge Döhring (Bremen, geb. 1972): Transportarbeiter, Historiker und Syndikalismusforscher. Zahlreiche Publikationen zum Thema Syndikalismus in (internationalen) Zeitschriften, Broschüren und als Buchbeiträge. Weiterhin diverse Buchkonzeptionen mit Schwerpunkt auf Deutschland und Spanien, Dokumentation zahlreicher historischer Texte. Eigene Buchveröffentlichungen zur syndikalistischen Arbeiterbewegung in Württemberg und Südbayern. Autor u.a. von: *Syndikalismus im Ländle. Die FAUD in Württemberg 1918 bis 1933,* Lich 2006.

Heiko Grau-Maiwald (Hannover, geb. 1974): Krankenpfleger und Gewerkschaftsaktivist. 1988/89 als Jugendlicher in der DDR von Repressalien betroffen aufgrund der Ablehnung einer FDJ-Funktion und antimilitaristischer Positionierung. 1989/90 Mitinitiator von Schülerräten an seiner Schule im Bezirk Magdeburg. Ab 1990 Engagement in verschiedenen libertären Gruppen. Mitglied der Gewerkschaft Gesundheitsberufe der Freien ArbeiterInnen-Union Hannover, seit 2006 Internationaler Sekretär der FAU-IAA. Autor zahlreicher Artikel zu historischen und gewerkschaftlichen Themen unter verschiedenen Pseudonymen, u.a. in: *Direkte Aktion*, *Graswurzelrevolution*, *Schwarzer Faden*, *Wildcat*.

Tamara Jagelovsk (o.A.): Mitglied der Redaktion von *Wildcat*.

Holger Marcks (Berlin, geb. 1981): studiert Geschichte, Soziologie und Islamwissenschaft an der Freien Universität Berlin. Mitglied der Freien ArbeiterInnen-Union Berlin, seit 2005 Redaktionsmitglied der FAU-Zeitung *Direkte Aktion*. Autor diverser Artikel zu Theorie und Geschichte des Syndikalismus sowie zu aktuellen Gewerkschaftsthemen.

Lou Marin (Marseille, geb. 1961): Autor, Publizist und Übersetzer. Studium der Politikwissenschaft in Heidelberg, abgebrochen für Tätigkeit als Redakteur der *Graswurzelrevolution* von 1984-2001. Lebt seit 2001 in Marseille, publiziert in französischen libertären Zeitschriften und gehört weiter zum Herausgeberkollektiv der *Graswurzelrevolution*. Autor u.a. von: *Ursprung der Revolte. Albert Camus und der Anarchismus*, Heidelberg 1998. Übersetzungen u.a.: Clayborne Carson, *Zeiten des Kampfes. Das Student Nonviolent Coordinating-Commitee (SNCC) und das Erwachen des afro-amerikanischen Widerstands in den sechziger Jahren*, Nettersheim 2004; Charles Jacquier (Hg.), *Lebenserfahrung und Geistesarbeit. Simone Weil und der Anarchismus*, Nettersheim 2006.

Rudolf Mühland (Düsseldorf, geb. 1970): Gewerkschaftsaktivist und Vortragsreisender (Themenschwerpunkte: Anarchismus und Anarchosyndikalismus). Erfolgloses Studium der Medizin, Geschichte, Romanistik, Pädagogik, Philosophie, Soziologie und Politik. Langjähriges Mitglied der Freien ArbeiterInnen-Union Düsseldorf, seit 2005 Redaktionsmitglied der FAU-Zeitung *Direkte Aktion*. Co-Autor von: *März 1920. Die vergessene Revolution*, Moers 2007 (hrsgg. von der FAU Duisburg) und *Europas »Neue Kriege«. Legitimierung von Staat und Krieg*, Moers 2007 (hrsgg. von Ismail Küpeli).

Lars Röhm (Berlin/Rom, geb. 1977): Gastronomiearbeiter und Gewerkschaftsaktivist. Studierte und studiert verschiedene kultur- und sprachwissenschaftliche Fächer, u.a. Italienstudien, in Münster, Bari, Berlin und Rom. Langjähriges Mitglied der Freien ArbeiterInnen-Union, derzeit im Kultursyndikat Berlin. Von 2002-2004 Internationaler Sekretär der FAU-IAA, seit 2006 Redaktionsmitglied der FAU-Zeitung *Direkte Aktion*.

Michael Schmidt (Johannesburg, geb. 1966): arbeitet seit ca. 20 Jahren als Journalist, Kolumnist und Fotograf, u.a. für die südafrikanischen Zeitungen *Saturday Paper*, *Sunday Times* und *Saturday Star* sowie diverse Monatszeitschriften. Spezialisiert auf die Themen: außerparlamentarische Politik, Arbeit, soziale Bewegungen u.a. Weiterhin Beiträge für *Workers' Solidarity* und *Zabalaza*. Redakteur der Webseite *www.anarkosmo.net*. Arbeitete in verschiedenen Konfliktgebieten, von

Chiapas und Guatemala, über Ruanda und Kongo, bis Darfur und Libanon. Bei AK Press (Berkeley, Kalifornien) erschien gerade unter dem Titel *Counter-Power* eine zweibändige Studie über die Gesellschaftstheorie und globale Geschichte des Anarchismus und Syndikalismus während der letzten 150 Jahre, die er zusammen mit Lucien van der Walt verfasste.

Matthias Seiffert (Berlin, geb. 1970): Studium der Geschichte (Schwerpunkt Russland), Philosophie und Slawistik in Kiel und Berlin. Seit 1998 Mitglied der Freien ArbeiterInnen-Union Berlin. Jahrelange Mitarbeit als Autor und Redakteur der FAU-Zeitung *Direkte Aktion*.

Heiner Stuhlfauth (Köln, geb. 1968): Werbetexter, Autor und Journalist. Von 2001-2006 Mitglied der Freien ArbeiterInnen Union Köln, Mitbegründer des inzwischen aufgelösten Arbeitslosensyndikats Köln. 2005-2006 Titelseiten-Redakteur der FAU-Zeitung *Direkte Aktion*. Seit 2006 Mitglied der Industrial Workers of the World und zur Zeit Redakteur der deutschsprachigen IWW-Webseite *www.wobblies.de*.

Nicole Ulrich (Johannesburg, geb. 1974): Doktorandenstipendiatin am Wits Institute of Social and Economic Research der Universität Witwatersrand mit Forschungsschwerpunkt auf Arbeiter- und Sozialgeschichte Südafrikas. Beteiligung an zahlreichen öffentlichen Geschichtsinitiativen und Forschungsprojekten zur lokalen Stadtgeschichte Johannesburgs. Unter der Schirmherrschaft der Geschichtswerkstatt der Universität Witwatersrand Einweisung von Geschichtslehrern u.a. in die Methoden der Oral History. Ihre Doktorarbeit untersucht den transnationalen Charakter von Volkswiderstand in der Region des Kaps der Guten Hoffnung im Kontext des holländischen Überseereiches während des 18. Jahrhunderts.

Lucien van der Walt (Johannesburg, geb. 1972): unterrichtet Soziologie an der Universität Witwatersrand. Sein Forschungsinteresse gilt der Geschichte und Soziologie der südafrikanischen Arbeiterbewegung, der Geschichte des Anarchismus und Syndikalismus sowie zeitgenössischer politischer Ökonomie mit dem Schwerpunkt auf neoliberaler Umstrukturierung. Zahlreiche Veröffentlichungen zu diesen Themen in südafrikanischen und internationalen (Fach-) Zeitschriften. Seine Doktorarbeit untersucht die Geschichte das Anarchismus und Syndikalismus in Südafrika während des späten 19. und des frühen 20. Jahrhunderts. Jahrelang aktiv in sozialen Bewegungen und arbeiternahen Stiftungen. Bei AK Press (Berkeley, Kalifornien) erschien gerade unter dem Titel *Counter-Power* eine zweibändige Studie über die Gesellschaftstheorie und globale Geschichte des Anarchismus und Syndikalismus während der letzten 150 Jahre, die er zusammen mit Michael Schmidt verfasste.

Klaus Weller (Neustadt a.d.Wstr., geb. 1959): Krankenpfleger, Rettungssanitäter. Arbeitet seit etlichen Jahren als Gewerkschaftssekretär bei ver.di im Bereich des Gesundheitswesens. Schon seit Mitte der 1970er Jahre in verschiedenen Gruppen politisch und gewerkschaftlich aktiv, vom Sozialistischen Schülerkollektiv über Anti-AKW-Gruppe und Antifa bis zur gewerkschaftlichen Bildungsarbeit. Beschäftigt sich seit vielen Jahren intensiv mit der Geschichte der Arbeiter- und Gewerkschaftsbewegung. Einer seiner Schwerpunkte hierbei ist die lokale Geschichte in Ludwigshafen und der Vorderpfalz.

264 ***Mathias Wittau*** (Wien, geb. 1975): arbeitsloser Veranstaltungstechniker und Gelegenheitsarbeiter. Seit 1990 (anti-)politisch engagiert. Aktives Mitglied des Allgemeinen Syndikats Wien seit dessen Gründung 2004. Etliche Anstellungen bei Medienunternehmen (TV und Radio). Seit 1995 zahlreiche Beiträge in alternativen Medien, derzeit hauptsächlich für die anarchosyndikalistische Zeitung *Soziale Hängematte*.

Bildanchweis

Seite 15: Streikversammlung in McKees Rocks am 5. August 1909. Quelle: Library and Archives Division, Historical Society of Western Pennsylvania, Pittsburgh.

(Signatur: 2001.0088-I01)

Seite 32: Arbeiterunruhen in Hamborn am 10. Dezember 1918, Aufmarsch durch die Duisburgerstraße. (Die Hamborner Bergarbeiterbewegung gab wichtige Impulse für die Streikbewegung im Frühjahr 1919.) Quelle: Stadtarchiv Essen. (Signatur: 952/K10/6)

Seite 47: Lokal der Sociedad Obrera in Rio Gallegos (Patagonien) 1920. Aus: Osvaldo Bayer, La Patagonia Rebelde, Buenos Aires 2002, S. 128.

Seite 63: Streikende Arbeiter in Paris 1936. Aus: Laszla Dormandi & Jaques Lorraine, Notre temps. Histoire du monde 1930-1947, Paris 1947, S. 26.

Seite 81: Titelblatt der illegalen ITF-Zeitung Die Schiffahrt. Organ des Gesamtverbandes der Seeleute, Hafenarbeiter und Binnenschiffer Deutschlands. Angeschlossen an die Internationale Transportarbeiterföderation, Nr. 5, März 1936. Aus: Rundbrief antifaschistischer/ antirassistischer GewerkschafterInnen, Nr. 32, April 2003, S. 9.

Seite 103: Hungerdemonstration 1947 (vermutlich in Bochum). Quelle: Stadtarchiv Bochum, Fotosammlung F II I, Leihgabe Erwin Erlenkämper.

Seite 117: Streikende Arbeiter greifen einen improvisierten Wasserwerfer der Wiener Polizei an. Quelle: Alfred-Klahr-Gesellschaft Wien.

Seite 134: Werksbesetzung bei FIAT Turin. „Heute verkaufen die Arbeiter von Mirafiori ihre Arme [=Arbeitskraft] nicht." Quelle: Assoziation A.

Seite 153: DemonstrantInnen im Township Alexandra am 17. Juni 1976. Quelle: Historical Papers, University of the Witwatersrand, Johannesburg. (Signatur: Soweto Uprising of June 1976: A3200, from the National Archive of South Africa, Pretoria, SAB K345, Exhibit 34, DSCN1854)

Seite 172: Streikposten in Celynen South Colliery (Wales) unter Beobachtung der Polizei am frühen Morgen des 6. November 1984. Quelle: Martin Shakeshaft - www.strike84.co.uk

Seite 191: „Proteste in Frankreich". Quelle: CNT-F Paris